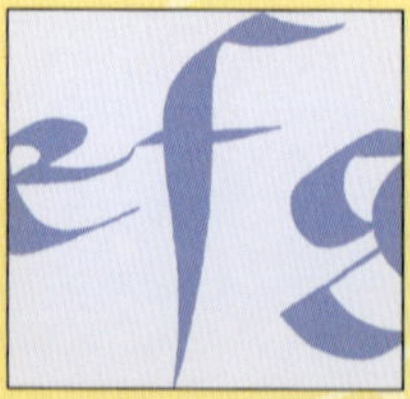

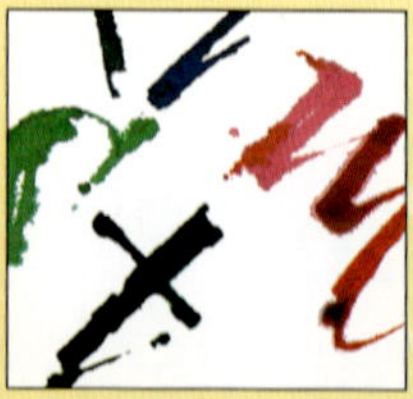

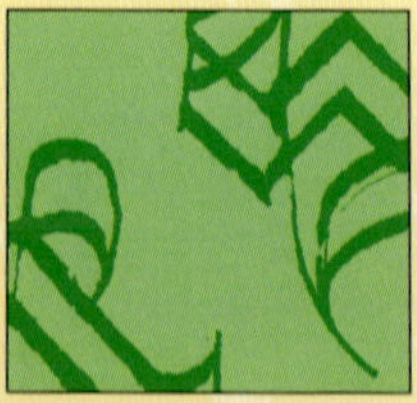

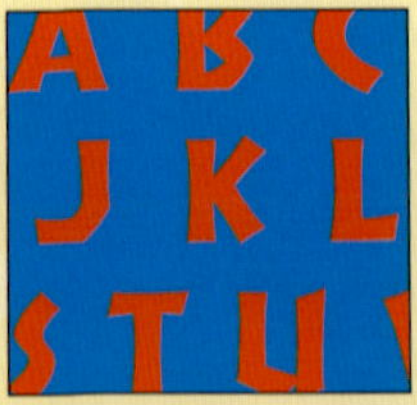
A B C
J K L
S T U

100 kalligraphische Alphabete

David Harris

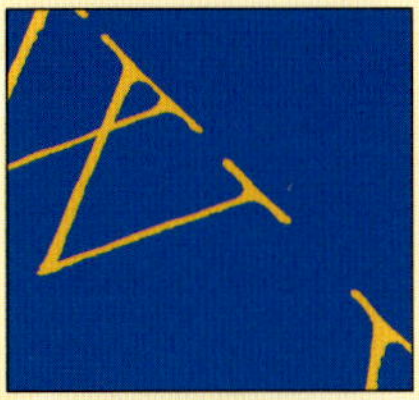

Titel der Originalausgabe: The Calligrapher's Bible

Übersetzung: Christopher Bellafiore, Kristina Höhn, Julia Paiva Nunes
Umschlaggestaltung: Eva Hook
Satz: Ben Wozniak, MWK, Köln
Fotografie: Paul Forrester, Colin Bowling

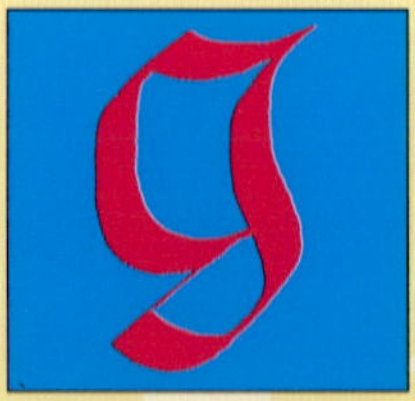

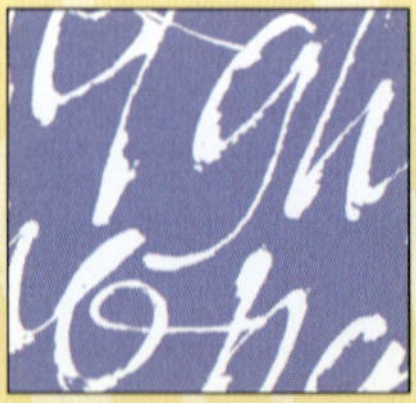

2. Auflage 2024

ISBN 978-3-7358-8069-7
Best.-Nr. 28069
Printed in China

FSC
www.fsc.org
MIX
Papier | Fördert gute Waldnutzung
FSC® C016973

Penguin Random House
Verlagsgruppe FSC® N001967

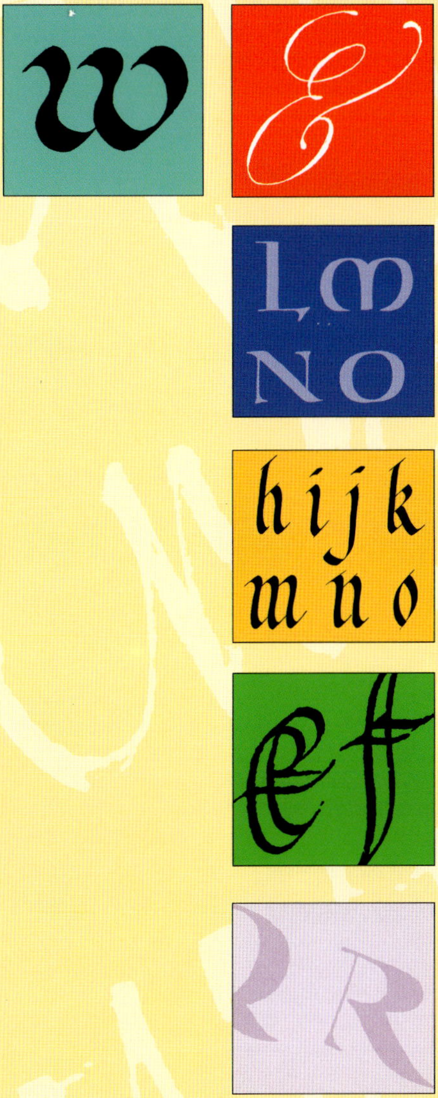

Inhalt

Einleitung

Das beispiellose Wachstum der Informationstechnologien im späten 20. und frühen 21. Jahrhundert ist der Höhepunkt eines Prozesses, der über ein Jahrhundert zuvor mit der Erfindung der Schreibmaschine begann.

Klar und leserlich zu schreiben, dafür gibt es immer weniger Bedarf, und Geschicklichkeit im Umgang mit der Tastatur ist wichtiger geworden als das Schreiben per Hand.

Paradoxerweise schätzen und praktizieren heute viele Menschen – vielleicht gerade wegen der Abhängigkeit von der Technologie und der daraus resultierenden mechanisch bestimmten Perfektion – die sinnliche Kunst der Kalligraphie.

In einem Zeitraum von über 2000 Jahren entwickelten sich aus dem lateinischen Alphabet zahlreiche Schriften – heutigen Kalligraphen steht also eine große Auswahl zur Verfügung. Sogar nicht mehr gebräuchliche Schriften besitzen viele Merkmale, die in die moderne Kalligraphie einfließen und adaptiert werden können.

Das von uns heute benutzte Alphabet übernahmen die Römer von den Etruskern. Die Römer fügten die griechischen Buchstaben Y und Z hinzu und erweiterten so die Gesamtzahl der Buchstaben auf 23. Um weitere Lautwerte aufnehmen zu können, wurden im Mittelalter „J", „U" und „W" ergänzt.

Das größte kalligraphische Vermächtnis der Römer sind zweifelsohne ihre Großbuchstaben, allen voran die gemeißelten Versalien aus dem späten 1. Jahrhundert v. Chr.

Inschriften gab es zwar auch schon in vielen früheren Zivilisationen, aber Subtilität, Schönheit und Eleganz dieser römischen Buchstabenschrift, der *Capitalis Monumentalis,* waren einzigartig. Direkt und indirekt schufen diese Buchstaben die Grundlage für fast alle Großbuchstaben unserer Satzschriften sowie für kalligraphische Versalien.

Für die Kalligraphie ist noch eine weitere römische Schrift von Interesse: die *Rustika*. Sie war von einem anderen Duktus geprägt, aber anders als die Capitalis Monumentalis wurde sie auch als Manuskriptschrift benutzt.

Als das römische Reich zerfiel und aufgeteilt wurde, entwickelten die meisten geschriebenen Schriften regionale Ausprägungen. Die *Unziale* jedoch blieb während dieser spätrömischen Epoche größtenteils unverändert. Sie könnte als die lateinische Interpretation der griechischen *Unziale* betrachtet werden. Viele christliche Texte waren in griechischer Sprache abgefasst und wurden als solche fast schon ehrfürchtig behandelt. Alle frühen christlich-lateinischen Texte, die uns bekannt sind, wurden in dieser Schrift geschrieben.

Ab dem 6. Jahrhundert v. Chr. entwickelte die *Unziale* allerdings abweichende Charakteristika, vor allem in Bezug auf die Formmerkmale, die wir heute als Ober- und Unterlängen bezeichnen. Heute nennen wir diese Buchstaben *Halbunziale*. Zwei maßgebliche Entwicklungen beeinflussten das Erscheinungsbild dieser Schrift: Die erste fand im Norden Englands und in Irland statt, wo die *Halbunziale* eine wohl unübertroffene Schönheit erreichte, die man in den Evangeliaren von Kells und Lindisfarne bewundern kann. Diese Bücher

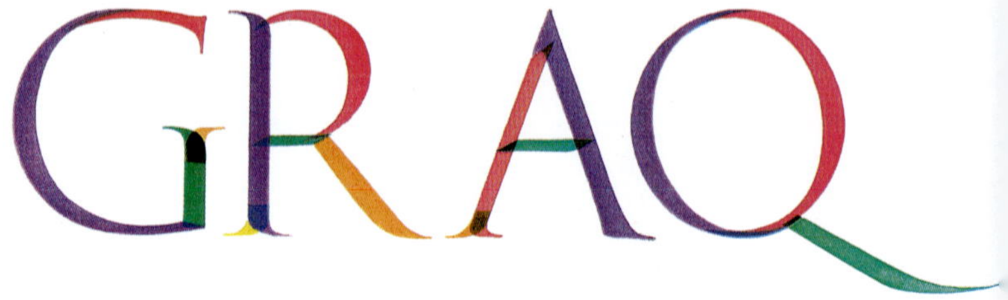

Inschrift auf der Trajanssäule in Rom. Die Strich-für-Strich-Anleitung für diese Schrift finden Sie auf den Seiten 42–43. Für viele Experten gehören diese Buchstaben zu den vollendetsten Beispielen für die römische Schriftkunst.

waren dem Ruhme Gottes gewidmet und daher mit dem höchsten Aufwand geschaffen, der in der Schreibkunst, der Dekoration und der Bindung möglich war.

Auch für das europäische Festland war die *Halbunziale* von Bedeutung: sie wurde dort sowohl für weltliche als auch für geistliche Werke verwendet, wobei sie hier schneller geschrieben wurde und sich infolgedessen ein eher kursives Schriftbild ausprägte. Im späten achten Jahrhundert begründete Karl der Große das erste post-römische Reich, welches sich vom Baltikum bis nach Norditalien erstreckte. Karl der Große betrachtete sich als den Erben des römischen Kaiserreiches, weshalb die Verbreitung von Bildung und Wissen die Hauptbestandteile seiner zivilisatorischen Mission ausmachten.

Zu diesem Prozess gehörte auch die Gründung von Skriptorien (Schreibstuben) und die Ausbildung von Schriftgelehrten. Ebenso benötigte man man eine leicht zu schreibende, leserliche und allgemein gültige Schrift.

Der Schreiber erzeugte eine echte Minuskel, indem er seine Feder im rechten Winkel abschnitt, anstatt in dem für die *Halbunziale* benötigtem schrägen Winkel. Daraus ergaben sich geringere Strichstärkenunterschiede, ein kursiverer Gesamtcharakter und eine schnellere Schreibtechnik. So entstand also aus der abgewandelten *Halbunziale* die *Karolingische Minuskel*.

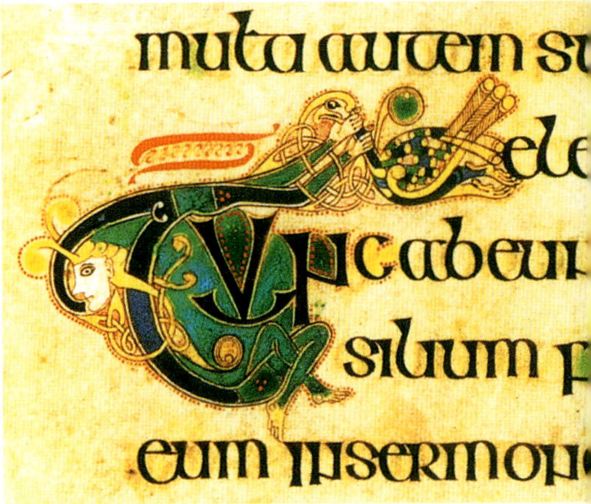

Diese prächtige Insular-Schrift stamnmt aus der Zeit zwischen dem spätem achten und frühen neunten Jahrhundert.

Die *Römische Kapitalschrift* und die *Karolingische Minuskel* sind die beiden maßgeblichen Schriften für unsere modernen Buchstabenformen. Die Karolingische Schrift war letztendlich auch der Ausgangspunkt für die Entwicklung der *humanistischen Schrift* der Renaissance. Mit der Erfindung des Druckens mit beweglichen Lettern diente sie bald auch als Vorbild für viele Druckschriften, und wir können sehr vieles aus unserem modernen Satzschriftdesign auf diese Zeit zurückführen.

Um das 12. Jahrhundert herum erlangte die Karolingische Minuskel im weltlichen Zusammenhang zunehmend kursiven Charakter, im religiösen Kontext wurde sie jedoch immer stärker aufrecht und komprimiert geschrieben. Zu Beginn des 13. Jahrhunderts war diese Teilung dann abgeschlossen: die prächtigen *gotischen Schriften* lassen sich auf diesen Zeitpunkt zurückdatieren.

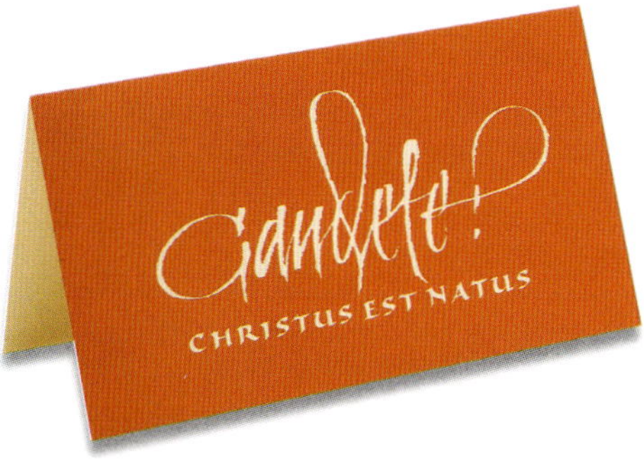

Moderne, expressive Kalligraphie mit klar definierten Buchstabenformen.

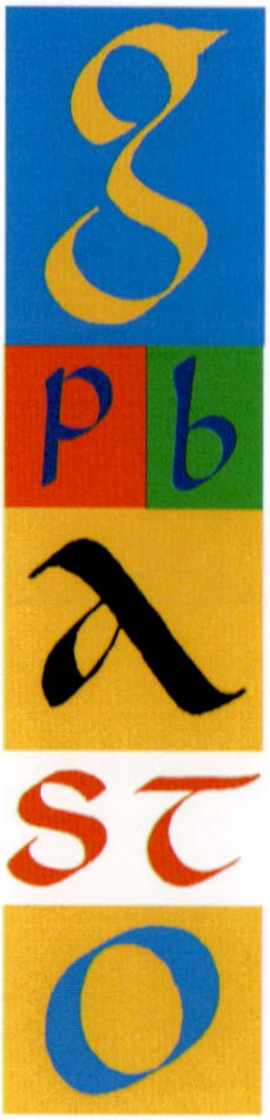

Dies ist die Karolingische Minuskel aus dem späten achten Jahrhundert..

Die *Humanistische Minuskel*, ein Kind der Renaissance, brachte wiederum andere Schriften hervor: Eine der ersten war die *Kursive*, eine kursiv geschriebene Version der *Humanistischen Minuskel*. Die Buchstaben dieser Schrift sind leicht nach vorne geneigt und konnten auch in größerem Tempo geschrieben werden. Ab Mitte des 16. Jahrhunderts wurde diese Schrift wieder formaler und durch ihre Verwendung in der päpstlichen Kanzlei des Vatikans bekannt als die *Kanzleischrift*.

Auch die nächste Innovation hing mit dem Zuschnitt der Feder zusammen: Mitte des 17. Jahrhunderts begannen die Schreiber, ihre Federn zu feinen Spitzen zu schneiden. Mit einer drastischen Steigerung des Neigungswinkels und dem direkten Aneinanderfügen der Buchstaben konnten sie so ganze Wörter oder Wortteile schreiben, ohne die Feder anzuheben – und dies mit beachtlicher Geschwindigkeit.

Diese *Schreib–* oder *Kupferstecher-Schrift* war vor allem in England sehr beliebt, und mit dem Aufstieg des Handelsimperiums fand sie schnell weltweit Verbreitung.

Die Fertigkeiten in all den älteren Schriften wären durch diese Entwicklung jedoch beinahe verloren gegangen. Wir verdanken die Schriftenvielfalt unserer modernen Kalligraphie dem Wissen und der mühevollen Forschung einiger weniger Menschen wie z.B. Edward Johnston in Großbritannien.

Ausgehend von der Karolingischen Minuskel *„Ramsey Psalter“* hat er eine einfache und eindeutige Handschrift entwickelt, in der er auch seine Schüler unterwies. Die Schrift *„Foundational“* ist auch heute für nahezu jeden Lehrer der Kalligraphie die beliebteste Schrift, um seinen Schülern die Kunst des schönen Schreibens beizubringen.

Das folgende Verzeichnis enthält Schritt-für-Schritt-Anleitungen für fast alle bedeutenden Schriften aus den letzten zwei Jahrtausenden. Zusätzlich werden Beispiele moderner Interpretationen und Überarbeitungen angeführt. Es wurden auch eine Reihe moderner Schriften miteingebunden. Diese können Sie mit der Feder, dem Pinsel und einer Vielfalt anderer Schreibwerkzeuge schreiben und auf vielfältige Weise gestalten – Anregungen für Verzierung und Vergoldung finden Sie auf den letzten Seiten dieses Buches.

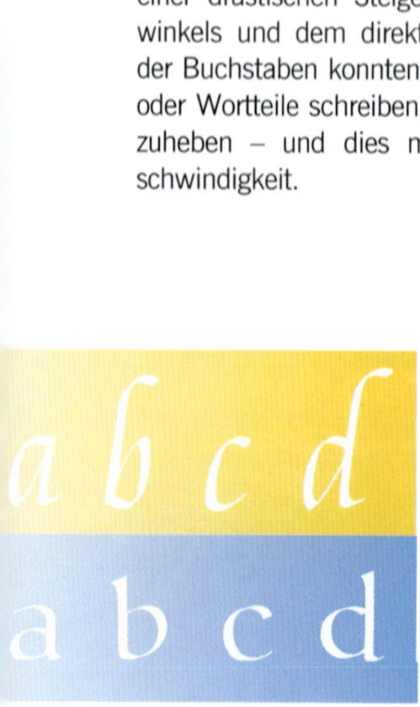

Um 1400 hatte sich die Humanistische Minuskel als Schrift der gebildeten Bürger Norditaliens etabliert. Die Cancelleresca Formata entwickelte sich Mitte des 16. Jahrhunderts aus der Kursive.

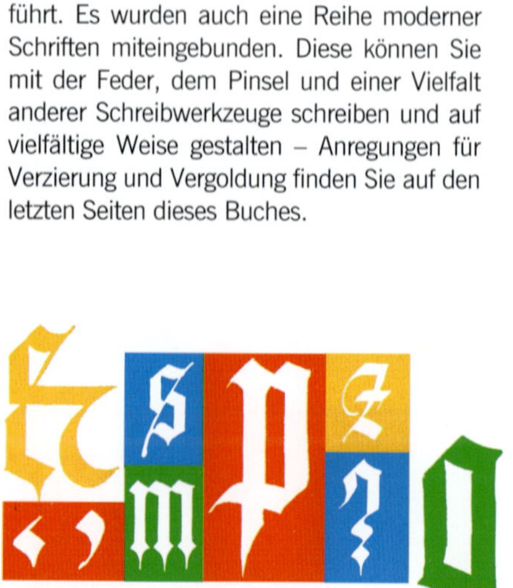

Die Gotische Schrift stammt etwa aus dem Jahre 1200 und wurde in den nächsten 300 Jahren für religiöse Texte verwendet.

Aufbau der Kapitel

In diesem Buch werden 100 verschiedene Schriften erklärt. Sie sind in chronologische Gruppen unterteilt; die Anleitungen sind jeweils nach dem gleichen Muster aufgebaut. Sobald Sie sich mit einer Schrift vertraut gemacht haben, können Sie diese an Ihren persönlichen Schreibstil anpassen.

Bei Schriften, die mit dem Flachpinsel geschrieben werden, sind die Angaben zu Buchstabenhöhe und Winkel zwar weiterhin gültig, die Regeln für das Formen der Buchstaben müssen in diesem Fall jedoch nicht ganz so strikt eingehalten werden. Bei kursiven Schriften bezieht sich der angegebene Winkel auf den Neigungswinkel des Buchstabens. Wird eine Schrift mit Spitzfeder oder Rundpinsel geschrieben, so kann die Buchstabenhöhe nicht mehr in Relation zur Strichbreite gemessen werden. Manchmal wird allerdings auf das Verhältnis von Schaftbreite zu Schafthöhe im Text hingewiesen.

Viele Schriften wurden mit der Breitfeder geschrieben. Für diesen Fall wird hier die Höhe der Buchstaben in Federbreiten angegeben.

Der Winkel, mit dem die Feder gehalten wird, beeinflusst die Form der Buchstaben. Hier finden Sie die Angabe für den Federwinkel, der sich während des Zeichnens eines Striches (oder von einem Strich zum anderen) allerdings manchmal ändern kann.

Der „skelettartige“ Buchstabe am Anfang jeder Schritt-für-Schritt-Sequenz verdeutlicht den Aufbau des Buchstabens.

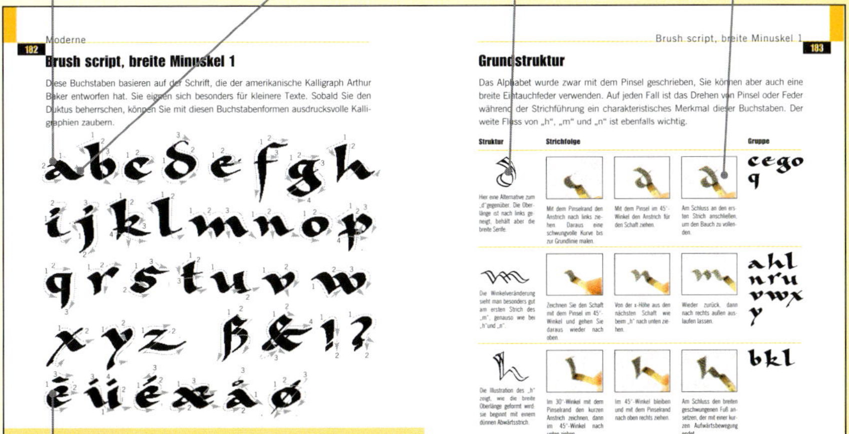
Moderne

182

Brush script, breite Minuskel 1

Diese Buchstaben basieren auf der Schrift, die der amerikanische Kalligraph Arthur Baker entworfen hat. Sie eignen sich besonders für kleinere Texte. Sobald Sie den Duktus beherrschen, können Sie mit diesen Buchstabenformen ausdrucksvolle Kalligraphien zaubern.

Interessante Details

Um diese massiven, fetten Buchstaben mit einem Strich von etwa zwei Pinselbreiten zu zeichnen, muss die Buchstabenform sehr breit angelegt werden.

Ober- und Unterlängen dürfen auch verlängert werden, wenn es Ihrem Designkonzept entspricht.

Buchstaben können verbunden werden: Sie müssen sich nicht an eine konstante x-Höhe halten.

Brush script, breite Minuskel 1

183

Grundstruktur

Das Alphabet wurde zwar mit dem Pinsel geschrieben, Sie können aber auch eine breite Eintauchfeder verwenden. Auf jeden Fall ist das Drehen von Pinsel oder Feder während der Strichführung ein charakteristisches Merkmal dieser Buchstaben. Der weite Fluss von „h“, „m“ und „n“ ist ebenfalls wichtig.

Struktur	Strichfolge			Gruppe
Hier eine Alternative zum „d“ gegenüber. Die Oberlänge ist nach links geneigt, behält aber die breite Serife.	Mit dem Pinselrand den Anstrich nach links ziehen. Daraus eine schwungvolle Kurve bis zur Grundlinie malen.	Mit dem Pinsel im 45°-Winkel den Anstrich für den Schaft ziehen.	Am Schluss an den ersten Strich anschließen, um den Bauch zu vollenden.	cego q
Die Winkelveränderung sieht man besonders gut am ersten Strich des „m“, genauso wie bei „h“ und „n“.	Zeichnen Sie den Schaft mit dem Pinsel im 45°-Winkel und gehen Sie daraus wieder nach oben.	Von der x-Höhe aus den nächsten Schaft wie beim „h“ nach unten ziehen.	Wieder zurück, dann nach rechts außen auslaufen lassen.	ahl nru vwx y
Die Illustration des „h“ zeigt, wie die breite Oberlänge geformt wird: sie beginnt mit einem dünnen Abwärtsstrich.	Im 30°-Winkel mit dem Pinselrand den kurzen Anstrich zeichnen, dann im 45°-Winkel nach unten ziehen.	Im 45°-Winkel bleiben und mit dem Pinselrand nach oben rechts ziehen.	Am Schluss den breiten geschwungenen Fuß ansetzen, der mit einer kurzen Aufwärtsbewegung endet.	bkl
Das „p“ ist der komplexeste Buchstabe in dieser Schrift.	Den Schaft zur Grundlinie ziehen, dann mit dem Pinselrand wieder nach oben ziehen.	Im 45°-Winkel den Bauch zeichnen, unten den Pinsel drehen.	Zum Schluss mit dem Querbalken den Bauch mit dem Schaft verbinden.	hkl os

Die nummerierten Pfeile verdeutlichen die Strichfolge für jeden Buchstaben. Bei manchen Schriften steht es dem Kalligraphen frei, wie er vorgehen will. In diesem Fall werden die Pfeile weggelassen.

In diesem Feld werden die charakteristischen Merkmale der Schrift beschrieben. Es werden auch alternative Buchstabenformen gezeigt.

In der Anleitung wird Schritt für Schritt eine bestimmte Auswahl von Buchstaben erklärt. Mit etwas Übung beherrschen Sie bald die ganze Schrift.

Die einzelnen Buchstaben sind, soweit möglich, zu Gruppen zusammengefasst. Hier sehen Sie, in welcher Beziehung die einzelnen Buchstaben zueinander stehen.

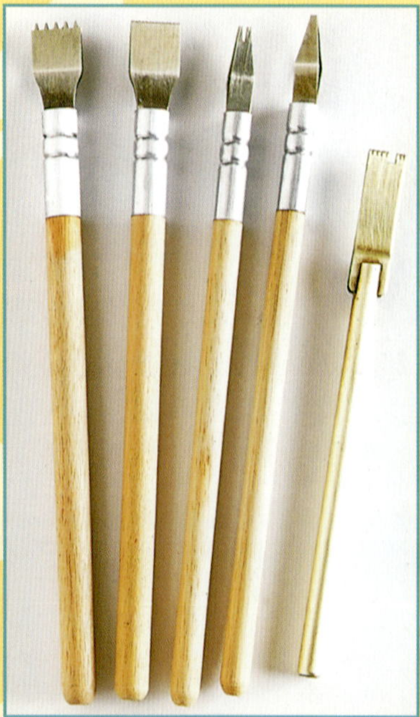

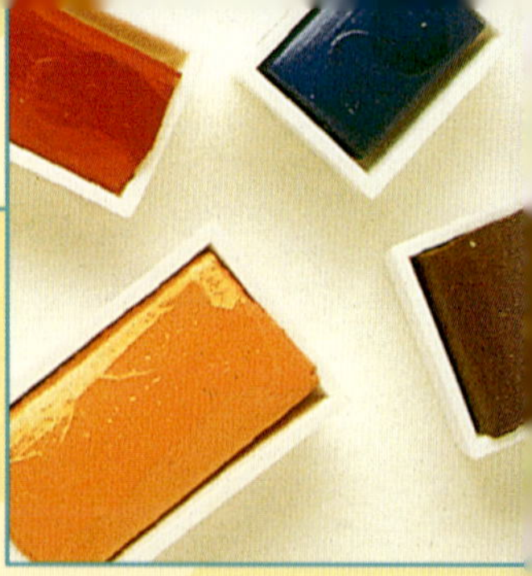

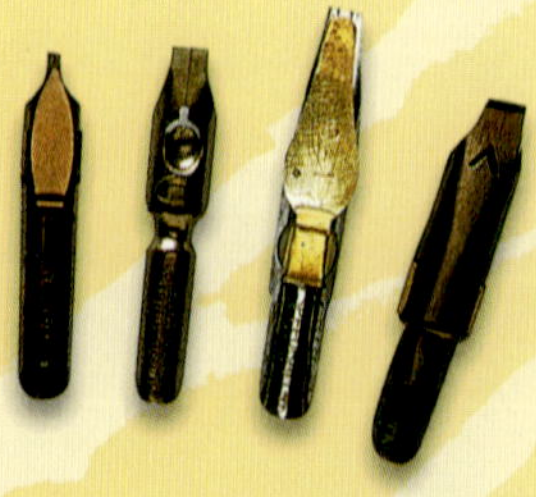

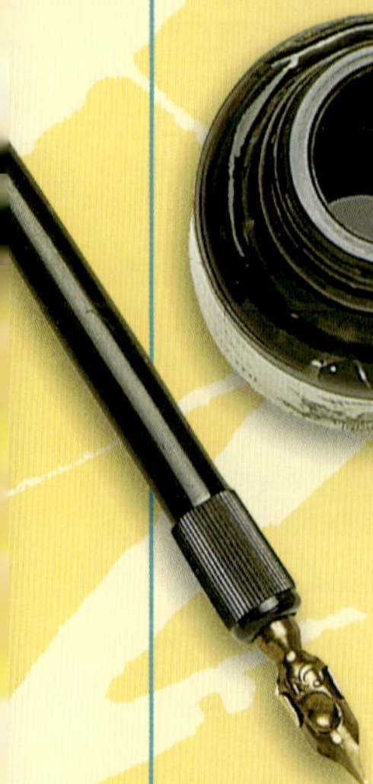

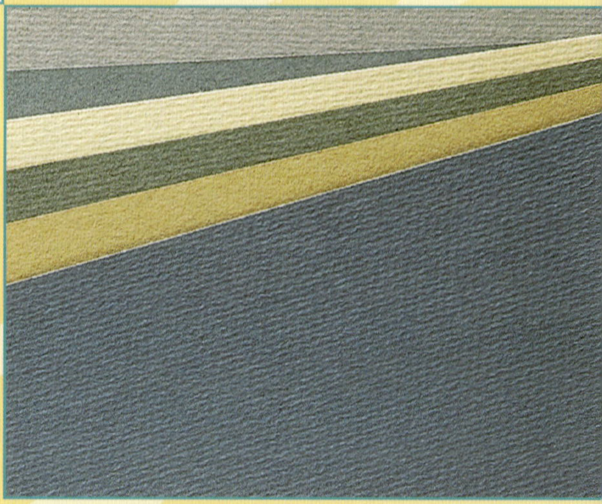

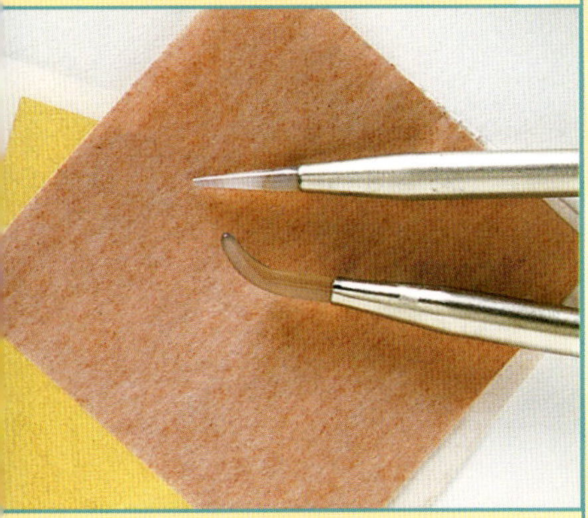

Grundlagen

Die Kalligraphie macht erst mit dem passenden Werkzeug richtig Spaß. Auf den folgenden Seiten finden Sie Tipps zur Auswahl Ihrer Materialien und Utensilien. Darüber hinaus erhalten Sie einen Überblick über die Grundlagen der Kalligraphie. Sobald der Umgang mit der Feder und die richige Schreibtechnik kein Problem mehr darstellen, können Sie sich mit dem Gestalten der verschiedenen Schriften vertraut machen. Die Vorschläge für Layout und Textgestaltung sollen Ihnen helfen, optisch ansprechende Werke zu gestalten.

Werkzeug und Material

Das Schreibwerkzeug beeinflusst das Aussehen eines Buchstabens in der Kalligraphie maßgeblich. Faktoren wie kantig oder spitz, weich, starr oder elastisch beeinflussen den Rhythmus und die Geschwindigkeit des Schreibens. Jeder entwickelt hierbei seine eigenen Vorlieben. Ein Teil des Reizes der Kalligraphie besteht im Erforschen verschiedener Schreibwerkzeuge, Papiere und Tinten. Lesen Sie folgende Beschreibungen, um die für Sie geeigneten, Ihrem Können entsprechenden Werkzeuge zu finden. Das ausschlaggebende Auswahlkriterium kann die Verfügbarkeit eines Werkzeuges sein. Die Hauptbezugsquelle ist der Kunstfachhandel, obwohl die gängigeren Artikel auch in Schreibwarengeschäften erhältlich sind. Ausgefallenere Artikel können oft nur über spezielle Verbände (z.B. kalligraphische Gesellschaften) bezogen werden.

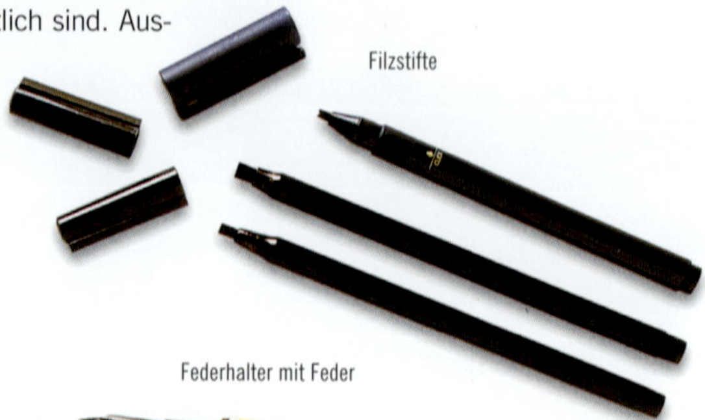
Filzstifte

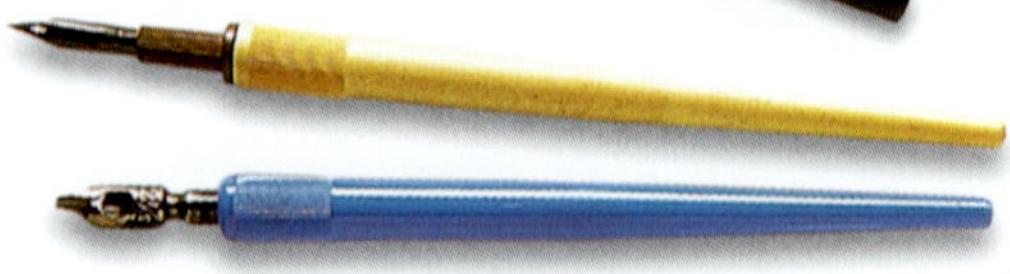
Federhalter mit Feder

Stifte

Filzstifte

Die günstigen und leicht erhältlichen Filzstifte eignen sich gut zum Üben sowie zum Schreiben von Werken, die nicht über längere Zeit ausgestellt werden. Die Tinte ist normalerweise nicht lichtecht, so dass die Farben mit der Zeit verblassen. Sie sollten einen neuen Filzstift verwenden, sobald die Spitze ihre scharfe Kante verliert.

Füllfederhalter

Füllfederhalter sind vor allem bei Anfängern beliebt, da sie mit Tintenpatronen nachgefüllt werden können. Die Patronen sind in einer Vielzahl von Farben erhältlich, jedoch verblasst die Tinte mit der Zeit. Auch Füllfederhalter sind eher als Übungswerkzeug und zum Schreiben kurzlebiger Dokumente geeignet. Außerdem lassen sie sich schwer auswaschen. Sie sind als Set in verschiedenen Federbreiten erhältlich.

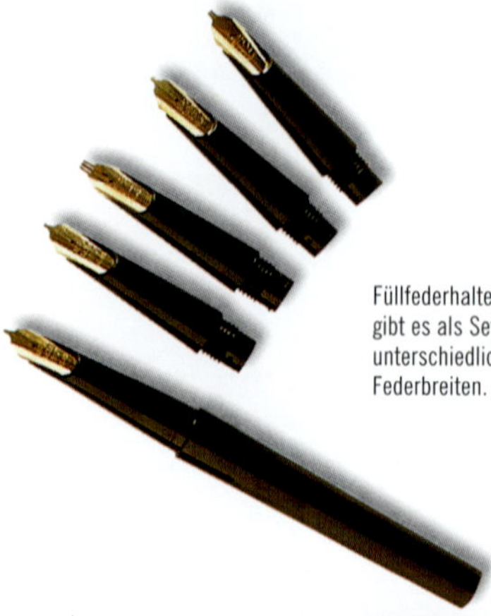
Füllfederhalter gibt es als Set mit unterschiedlichen Federbreiten.

Schreibfedern

Diese Federn eignen sich auch für das Schreiben mit Farben und farbigen Tinten, da sie leicht auswaschbar sind.

Federkiele: Der Federkiel ist die bekannteste und traditionsreichste Schreibfeder. Manche Kalligraphen bestehen darauf, daß es kein besseres Schreibwerkzeug gibt. Man braucht einiges Geschick, um die Feder so zuzuschneiden, dass mit ihr über längere Strecken klar geschrieben werden kann. Da sie sich schnell abnützt und weich wird, muss sie schon nach kurzer Zeit nachgeschnitten werden. Für den Anfang empfiehlt es sich, mit einer Bambusfeder (aus Norfolk-Bambus) zu üben. Bereits zugeschnittene Federn sind ebenfalls erhältlich.

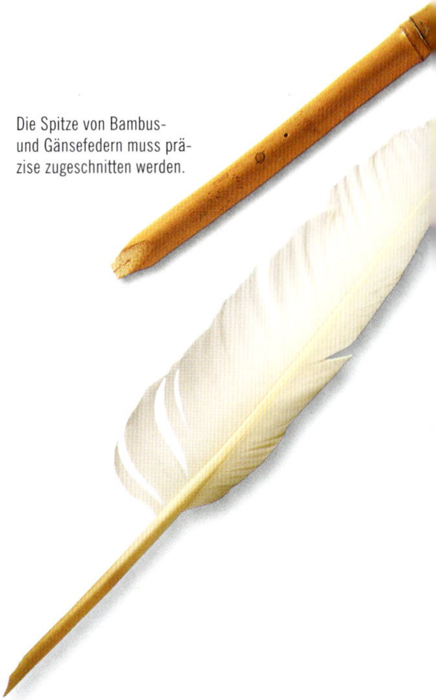

Die Spitze von Bambus- und Gänsefedern muss präzise zugeschnitten werden.

Stahlfedern: Diese beliebten Federn werden in bis zu zehn unterschiedlichen Größen hergestellt. Sie sind flach abgeschnitten und lassen sich an einem Federhalter (Griffel) befestigen. Unterhalb der Feder kann ein separates Reservoir angebracht werden, wodurch mehr Tinte aufgenommen werden kann. (Die Halterung des Reservoirs muss oft durch seitliches Zusammendrücken oder Öffnen angepasst werden.)

Die Spitzen der Stahlfedern sind normalerweise gerade abgeschnitten, für Linkshänder sind jedoch auch nach links abgeschrägte Federn erhältlich. Die Drehung des Handgelenks, die für einen Linkshänder nötig ist, um den benötigten Federwinkel zu erreichen, kann hierduch etwas kompensiert werden (siehe Vorbereitungen für das Schreiben, S. 20). Neue Federn müssen manchmal noch „geöffnet" werden: Halten Sie die Feder für ca. zwei bis drei Sekunden über eine Streichholzflamme, um den Lack auf der Feder zu ent-

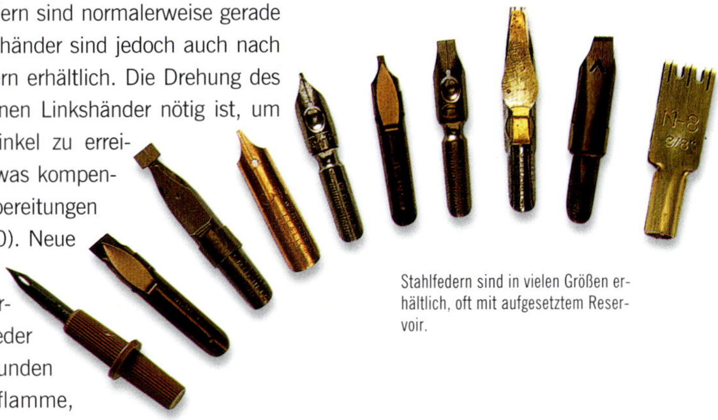

Stahlfedern sind in vielen Größen erhältlich, oft mit aufgesetztem Reservoir.

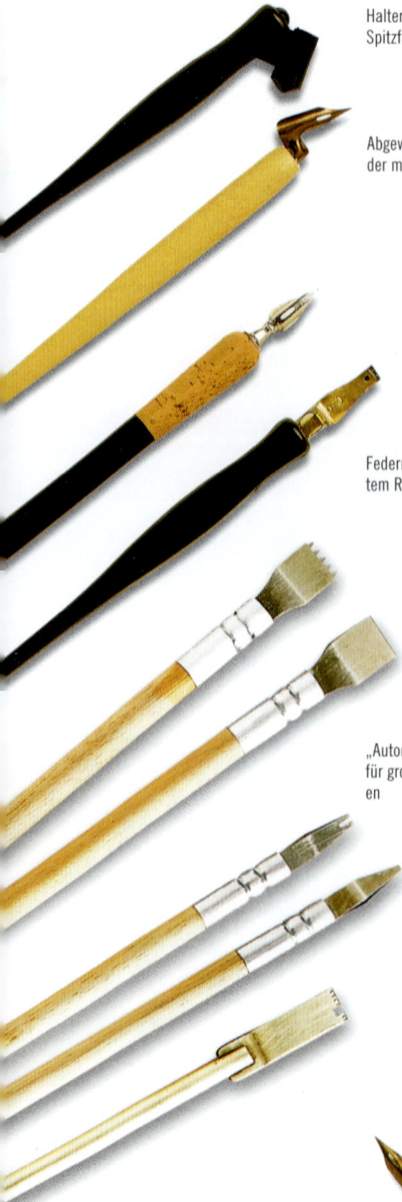

Halter für eine gerade Spitzfeder

Abgewinkelte Spitzfeder mit Halter

Federn mit aufgesetztem Reservoir

„Automatische“ Federn für große Beschriftungen

Abgewinkelte Spitzfeder

fernen. Testen Sie die Feder, indem Sie sie in Tinte tauchen; bleibt die Tinte haften, so ist die Feder einsatzfähig. Einige Federn werden bereits mit eingebautem Reservoir geliefert. Viele dieser Federn sind für Rechtshänder entworfen und deshalb nach rechts abgeschrägt – daran sollten Linkshänder beim Kauf denken.

Spitzfedern: Für Schreibschriften wird eine flexible, spitz zulaufende Feder ohne Reservoir benötigt. Spitzfedern nutzen sich schneller ab als Breitfedern, da das Metall durch den benötigten Druck beim Schreiben schnell ermüdet.

Plakatfedern: Diese breiten Federn sind in vielen Variationen über Spezialanbieter erhältlich. Die beliebtesten Modelle sind „Automatische“- und Mehrfach-Strich-Federn. Die Tinte wird durch ein integriertes Reservoir gehalten.

Linienzugfedern: Einst den Architekten und technischen Zeichnern vorbehalten, werden diese Federn von Kalligraphen auf zwei verschiedene Weisen eingesetzt: für das Ziehen gerader Linien und für das experimentelle Zeichnen freier Formen. Für letzteres werden Sie flacher gehalten, damit die Tinte frei fließen kann. Für breitere Strichstärken wurden von Kalligraphen spezielle Linienzugfedern entwickelt, mit denen sich ausdrucksstarke Effekte erzielen lassen.

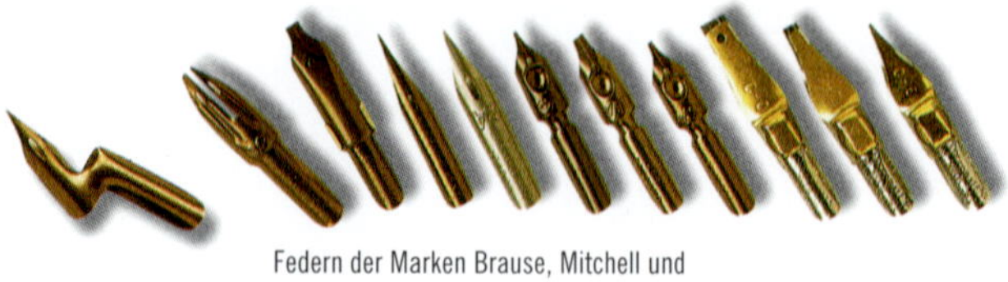

Federn der Marken Brause, Mitchell und Speedball

Pinsel

Pinsel werden zum Mischen von Farben für die Feder benötigt. Außerdem können damit dekorative Elemente gemalt werden, und natürlich eignen sie sich auch zum Zeichnen.

Zum Anmischen solllten Sie billige Pinsel kaufen, da die Farbe die Zwinge (Metallgriff) verklebt, was das Profil der Pinselspitze beschädigt. Elastische Nylonpinsel eignen sich sehr gut als Schreibwerkzeug – sie sind als Flach- oder Rundpinsel in verschiedenen Größen erhältlich, was viel Spielraum bei Schriftgröße und Stil ermöglicht. Flachpinsel müssen beim Kauf auf Ihre Kanten geprüft werden: tauchen Sie den Pinsel in Wasser und drücken Sie die Borsten zwischen den Fingern aus. Ist die Kante ausgefranst oder gespalten, ist der Pinsel nicht für Sie geeignet. Die Borsten des Rundpinsels sollten in einer feinen Spitze zusammenlaufen. Achten Sie darauf, dass keine Borsten abstehen.

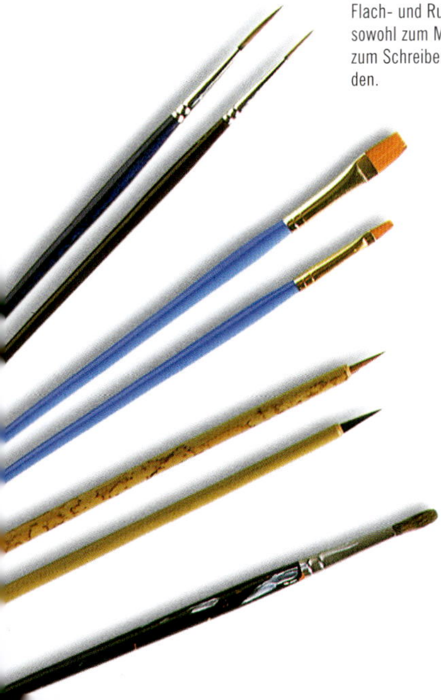

Flach- und Rundpinsel können sowohl zum Malen als auch zum Schreiben verwendet werden.

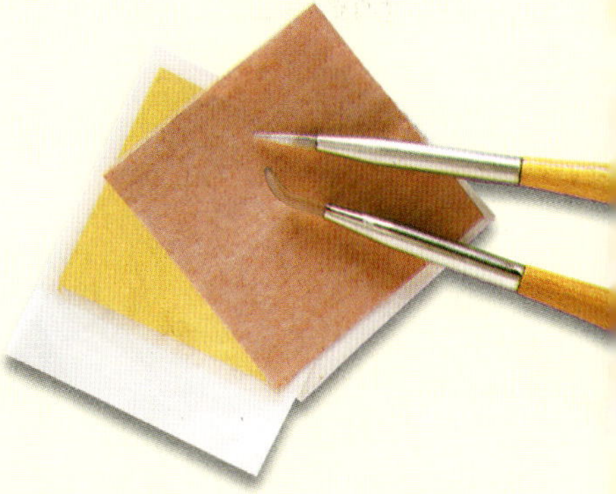

Werkzeuge des Illuminators

Sie brauchen:

- Patent-Gold (fest)
- Transfer-Gold (lose)
- Pinsel zum Auftragen von Gesso oder Ammoniakleim
- Achatpoliersteine – in den Größen mittel (24) und klein (34)

Zusätzlich:

- Vellum oder hochwertiges Papier
- Mörser und Stößel, um die Gesso-Zutaten zu zermahlen
- eine Feder für feine Linien und zum Schreiben mit Klebegummi
- einen großen, weichen Pinsel zum Abbürsten von Goldpartikeln
- einen Cutter mit abgerundeter Klinge zum Entfernen von überschüssigem Gold oder Gesso
- ein Stück Seide zum Polieren
- Pergamin oder transparentes Pergamentpapier als Schutz während des Polierens
- Radiergummi
- Gummi oder Leim zum Fixieren der Vergoldung auf dem Papier
- Glättpulver, um die Oberfläche des Vellum zu präparieren.

Sonstige Werkzeuge

Lineale

Zum Abmessen und exakten Ziehen von Linien ist ein transparentes Plastiklineal mit deutlicher Beschriftung die richtige Wahl. Einige Plastiklineale haben eine Stahlkante für Schneidearbeiten. Wir empfehlen allerdings ein Metalllineal; es wird beim Schneiden entlang der Kante nicht so leicht beschädigt wie Plastik- oder Holzlineale.

Winkelmesser und Zeichendreieck

Ein Zeichendreieck aus Plastik eignet sich für das Abmessen von 60°-Winkeln und, vorsichtig an ein fixiertes Lineal gehalten, für das Ziehen paralleler Linien. Um größere Blätter zu linieren, können Sie eine Reißschiene verwenden. Der Winkelmesser dient – wie der Name schon sagt – zum genauen Abmessen von Winkeln.

Bleistifte

HB-Bleistifte sind in der Kalligraphie der Standard. Härtere Bleistifte wie die Stärken 2H, 3H und 4H bleiben zwar länger spitz und ermöglichen so ein genaueres Arbeiten, sind aber schwerer auszuradieren. 2H eignet sich gut zum Linieren, HB zum Skizzieren von Layouts. Weichere Bleistifte (die „B-Klasse") sind normalerweise nicht notwendig, außer Sie wollen wirklich empfindliches Papier linieren. Sie sind zwar leicht auzuradieren, werden aber auch schnell stumpf. Spitzen Sie den Bleistift mit einem Spitzer oder Cutter ständig nach. Fürs Radieren eignen sich Knet- oder weiche Plastikgummis.

Scheren

Zum Zuschneiden von Papieren benötigt man eine Schere oder einen Cutter. Kaufen Sie Ersatzklingen, da ein Cutter mit stumpfer Klinge gefährlich leicht abrutscht.

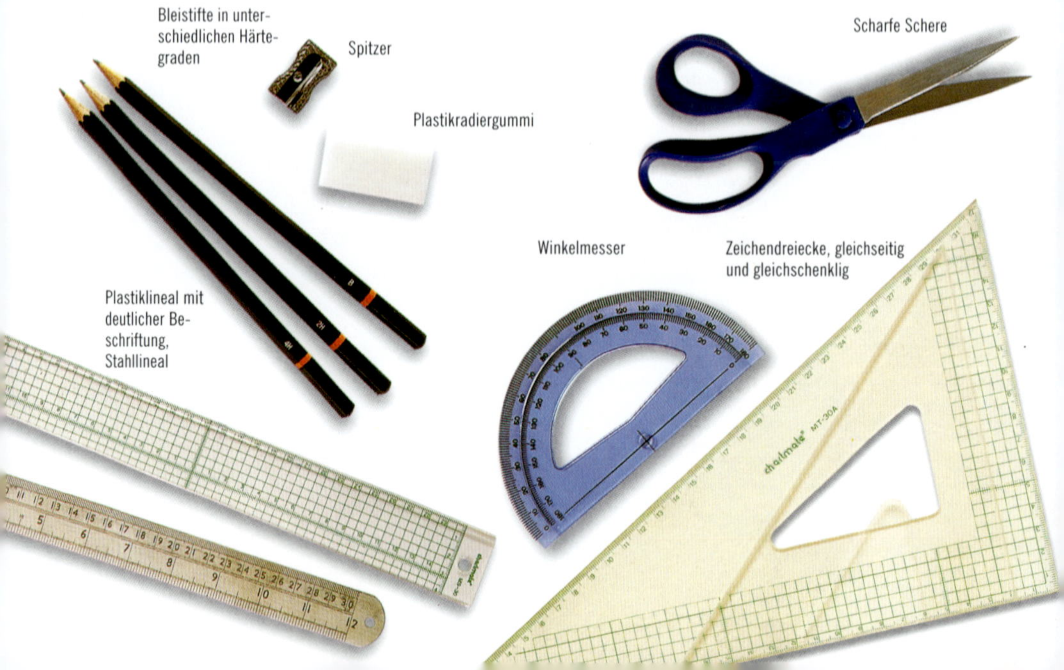

Tinten (wählen Sie wasserlösliche Sorten)

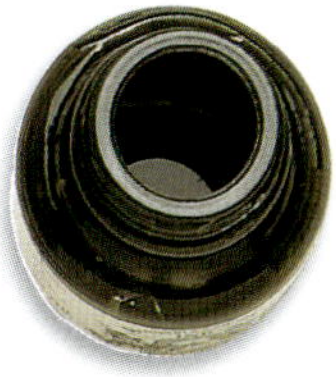

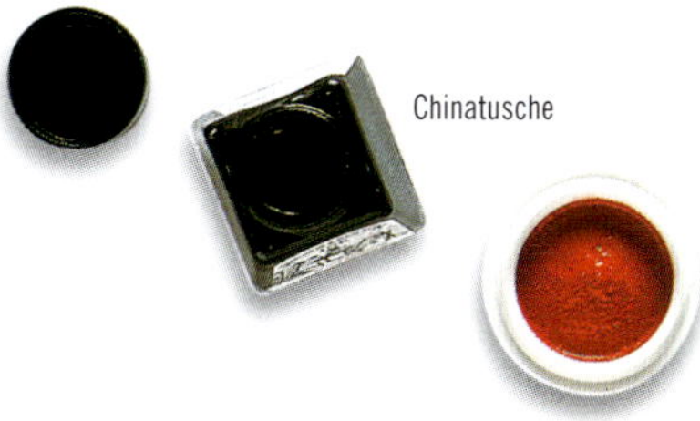

Chinatusche

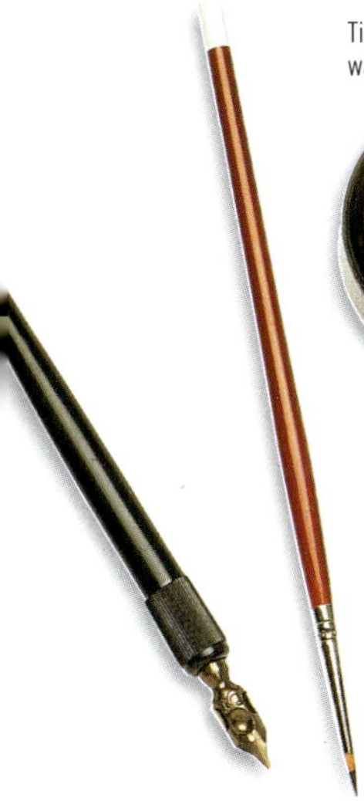

Feder

Kleiner Pinsel

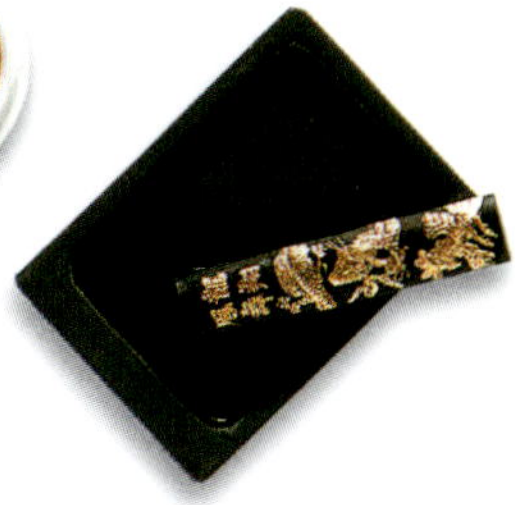

Chinesische Reibetusche und Reibestein

Farben und Tinten

Beim Kauf von fertigen Tinten sollten Sie wasserlösliche Sorten wählen. Wasserfeste Tinten sind dickflüssiger und können die Feder verkleben. Benutzen Sie in einem Füllfederhalter nie wasserfeste Tinte! Prüfen Sie das Etikett auf Angaben über Lichtechtheit.

Die traditionelle chinesische Reibetusche ist auch heute noch sehr beliebt, es wird jedoch ein Reibestein benötigt, um Sie mit Wasser anzumischen.

Zum Schreiben oder zum Lavieren des Hintergrundes werden oft Gouache- oder Wasserfarben verwendet. Hochwertige Produkte zeichnen sich durch eine hervorragende Lichtechtheit aus, dies wird meist auf der Verpackung ausgewiesen. Wasserfarben sind transparent und eignen sich vorzüglich für das Lavieren des Hintergrundes, oder auch für das Schreiben auf weißem Papier. Will man mit Farbe auf einem colorierten Hintergrund schreiben, dann ist die deckende Gouache die beste Wahl. Transparente Farben würden den Hintergrund durchscheinen lassen und so ihre Leuchtkraft verlieren.

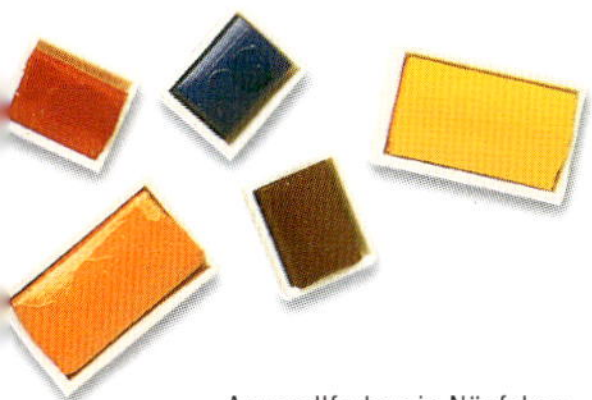

Aquarellfarben in Näpfchen

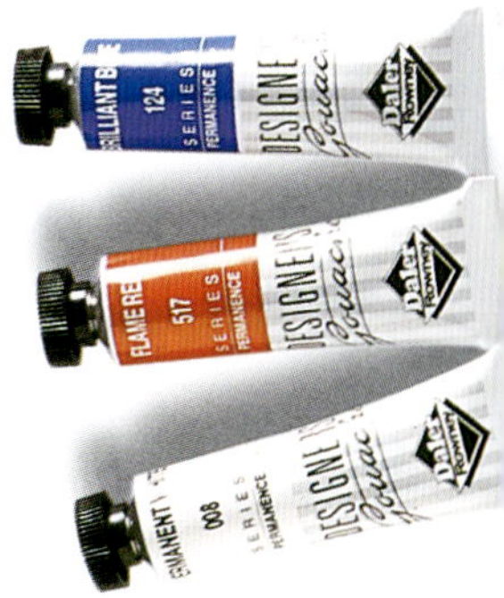

Gouache-Farben in Tuben

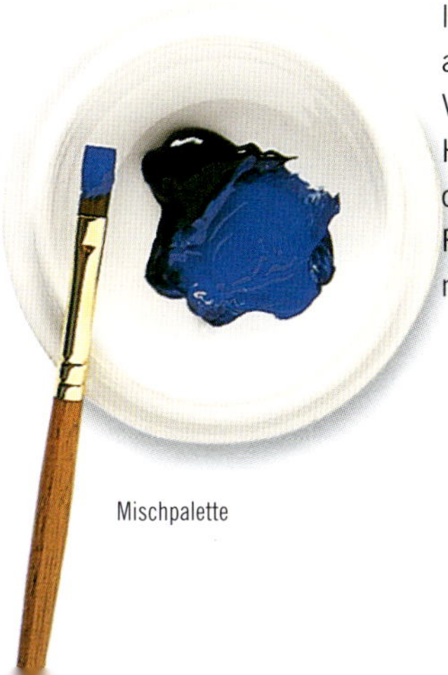

Mischpalette

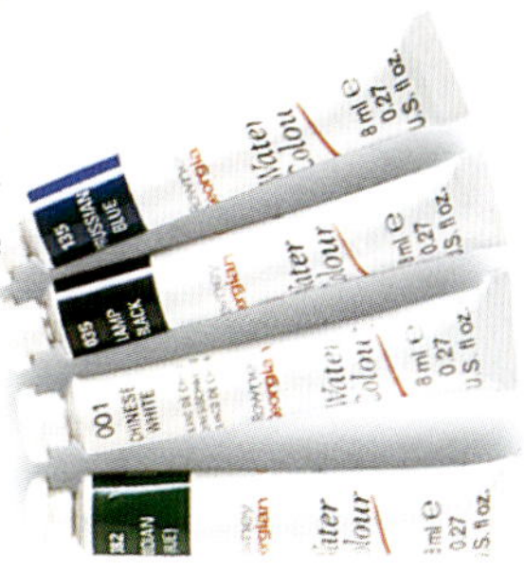

Aquarellfarben

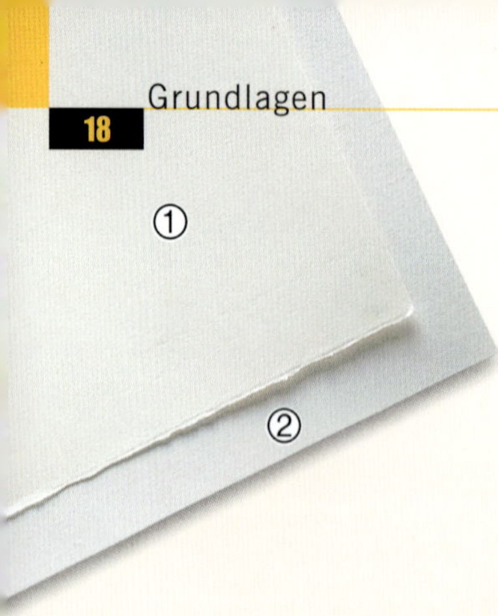

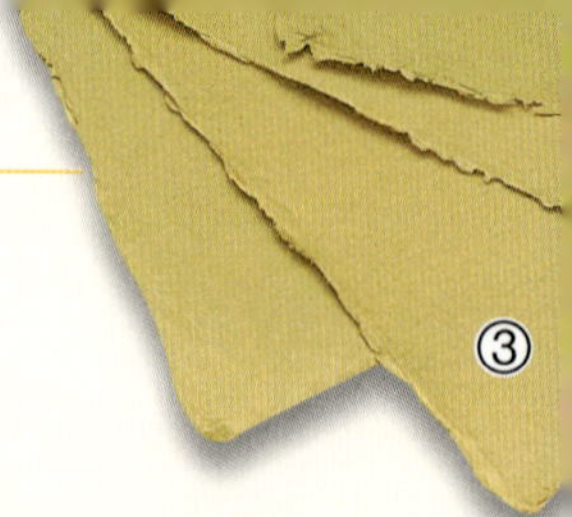

Papier

Skizzenpapier sollte weiß sein und eine glatte, nicht glänzende Oberfläche besitzen. Verwendet man eine Linierungsvorlage, muss das Papier dünn genug sein, um die Linien durchscheinen zu lassen. So erspart man sich die Arbeit, jede Seite separat linieren zu müssen. Layoutpapier oder hochwertiges Fotokopierpapier sind eine gängige Wahl. Manche Tinten verlaufen auf bestimmten Papiersorten, prüfen Sie deshalb das Papier vor dem Kauf größerer Mengen. Für die Reinzeichnung eines Werkes sollte man dickes Papier verwenden, da dünnes Papier beim Schreiben leicht zerknittert und sich wellt.

Für Anfänger gut geeignet ist ein guter, schwerer Zeichenkarton. Achten sie jedoch darauf, daß seine Oberfläche glatt ist. Vermeiden Sie Zeichenpapier für Kinder, da hier die Tinte leicht verläuft.

Lassen Sie die Finger von sog. „Kalligraphie-Papier“: die Pergamenteinlassungen ergeben eine ungleichmäßig saugende Schreiboberfläche, auf der nicht exakt gearbeitet werden kann.

Aquarellpapier ist die ultimative Wahl: wählen Sie am besten ein heiß gepresstes Papier mit einer sehr glatten Oberfläche. Auf einer strukturierten Oberfläche sauber zu schreiben ist zwar eine Herausforderung, jedoch kann die Struktur des Papieres gerade bei größeren Buchstaben sehr reizvoll wirken.

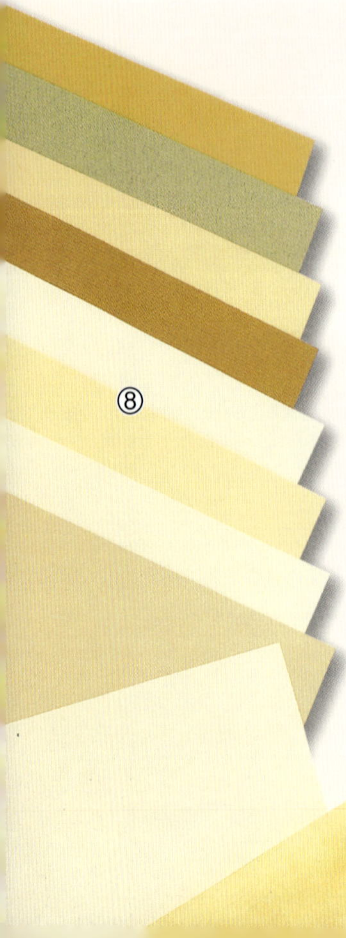

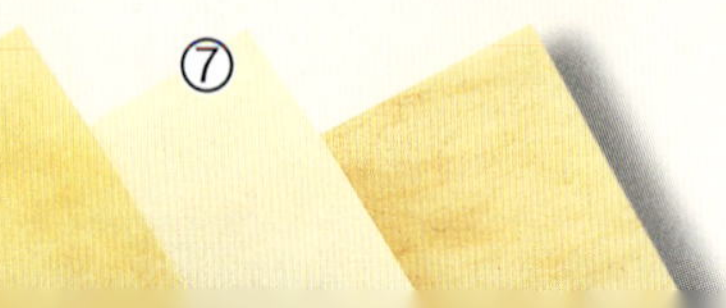

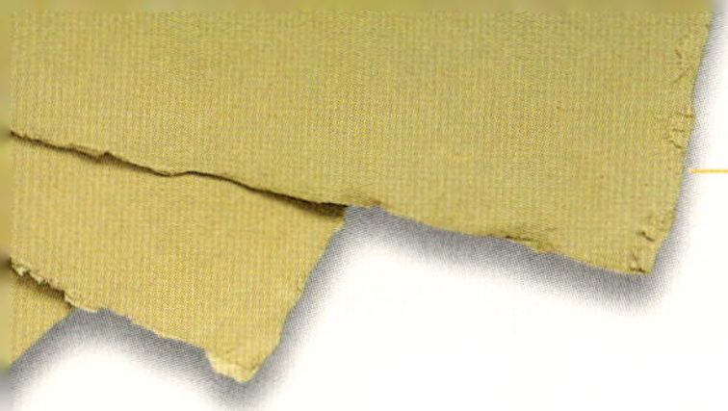

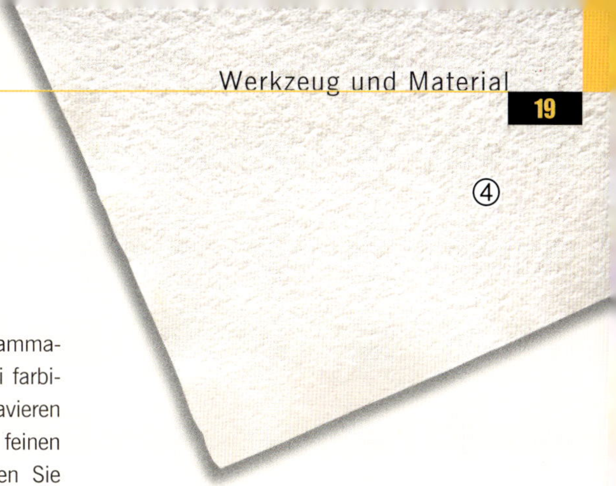

Benutzen Sie Papiere mit einer Grammatur von 190 g/m^2 oder 300 g/m^2. Bei farbigen Papieren erspart man sich das Lavieren des Hintergrundes; sie sind in vielen feinen Farbabstufungen erhältlich. Überprüfen Sie jedoch, ob die Oberfläche für das Schreiben geeignet ist. Büttenpapier ist hier besonders zu empfehlen.

Handgeschöpfte Papiere mögen zwar etwas extravagant wirken, manche eignen sich jedoch sehr gut für die Kalligraphie: ihre subtile Farbgebung lässt jede andere Verzierung überflüssig erscheinen.

Auf dieser Doppelseite sehen Sie eine Auswahl an Papieren. Im Uhrzeigersinn:

1. Aquarellpapier
2. Weißer Zeichenkarton
3. Handgeschöpftes Papier, naturfarben
4. Handgeschöpftes Papier, weiß
5. Farbiger Zeichenkarton
6. Layoutpapier
7. Vellum und Pergamentpapier
8. Pastell- und Büttenpapier

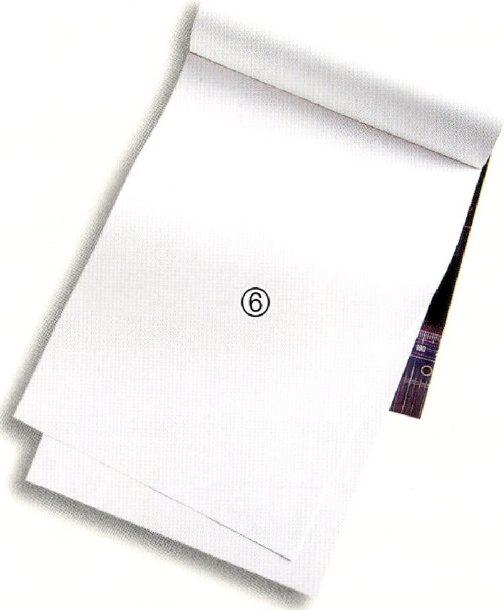

Vorbereitungen

Es lohnt sich, den Arbeitsplatz sorgfältig einzurichten, da Sie hier über längere Zeit hinweg arbeiten werden. Nur so können Sie die Kalligraphie voll und ganz auskosten.

Der Arbeitsplatz

Auch wenn Sie daran gewöhnt sind, auf ebenen Flächen zu schreiben, kann eine geneigte Arbeitsfläche einer Belastung des Rückens vorbeugen. Sie verhindert außerdem das Klecksen der Feder. Empfohlen wird ein Neigungswinkel von 45°. Probieren Sie einfach aus, wie Sie sich am wohlsten fühlen.

Im Handel sind unterschiedliche Zeichenbretter erhältlich, einige sind stufenlos, andere in mehreren Stufen verstellbar. Sie können aber auch Ihr eigenes Brett herstellen, indem Sie eine Sperrholzplatte auf ca. 45 x 60 cm zuschneiden, die Kanten abschleifen und Bücher unter das Brett legen.

Um die Oberfläche einer neuen Platte für das Schreiben vorzubereiten, muss sie zuerst abgepolstert werden. Bedecken Sie das Brett mit mehreren Lagen Zeitungs- oder Altpapier und legen Sie darüber ein Blatt weißes Papier. Befestigen Sie das Papier mit Kreppband am Brett. Verwenden Sie immer ein Schutzblatt, da die Aufnahmefähigkeit des Papiers für die Tinte durch das Hautfett Ihrer Hand beeinträchtigt wird.

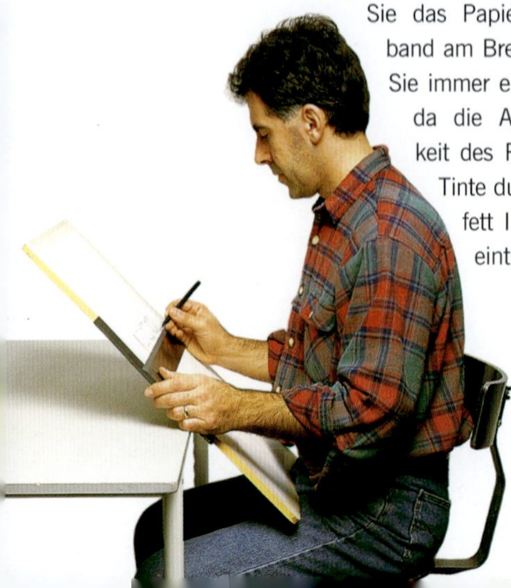

Halten Sie Ihr Brett so, dass Sie Ihr Rücken beim Schreiben ganz gerade ist.

Das Brett polstern

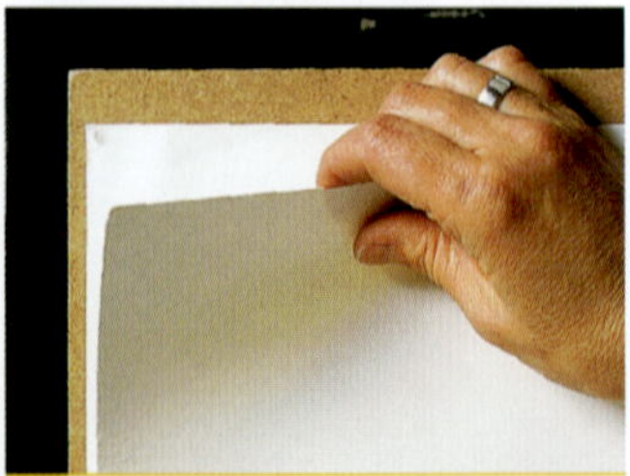

1 Legen Sie einige Schichten Altpapier auf Ihr Brett und bedecken Sie es mit weißem Papier.

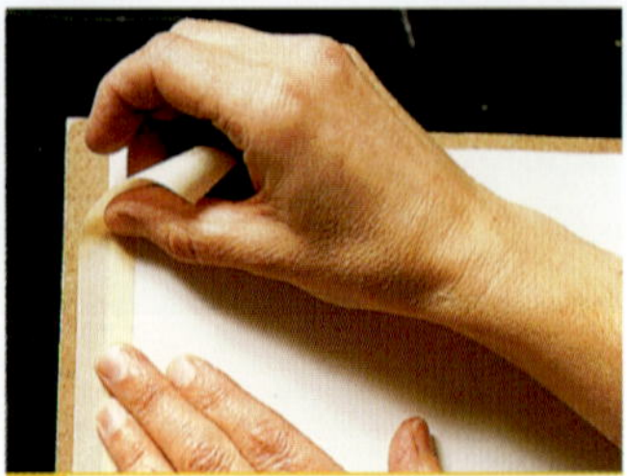

2 Fixieren Sie die Papiere mit Kreppband. Nicht über die Kanten hinauskleben.

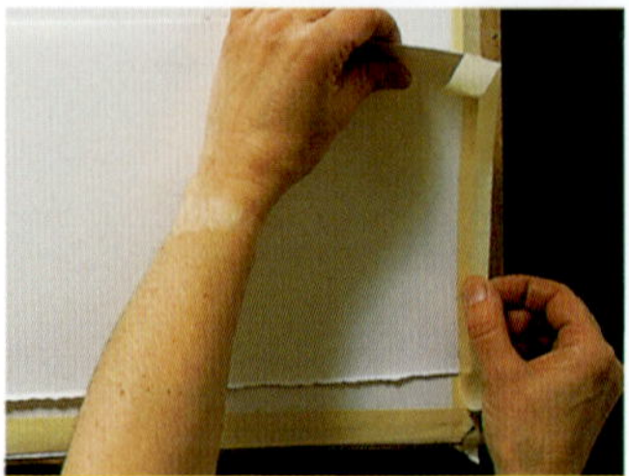

3 Befestigen Sie ein schmales Blatt Papier als Schutzblatt auf Schreibhöhe lose am Brett.

Wenn Sie hauptsächlich bei Tageslicht arbeiten, sollten Sie Ihren Tisch in Fensternähe aufstellen. Für das Arbeiten zu anderen Tageszeiten oder unter schlechten Lichtverhältnissen brauchen Sie auf jeden Fall eine Schreibtischlampe. Achten Sie darauf, dass Ihre Hand keinen Schatten auf das Blatt wirft. Falls Sie viel mit Farbe arbeiten wollen, können Sie auch eine Tageslichtbirne verwenden. Ihr Licht ist leicht blaustichig und wird deswegen allerdings oft als „kalt“ empfunden.

Das Schreiben mit der Feder

Stellen Sie die Tinte auf der Seite Ihrer Schreibhand ab, damit Sie zum Auffüllen der Feder nicht über das Papier reichen müssen. Befestigen Sie das Tintenfass am besten mit etwas Kreppband am Tisch, damit es nicht umkippen kann.

Falls Sie eine neue Feder verwenden, sollten Sie zuerst den Kontakt zwischen Feder und Papier erforschen, da sich hier jedes Fabrikat unterschiedlich verhält. Für Anfänger ist eine Federbreite von 2mm empfehlenswert:

Arbeiten Sie mit dem Tintenfass auf der Seite Ihrer Schreibhand.

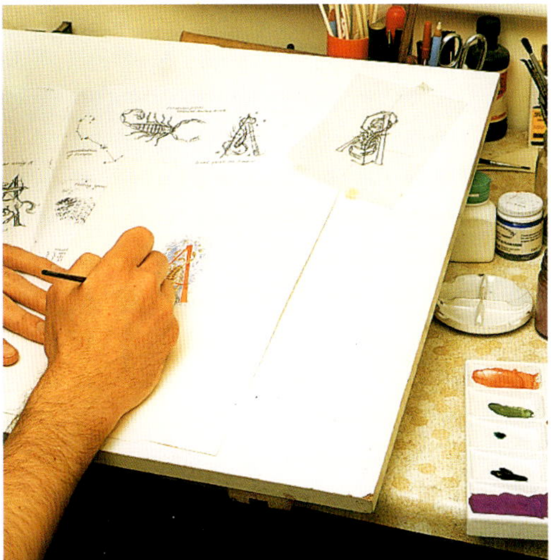

Linkshänder

Schieben Sie das Zeichenbrett etwas nach links. So müssen Sie Ihr Handgelenk weniger stark verdrehen, um mit dem gleichen Federwinkel wie ein Rechtshänder schreiben zu können. Für Linkshänder, die in der so genannten „Hakenposition“ schreiben, ist es manchmal leichter, die Buchstaben von unten nach oben zu schreiben. Die für die Schrift angegebene Strichfolge müssen Sie dann rückwärts durchgehen.

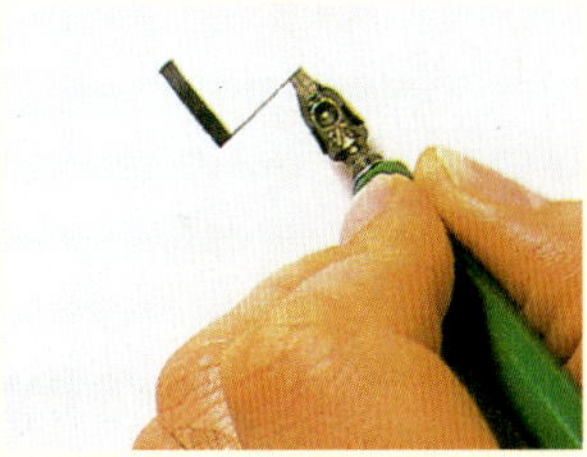

Drehen Sie das Handgelenk nach links, um diese Zickzack-Linien mit dem Wechsel von dicken und dünnen Strichen zu zeichnen.

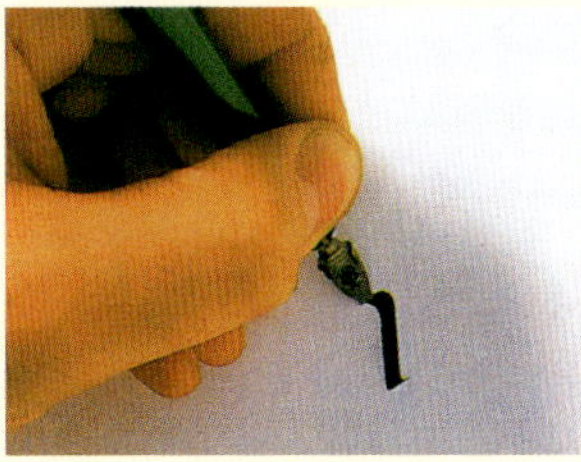

Wenn Sie in der Hakenposition schreiben, können Sie die angegebene Strichfolge umkehren.

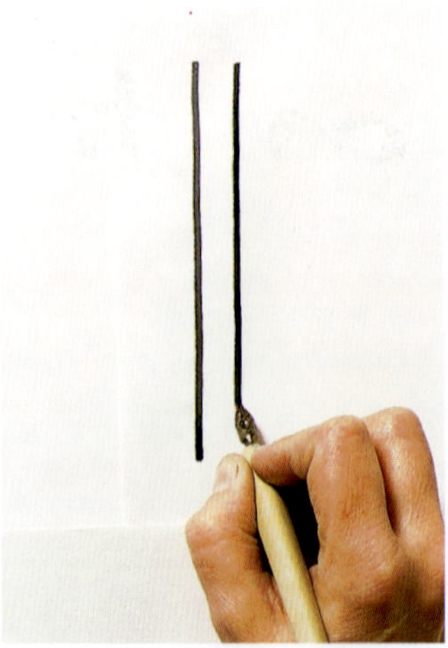

Beim Zeichnen der langen Linien können Sie feststellen, wieviel Tinte das Reservoir halten kann. Wenn ein Strich mit ausgefranster Kante entsteht, müssen Sie mit gleichmäßigerem Druck schreiben. Mit Zickzacklinien üben Sie den konstanten Federwinkel.

bei relativ breiten Strichen lässt sich die Federführung am besten beurteilen.

Ziehen Sie zu Beginn die Feder kurz seitwärts, damit die Tinte sich vom Schlitz über die ganze Feder verteilt. So entsteht auch eine „Serife" – ein kleiner, hakenförmiger Anstrich.

Zeichnen Sie anschließend lange, gerade Linien. Um den Tintenfluß zu verbessern, sollten diese Striche mit winzigen Serifen eingeleitet werden. Ausgefranste Kanten sind ein Zeichen dafür, dass Ihre Feder zu wenig Kontakt mit dem Papier hat.

Bei einer neuen Feder sollten Sie beim Eintauchen zuerst überprüfen, ob sich die Tinte gleichmäßig auf der Metalloberfläche verteilt. Es kann sein, dass sich auf der Feder noch eine Ölschicht oder ein Schutzlack befindet. Die Ölschicht können Sie mit Reinigungsmittel abwaschen; den Schutzlack entfernen Sie, indem Sie die Feder über eine Streichholzflamme halten. Behandeln Sie nur den ersten Zentimeter auf beiden Seiten der Federspitze. Die Feder sollte nicht überhitzt werden, zwei oder drei Sekunden auf jeder Seite sind genug. Tauchen Sie die Feder zum Abkühlen in kaltes Wasser und überprüfen Sie die Verteilung der Tinte auf der Feder erneut.

Sobald Sie mit dem „Griff" der Feder auf dem Papier zufrieden sind, können Sie Schreiblinien ziehen oder ein vorliniertes Blatt unter das Papier legen. Üben Sie zuerst den regelmäßigen Wechsel von fetten und feinen Linien. Behalten Sie beim Zeichnen der Zackenlinien eine Federneigung von ca. 45° bei. Es ist sehr wichtig, das Konzept des „Federneigung" zu verstehen: er ist ein entscheidender Faktor beim Schreiben einer Schrift.

Halten Sie die Feder weiterhin im 45°-Winkel und ziehen Sie waagerechte und senkrechte Linien. Sie können anhand der Linien feststellen, ob Sie den 45°-Winkel beibehalten: die waagerechten und senkrechten Linien sollten gleich breit sein.

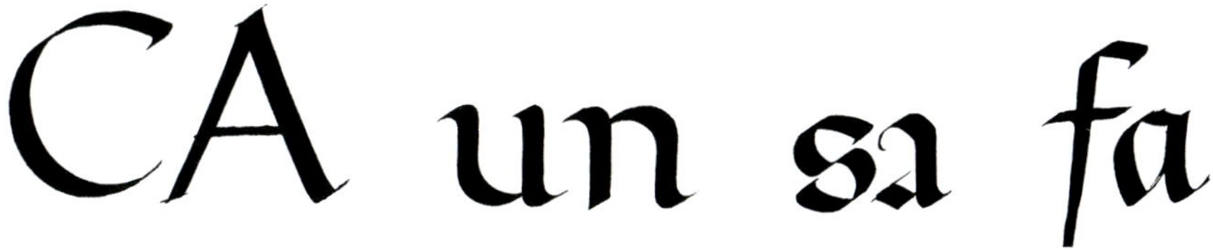

Diese Buchstaben wurden mit der Feder im 30°-Winkel geschrieben.

Versuchen Sie nun, mit einem 30°-Winkel zu schreiben, und beobachten Sie die Unterschiede. Zum Abschätzen des Winkels können Sie entweder einen Winkelmesser oder das auf dieser Seite abgebildete Diagramm verwenden. Zeichnen Sie nochmals Zackenlinien. Sie werden feststellen, dass die feinen Linien länger und die fetten Linien kürzer ausfallen. Vergleichen Sie waagerechte und senkrechte Striche: die senkrechten sollten breiter sein als die waagerechten. Versuchen Sie doch mal, Buchstaben oder einfache Skizzen zu zeichnen und denken Sie daran, dass die senkrechten Striche dicker als die waagerechten sein sollen.

Einige Regeln gelten für alle Alphabete in diesem Buch – dazu gehören die verschiedenen Federwinkel, die wir gerade besprochen haben, und die Federbreiten, zu der wir jetzt kommen:

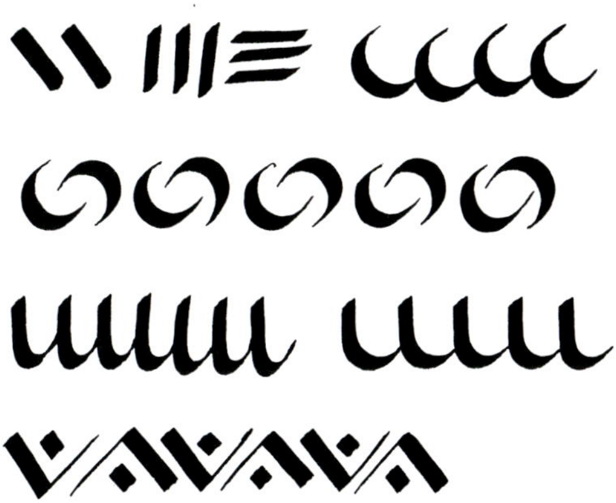

Üben Sie die in den ersten beiden Zeilen abgebildeten Formen, damit Sie sich an den Federwinkel von 30° gewöhnen – die Senkrechten sollten hierbei fetter als die Waagerechten sein.
Die unteren Zeilen sind mit einem Federwinkel von 40° geschrieben.

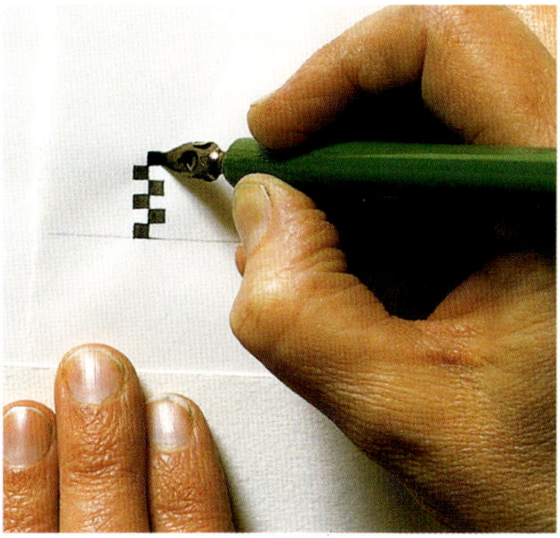

Federbreiten

Die Bezeichnung „Federbreiten" gibt an, wie oft die Breite der Feder in die Höhe eines Buchstabens passt. Ein Wort, das mit einer Höhe von vier Federbreiten geschrieben wurde, wirkt völlig anders, wenn es mit einer Höhe von sieben Federbreiten geschrieben wird. Achten Sie auf diese Maßangabe, wenn Sie eines der Musteralphabete schreiben wollen, und passen Sie den Zeilenabstand

Halten Sie die Feder beim Zeichnen der Kästchen zum Abmessen der Schrifthöhe genau senkrecht.

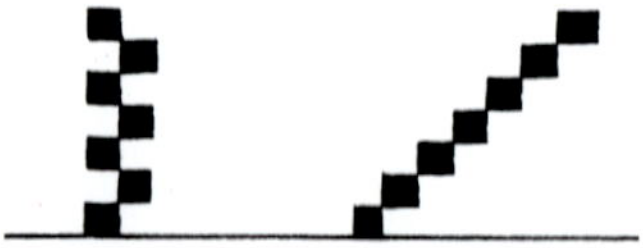

Zeichnen Sie mit der Feder übereinander liegende Kästchen. Sie können diese entweder als Leiter oder in Form einer Treppe anordnen.

„Dick" und „dünn"

Kalligraphie kommt erst dann richtig zur Geltung, wenn das Geschriebene „knackig“ wirkt. Deshalb muss innerhalb einer Buchstabenform ein deutlicher Unterschied zwischen breiten und schmalen Strichen erkennbar sein. Das „O“ muss also eindeutig zuzuordnende dünne und dicke Teile aufweisen. Genauso sollten auch An- und Abstriche dementsprechend an. Für den Anfang ist eine breite Feder (ca. 2 mm) am besten geeignet.

Halten Sie, um die Federbreiten einzuzeichnen, Ihre Feder senkrecht, und versuchen Sie dabei so genau wie möglich vorzugehen. Vermeiden Sie Überschneidungen oder Lücken. Machen Sie mehrere Versuche – wenn es anfangs große Unterschiede gibt, dann nehmen Sie den Durchschnittswert als Maßgabe.

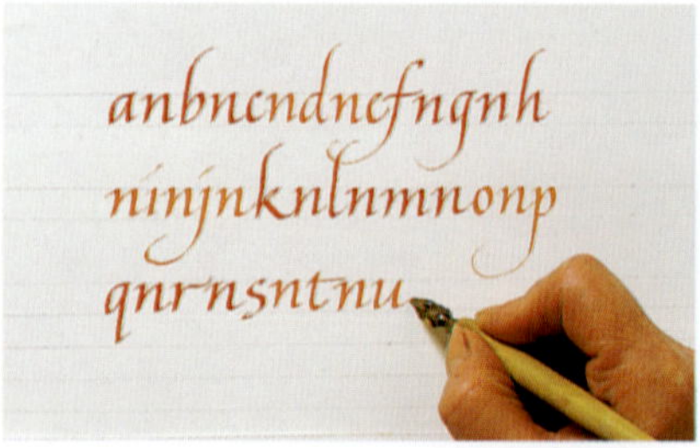

Der Unterschied zwischen dicken und dünnen Linien ist bei diesem kursiven Alphabet deutlich erkennbar.

Praktische Tipps

Das Ziehen von exakten Linien ist wichtig, damit die Schrift in Höhe und Gewicht einheitlich wirkt. Das genaue Arbeiten bei großen Schriftgraden macht sich später bei kleineren Größen bezahlt, wenn es auf das kleinste Detail ankommt.

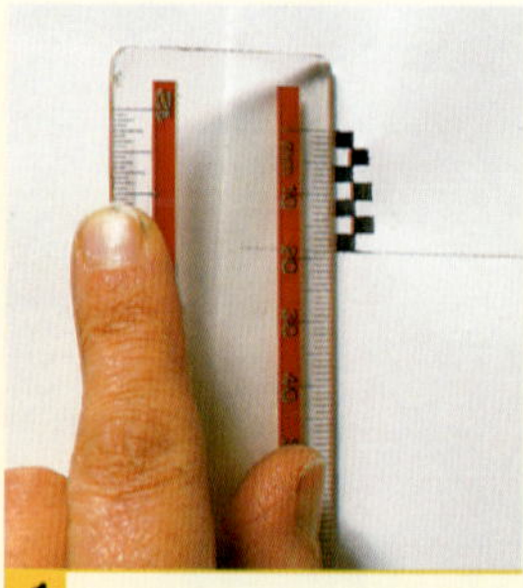

1 Finden Sie anhand des Schriftenkompass heraus, wieviele Federbreiten als Schrifthöhe angegeben sind. Die „Kästchen“ sollten immer mit der Schreibfeder gezeichnet werden. Messen Sie die Höhe der Federbreiten mit einem transparentem Lineal . Verwenden Sie dann eine der folgenden Methoden.

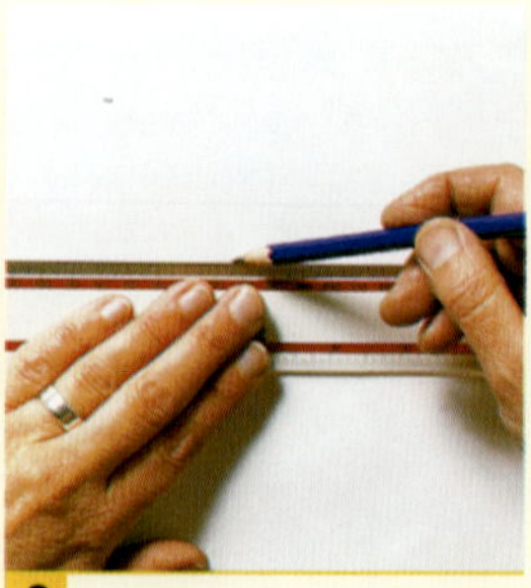

2 Benutzen Sie einen spitzen Bleistift und übertragen Sie die Maßeinheiten mit Hilfe des Lineales an die seitlichen Papierränder. Verbinden Sie die Markierungen mit geraden Linien.

wirklich als Haarlinie auslaufen und nicht in einer Verdickung enden. Sie erreichen diese klare Abgrenzung, indem Sie auf die Neigung Ihrer Feder achten und Fingerspitzengefühl für die Position der Feder auf dem Papier entwickeln.

Beim Messen der Schrifthöhe von Kleinbuchstaben werden die Ober- und Unterlängen nicht miteinbezogen. Der Zeilenabstand muss jedoch so berechnet werden, dass sich die Ober- und Unterlängen möglichst nicht überschneiden.

Schreiblinien ziehen

Überprüfen Sie bei jeder Schrift, wieviele Federbreiten als Abstand zwischen den Schriftlinien angegeben sind; dadurch erhalten Sie die Körper- oder x-Höhe. Berechnen Sie den Zeilenabstand möglichst so, dass die Ober- und Unterlängen der Kleinbuchstaben sich nicht überschneiden. Sie können auch den unten abgebildeten Zeilenabstand von doppelter x-Höhe verwenden. Befolgen Sie die Anleitungen für jede der Schriften gewissenhaft, denn die Unterschiede sind oft sehr subtil. Üben Sie zuerst so lange mit einem Alphabet, bis Sie mit seinen Gesetzmäßigkeiten vertraut sind. Dann können Sie sich an der nächsten Schrift versuchen.

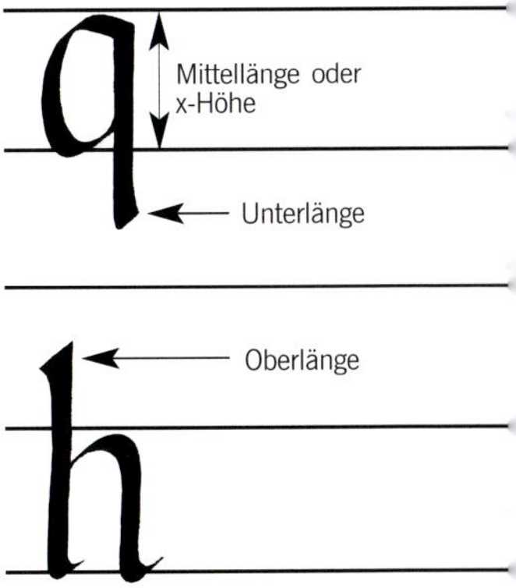

Lassen Sie zwischen den Zeilen immer genügend Abstand, damit sich die Ober- und Unterlängen nicht überschneiden.

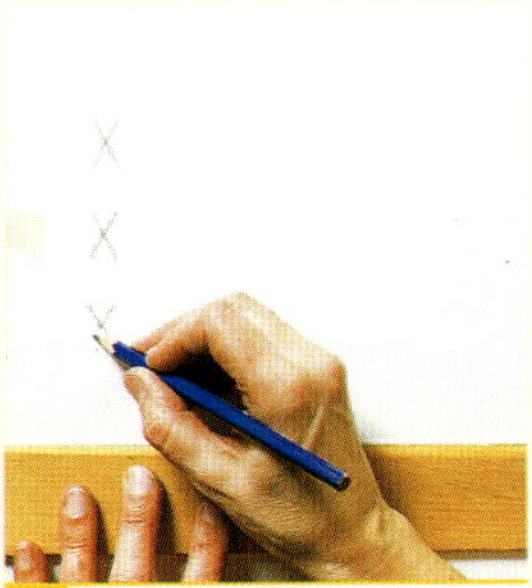

3 Zeichnen Sie die Markierungen nur an einer Seite des Papieres ein und benutzen Sie eine Reißschiene, um parallele Linien zu ziehen.

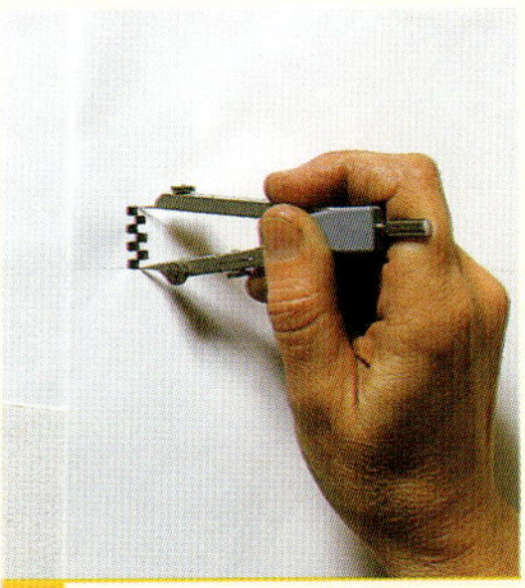

4 Stellen Sie einen Spitzzirkel genau auf die Buchstabenhöhe ein.

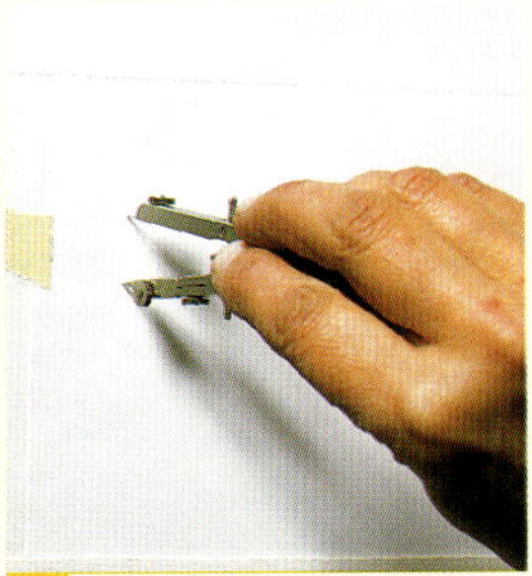

5 Übertragen Sie dieses Maß, indem Sie mit dem Zirkel den Papierrand hinabschreiten und dabei Löcher hinterlassen. Wiederholen Sie dies auf der anderen Seite des Blattes, es sei denn, Sie benutzen eine Reißschiene.

Textgestaltung und Layout

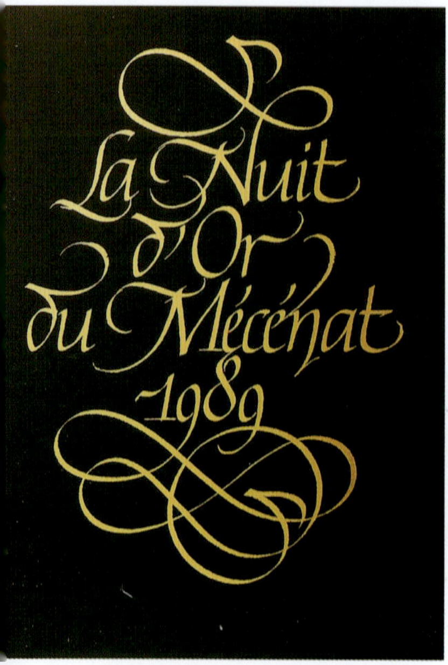

Hier wurde ein einfaches, zentriertes Layout mit dekorativen Schnörkeln verziert.

Das Layout hat einen großen Einfluß darauf, wieviel Raum und Licht eine Seite hat; gleichgültig, ob Sie nun einen einzelnen Namen auf eine Karte schreiben oder ein ganzes Gedicht. Die Wörter müssen ein stimmiges Gesamtbild ergeben, deshalb ist das Anordnen des Textes auf der Seite ein wichtiger Bestandteil des Designprozesses. Die Seitenränder sollten großzügig sein, damit der Text genügend Freiraum hat. Betrachten Sie auch die Gesamtform des Textes: das Gewicht sollte weder zu sehr auf einer Seite konzentriert sein, noch sollte der Text „bauchig" wirken. Sie können schließlich auch ein Textelement als Blickfang besonders hervorheben, indem Sie es z.B. größer oder fetter schreiben.

Funktion

Prüfen Sie Ihre Entwürfe, indem Sie den späteren Betrachterstandpunkt einnehmen – z.B. das andere Ende des Raumes, wenn es sich um ein Poster handelt. So können Sie beurteilen, ob Sie Schriftgröße oder -stärke abändern müssen, oder ob der Text anders angeordnet werden muss.

Der Name auf einer Platzkarte muss zum Beispiel fett geschrieben werden, damit man ihn auch noch im Stehen gut lesen kann. Die Buchstaben einer Grußkarte oder eines Buches können kleiner ausfallen, da hier der Leseabstand weniger als eine Armlänge beträgt.

Unterscheiden Sie beim Arbeiten mit größeren Textmengen Wichtiges von Unwichtigem und bilden Sie logische Gruppen. Experimentieren Sie mit Schriftgröße, Schriftstärke und der Anordnung des Textes, um das Gesamtbild interessant zu gestalten. Als Blickfang könnten Sie zum Beispiel ein oder zwei Worte besonders hervorheben. In diesem Fall sollte der restliche Text zurückhaltender gestaltet werden, um das Lesen zu erleichtern, wenn Ihr Text erst einmal die Aufmerksamkeit des Betrachters erregt hat. Heben Sie niemals zu viele Dinge auf einmal hervor – das lenkt den Betrachter ab.

Skizzen und Klebemontagen

Um ein Layout zu planen, müssen Sie zunächst Entwürfe zeichnen. Skizzieren Sie mit einem weichen Bleistift oder dünnen Filzstift unterschiedliche Ideen. Experimentieren Sie mit Hoch- oder Querformat, Auszeichnungen und Größenunterschieden. Behalten Sie hierbei im Auge, ob das Design ausgewogen wirkt, und achten Sie darauf, ob die weißen Flächen das Design stören oder unterstützen. Sobald Sie einige Ideen zu Papier gebracht haben, können Sie den ganzen Text auf ein Übungsblatt schreiben. So können Sie besser beurteilen, wieviel Platz die Wörter später einnehmen werden. Zerschneiden Sie nun den Text in einzelne Wortblöcke und verschieben Sie diese solange, bis Sie einen zufriedenstellenden Layoutentwurf erhalten.

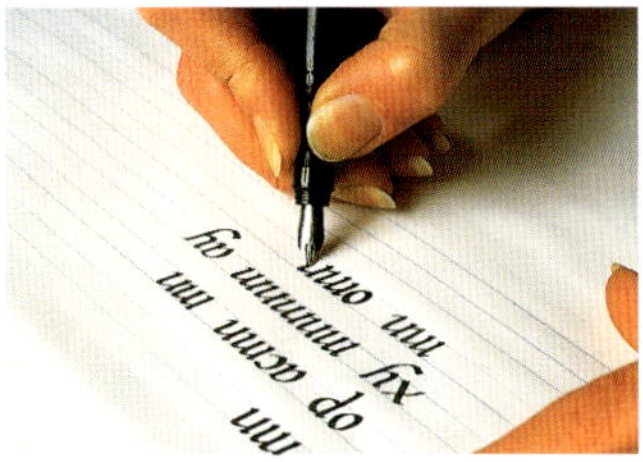

Schreiben Sie den Text auf ein Übungsblatt.

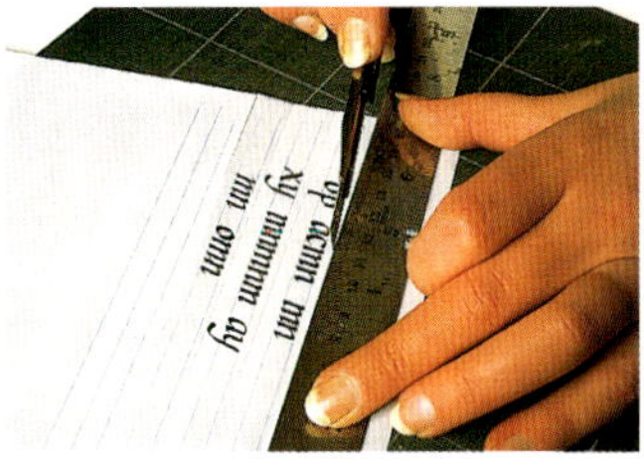

Zerschneiden Sie den Text in einzelne Zeilen.

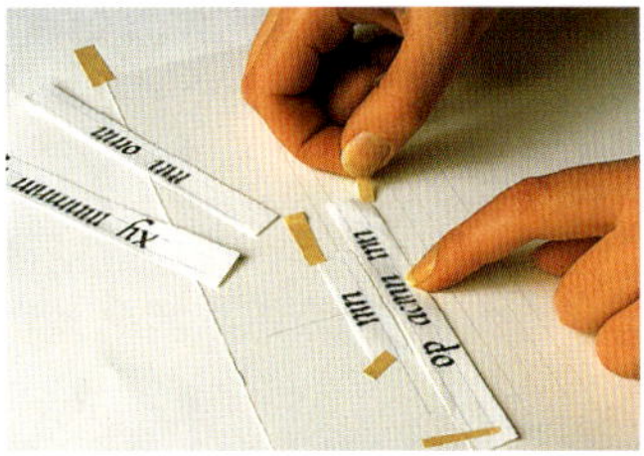

Experimentieren Sie so lange mit der Anordnung, bis ein zufriedenstellendes Ergebnis erreicht ist. Gehen Sie dabei sorgfältig vor.

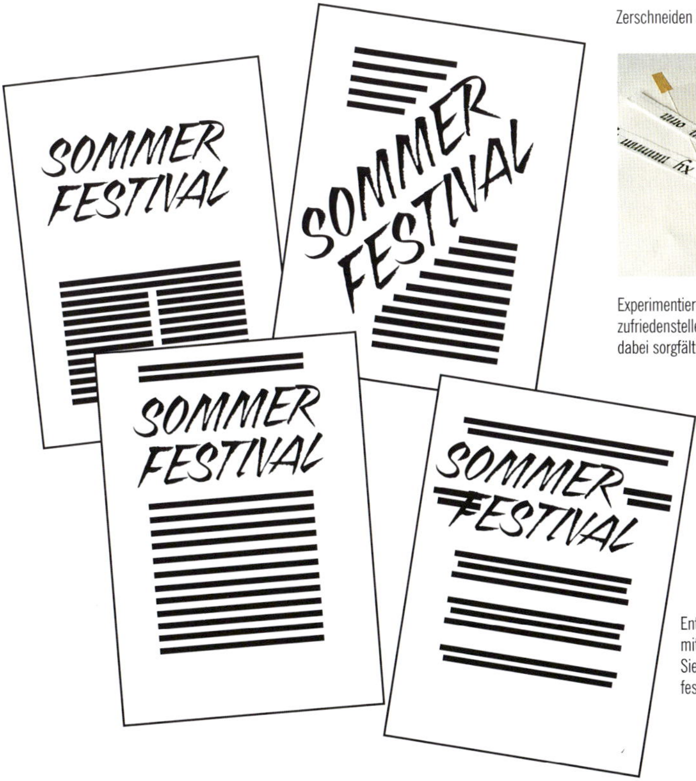

Entwürfe für ein Sommerfest – skizzieren Sie mit einem Filzstift mehrere Ideen. So können Sie Gewichtung und Aufteilung des Textes festlegen.

Zentrierte und asymmetrische Entwürfe im Hoch- und Querformat.

Gleichgewicht

Ein zentriertes Textlayout lässt sich am einfachsten ausbalancieren, egal, ob es horizontal oder vertikal angeordnet wird. Es wird häufig bei formelleren Arbeiten wie z.B. Urkunden eingesetzt. Die Zeilenlängen sollten ausgeglichen wirken, mit einem regelmäßigen Wechsel zwischen kürzeren und längeren Zeilen. Am Ende des Textes werden oft kürzere Zeilen verwendet. Zusätzliche Angaben wie etwa der Name des Autors sollten ebenfalls zentriert sein, da sonst das Gleichgewicht des Gesamtlayouts gestört wird. Sie können die Textzeilen auch asymmetrisch anordnen. Achten Sie jedoch darauf, dass ein ausgeglichener Gesamteindruck entsteht: eine nach rechts verschobene Zeile sollte durch eine nach links verschobene ausgeglichen werden.

Ränder

Lassen Sie auf allen vier Seiten des Textes Platz frei, damit das Auge den Text als Ganzes erfassen kann. Sie können die Ränder auch zuschneiden. Befolgen Sie zuerst die Regeln; später können Sie diese bewusst brechen, wenn Sie damit einen bestimmten Effekt erzielen wollen.

2–3

Der untere Rand sollte breiter gehalten sein, da der Text sonst wirkt, als würde er nach unten absacken. Die übrigen Ränder sollten etwa gleich breit sein. Sie können jedoch bei einem Entwurf im Hochformat den oberen Rand etwas vergrößern, bei einem Querformat die seitlichen Ränder.

2,5 2,5

Beim Prüfen Ihrer Entwürfe sollten Sie auf freie Flächen innerhalb des Designs achten und diese mit den Randflächen vergleichen. Größere Lücken unterbrechen den Textfluss und können störend wirken, es sei denn, Sie wollen damit bestimmte Textpassagen hervorheben.

5

Hier sehen Sie ein gut ausgewogenes Standard-Layout. Der seitliche und obere Rand ist großzügig. Der untere Rand sollte Im Vergleich doppelt so groß sein.

Kontrast und Betonung

Um den Text interessant zu gestalten, können Sie Größe, Stärke oder Art der Schrift variieren. Beachten Sie folgende Gesichtspunkte:

- Fett – fein
- Groß – klein; die Textmenge sollte variieren
- Versalien – Kleinbuchstaben
- formal – frei
- normal – kursiv
- Gegensätze: hell – dunkel, warm – kalt
- Zwei kontrastierende Schriftarten
- Spannungsreiche Anordnung
- Verschiedene Farben
- Gleichmäßige oder ungleichmäßige Gewichtung
- Der negative Raum als Gestaltungselement
- ... und jede Kombination aus diesen

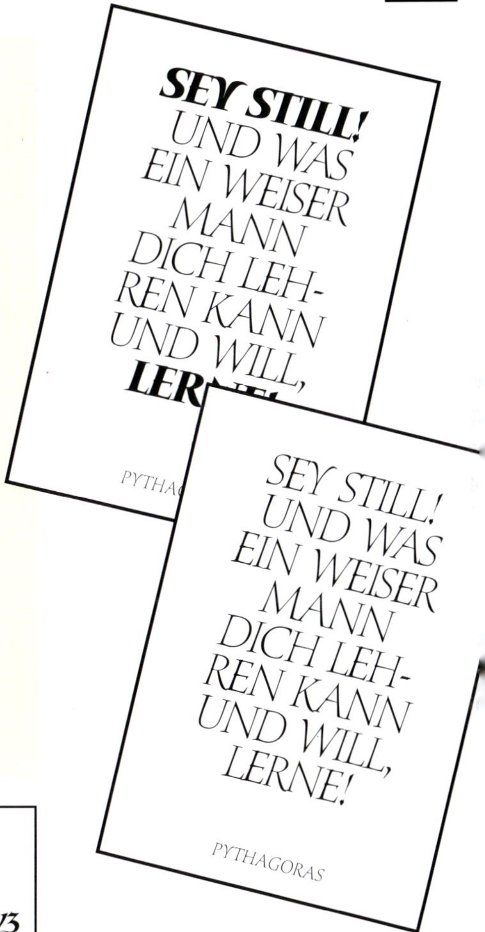

Die unterschiedlichen Schriftstärken verleihen dem Text Nachdruck.

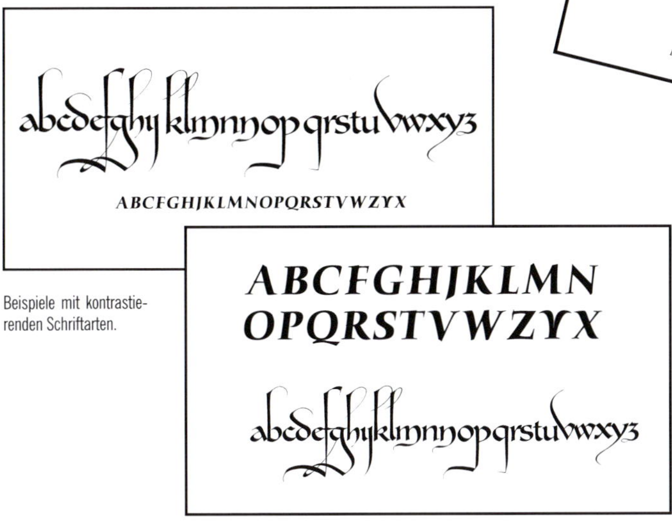

Beispiele mit kontrastierenden Schriftarten.

Zusätzliche Designelemente

Manchmal müssen zusätzliche Elemente in das Design eingefügt werden, wie z.B. Logos, Embleme, Zeichnungen oder Schmuckränder. Sie sollten von Anfang an in den Designprozess miteinbezogen werden, da zwischen ihnen und dem Text immer eine Wechselbeziehung besteht. Fragen Sie sich, ob das Element wirklich notwendig ist, oder ob es sinnvoller wäre, dem Text selbst mehr Ausdruck zu verleihen. Falls Sie es verwenden müssen, wie z.B. das Logo eines Kunden auf einer Urkunde, sollten Sie sich die Platzierung genau überlegen und verschiedene Größen ausprobieren. Gehen Sie dabei genauso sorgfältig vor, wie Sie es bei der Gestaltung von Text tun würden. Vorsicht ist bei Schmuckrändern geboten: sie können leicht die eigentliche Kalligraphie übertönen oder von dieser ablenken. Für den Anfang sollten Sie die Ränder einfach halten: beschränken Sie sich auf die Zeilen und variieren Sie deren Abstand und die Strichstärke der Buchstaben. Sie können auch schlichte, sich wiederholende Muster verwenden. Sie sollten sich immer fragen, ob die Schmuckränder das Design bereichern oder davon ablenken.

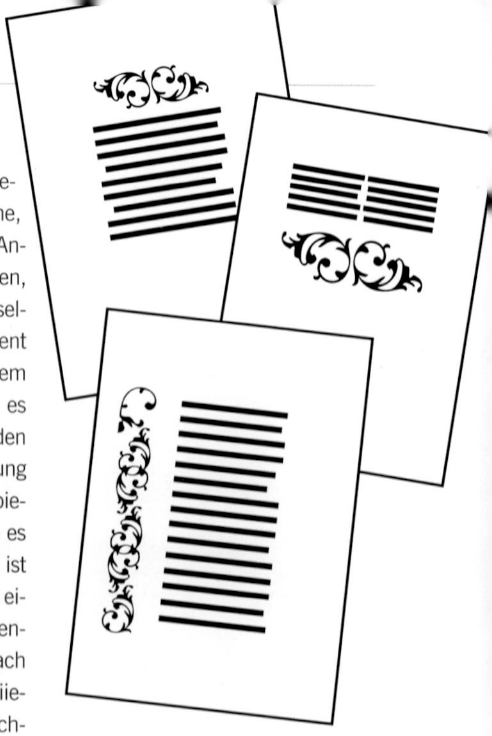
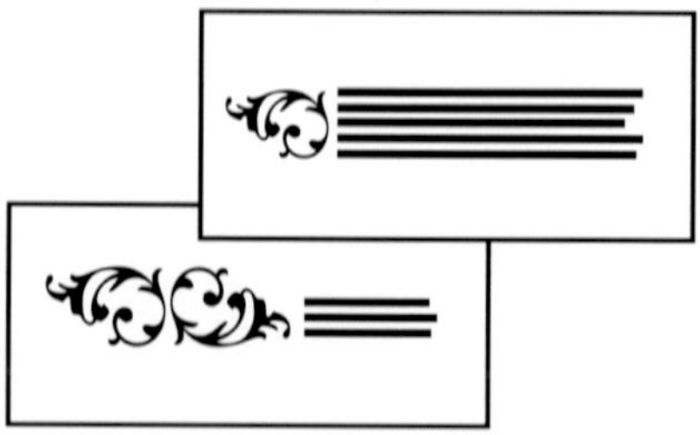

Die dekorativen Elemente und der Text sollten ein harmonisches Gesamtbild ergeben.

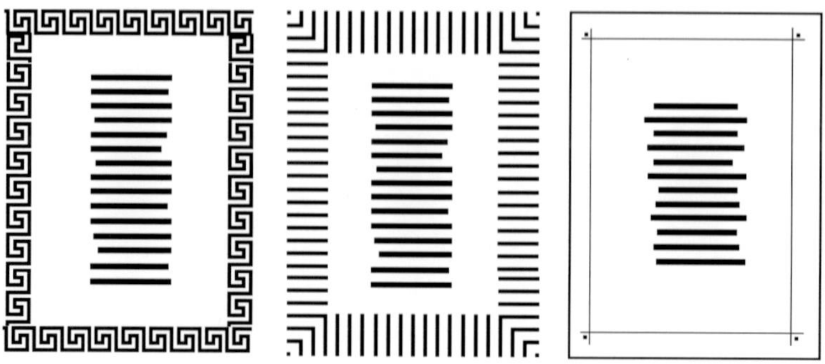

Von links nach rechts: Text und Rand bekämpfen sich; der Text verliert; der Text gewinnt

Das Gliedern von Informationen

Poster und Informationsblätter enthalten oft eine große Menge Text. Für den Kunden ist alles wichtig, es müssen jedoch Schwerpunkte gesetzt werden: Wenn jedes Wort schreit, kann man am Ende gar nichts mehr hören. Überprüfen Sie, was wichtig ist – z.B. das „Was?, Wo?, Wann? und „Warum?“ – und entscheiden Sie, welche Elemente hervorgehoben werden sollen. Gliedern Sie den Text durch Schriftgrad, Gewicht und Anordnung. Bilden Sie Informationsblöcke, damit das Auge die Informationen leichter erfassen kann. Gedichte und Prosa sind relativ leicht zu gestalten, da z.B. der Titel anders als der Text behandelt werden kann. Sie können jedoch damit experimentieren, anstelle des Titels einzelne Textpassagen hervorzuheben. Achten Sie darauf, dass Sie mit den Hervorhebungen nicht übertreiben. Fragen Sie sich immer, ob das, was Sie gerade tun, eine Verbesserung darstellt und die Aussage des Textes unterstreicht. Die Kalligraphie kann durch geschickte Anordnung auf der Seite an Ausdruck gewinnen. Als Anfänger sollten Sie Ihre Layouts vorerst einfach halten. Ambitioniertere Designs werden nach und nach von selbst folgen. Betrachten Sie die Arbeiten erfahrener Kalligraphen und analysieren Sie, ob und warum das Design geglückt ist. Für das Design gilt: Es gibt immer mehr als nur eine Lösung!

Poster müssen Aufmerksamkeit erregen, deshalb sollte das Layout dynamisch wirken.

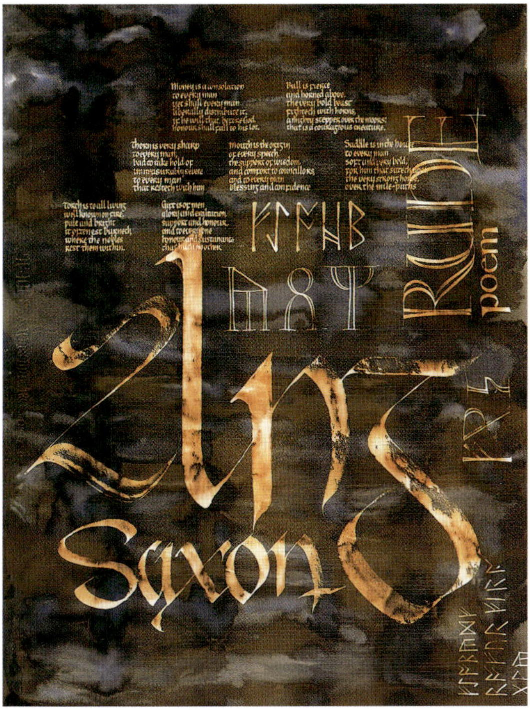

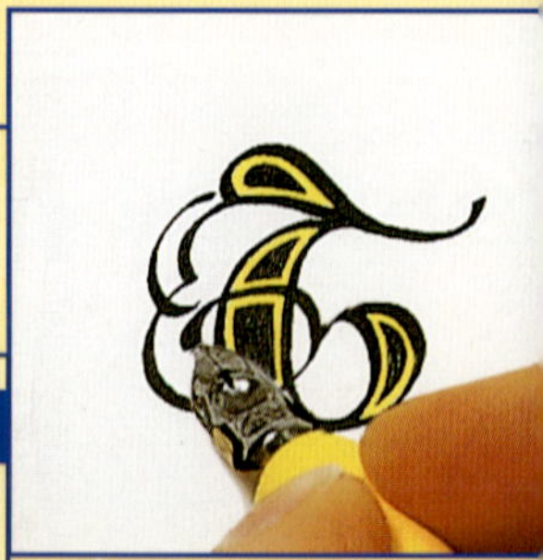

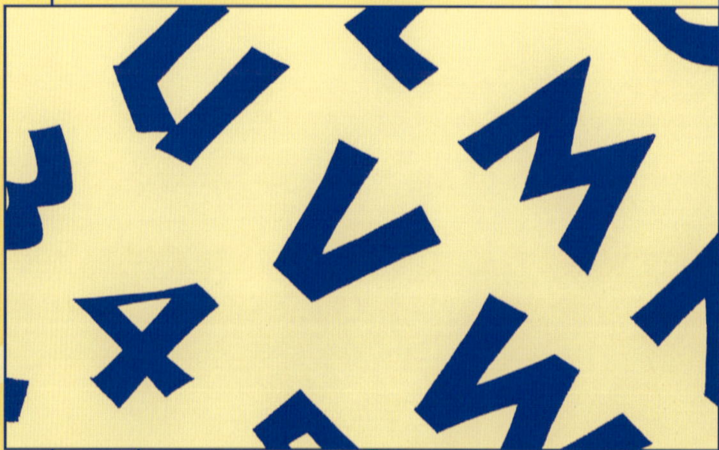

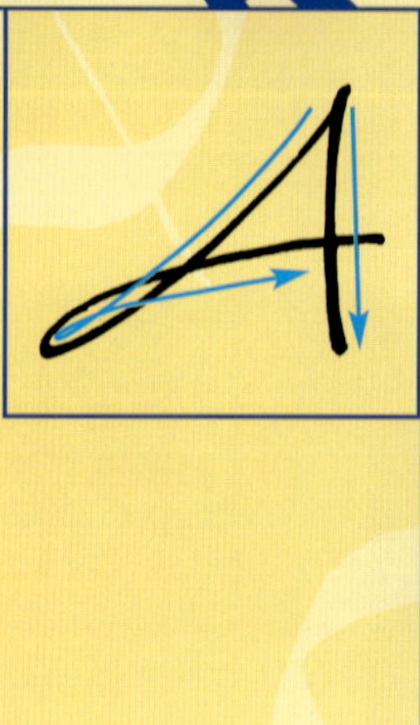

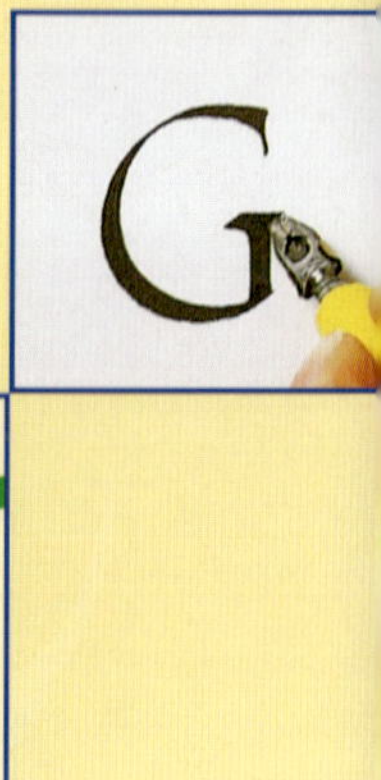

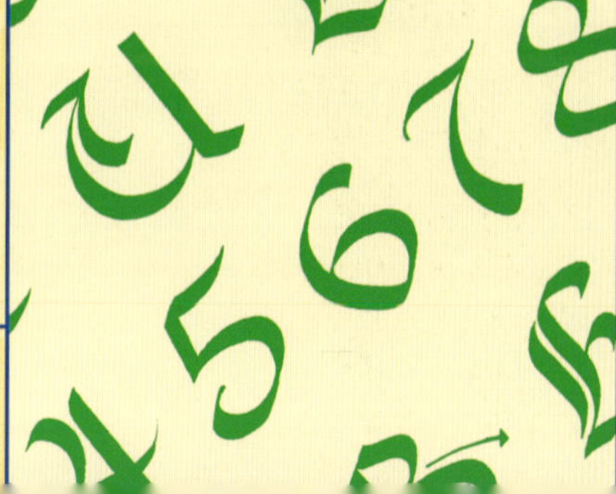

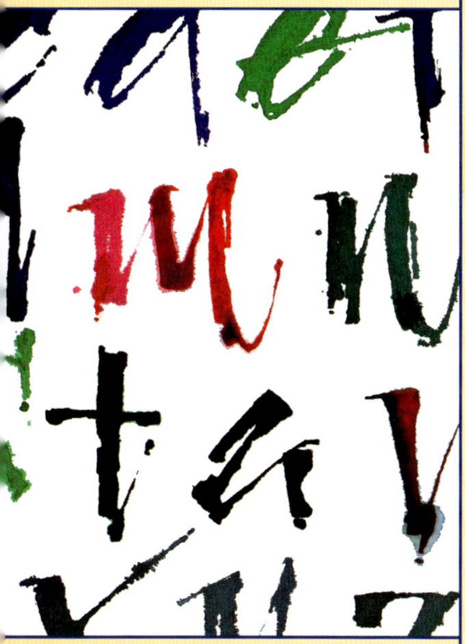

Die Schriften

Die 100 Schriften auf den folgenden Seiten sind nach historischer Reihenfolge geordnet, beginnend mit der römischen Antike. Sobald ein direkter Bezug zu den historischen Schriften besteht, werden auch moderne Varianten in diese Reihe aufgenommen. Buchstaben, die ursprünglich kein Bestandteil der Alphabete waren, wie das „j“, „u“, und „w“, wurden ebenfalls berücksichtigt. Bei den folgenden Beispielen wird immer die moderne Form des „s“ verwendet. Im Interesse weiterer Recherchemöglichkeiten – etwa im Internet – wird als Schriftbezeichnung in einigen Fällen die gebräuchlichere englische Form verwendet.

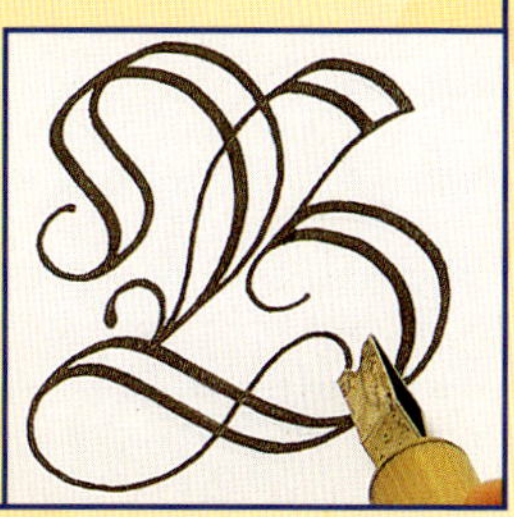

Kurzübersicht

Römisch

Die Versalien des Trajanischen Alphabets und der Rustika sind vor allem von gemeißelten Inschriften bekannt. Die Rustika wurde auch als Manuskriptschrift verwendet. Die Unziale stammt aus dem zweiten Jahrhundert nach Chr. Um 400 – 500 n. Chr. entstand die von den Inschriften abgeleitete Capitalis Quadrata. Von dieser Schrift sind nur sehr wenige Orginalausführungen erhalten.

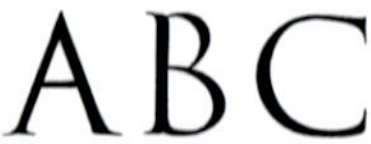

Seite 42 Das Trajanische Alphabet

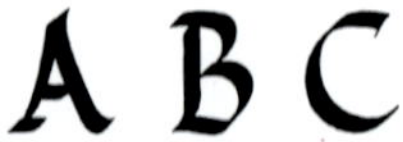

Seite 44 Römische Versalien, modern 1

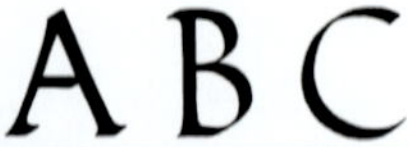

Seite 46 Römische Versalien, modern 2

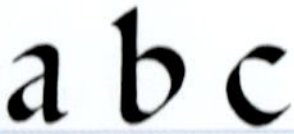

Seite 48 Römische Minuskel, modern

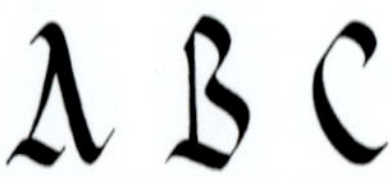

Seite 50 Rustika Versalien

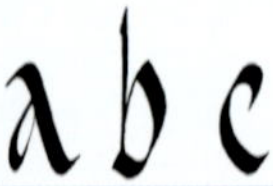

Seite 52 Rustika Minuskel, modern

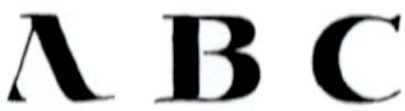

Seite 54 Capitalis Quadrata

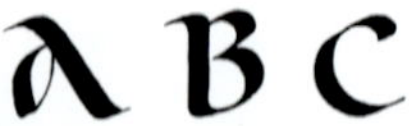

Seite 56 Unziale

Post-Römisch

Die hier gezeigten Schriften waren vom sechsten bis elften Jahrhundert gebräuchlich. Die Karolingische Minuskel, eine modern anmutende Schrift, war hierbei die Bedeutendste. Die Foundational, eine aus dem 20. Jahrhundert stammende Lehrschrift, wurde von einer englischen Version der Karolingischen Minuskel abgeleitet.

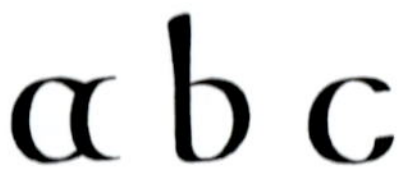

Seite 58 Halbunziale

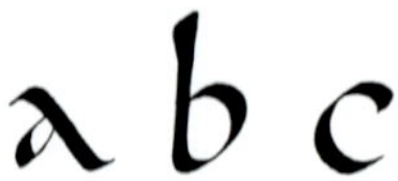

Seite 60 Karolingische Minuskel

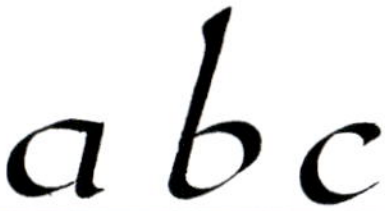

Seite 62 Freie Karolingische Minuskel, modern

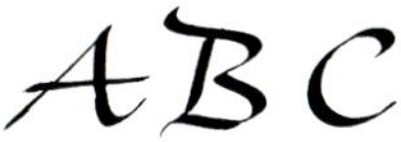

Seite 64 Freie Karolingische Versalien, modern

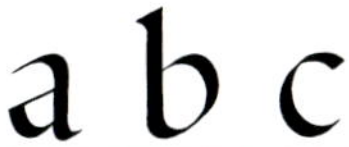

Seite 66 Foundational

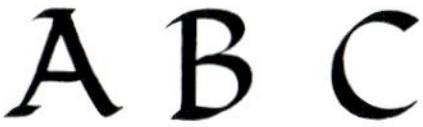

Seite 68 Foundational Versalien

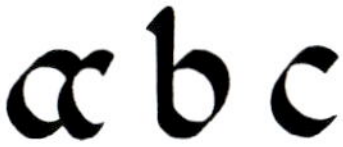

Seite 70 Beneventanische Minuskel

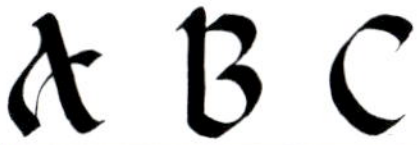

Seite 72 Beneventanische Versalien, modern

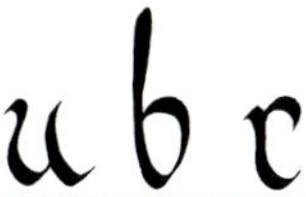

Seite 74 Luxeuil Minuskel

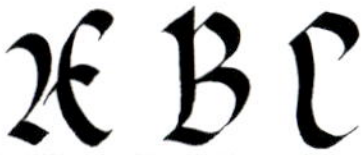

Seite 76 Luxeuil Versalien, modern

Insular

Die Bezeichnung Insular ist von dem lateinischem Begriff „insularis“ = „die Insel betreffend“ abgeleitet, und wird in Bezug auf Schriften der Britischen Inseln verwendet. Die Schriften konnten sich hier unabhängig von den Einflüssen des europäischen Festlandes zu eigenen Formen weiterentwickeln. Die wichtigste unter diesen war die irische Halbunziale. Hervorragende Beispiele für mit der Halbunziale geschriebene Werke sind das Buch der Kelten und die Lindisfarne Gospeln.

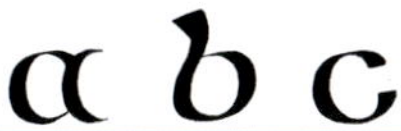

Seite 78 Irische Minuskel

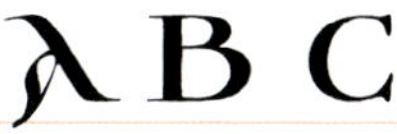

Seite 80 Künstliche Unziale

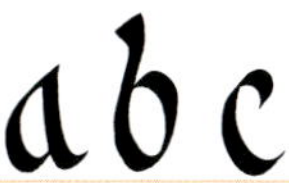

Seite 82 Irische Minuskel, spitz

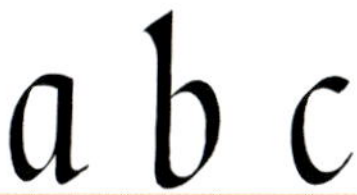

Seite 84 Angelsächsische Minuskel, kantig

Gotisch

Die gotischen Schriften entstanden um 1200 n. Chr. in Nordeuropa. Die Entwicklungsphase dauerte hierbei weniger als ein ein Jahrzehnt. Ihre Vorgänger, die frühgotischen Schriften, waren von der karolingischen und irischen Minuskel abgeleitet. Die „Textura Quadrata“ lässt sich leicht an den eckigen und komprimierten Buchstabenformen erkennen. Sie wurde oft zum Schreiben von Bibeln und Gebetsbüchern verwendet. Die Schriften für weltliche Zwecke, wie für Gesetzestexte und Handelsdokumente, wurden schneller und kursiver geschrieben.

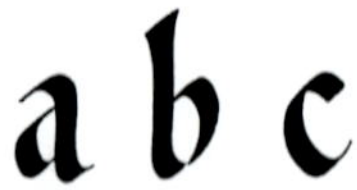

Seite 86 Frühgotische Minuskel

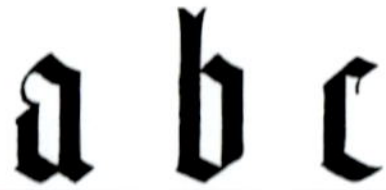

Seite 88 Gotische Textura Quadrata

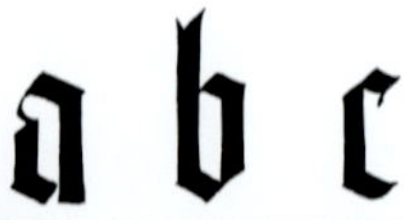

Seite 90 Gotische Quadrata Prescisus

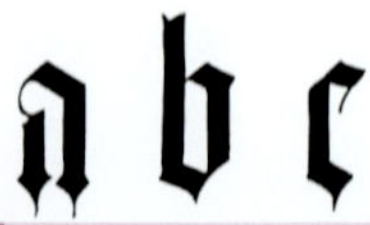

Seite 92 Quadrata, spitze Minuskel

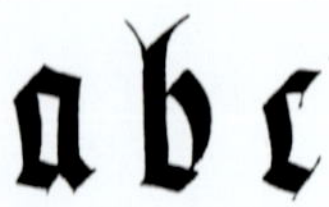

Seite 94 Gotische Minuskel, modern

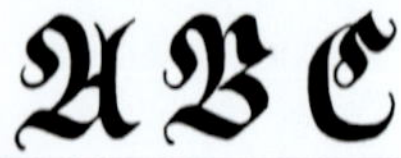

Seite 96 Gotische Versalien, modern

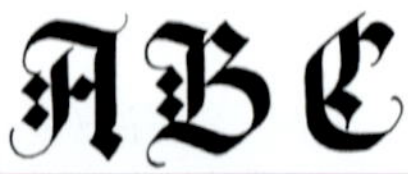

Seite 98 Gotische Versalien 1

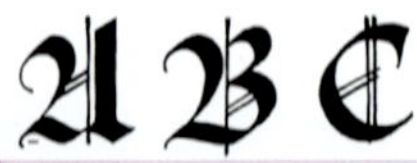

Seite 100 Gotische Versalien 2

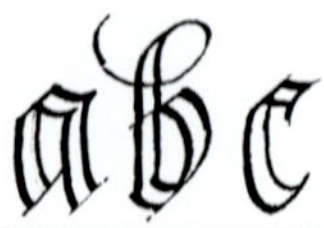

Seite 102 Gotische Minuskel, skelettartig

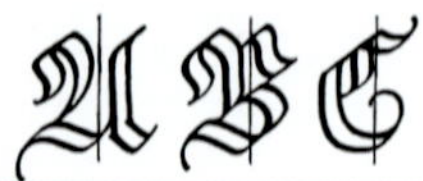

Seite 104 Gotische Versalien, skelettartig

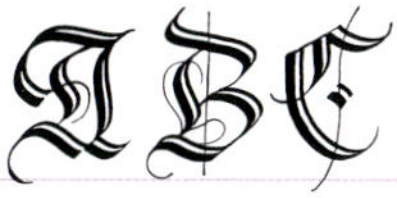

Seite 106 Gotische Initialen

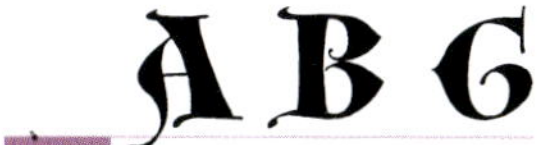

Seite 108 Langobardische Versalien

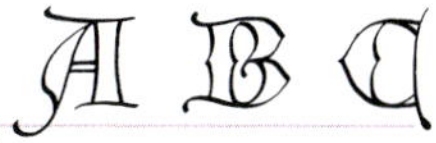

Seite 110 Langobardische Initialen

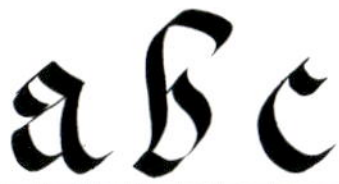

Seite 112 Secretary hand

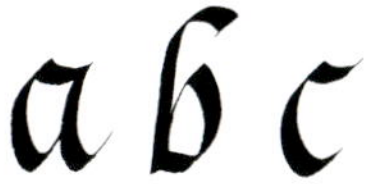

Seite 114 Secretary hand, modern

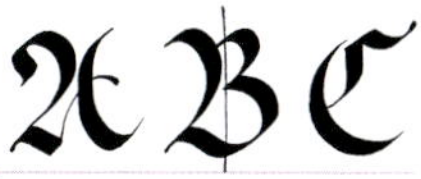

Seite 116 Secretary hand, Versalien

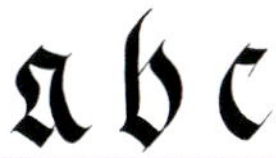

Seite 118 Fraktur Minuskel

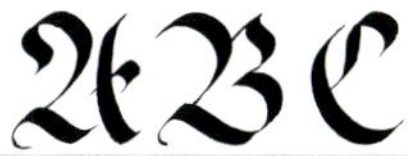

Seite 120 Fraktur Versalien

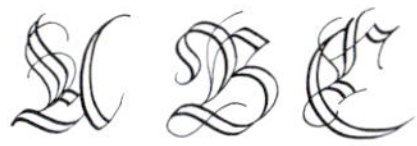

aSeite 122 Fraktur, verzierte Versalien

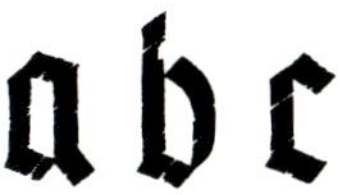

Seite 124 Schwabacher Minuskel, modern

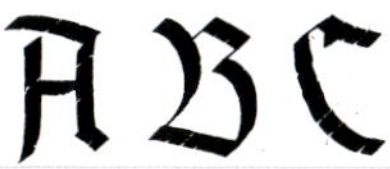

Seite 126 Schwabacher Versalien, modern

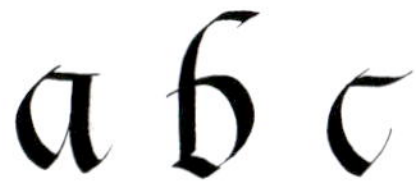

Seite 128 Bâtarde

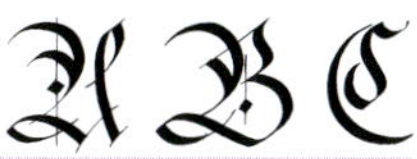

Seite 130 Bâtarde Versalien

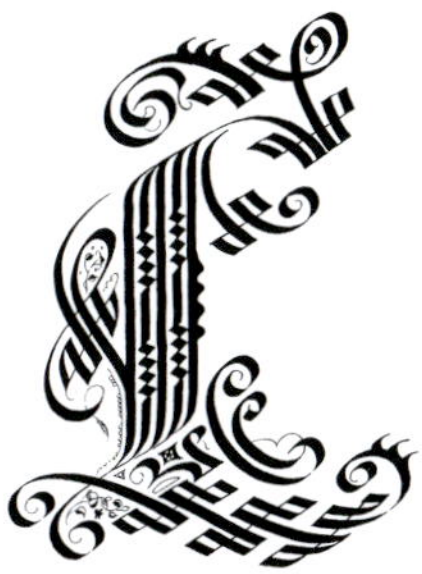

Seite 132 Cadeaux oder Cadels

Renaissance

Die ersten Versionen der humanistischen Schriften der Renaissance wurden wahrscheinlich um 1350 n.Chr. vom Poeten und Gelehrten Petrach in Norditalien entwickelt. Bereits um 1400 n. Chr. waren Sie in Italien weit verbreitet, genauso wie ihre „Verwandte", die Kursive. Gegen Ende des Jahrhunderts nutzten die Venizianer sie als Vorbild für ihre Satzschriften, wodurch ihre Position als bedeutende Schriften gesichert war. In der Mitte des 16. Jahrhunderts wurden sie von der päpstlichen Kanzlei in Rom übernommen, und dort weiter ausgearbeitet.

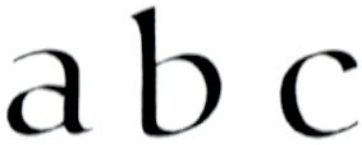

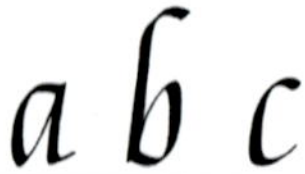

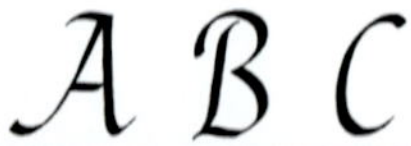

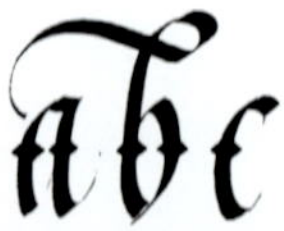

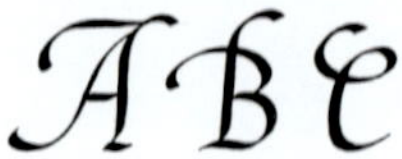

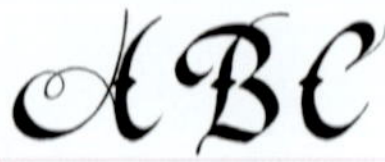

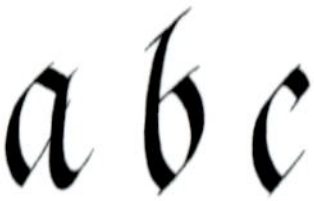

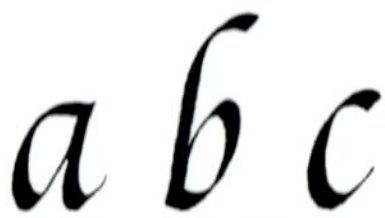

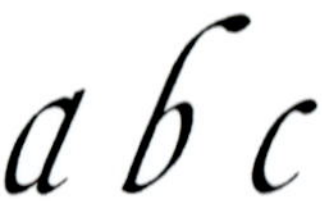

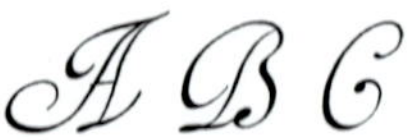

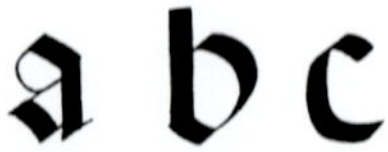

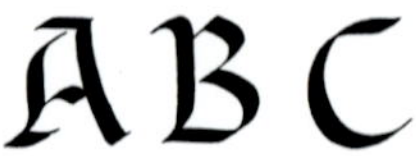

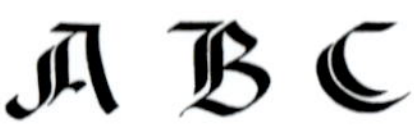

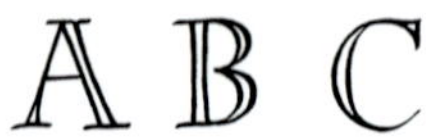

Barock

Im Barock wurden weiterhin Schriften der Renaissance und kursive Varianten der gotischen Schriften verwendet. Die kursiven Schriften befriedigten das Bedürfnis nach einer schnellen, klaren Schrift und durchliefen während dieser Zeit einen beachtlichen Entwicklungsprozess. Die Englische Schreibschrift stammt aus England und war bald im ganzen englischsprachigen Raum verbreitet.

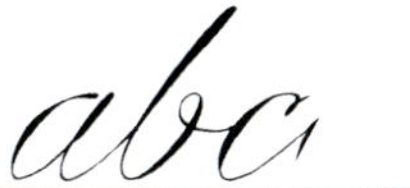

Seite 164 Kupferstecher, italienische Schrift

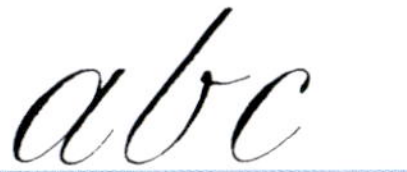

Seite 166 Englische Schreibschrift

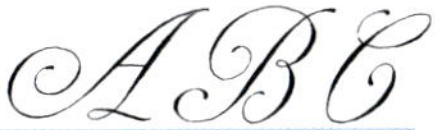

Seite 168 Kupferstecherschrift Versalien

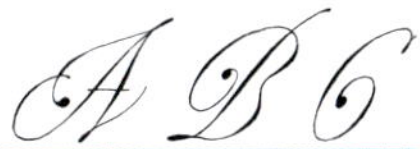

Seite 170 Kupferstecherschrift Zier-Versalien

Moderne

Die Moderne beginnt in der Kalligraphie im frühen 20. Jahrhundert, als Pioniere wie Edward Johnston in England und Rudolf Koch in Deutschland die Schreibkunst wiederentdecken. Durch den technischen Fortschritt in der Werbung entsteht ein verstärktes Bedürfnis nach neuen, innovativen Schriftentwürfen, auch im Bereich der Druck- und Trockentransferschriften. Im späten 20. Jahrhundert wird die konventionelle Vorstellung von Schrift durch radikale Ansätze und expressive kalligraphische Entwürfe herausgefordert.

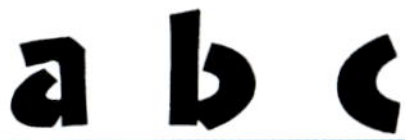

Seite 172 Neuland Minuskel

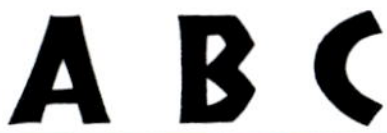

Seite 174 Neuland Versalien

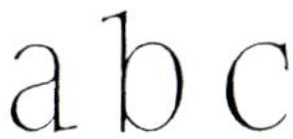

Seite 176 Römische Minuskel, Spitzfeder

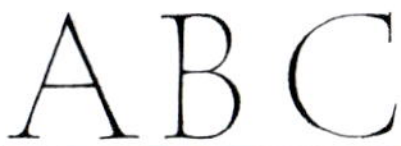

Seite 178 Römische Versalien, Spitzfeder

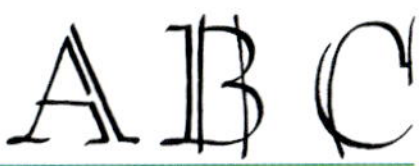

Seite 180 Offene römische Versalien

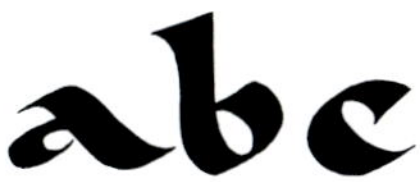

Seite 182 Brush script, breite Minuskel 1

Das Trajanische Alphabet

Die Inschrift auf der 114 n.Chr. in Rom errichteten Trajansäule ist das einflussreichste lateinische Versalienalphabet. Obwohl sie nur eine unter vielen Inschriften aus dieser Epoche ist, wird sie als eines der schönsten Beispiele betrachtet und ist ein wichtiges Vorbild für Kalligraphen und Schriftentwerfer. Vom 15. Jahrhundert an, als diese Buchstaben erstmalig wirklich beachtet wurden, bis tief hinein ins 20. Jahrhundert hielt sich der Glaube, dass der Schlüssel zum Zeichnen dieser herrlichen Buchstaben in der Geometrie läge. Es war die Pionierarbeit eines Amerikaners, Vater E.M. Catich, der letztendlich aber bewies, dass diese Buchstaben ursprünglich mit einem breiten Flachpinsel geschrieben wurden. Die folgenden Buchstaben basieren auf seiner Analyse.

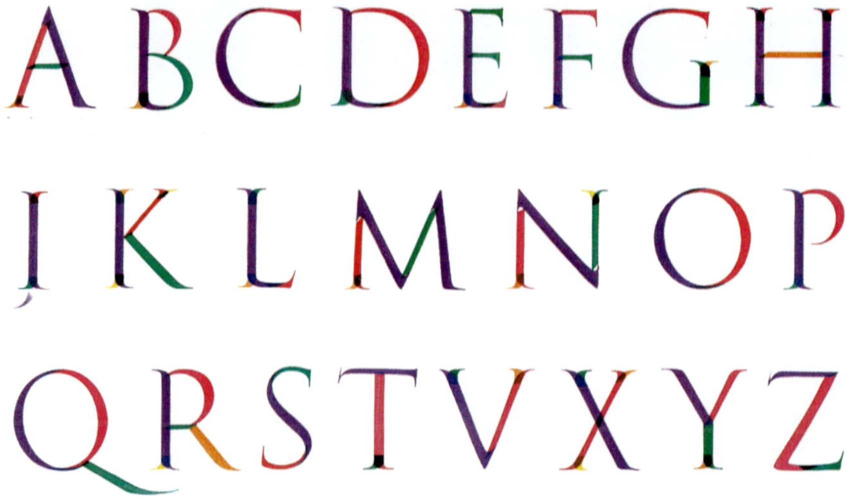

Interessante Details

Diese Buchstaben sind der absolute Maßstab für alle anderen Versalien. Jeder gewissenhafte Kalligraph sollte sowohl die Proportionen der Buchstaben als auch ihre kleinsten Details kennen.

Das „A" (und „M" und „N") wurden spitzzulaufend gearbeitet, um das Meißeln zu erleichtern. Auch der natürlichere Duktus, ein eckiger Scheitel, wurde häufig verwendet. Beachten Sie die fehlende Serife an der Innenseite des rechten Schenkels.

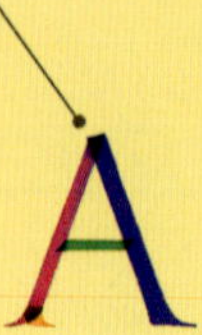

Das „U" ist eine aus dem Mittelalter stammende Erweiterung unseres Alphabets. Die Proportionen dieses modernen „U" entsprechen dem „N".

Das „W" ist ebenfalls ein Zusatz aus dem Mittelalter. Dieses W wird aus zwei V-Formen gebildet.

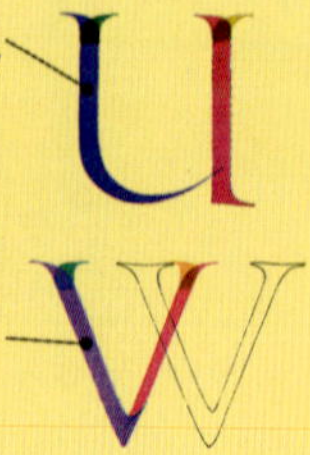

Grundstruktur

Diese wunderschönen Buchstaben sind uns zwar hauptsächlich von Inschriften bekannt. Sie wurden vor dem Meißeln in Stein jedoch zuerst mit einem Flachpinsel geschrieben. Die Farben auf den Buchstaben kennzeichnen die Reihenfolge der Pinselstriche: violett = 1. Strich, rot = 2. Strich, grün = 3. Strich, gelb = 4. Strich.

Struktur | **Strichfolge** | **Gruppe**

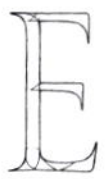

Das „E" gilt als die Grundlage für sämtliche weiteren Buchstaben. Sobald es formschön geschrieben werden kann, sollten sich die anderen Buchstaben als nicht mehr allzu schwierig erweisen. Ein gut konstruiertes „E" ist wohl das Paradebeispiel für die Kunstfertigkeit des Kalligraphen.

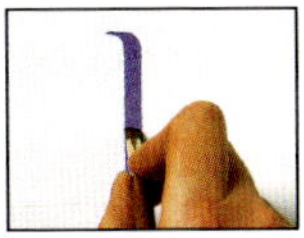

Mit dem Pinsel in horizontaler Haltung an der äußeren Serifenspitze beginnen und den Schaft nach unten ziehen.

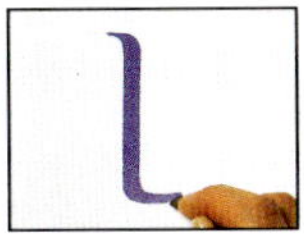

Sobald Sie das Ende des Schaftes erreicht haben, den Pinsel auf 30° drehen und entlang der Grundlinie ziehen.

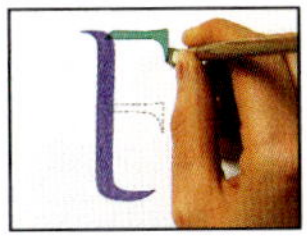

Mit dem Pinsel im 30°-Winkel den Querbalken an der Kopflinie ziehen, der mit einer Serife abschließt.

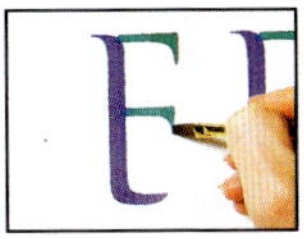

Den mittleren Balken ebenso gestalten. Am Ende den Pinsel mit Daumen und Zeigefinger drehen.

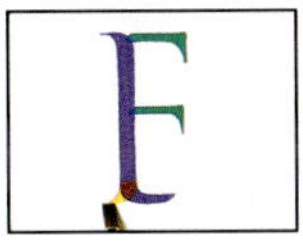

Die Serife ziehen, dabei den Pinsel leicht anheben. Die Serifen werden alle mit derselben Bewegung gezeichnet.

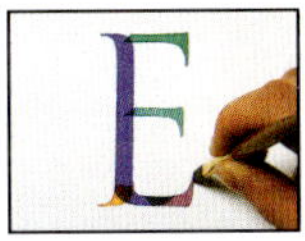

Die Serife am unteren Querbalken wird in umgekehrter Richtung nach oben gezogen.

BDFK
PR

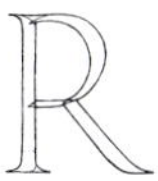

Das „R" bietet als Übungsbeispiel den Vorteil, dass es fast alle Teile besitzt, die auch bei anderen Buchstaben vorkommen. Achten Sie auf den unten sanft anschwellenden Fuß, der durch eine leichte Drehung des Pinsels erzeugt wird.

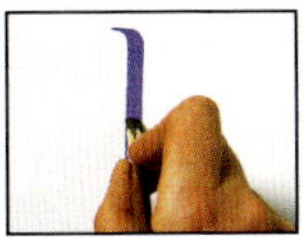

Den Schaft wie beim „E" ziehen, den Pinsel aber horizontal halten, und die rechte Serife mit der Pinselspitze beenden.

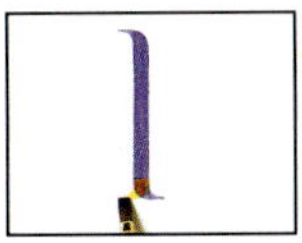

Einen Halbkreis anfügen wie beim „P", aber nicht mit dem Schaft verbinden.

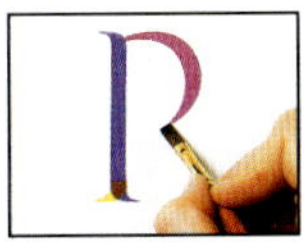

Pinsel auf 30° drehen und den Bauch mit einem kurzen horizontalen Strich mit dem Schaft verbinden.

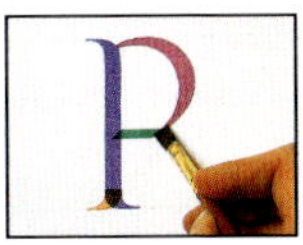

Am Verbindungsstrich der beiden Linien den Schweif ansetzen.

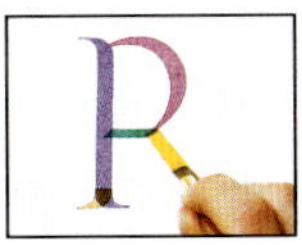

Ziehen Sie den Schweif nach unten und drehen Sie dabei den Pinsel langsam in die Horizontale.

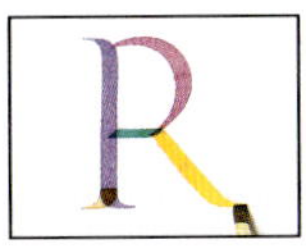

Am Schluss den Schweif entlang der Grundlinie etwas verlängern und den Pinsel abheben.

BCDG
HOPQ
S

Römische Versalien, modern 1

Diese federgeschriebenen Versalien sind von den klassischen Inschriften der römischen Antike abgeleitet. Die spitz auslaufenden Serifen wurden durch kursive Sockelserifen ersetzt und die Linien öfter geschwungen gezeichnet. Die Strichstärke nahm ebenfalls zu, es steht Ihnen jedoch frei, diese zu variieren.

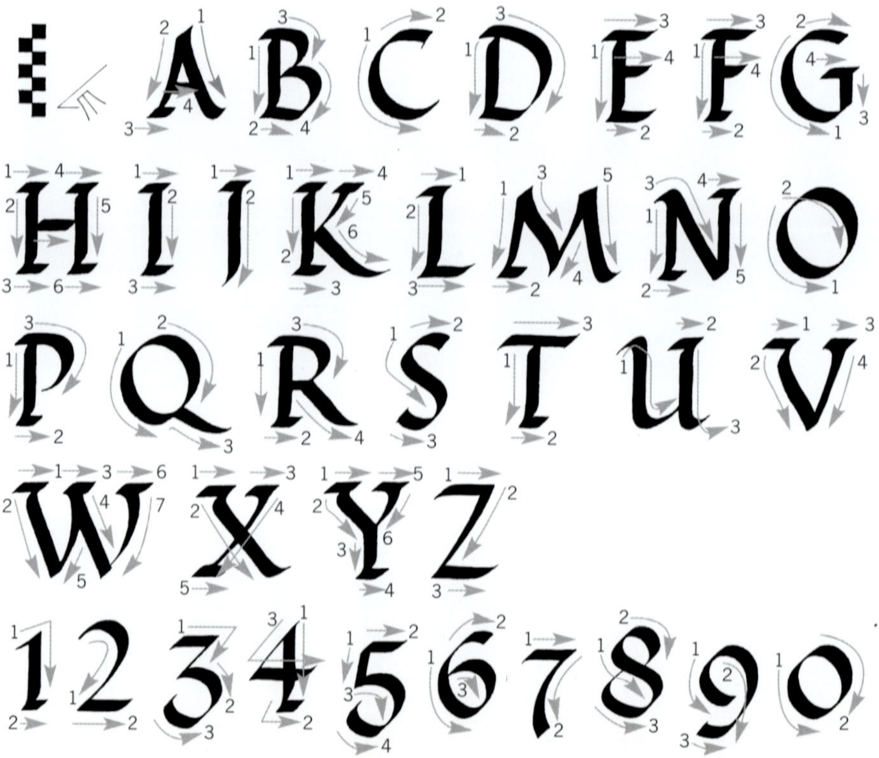

Interessante Details

Die Versalien wirken auch ohne die zugehörigen Minuskeln sehr gut. Bei den fetten Serifen kann auf die Filetten der klassischen Form verzichtet werden.

Die Serife sitzt entweder auf einem angeschnittenen Schaft oder verbindet die Querbalken durch Filetten mit diesem.

Alle auf der Kreisform basierenden Buchstaben haben dünne Verbindungslinien.

Variieren Sie den Federwinkel, um den Wechsel zwischen dicken und dünnen Linien intensiver zu gestalten.

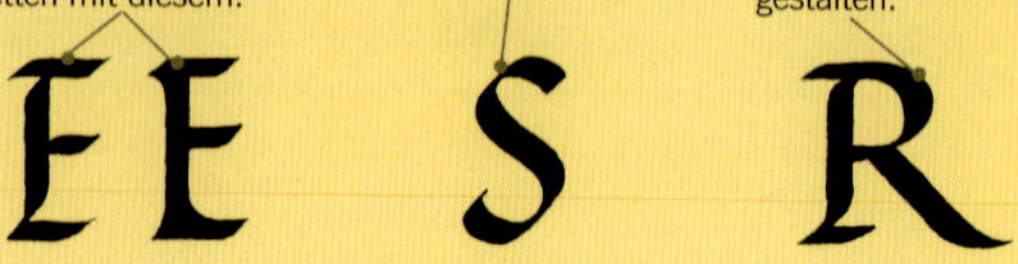

Grundstruktur

Dieses Alphabet wird mit der Feder geschrieben. Die Struktur ist deshalb starrer als bei den pinselgeschriebenen Prototypen. Die Buchstaben wirken formaler, und die Serifen sind eher fett als spitz zulaufend.

Struktur | **Strichfolge** | **Gruppe**

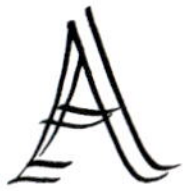

Die leicht geschwungenen Schenkel und die dünne Basis des linken Schenkels verleihen diesem Buchstaben eine informelle Qualität.

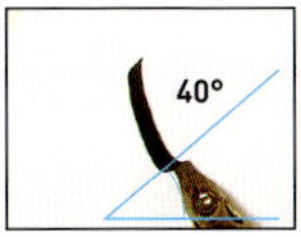

Mit der Feder im 40°-Winkel den geschwungenen rechten Schenkel zeichnen.

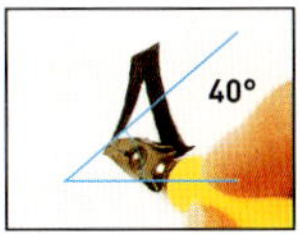

Für den linken Schenkel den Winkel beibehalten. Hierdurch entsteht eine dünnere Linie.

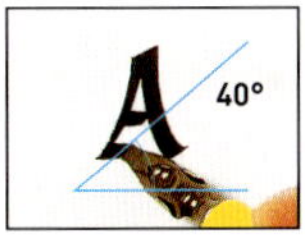

Zeichnen Sie nun die Serife und den Querbalken mit demselben Federwinkel.

Gruppe: U V W Z

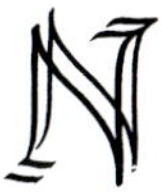

Falls Sie eine Serife an die obere linken Seite des „N“ setzen, sollten Sie beim „M“ genauso verfahren.

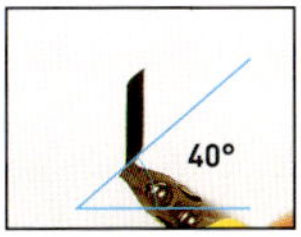

Der Schaft beginnt unterhalb der oberen Schreiblinie und endet kurz vor der Grundlinie mit einer flachen Serife.

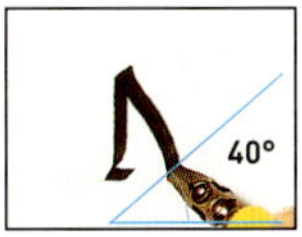

Die mittlere Diagonale kann gebogen oder gerade sein. Die gerade Diagonale benötigt links eine Kopfserife.

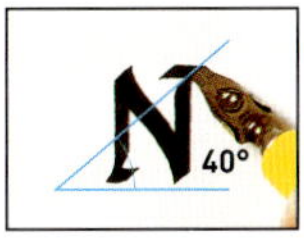

Zeichnen Sie den rechten Schaft und schließen Sie ihn mit einer Kopfserife ab.

Gruppe: H K M X Y

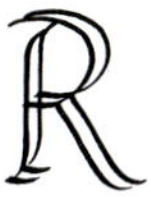

Beachten Sie, dass der Fuß des „R“ einer imaginären Diagonale folgt, die an der Spitze der oberen Serife beginnt.

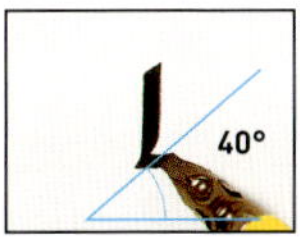

Der Schaft und der Fuß sollten mit dem gleichen Federwinkel geschrieben werden.

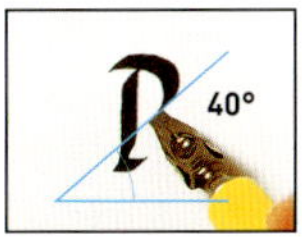

Heben Sie die Feder an und zeichnen Sie die Rundung des „R“. Diese kann kurz vor dem Schaft enden.

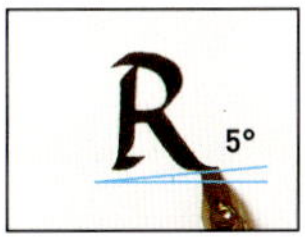

Verbinden Sie für das „R“ die Rundung mit dem Schaft und zeichnen Sie anschließend einen Fuß.

Gruppe: B C D E I J L P T

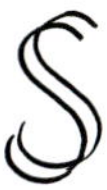

Das „S“ wirkt sehr formal, man erkennt jedoch die Freiheit der Federführung an den fließenden Übergängen der Schwünge.

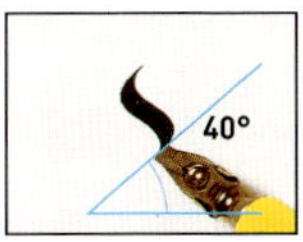

Zeichnen Sie zuerst die mittlere Diagonale. Diese sollte weder die Kopf noch die Grundlinie berühren.

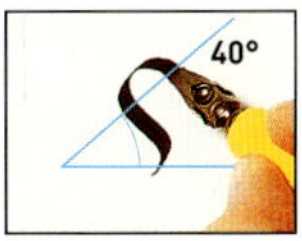

Fügen Sie nun den oberen Bogen hinzu. Er sollte kurz sein und nicht in die mittlere Linie hineinragen.

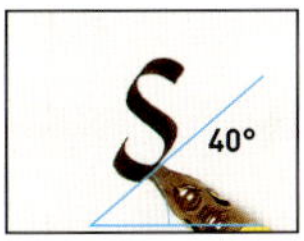

Der untere Bogen setzt am äußeren senkrechten Strich an. Er sollte nach innen geschwungen sein, damit er kompakt wirkt.

Gruppe: G O Q

Römische Versalien, modern 2

Diese Versalien sind von antiken römischen Buchstaben abgeleitet. Sie lehnen sich eng an deren Proportionen an, wurden jedoch für das Schreiben mit der Feder modifiziert. Sie können für Überschriften und Hervorhebungen eingesetzt werden, sind aber genauso in mittlerer oder kleiner Größe als Textschrift geeignet.

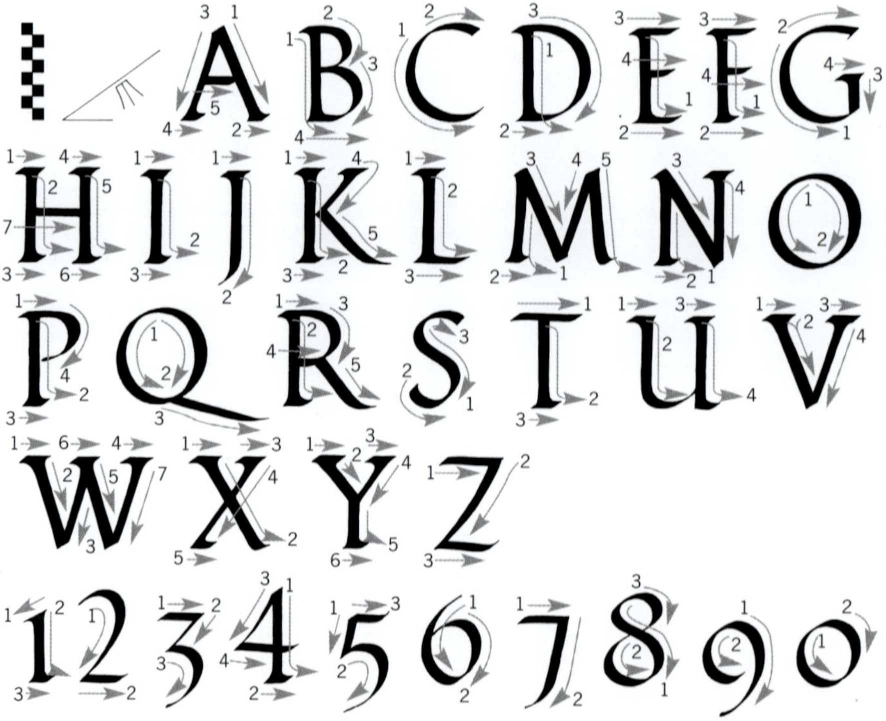

Interessante Details

Die Form der Serifen kann bei diesem Alphabet variieren.

Die Serifen wurden hier mit einem horizontalem Federwinkel gezeichnet. Sie sind in der Form den gemeißelten Serifen ähnlich.

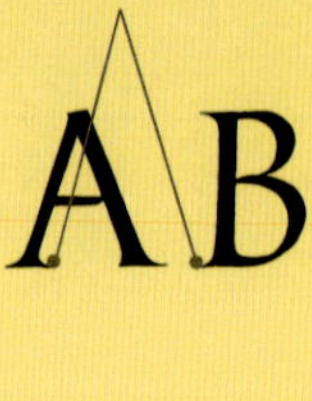

Die obere Serife des „S“ entsteht, indem man den Bogen mit der Feder im 35°-Winkel beginnt und diese zunehmend senkrecht stellt.

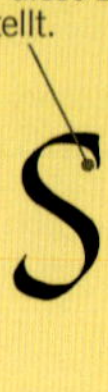

Grundstruktur

Diese Buchstaben werden im Fließtext verwendet und sind so ausgelegt, dass sie mit möglichst wenig Strichen geschrieben werden können. Der Hauptunterschied zu den gemeißelten Buchstaben sind der höhere Schattierungsgrad und ausgeprägter gestaltete Serifen.

Struktur | **Strichfolge** | **Gruppe**

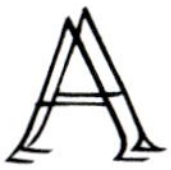

Die kleine Filette am Fuß des linken Schenkels erinnert eher an gemeißelte als an geschriebene Buchstaben.

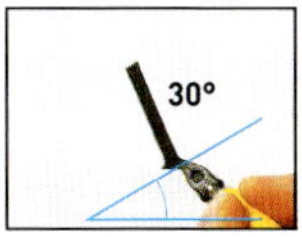

Den linken Schenkel und dann entlang der Grundlinie nach rechts ziehen, so dass eine Auskehlung entsteht.

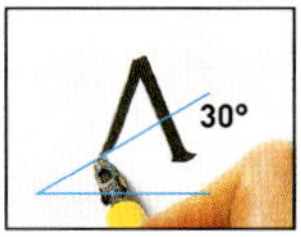

Den linken Schenkel anfügen und entlang der Grundlinie leicht nach links ziehen.

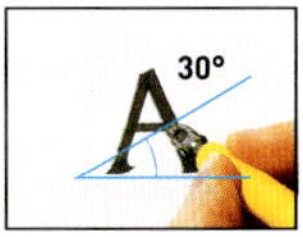

Behalten Sie den 30°-Winkel bei und formen Sie zwei Fußserifen.

KMNR
VWXY
Z

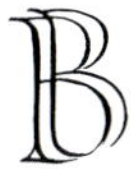

Der obere Bauch des „B" ist sichtlich kleiner als der untere.
Vergleichen Sie diese mit den Rundungen des „P" und des „R".

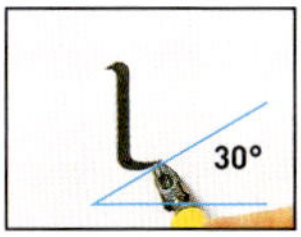

Leiten Sie den Schaft mit einem kleinen Rundhaken ein. Gestalten Sie die Rundung am Fuß größzügig.

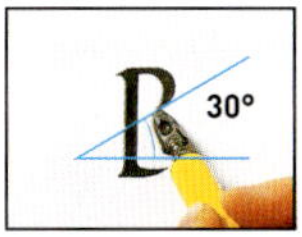

Den ersten Bogen am oberen Schaftende beginnen und kurz vor dem Schaft enden.

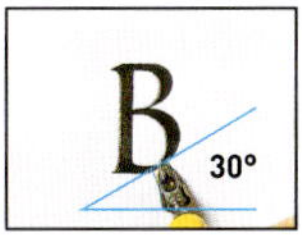

Zeichnen Sie den unteren Bogen im Anschluss an den oberen. Fügen Sie links vom Schaft eine Serife hinzu.

DEFHI
JKLO
QR

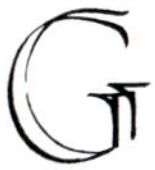

Beachten Sie, wie die Serife geformt wurde: man dreht die Feder senkrecht und ahmt so den Pinsel nach.

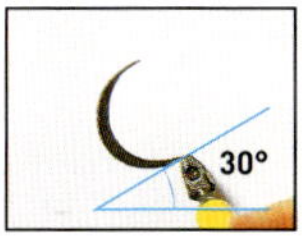

Dieser Halbkreis ist auch der erste Schwung des „O" und des „Q". Beachten Sie die schräge Achse der Rundung.

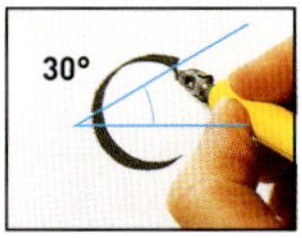

Kehren Sie zurück und zeichnen Sie den oberen Bogen. Die Feder wird am Ende leicht gedreht und angehoben.

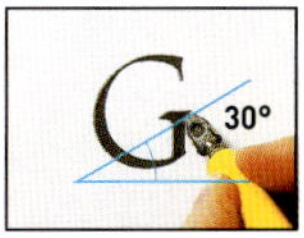

Den kurzen Schaft mit der ersten Linie verbinden und eine waagerechte Serife anfügen.

CQU

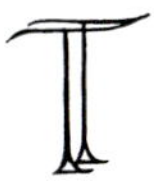

Eine kleine Auskehlung kann zwischen der rechten Seite des Schaftes und der Serife ergänzt werden.

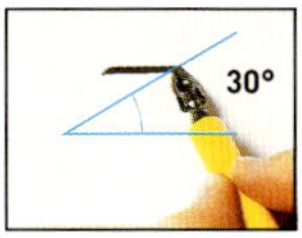

Ziehen Sie eine waagerechte Linie. Sie können unterhalb der oberen Schreiblinie beginnen und über ihr enden.

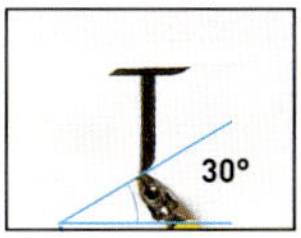

Zeichnen Sie einen senkrechten Schaft und ziehen Sie am Ende leicht nach links.

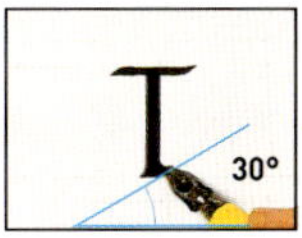

Schließen Sie mit einer kleinen Serife entlang der Grundlinie.

CEFG
TZ

Römische Minuskel, modern

Dieses Minuskelalphabet wurde entworfen, um die moderne Variante der Römischen Versalien zu begleiten. Sie eignet sich hervorragend für eine eher formelle Schriftgestaltung. Benutzen Sie beim Schreiben der Versalien und Minuskeln dieselbe Feder.

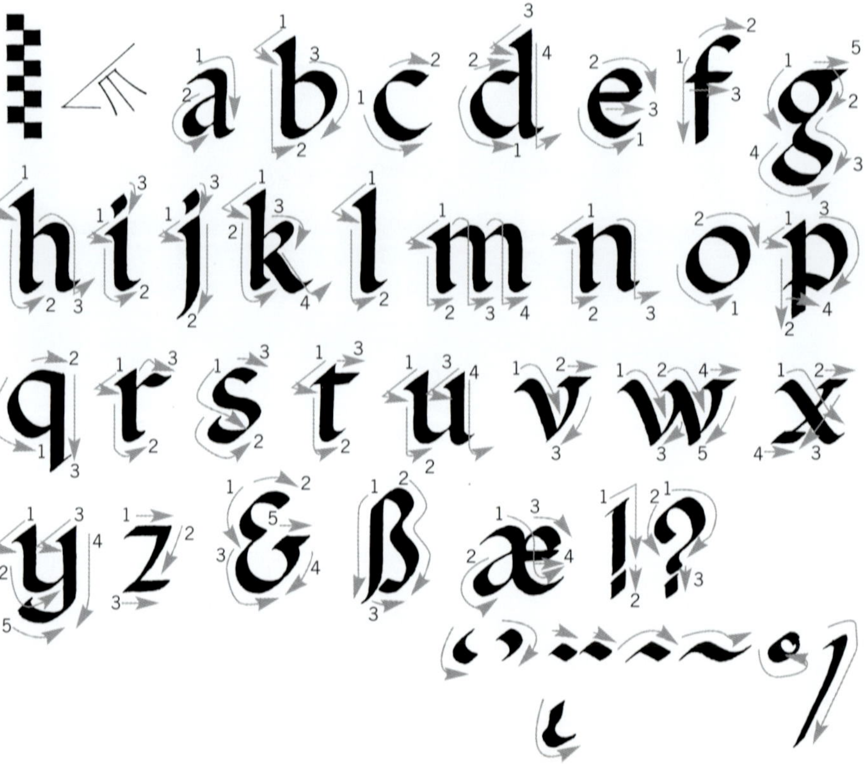

Interessante Details

Diese Buchstaben verzichten auf unnötige Verzierungen. In vielerlei Hinsicht ist diese Schrift den Satzschriften am ähnlichsten.

Durch die leichte Neigung wirken die Buchstaben weniger formell. Die Spationierung ist großzügig.

Beachten Sie die sorgfältig gezeichneten keilförmigen Serifen.

Obwohl die Ober und Unterlängen auf die doppelte x-Höhe verlängert werden können, sind sie im modernen Kontext oft verkürzt.

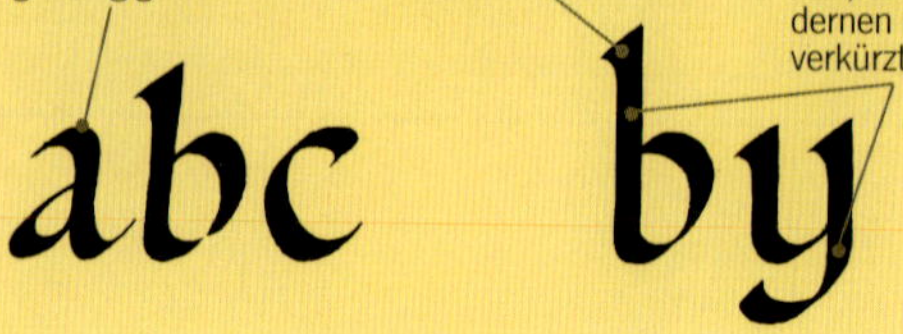

Grundstruktur

Die Schäfte sind gerade und die Rundungen voll. Kein Buchstabe wird stärker betont als der andere. Die Lesbarkeit ist, da viele ähnliche Buchstaben auch in Satzschriften vorkommen, von besonderer Bedeutung.

Struktur **Strichfolge** **Gruppe**

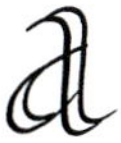

Die Rundung des „a“ ist relativ groß. Sie wird so tief wie möglich am Schaft angesetzt.

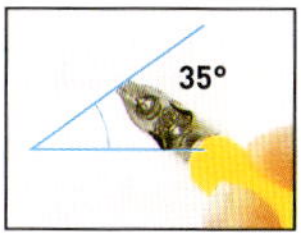

Setzen Sie die Feder im Winkel von 35° an.

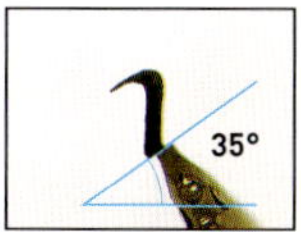

Ziehen Sie mit einem Bogen in den Schaft. Der Schaft selber sollte gerade gezeichnet werden.

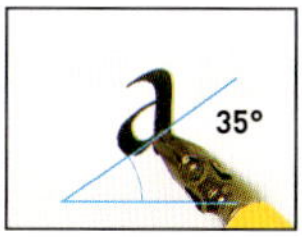

Setzen Sie nach einem Drittel der Schafthöhe an und zeichnen Sie eine klar definierte Rundung.

v w x z

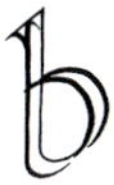

Die keilförmige Serife ist ein wichtiger Bestandteil dieser Schrift, man braucht jedoch Übung, um sie zu zeichnen.

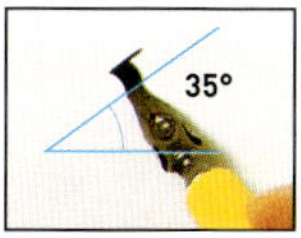

Zeichnen Sie einen kurzen Strich nach unten und schwingen Sie dann in den Schaft zurück.

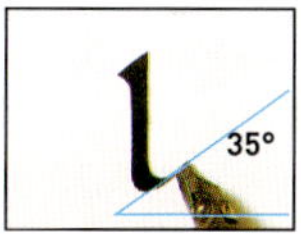

Setzen Sie wieder am Anfangspunkt an und zeichnen Sie einen geraden Schaft. Dieser endet mit einem Haken.

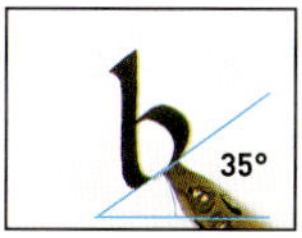

Setzen Sie neu an, um eine großzügige Rundung zu zeichnen. Diese sollte unten an den Haken anschließen.

d f h i j k l m n t u

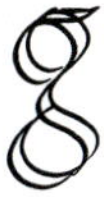

Der geschwungene Fuß ist charakteristisch für das „g“. Hierbei ist es wichtig, die obere Rundung klein zu halten.

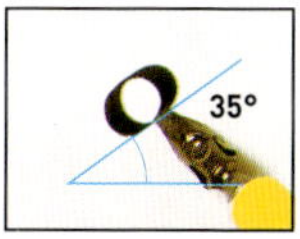

Zeichnen Sie die obere Rundung. Diese hat dieselben Proportionen wie das „o“, ist jedoch kleiner.

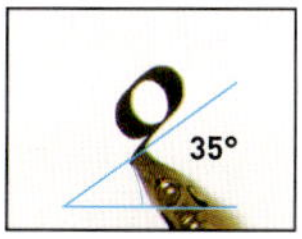

Gehen Sie vom rechten Bogen direkt in den Schwung für die untere Rundung über.

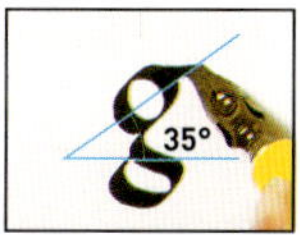

Zeichnen Sie die linke Seite der unteren Rundung und fügen Sie zum Schluß oben ein Fähnchen hinzu.

c e o s

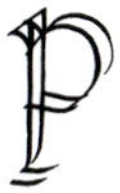

Der Bogen für die Rundung des „P“ ist bauchig. Sie können am Schaftende eine Serife hinzufügen.

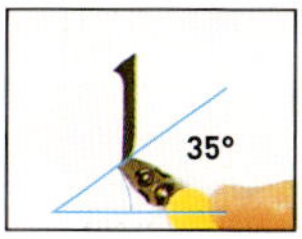

Zeichnen Sie denselben Strich wie für das „b“, setzen Sie jedoch diesmal auf der x-Höhe an.

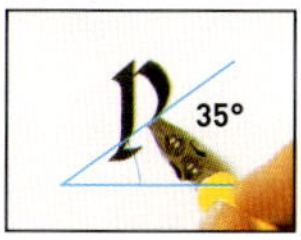

Fügen Sie das Füßchen hinzu und zeichen Sie dann die Rundung. Sie sollten diese kurz vor dem Schaft auslaufen lassen.

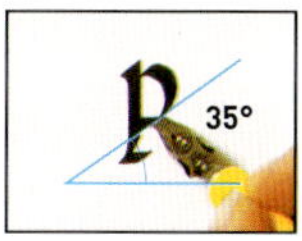

Der Schaft wird durch einen kurzen Strich mit der Rundung verbunden.

q r y

Rustika Versalien

Diese Versalien stammen aus dem ersten Jahrhundert n.Chr. und waren bis ins elfte Jahrhundert im Römischen Reich weit verbreitet. Sie wurden entweder mit einem Flachpinsel oder – als Manuskriptschrift für klassische Texte – mit der Feder geschrieben.

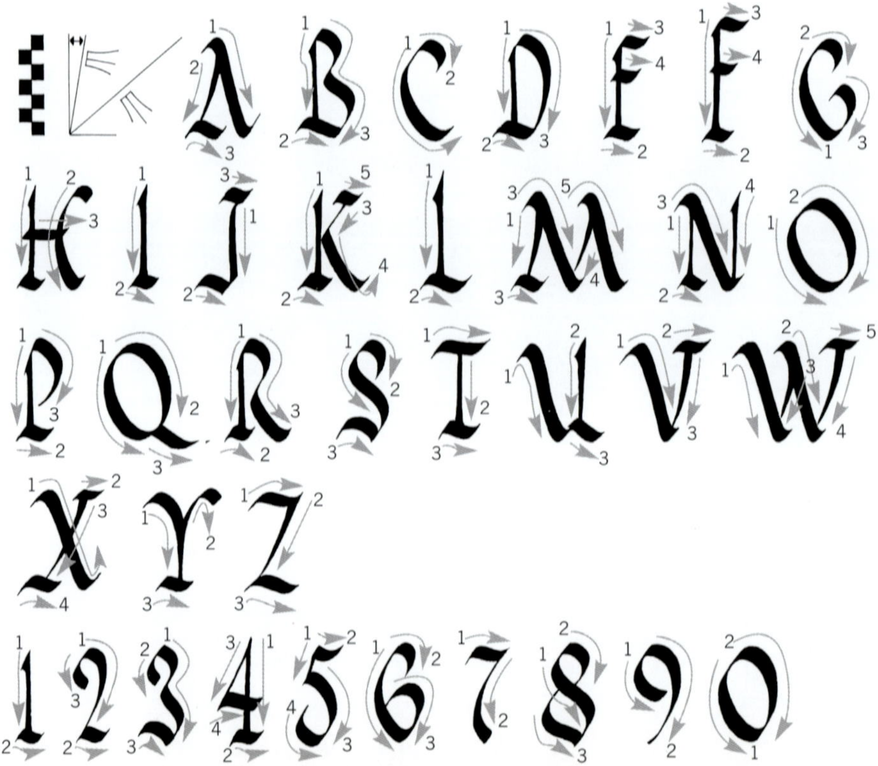

Interessante Details

Das Besondere an dieser Schrift ist, dass die Schäfte mit der Feder in senkrechter Stellung geschrieben werden. Der Fuß wird betont, wodurch ein regelmäßiger Schriftrhythmus entsteht.

Das „F“ und das „L“ ragen, im Unterschied zum „E“ und „I“, über die Kopflinie hinaus.

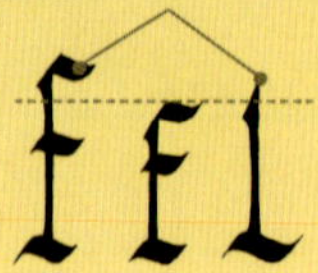

Der Federwinkel liegt zwischen der Senkrechten und maximal 10°. Je dünner der Schaft, desto größer die Betonung der Füßchen.

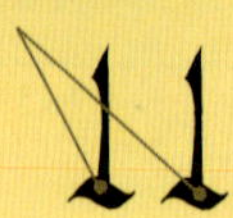

Die Krümmung der Kurve des „D“ findet sich bei allen anderen Kurven wieder.

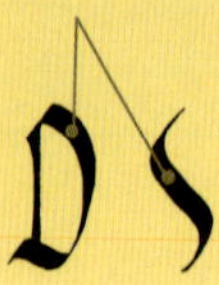

Grundstruktur

Die Hauptmerkmale der Rustika sind ein ungewohnt dünner Schaft, fette Füßchen und diagonal geschwungenen Rundungen. Obwohl einzelne Buchstaben vielleicht unattraktiv wirken, wird die Rustika im Textzusammenhang durch Rhythmus und Wortfluss zu einer sehr schönen kalligraphischen Schrift.

Struktur | **Strichfolge** | **Gruppe**

Stellen Sie die Feder beim Schreiben des linken Schenkels steiler.

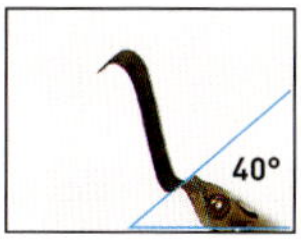

Der Winkel des rechten Schenkels ist relativ steil. Der An und Abstrich ist hakenförmig.

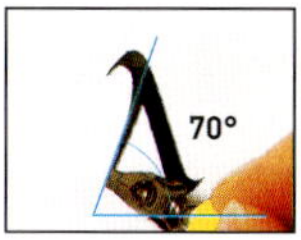

Der linke Schenkel verjüngt sich nach unten. Erhöhen Sie den Federwinkel, während Sie nach unten ziehen.

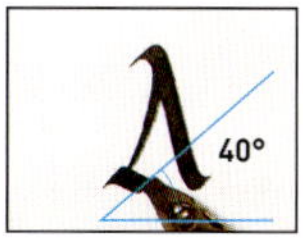

Zeichnen Sie das fette Füßchen mit einem Federwinkel von 40°. Dieser Winkel bleibt für alle Füßchen gleich.

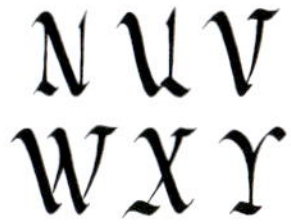

Die Neigung sollte konstant sein. Das Handgelenk diktiert in einem natürlichen Rhythmus den Federwinkel.

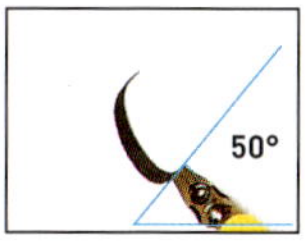

Beschreiben Sie einen schräg nach hinten geneigten Bogen. Der Federwinkel beträgt hierbei 50°.

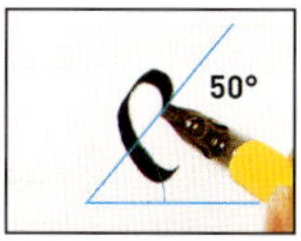

Setzen Sie am oberen Ende der ersten Linie an und ziehen Sie mit einem engen Schwung nach unten.

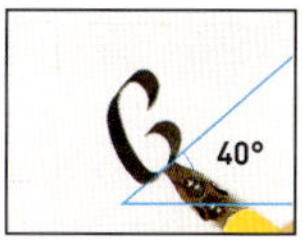

Kehren Sie zum unteren Ende zurück und zeichnen Sie einen großzügigen Fuß.

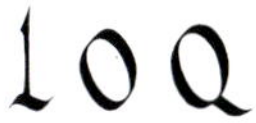

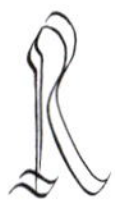

Für einen dünneren Schaft können Sie den Federwinkel auf bis zu 90° erhöhen.

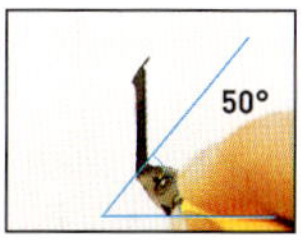

Ziehen Sie mit einem Federwinkel von ca. 50° nach außen und unten und schwingen Sie dann in den Schaft zurück.

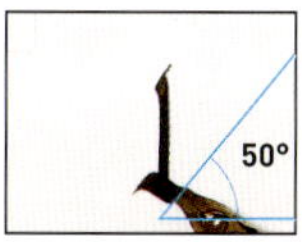

Der Federwinkel beträgt an dieser Stelle maximal 90°, jedoch nicht weniger als 50°. Zeichnen Sie den Schaft und den Fuß.

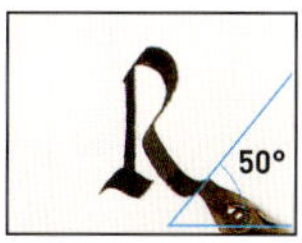

Kehren Sie zum Kopf zurück und zeichnen Sie die Rundung und den Fuß mit einer durchgehenden Linie.

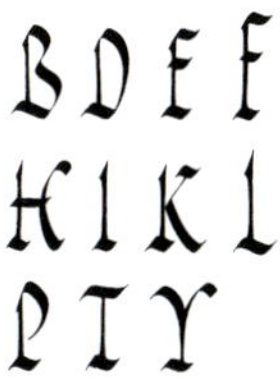

Der Federwinkel variiert beim „S“ nur wenig. Die gebogenen Linien sind leicht geneigt.

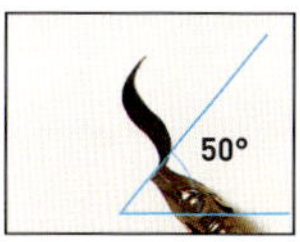

Der mittlere Schwung des „S“ sollte schmal verlaufen.

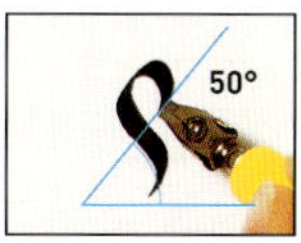

Kehren Sie zum Kopf zurück und zeichnen Sie einen sehr engen, nach unten geschwungenen Bogen.

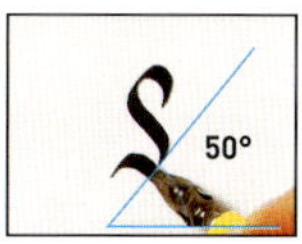

Verbinden Sie die mittlere Linie mit dem Fuß, indem Sie entlang der Grundlinie einen großzügigen Bogen beschreiben.

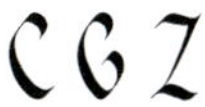

Rustika Minuskel, modern

Diese Buchstaben wurden entworfen, um die Versalien der römischen Rustika zu begleiten. Sie besitzen denselben dünnen, senkrechten Schaft. Dieser bildet einen Kontrast zu dem nach unten geschwungenem Fuß und den fetten Diagonalen der Rundungen.

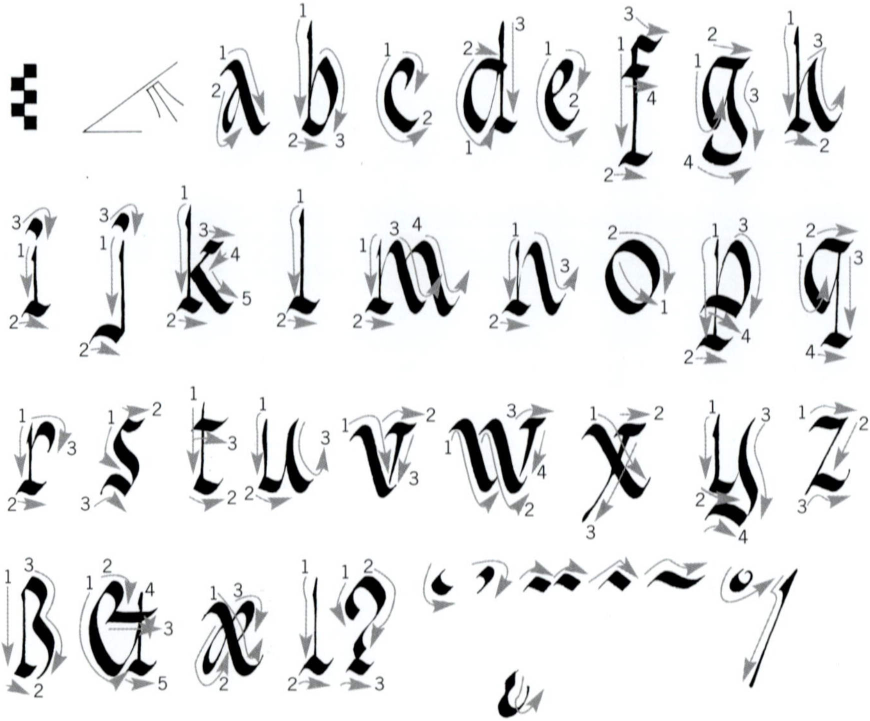

Interessante Details

Die Buchstaben sind schmal und folgen in Duktus und Form den Versalien.

Der Schaft wird mit einem Federwinkel von 0 – 10° gezeichnet. Je dünner der Schaft, desto fetter wirkt der Fuß.

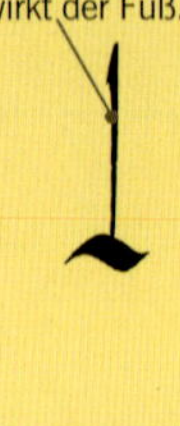

Nach unten geschwungene Linien sollten einem ähnlichen Neigungswinkel folgen.

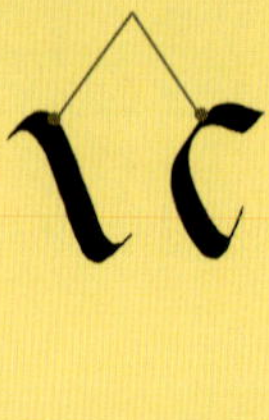

Setzen Sie nie zwei senkrechte Schäfte nebeneinander. Auf eine dünne Senkrechte sollte ein breiter Schwung folgen.

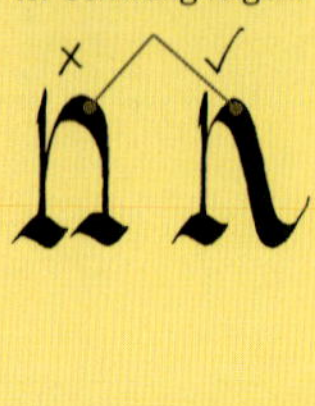

Grundstruktur

Die Minuskeln folgen der ungewöhnlichen Form der Versalien. Die Rustika ist eine der wenigen Schriften, bei der die Senkrechten mit einem Federwinkel von 80 – 90° geschrieben werden. Das Auge wird entlang der fetten Füßchen und breiten diagonalen Schwünge getragen, wodurch ein spannender, fließender Rhythmus entsteht.

Struktur | **Strichfolge** | **Gruppe**

Die steile Neigung bei den Buchstaben dieser Gruppe hat denselben Winkel wie die der Versalien.

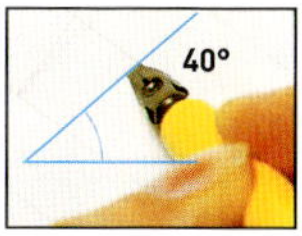

Setzen Sie die Feder mit einem Winkel von ca. 40° an.

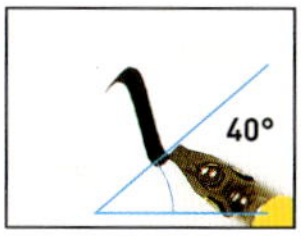

Zeichnen Sie den rechten Schenkel des „a" relativ steil mit einem Häkchen an Anfang und Ende.

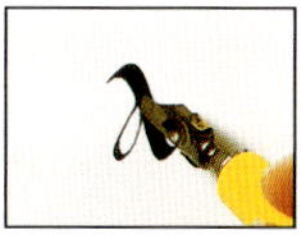

Beginnen Sie etwa in der Mitte des Fußes und formen Sie mit der Federkante eine Schleife.

m n v w x

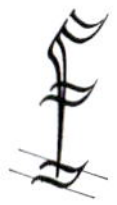

Der Fuß von diesem alternativem „f" verläuft entlang der Grundlinie.

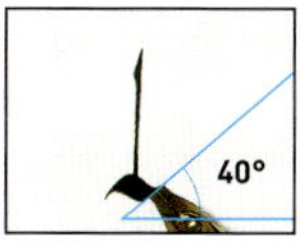

Zeichnen Sie den Schaft mit einem Federwinkel von ca. 80° und drehen Sie die Feder, um den Fuß zu gestalten.

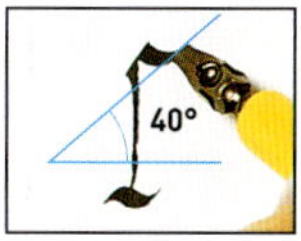

Den Federwinkel beibehalten und am Kopfende eine kurze, geschwungene Linie zeichnen.

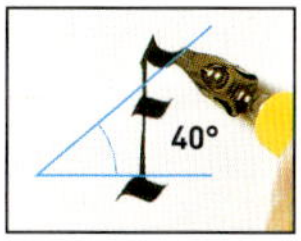

Setzen Sie links vom Schaft an und fügen Sie den mittleren Balken hinzu.

e g o q u

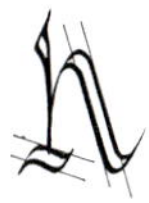

Der Schaft kann mit senkrechter Feder geschrieben werden. Drehen Sie diese leicht, sobald sie sich dem Füßchen nähern.

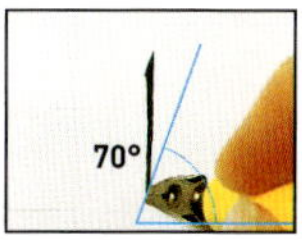

Ziehen Sie mit einem Federwinkel von 80° nach außen. Drehen Sie zurück auf 70° und zeichnen Sie den Schaft.

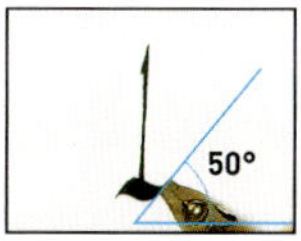

Drehen Sie die Feder auf ca. 50° und formen Sie ein Füßchen.

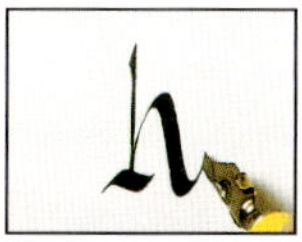

Zeichnen Sie einen steil abfallenden Fuß mit Häkchen an Anfang und Ende. Enden Sie auf der Federkante.

b d f i j
k l m n
p q r t

Die Feder für die geschwungenen Linien im 50°-Winkel halten.

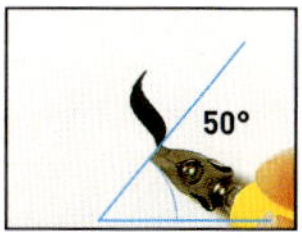

Der mittlere Schwung sollte so aufrecht wie möglich wirken.

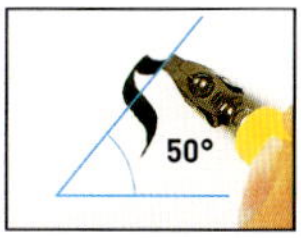

Der obere Strich wird möglichst kurz gehalten.

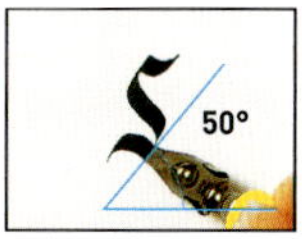

Der untere Schwung ist länger und großzügiger.

p y j

Capitalis Quadrata

Diese spät-römische Prestigebuchschrift stammt aus dem vierten Jahrhundert. Sie wurde von den klassischen Inschriften abgeleitet und dem Textgebrauch angepasst. Sie konnte im Gegensatz zur Rustika oder Unziale nur sehr langsam geschrieben werden und war deshalb nicht lange in Gebrauch.

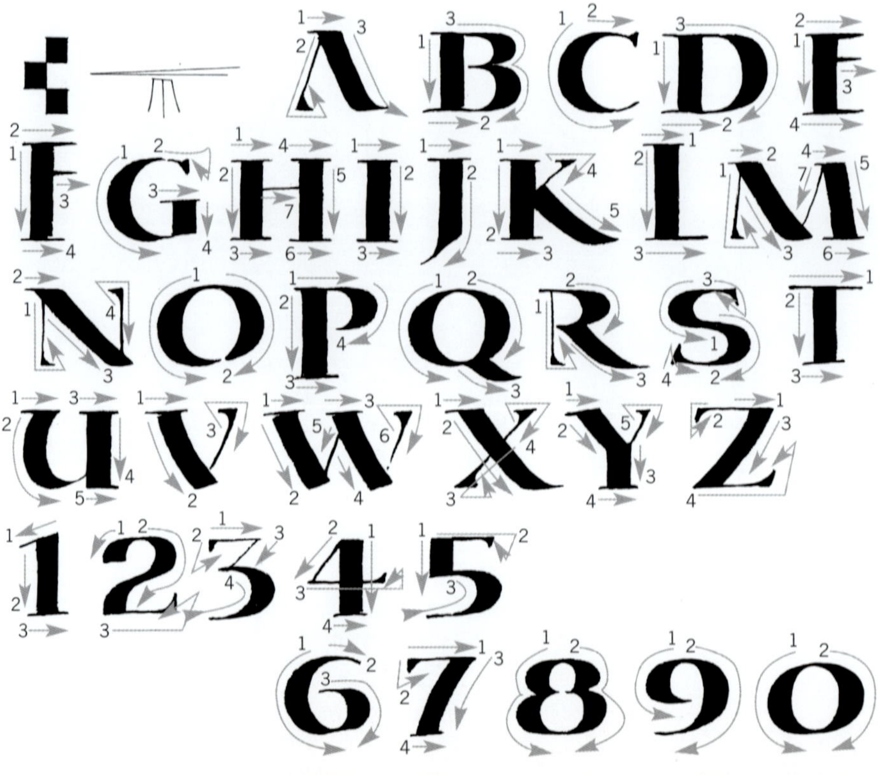

Interessante Details

Obwohl die Buchstaben dieser Schrift schwer wirken können, erkennt man im Textzusammenhang die Autorität und Eleganz der gemeißelten Buchstaben wieder.

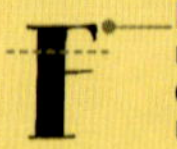

Die Buchstaben „F“ und „L“ ragen über die Kopflinie hinaus und können so vom „E“ und „I“ unterschieden werden.

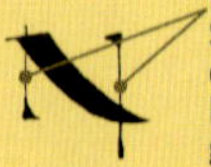

Der erste und letzte Strich des „N“ werden mit der Federkante „angeschlagen“.

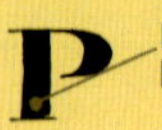

Das „P“ hat einen breiten Schaft.

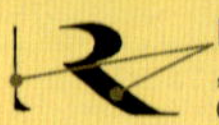

Der dünne Schaft des „R“ wird mit der Federkante gezeichnet. Für Rundung und Fuß wird die Feder senkrecht gestellt.

Grundstruktur

Die Buchstaben werden mit einer „geraden“ Feder geschrieben, deren Spitze abgeschrägt ist. So kann der Schreiber einen senkrechten Schaft zeichnen, dessen Endungen im 90°-Winkel zum Strich stehen. Die Buchstabenhöhe beträgt etwa drei Federbreiten. Der Zeilenabstand entspricht der doppelten Buchstabenhöhe.

Struktur | **Strichfolge** | **Gruppe**

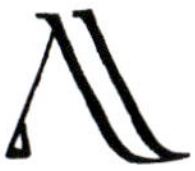

Die frei geschwungenen Diagonalen bilden einen Kontrast zur Formalität der geraden Linien.

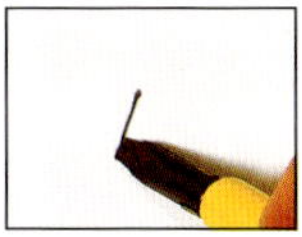

Zeichnen Sie den linken Schenkel mit der Feder auf der Kante.

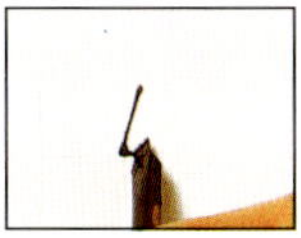

Benutzen Sie die Federkante, um die Serife zu gestalten.

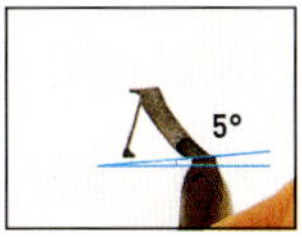

Drehen Sie die Feder wieder waagerecht und schwingen Sie die Diagonale nach rechts-außen.

KM
NVW
XY

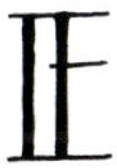

Das „E“ unterscheidet sich nur wenig vom „F“. Deshalb muss letzteres größer gezeichnet werden.

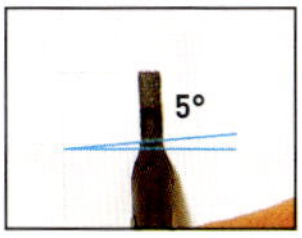

Halten Sie Ihre Feder entweder horizontal oder mit einem Winkel von maximal 5°.

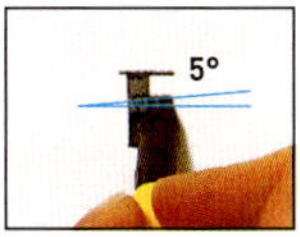

Zeichnen Sie die drei Querbalken, ohne den Federwinkel zu ändern.

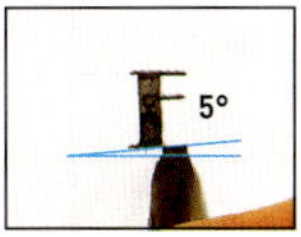

Die Querbalken haben keine Serifen.

BDF
HIJK
LPT

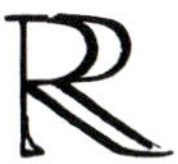

Der Grund für den dünnen ersten Strich des R ist unklar; es gibt hierfür keine historischen Vorbilder.

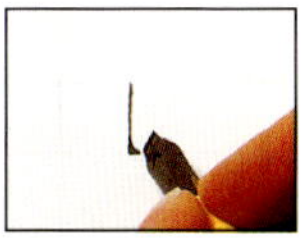

Der erste Strich des „R“ ist eine schmale Linie, die mit der Federkante gezogen wird.

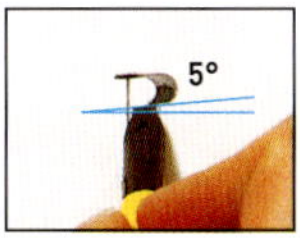

Zeichnen Sie mit waagrechter Feder eine Serife und gehen Sie in die Rundung über.

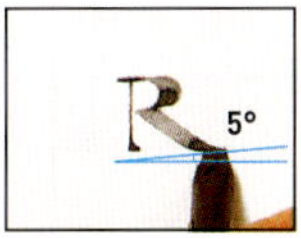

Schließen Sie an den vorherigen Strich an und zeichnen Sie einen Fuß, der dem des „A“ ähnelt.

BMN
VW

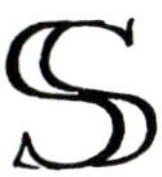

Durch die abgeschrägte Feder ist es schwierig, die Rückenlinie wie sonst fett zu gestalten. Beachten Sie, dass die untere Serife nach Innen weist.

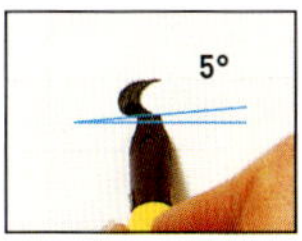

An der Kopflinie beginnen und einen Halbkreis ziehen.

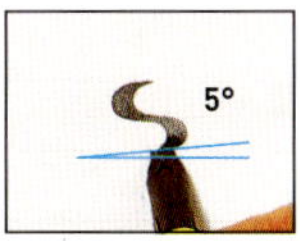

Die dünne Rückenlinie nach rechts ziehen und den unteren Halbkreis anfügen.

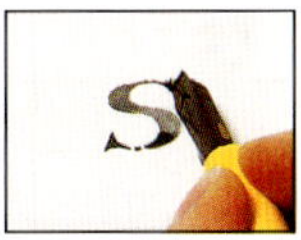

An beiden Enden des Buchstabens mit der Federkante Serifen anfügen.

BOQ

Unziale

Diese Schrift stammt aus dem zweiten oder dritten Jahrhundert. Sie ist eine dem Lateinischen angepasste Version der griechischen Unziale und wurde beim Schreiben der frühen christlichen Texte häufig verwendet. Die Ursprünge unserer Kleinbuchstaben können in dieser Schrift entdeckt werden, da einige Buchstaben über die Schriftlinien hinausragen.

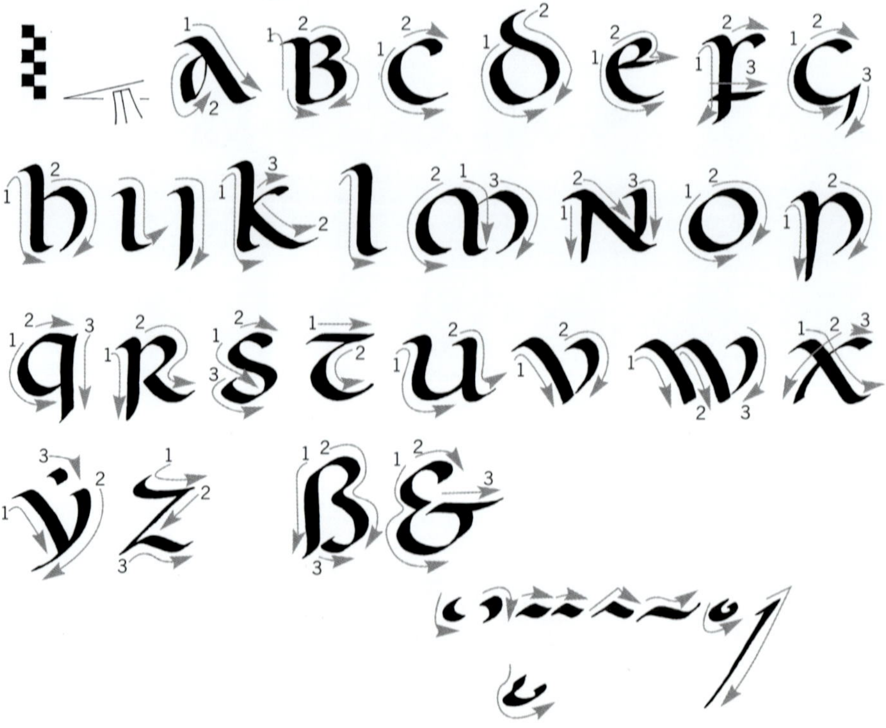

Interessante Details

Diese Schrift ist zweckmäßig und lässt sich schnell schreiben. Die fließende und einfache Anmutung sollte auch im modernen Gebrauch erhalten bleiben.

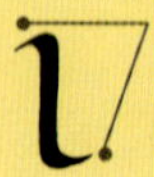

Der Anstrich geht fließend in den Schaft über. Der Abstrich verlässt den Schaft relativ freizügig.

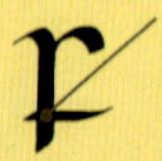

Beim „f" lässt sich der Ansatz einer Unterlänge erkennen. Der Querstrich liegt auf der Grundlinie.

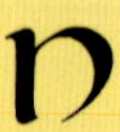

Diese Form des „n" hat sich erst mit der Karolingischen Minuskel entwickelt, eignet sich aber besser für den modernen Gebrauch.

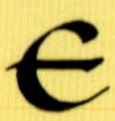

Dieses Version des „e" wird weniger kursiv geschrieben. Sie wurde manchmal für prestigeträchtige Manuskripte verwendet, die langsamer geschrieben wurden.

Grundstruktur

Diese Schrift wurde ursprünglich mit „gerader" Feder geschrieben. Sie ermöglicht es dem Kalligraphen, die senkrechten Schäfte mit einem Federwinkel von 90° zu zeichnen, wobei die Endungen rechtwinklig zum Schaft stehen.

Struktur | **Strichfolge** | **Gruppe**

Das „a" fällt durch seinen geneigten Schaft auf. Dieser wurde später zum Merkmal spätrömischer und frühmittelalterlicher Schriften.

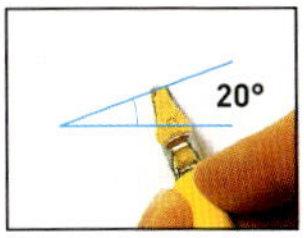

Halten Sie die Feder sehr flach.

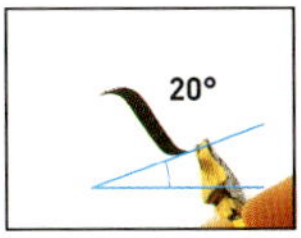

Ziehen Sie eine weitläufige diagonale Linie.

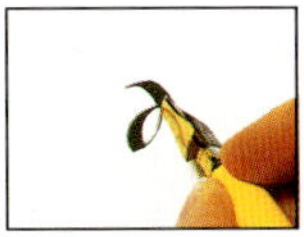

Die Rundung beginnt am oberen Schaftdrittel. Dann zieht man fast senkrecht nach unten und wieder nach oben.

N V X

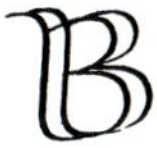

Das „b" wurde später adaptiert, indem die obere Rundung weggelassen wurde.

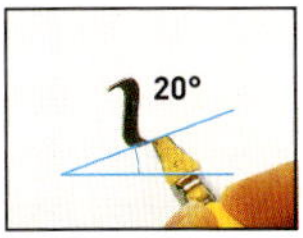

Man beginnt mit der gleichen Form wie für das „i", fügt jedoch einen großzügigen, nach außen gebogenen Fuß hinzu.

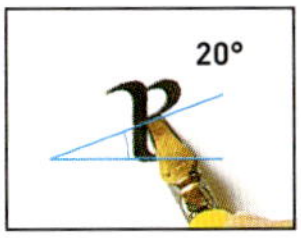

Kehren Sie zum Anfang zurück und zeichnen Sie die obere Rundung.

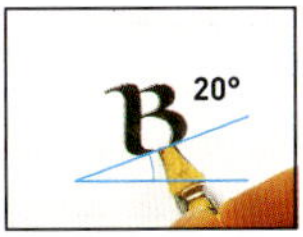

Verbinden Sie mit einer fließenden Bewegung die obere Rundung mit dem Fuß.

f h i
j k l p
r

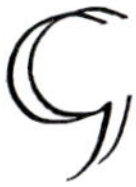

Der Aufbau des „g" ist extrem einfach: wie beim „c", jedoch mit einem angedeuteten Fuß.

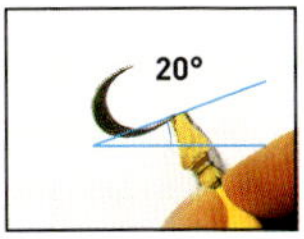

Beginnen Sie mit einem weitem Bogen.

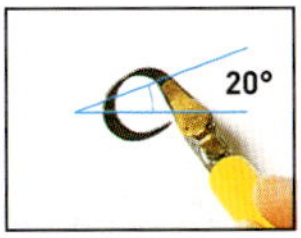

Dann zum Anfang zurückkehrrn und einen halben Bogen ziehen.

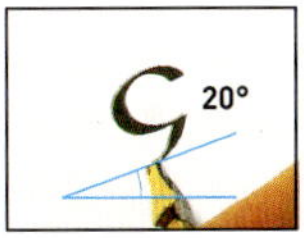

Der Fuß ist ein einfacher, leicht nach hinten gezogener Strich.

c d e
m o q
t

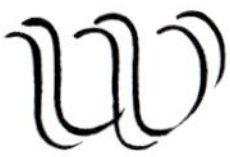

Dieses „w" ist eine moderne Variante. Es stellt eine Alternative zum „w" auf der gegenüberliegenden Seite dar.

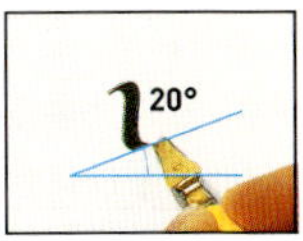

Dies ist der einfache „i"-Strich.

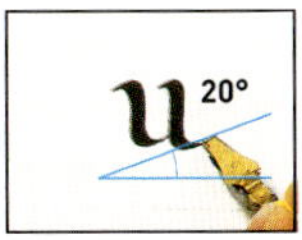

Der Strich für das „i" erscheint in zweifacher Form beim „u".

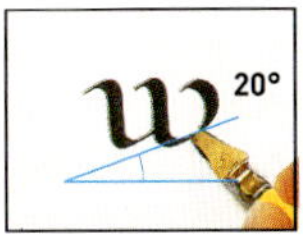

Durch einen einfachen Zusatz erhalten wir das „w".

u

Halbunziale

Diese Schrift ist der Vorgänger der Karolingischen Minuskel. Die Form des „g“, „n“ und „r“ ist jedoch unterschiedlich. Am auffälligsten ist dies beim „n“, das wie ein Großbuchstabe geformt ist. Man schreibt mit abgeschrägter Feder, wodurch der Schaft mit minimaler Federneigung gezeichnet werden kann.

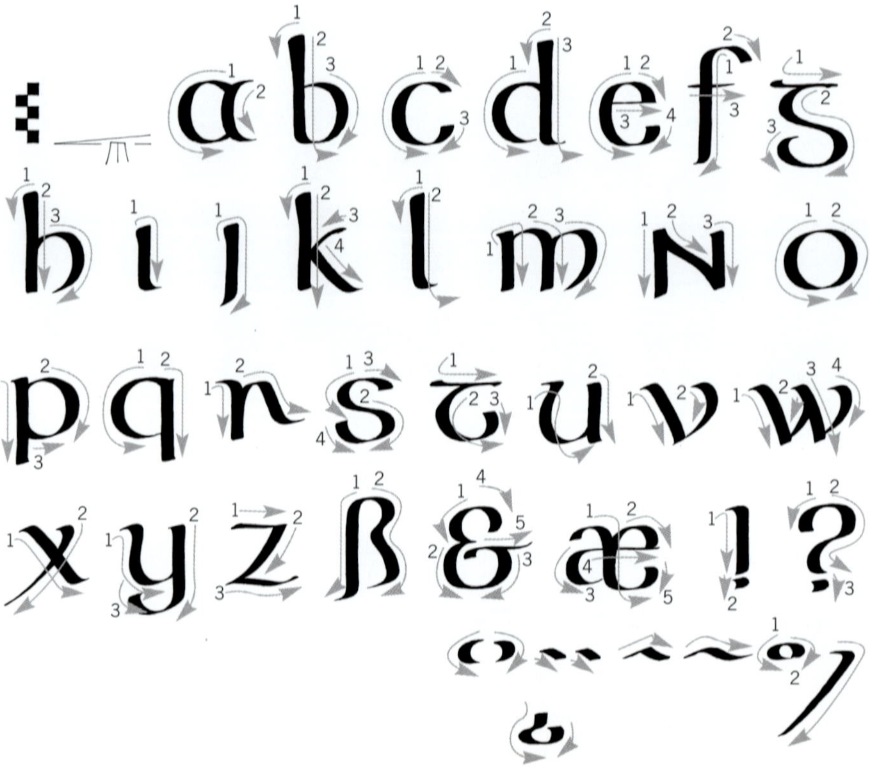

Interessante Details

Die Serifen der Oberlängen sind keulenförmig. Das „a“ hat die Form eines verbundenen „oc“. Im modernen Kontext nimmt es in Verbindung mit dem „e“ die Unzial-Form an.

Es wird empfohlen, diese Form des „n“ aus Gründen der Authentizität beizubehalten.

Dieses alternative „g“ verliert im modernen Kontext an Lesbarkeit. Das „g“ beginnt immer mit einem Querbalken.

Diese alternative Form des „r“ ist zulässig, vor allem wenn sie heute verwendet wird.

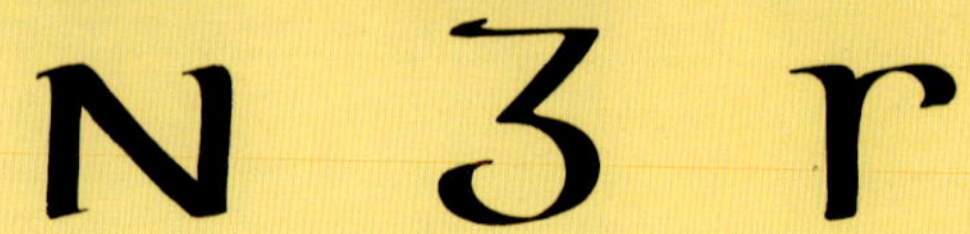

Grundstruktur

Diese aufrecht geschriebenen Minuskeln werden als Buchschrift verwendet. Die geraden Schäfte und dünnen Horizontalen verleihen dieser Schrift einen formalen Charakter. Die abgeschrägte Feder wird, soweit möglich, im rechten Winkel zum Schaft angesetzt.

Struktur | **Strichfolge** | **Gruppe**

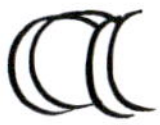

Halten Sie beim Zeichnen des „a“ die Feder möglichst waagerecht.

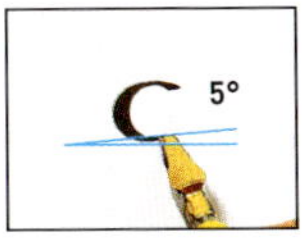

Zeichnen Sie einen Halbkreis, um das „a“ zu formen. Setzen Sie hierbei rechts von der Mittelachse an.

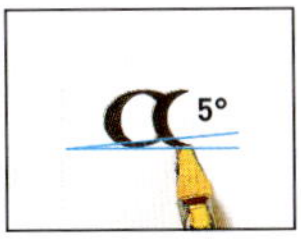

Dann oben einen kleinen Bogen nach rechts ziehen. Die Klammer wird mit einem weiteren Bogen geschlossen.

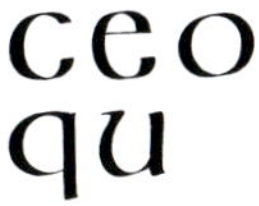

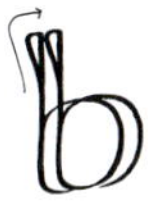

Die charakteristische Serifenform entsteht durch das „Schieben“ der Feder.

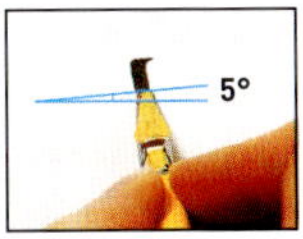

Beginnen Sie über der x-Höhe und schieben Sie die Feder nach oben und außen.

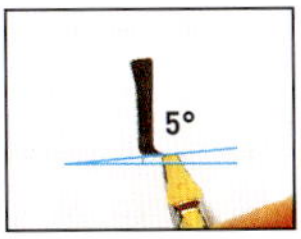

Kehren Sie zum Anfang zurück und ziehen Sie mit waagerechter Feder nach unten. Enden Sie mit einem Fuß.

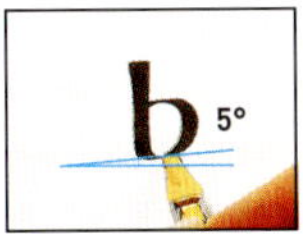

Von der x-Höhe aus zeichnen Sie eine bauchige Rundung. Der Federwinkel sollte beibehalten werden.

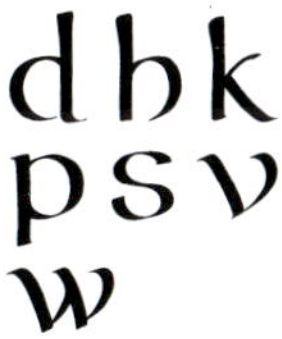

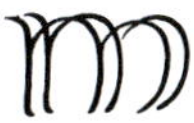

Aus dieser Sequenz ergibt sich eine Alternative für den Anstrich des „l“, „j“ und „m“.

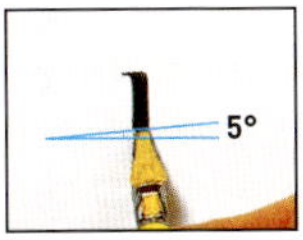

Zuerst zieht man entlang der x-Höhe nach rechts, um den alternativen Anstrich zu formen.

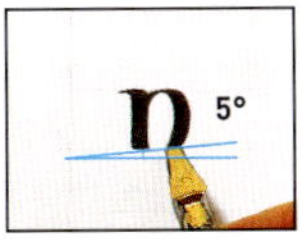

Danach zeichnet man einen leicht gewölbten zweiten Strich. So entsteht auch die alternative „n“-Form.

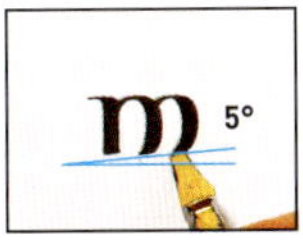

Mit dem letzten Strich wird ein stark gewölbter Bogen gezeichnet, wobei die Feder flach gehalten wird.

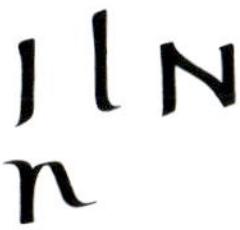

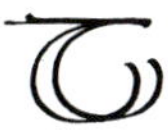

Diese Form des kleinen „t“ war die Norm, bis im 12. Jahrhundert mit den Vorläufern der gotischen Schriften die moderne Form entstand.

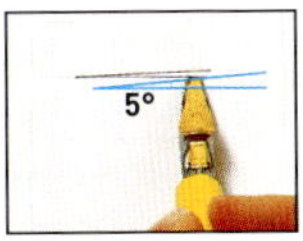

Ober- und unterhalb der Linie fügt man dem Strich eine kleine Drehung hinzu.

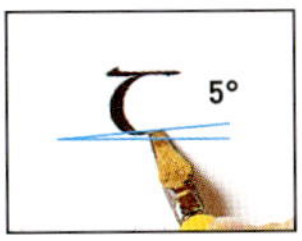

Formen Sie mit einer fließenden Bewegung nach hinten einen Bogen.

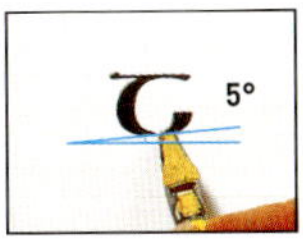

Bewegen Sie die Feder auf halber x-Höhe nach rechts und zeichnen Sie einen Halbbogen. Verbinden Sie diesen mit dem ersten Bogen.

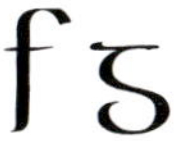

Karolingische Minuskel

Diese abgewandelte Form der Halbunziale wurde im späten 8. Jahrhundert in der Schreibstube Karl des Großen in Tours entwickelt. Sie ist als Schrift deshalb so bedeutend, weil unsere modernen Kleinbuchstaben direkt auf sie zurückgeführt werden können. Lediglich die Form des „t“ weist größere Abweichungen auf.

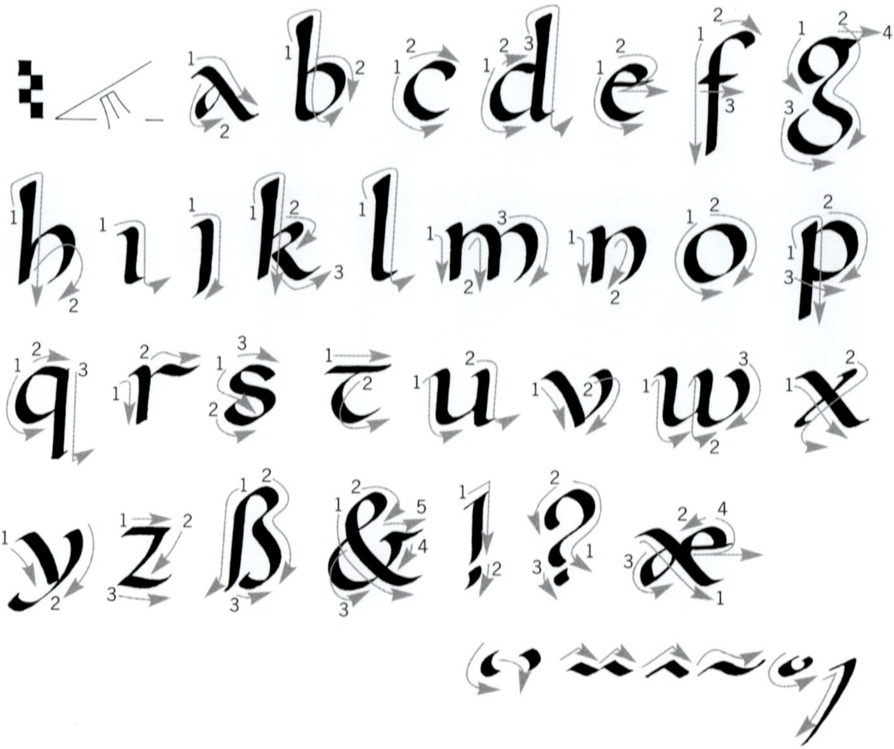

Interessante Details

Die Serifen der Oberlängen sind keulenförmig und ragen über die x-Höhe hinaus. Das „r“ ist relativ breit. Die Buchstaben „j“ und „w“ wurden erst später hinzugefügt.

Heute wird oft die hier gezeigte Serifenform verwendet.

Die Buchstaben sind sehr ungezwungen geschrieben, man sollte auf harmonische Raumverhältnisse achten.

Das „s“ sollte nicht zu schmal sein. Ziehen Sie die zentrale Linie nach außen.

Das breite „r“ findet sein Gegengewicht im offenen „a“. So entstehen unverwechselbare Wortstrukturen.

Die traditionelle Form des „t“ kann durch ein modernes „t“ ersetzt werden.

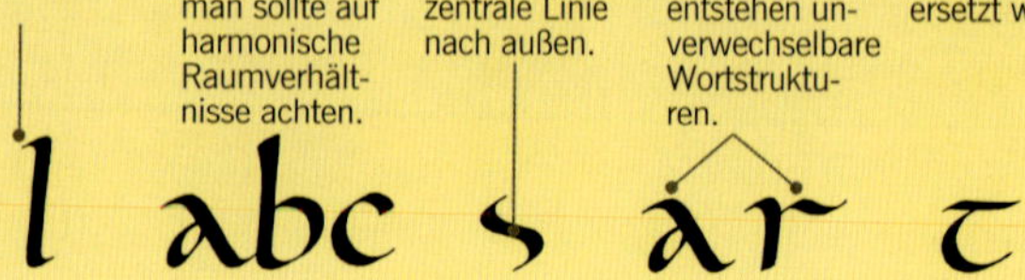

Grundstruktur

Die Karolingische Minuskel ist eine Textschrift. Sie ist weitläufig und wird mit großzügigem Zeilenabstand geschrieben. Die wichtigste Neuerung bei dieser Schrift war, dass die Feder im rechten Winkel zugeschnitten wurde. Die Buchstaben sind leicht nach vorne geneigt. Der Federwinkel beträgt ca. 30°.

Struktur **Strichfolge** **Gruppe**

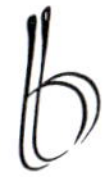

Die Oberlängen der kontinentalen Karolingischen Minuskel sind mit ihrer doppelten x-Höhe relativ lang.

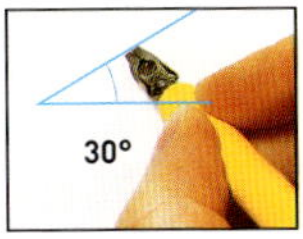

Halten Sie die Feder im Winkel von 40°.

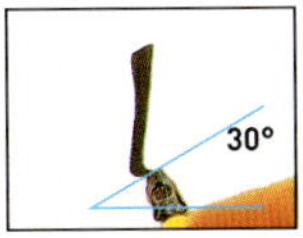

Für den keulenförmigen Kopf schiebt man die Feder nach oben und zieht sie anschließend zurück zum Schaft.

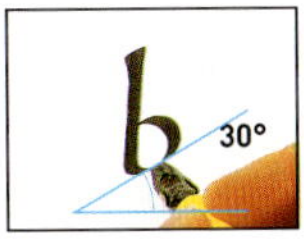

Die rechte Seite des Bauches wird mit einer fließenden Bewegung mit dem Fuß verbunden.

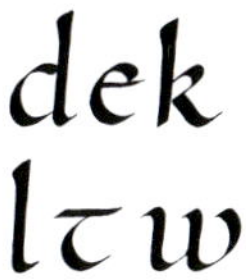

Die obere Rundung des „g“ ist kreisförmig, jedoch kleiner als das „o“.

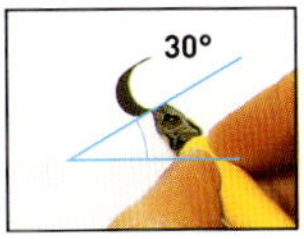

Beginnen Sie mit einem weiten, halbkreisförmigen Bogen.

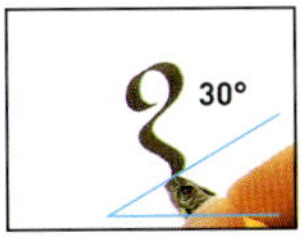

Direkt hieran eine geschwungene Verbindungslinie anschließen und unten eine offene Rundung hinzufügen.

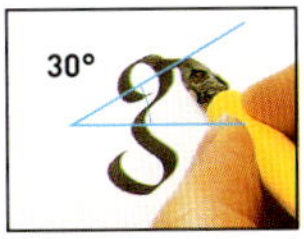

Setzen Sie ein Fähnchen an die obere Rundung.

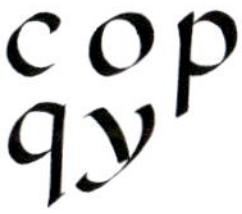

Der nach innen geschwungene Fuß ist ein charakteristisches Merkmal und findet sich auch beim „h“ wieder.

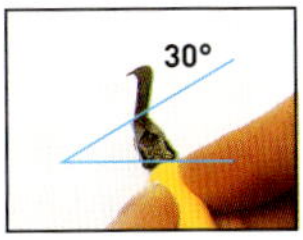

Der Schaft der kleinen Buchstaben beginnt mit einem hakenförmigen Anstrich.

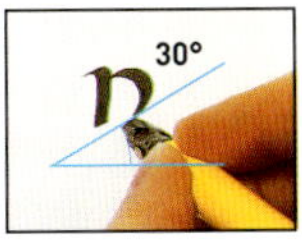

Normalerweise wird der letzte Strich nach innen geschwungen. Er kann jedoch auch nach außen gebogen werden.

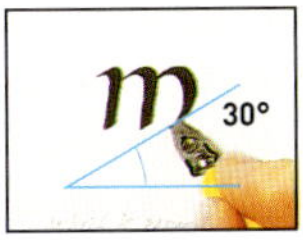

Das „m“ wird wie das „n“ gestaltet. Wiederholen Sie den ersten Strich, bevor Sie den Fuß nach innen schwingen.

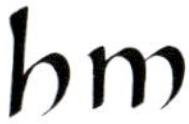

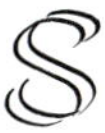

Ziehen Sie den mittleren Schwung nach außen, damit das „s“ breit wird.

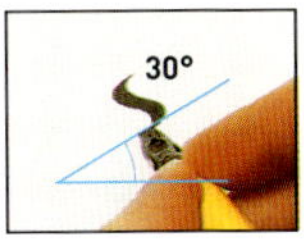

Führen Sie die zentrale Linie nach außen und schwingen Sie am Ende kurz nach unten.

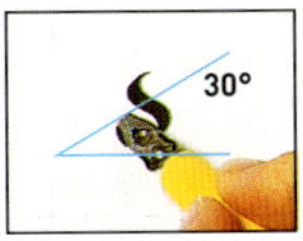

Den Fuß unter dem mittleren Strich.

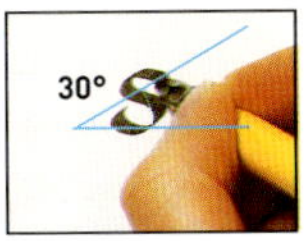

Kehren Sie zum Kopf zurück und vervollständigen Sie das „s“ mit einer kurzen Kopflinie.

Freie Karolingische Minuskel, modern

Diese frei geschriebene Schrift ist von der Karolingischen Minuskel abgeleitet, unterscheidet sich aber durch eine größere Neigung der Buchstaben und verlängerte Ober- und Unterlängen. Die Buchstaben „a“, „f“, „p“, „t“, „w“ und „y“ weichen ebenfalls vom Orginal ab. Die keulenförmige Serifenform bleibt erhalten.

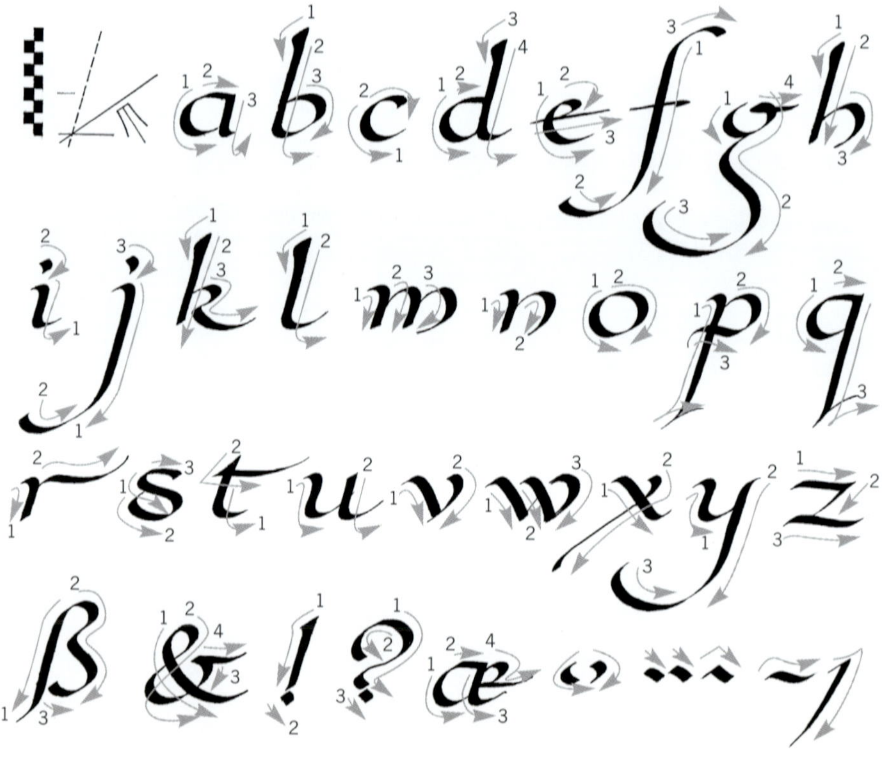

Interessante Details

Die Buchstaben werden kursiv geschrieben und haben einen leichten, fließenden Rhythmus. Die langen Oberlängen betonen den kleineren Buchstabenkörper.

Dieses alternative „n“ beruht auf den Proportionen des „a“. Der Fuß ist leicht nach oben geschwungen.

Diese formaleren Versionen des „f“ und „g“ können eingesetzt werden, um Überschneidungen zu verhindern.

Das „s“ und das „t“ können durch eine Ligatur verbunden werden.

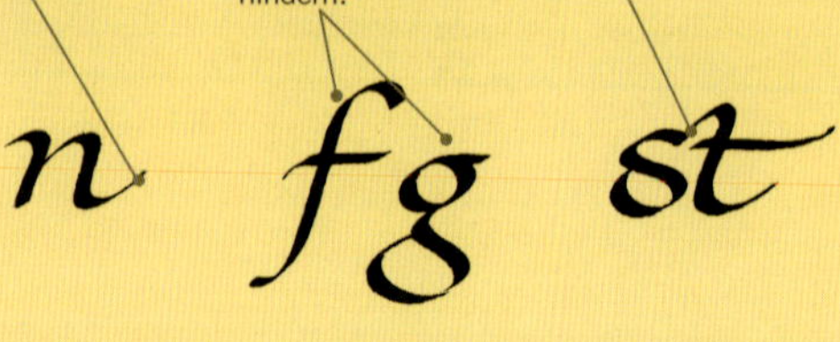

Grundstruktur

Die folgenden Buchstaben werden mit einer Höhe von vier Federbreiten geschrieben. Durch die großzügige Breite wirken die Buchstaben dennoch nicht allzu gedrungen. Die Leichtigkeit dieser Schrift wird durch die über die x-Höhe hinausragenden Oberlängen zusätzlich betont.

Struktur | **Strichfolge** | **Gruppe**

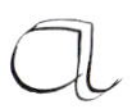

Das „a" legt das Grundmuster für viele der anderen Buchstaben fest. Beachten Sie das großzügige Volumen des Bauches.

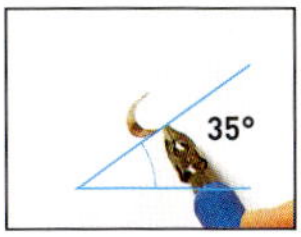

Ziehen Sie mit der Feder im 35°-Winkel einen weiten Bogen.

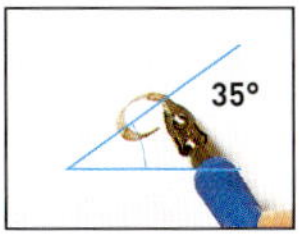

Kehren Sie zur oberen Schriftlinie zurück und verlängern Sie den oberen Strich.

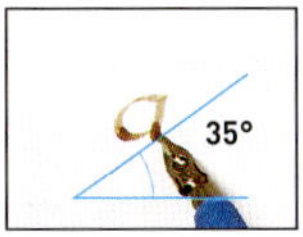

Den Schaft mit abgebogenem Fuß zeichnen. Der Bauch sollte großzügig und nicht zu kompakt wirken.

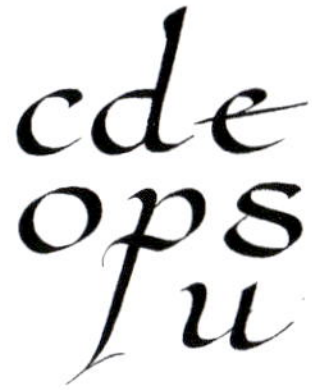

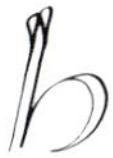

Die Oberlängen sollten mindestens bis zur x-Höhe reichen. Die keilförmigen Serifen sind oft abgerundet.

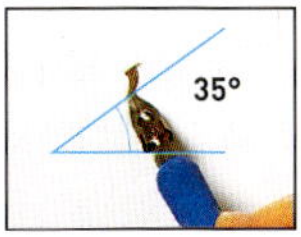

Keilserife. Eine keulenförmige Serife ensteht mit demselben Duktus, jedoch durch eine runde Bewegung nach oben.

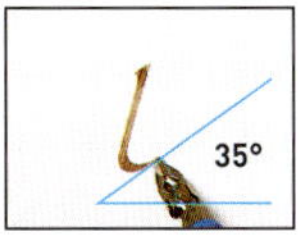

Zeichnen Sie den Schaft und formen Sie den unteren Teil der Rundung mit einem großzügigen Schwung.

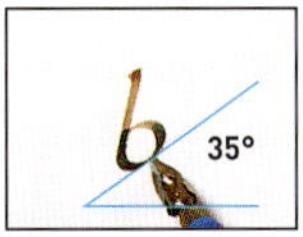

Vervollständigen Sie die Rundung. Achten Sie darauf, dass der Bauch das gleiche Volumen wie das „a" hat.

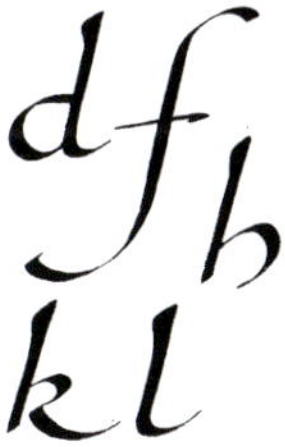

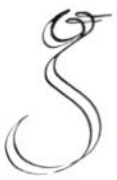

Der geöffnete Bauch ist klein und steht im Kontrast zum offen geschwungenen Fuß.

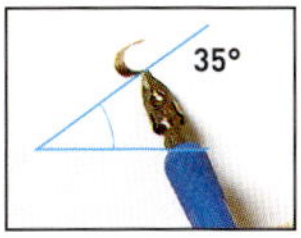

Der erste Schwung des „g" ist kleiner als die x-Höhe.

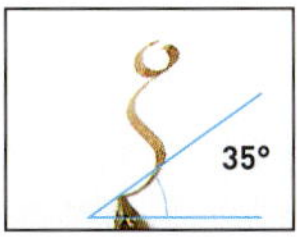

Die Verbindungslinie setzt direkt am Bauch an und erstreckt sich über mehr als drei x-Höhen.

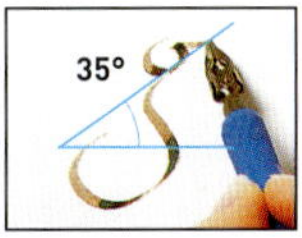

Nun die Schleife ansetzen. Hier wurde sie nicht geschlossen. Zuletzt das Fähnchen anfügen.

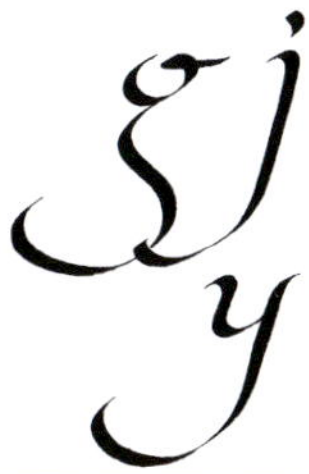

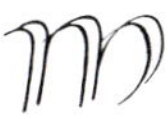

Die Form des „m" enthät auch Teilformen des „i", „h", und „n". Achten Sie darauf, wie die letzte Linie unter den Buchstaben schwingt.

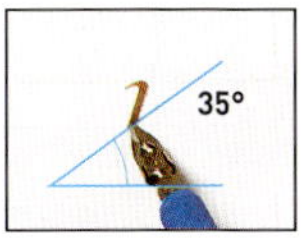

Dies ist der erste Strich für das „i", „j", „m", „n" und „r".

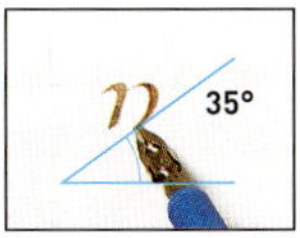

Der zweite Strich verläuft parallel zum Schaft.

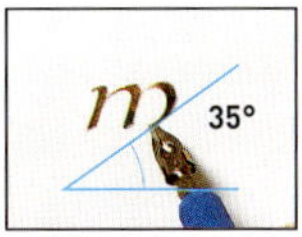

Der letzte Strich des „h", „n" und „m" ist nach innen gekrümmt.

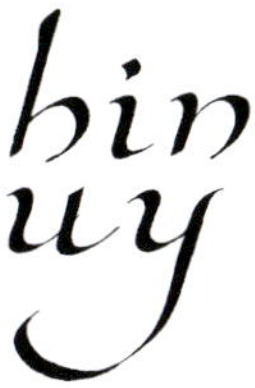

Freie Karolingische Versalien, modern

Diese Versalien wurden entworfen, um die freie Karolingische Minuskel zu begleiten, und haben eine Neigung von 15°. Der kursive Charakter drückt sich in der Verwendung von Verzierungen und Schnörkeln aus. Die Buchstaben „G“, „J“ und „Q“ reichen bis unter die Grundlinie. Der Fuß des „K“ und „R“ schwingt weit nach vorne.

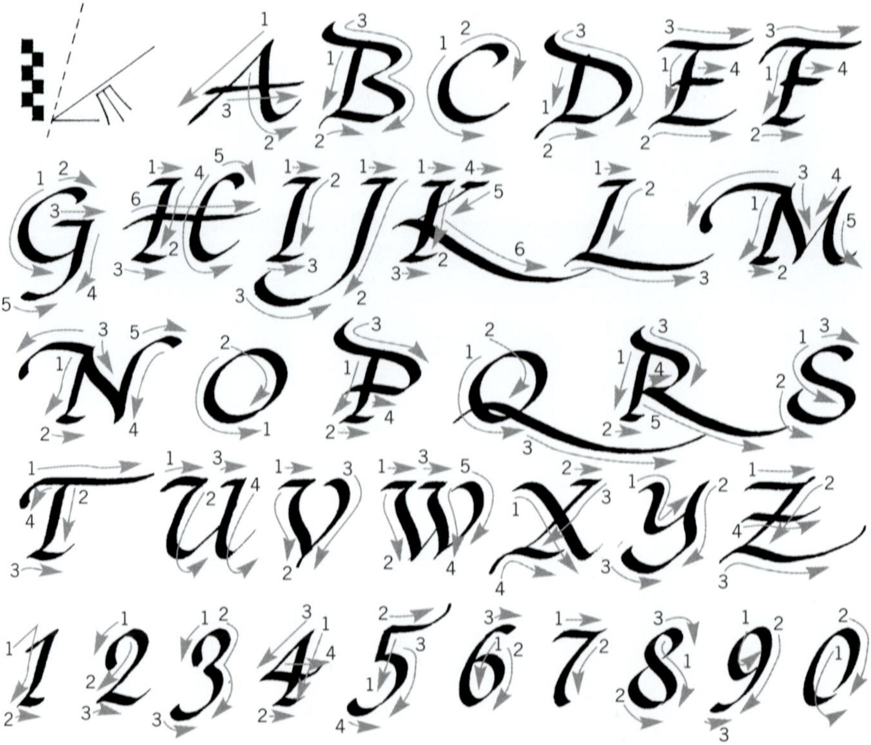

Interessante Details

Die Rundungen des „B“, „D“ und „R“ beginnen mit einem Schwung von oben. Der Fuß des „J“ reicht bis unter die Grundlinie.

Die Schäfte des „A“ und „H“ enden mit Serifen. Die Buchstaben wirken dadurch formaler.

Die Rundung kann auch bogenförmig über den Schaft geschwungen sein. Sie sollte jedoch beim „B“, „D“, „P“ und „R“ gleich sein.

Die Länge der Querbalken kann je nach Buchstabenabstand variiert werden.

Das „M“ und „N“ können auch ohne die geschwungenen Verzierungen gezeichnet werden.

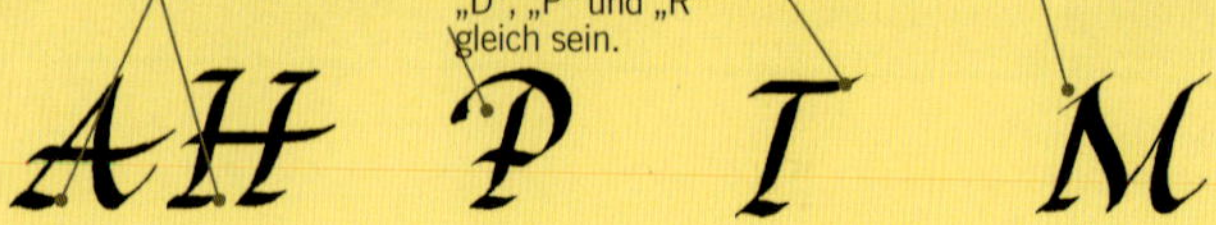

Grundstruktur

Diese Buchstaben werden mit einer Höhe von sechs Federbreiten geschrieben. Der Federwinkel beträgt 35°. Die Schäfte beginnen auf der rechten Seite der oberen Serife und enden links von der unteren. Dadurch wird die Neigung nach vorne optisch verstärkt.

Struktur | **Strichfolge** | **Gruppe**

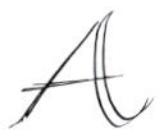

Der linke Schenkel des „A" ist um 35° geneigt und wird mit einem Winkel von 35° gezeichnet. Durch diese Kombination entsteht eine Haarlinie.

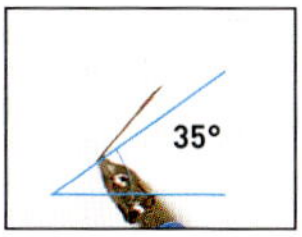

Den linken Schenkel mit einer schnellen Bewegung nach unten ziehen.

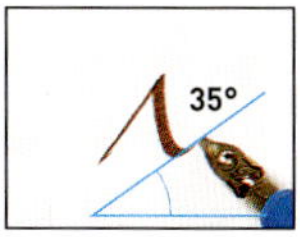

Der rechte Schenkel ist leicht gebogen, der Fuß nach außen geschwungen, um den Vorwärtsdrang zu unterstützen.

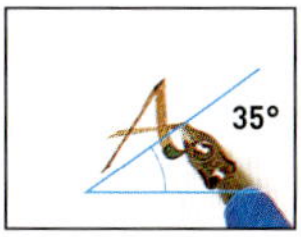

Der Querbalken durchkreuzt beide Schenkel.

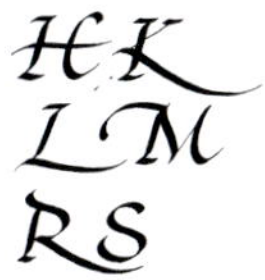

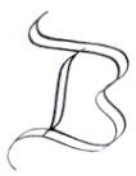

Die obere Linie des „B" reicht über den Schaft hinaus und ist, anders als beim „N" und „M", nach oben geschwungen.

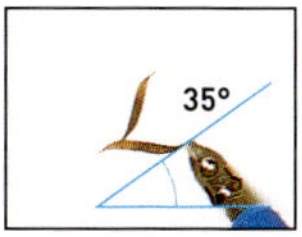

Den Schaft des „B" unter der Kopflinie beginnen. Den Strich für den unteren Teil der Rundung weit nach außen ziehen.

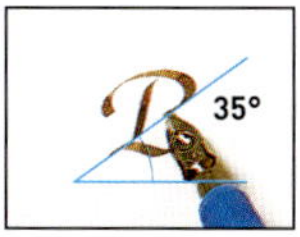

Für eine alternative Rundung weit links vom Schaft ansetzen und mit einem Bogen über diesen hinwegziehen.

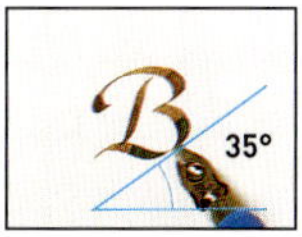

Die obere Rundung wird mit der unteren verbunden. Den Innenraum der Bäuche großzügig gestalten.

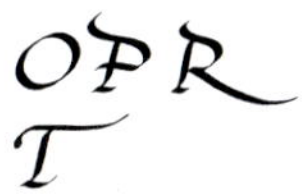

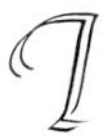

Dieses „I" kann anstelle des geraden Schaftes bei anderen Buchstaben verwendet werden. Es eignet sich besonders für den Satzanfang.

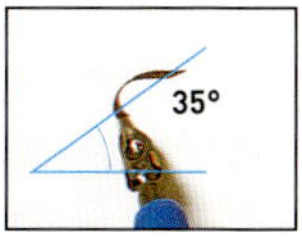

Dieser Schwung kann bei jedem Buchstaben, dessen Schaft mit einer Serife beginnt, hinzugefügt werden.

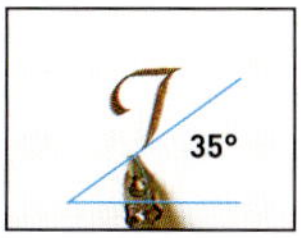

Sie können den Schaft vom Ende des Anstriches nach unten schwingen oder ihn gerade zeichnen.

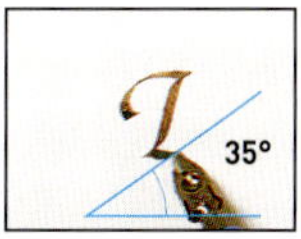

Durch den einleitenden Schwung wirkt diese Version des „I" fast wie eine Initiale.

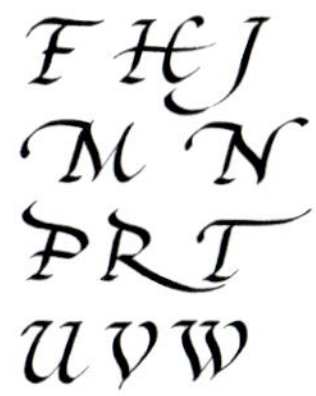

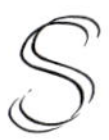

Das „S" sollte relativ breit sein. Ziehen Sie den mittleren Schwung nach außen, so dass eine flache Kurve entsteht.

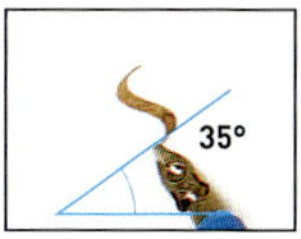

Beginnen Sie das „S" mit der Rückenlinie.

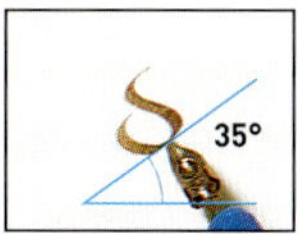

Fügen Sie den unteren Schwung hinzu. Dieser sollte die Grundlinie berühren.

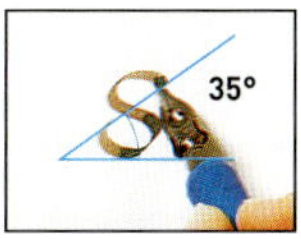

Zeichnen Sie den oberen Schwung mit demselben Neigungswinkel.

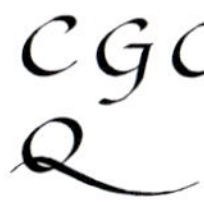

Foundational

Diese Lehrschrift wurde im frühen 20. Jahrhundert von Edward Johnston entworfen. Sie basiert auf einer aus dem zehnten Jahrhundert stammenden Karolingischen Minuskel, der Ramsey Psalter, die in der British Library archiviert ist. Die Buchstaben dieser Schrift haben eine klare und eindeutige Form.

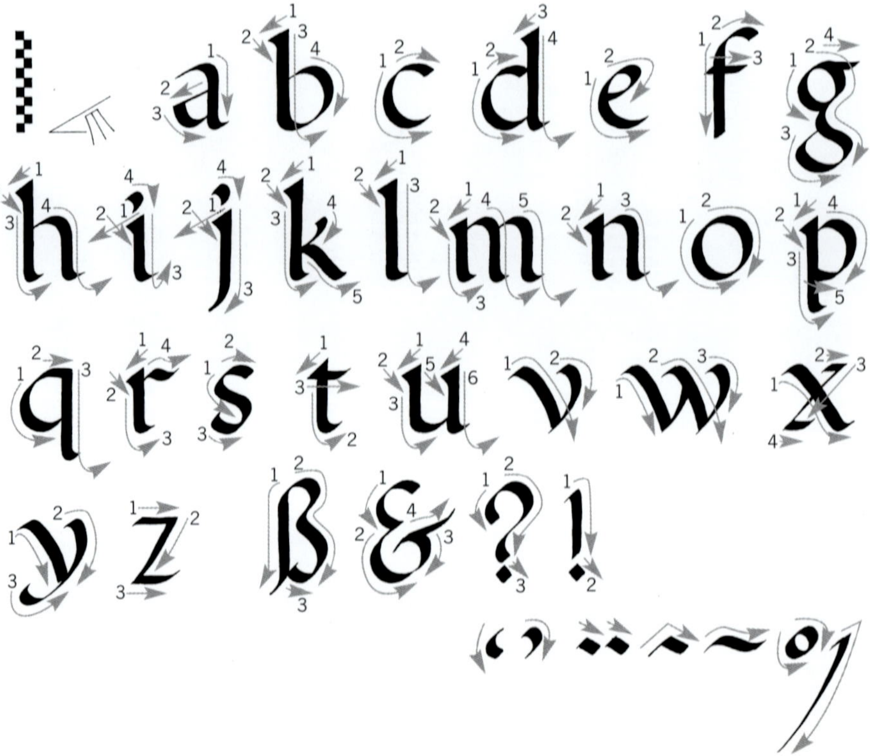

Interessante Details

Die Buchstaben dieser Schrift sind konstant in der x-Höhe, ihre Oberlängen sind gleich lang. Strichstärke und Buchstabenbreite sind gleichmäßig.

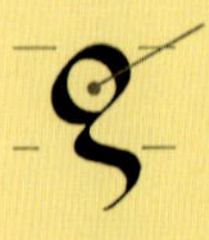

Der obere Bauch des „g“ sollte nie die ganze x-Höhe einnehmen.

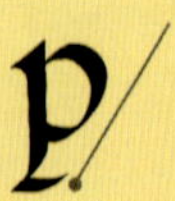

Diese alternative Fußform des „p“ kann auch beim „q“ verwendet werden.

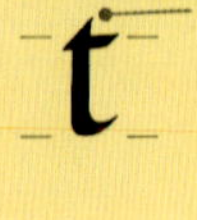

Das „t“ ragt nur leicht über die x-Höhe hinaus.

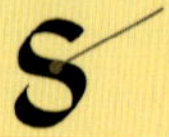

Der zentrale Schwung des „s“ verläuft fast waagrecht.

Grundaufbau

Die Buchstaben „i“ und „o“ sind der Schlüssel zu dieser Schrift. Die Strichstärke orientiert sich am „i“, die Buchstabenbreite ist nach dem „o“ gerichtet. Der Federwinkel beträgt 30°. Alle Striche werden in einer Vorwärtsbewegung geschrieben. Diese Schrift enthält keine mit der Federkante gezogenen Linien.

Struktur | **Strichfolge** | **Gruppe**

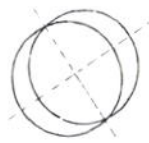

Das runde „o“ bestimmt die Proportionen der meisten Buchstaben.

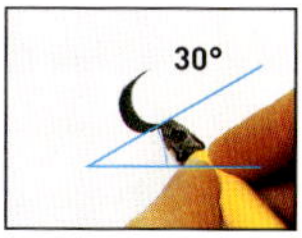

Ziehen Sie einen halbkreisförmigen Bogen. Achten Sie auf die schräge Achse der Rundung.

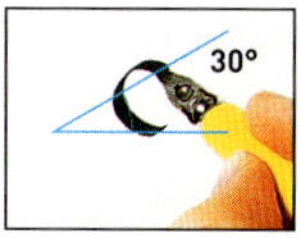

Zeichnen Sie den gegenüberliegenden Bogen.

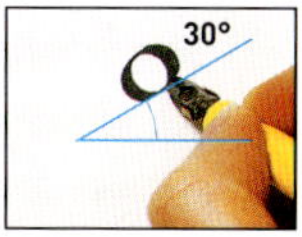

Die Form des „o“ sollte möglichst rund sein.

c e p q

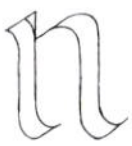

Der erste Strich des „n“ gleicht dem „i“. Achten Sie darauf, dass die Kopfserife klar definiert ist.

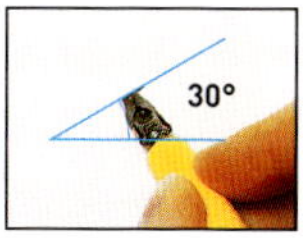

Auf der x-Höhe einen kurzen Strich nach rechts ziehen, um die Serife zu formen.

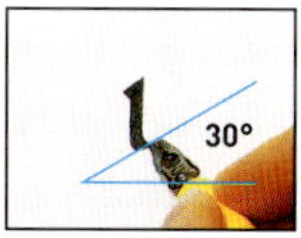

Im selben Federwinkel den Schaft nach unten ziehen, am Fuß entlang der Grundlinie eine Rundung formen.

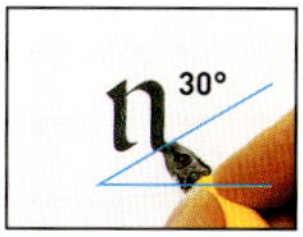

Ziehen Sie einen Bogen und zeichnen Sie den rechten Schaft mit gebogenem Fuß wie beim vorhergehenden Strich.

a b d h
i j k l
m r t u

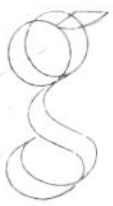

Die obere Rundung des „g“ ist kreisförmig, jedoch kleiner als das „o“.

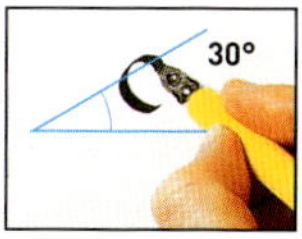

Beignnen Sie auf der x-Höhe und zeichnen Sie ein verkleinertes „o“.

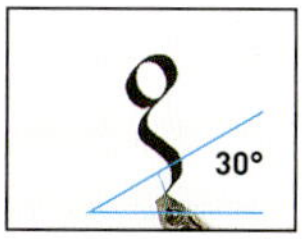

Unterhalb der Rundung e den geschwungenen Verbindungsstrich ansetzen.

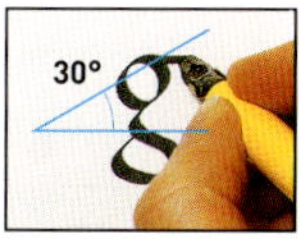

Die untere Rundung mit einem weiteren Bogen schließem. Fügen Sie das Fähnchen hinzu.

f

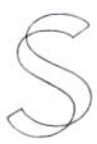

Das „s“ sollte wegen dem relativ breitem „o“ ebenfalls weit geschwungen werden.

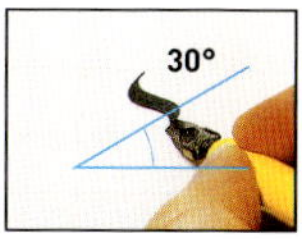

Der zentrale Schwung des „s“ sollte so weit wie möglich nach außen gezogen werden.

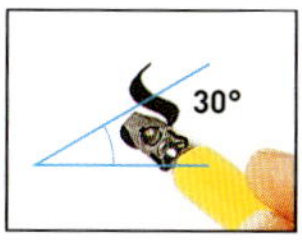

Zeichnen Sie einen engen, nach innen geschwungenen Bogen.

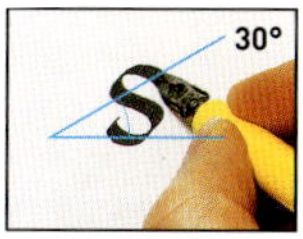

Kehren Sie nach oben zurück und vervollständigen Sie das „s“ mit einem leicht gekrümmten Strich.

y z

Foundational, Versalien

Diese Versalien wurden entworfen, um die Minuskeln der Foundational zu begleiten. Obwohl Sie im Aufbau der römischen Kapitalschrift ähnlich sind, orientieren Sie sich in Proportion und Größe an den Minuskeln. Sie können auch unabhängig von diesen verwendet werden. Ihre Struktur ist einfach und formal.

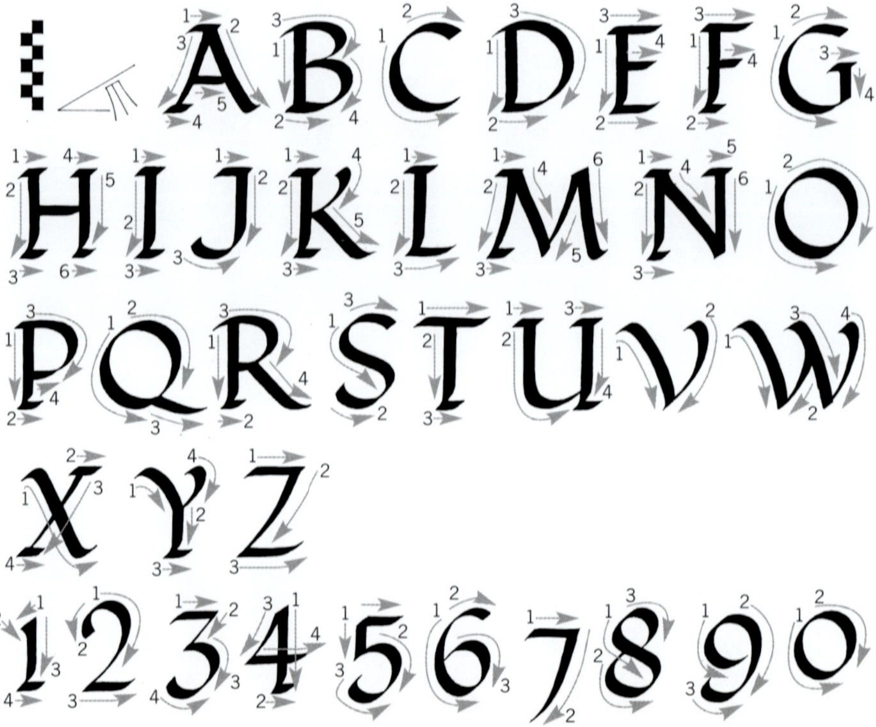

Interessante Details

Die Serifen dieser Versalien sind meist sockelförmig. Die Buchstaben dieser Schrift liegen in etwa auf gleicher Höhe mit den Oberlängen der Minuskel.

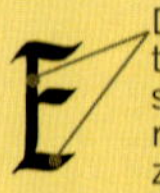

Der Federwinkel sollte mit ca. 30° flach sein, da sonst die Serifen im Vergleich zum Schaft zu schwer wirken.

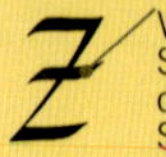

Wenn der diagonale Strich des „Z“ zu dünn ausfällt, können Sie entweder den Federwinkel ändern oder einen Querbalken hinzufügen.

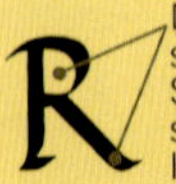

Der Bauch des „R“ sollte mit halber Schafthöhe großzügig sein, der Fuß nicht zu lang ausfallen.

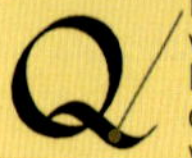

Mit diesem alternativen Form des Fußes kann der Innenraum optisch verkleinert werden.

Grundstruktur

Man sollte diese Schrift am besten in Verbindung mit der Minuskel üben. Die Serifen sind sockelförmig, der rechte Fuß des „A“, „K“, „M“ und „R“ endet in einem Haken. Sie können den Aufbau dieser Buchstaben mit zwei zusammengebundenen Bleistiften üben, bevor Sie eine quadratisch abgeschnittene Feder verwenden.

Struktur | **Strichfolge** | **Gruppe**

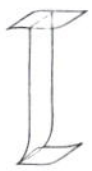

Die Form des „I“ ist der Grundbaustein für alle Buchstaben mit geraden Schäften.

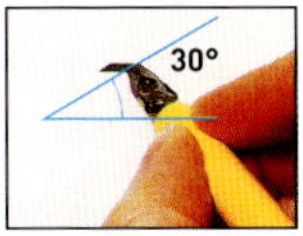

Halten Sie die Feder im 30°-Winkel und zeichnen Sie eine kurze Sockelserife.

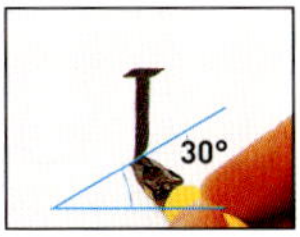

Den Schaft zeichnen und mit einer kurzen, nach links gezogenen Diagonale beenden.

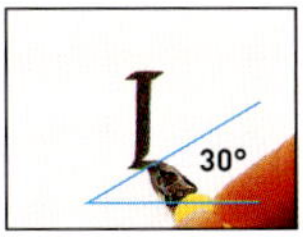

Setzen Sie auf der Grundlinie an und zeichnen Sie die Fußserife. Beachten Sie die kleine Einkerbung.

B D H J
K N P R

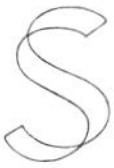

Das „S“ sollte breit sein. Der obere und untere Strich sind sanft geschwungen.

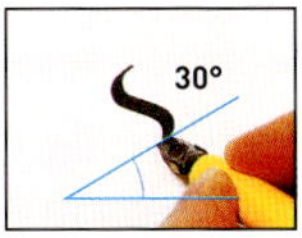

Ziehen Sie den zentralen Schwung nach außen, um ein breites „S“ zu gestalten.

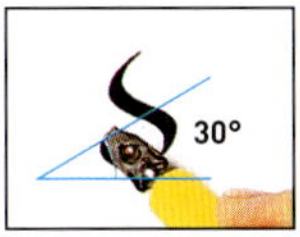

Der untere Bogen wird nach innen geschwungen.

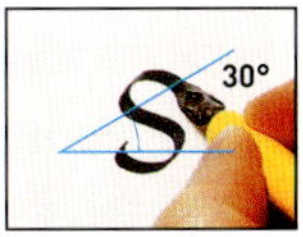

Zeichnen Sie abschließend den kurzen oberen Strich.

C G O Q

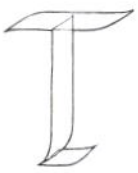

Die Form des „T“ ist im Vergleich zu anderen Schriften eher unauffällig.

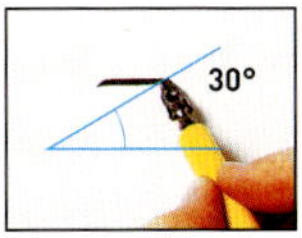

Der Querbalken des „T“ ist gerade und wirkt wie eine verlängerte Serife.

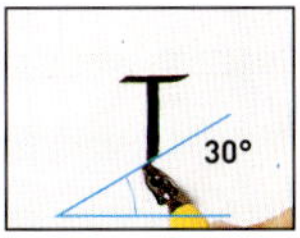

Beginnen Sie den Schaft an der oberen Kante des Querbalkens, um den Ansatz zu verbergen.

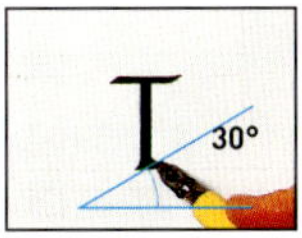

Fügen Sie am Fuß eine Serife hinzu.

E F

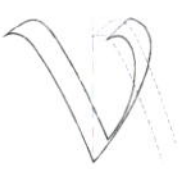

Der gekrümmte Strich beim „V“ (sowie „A“, „M“, „W“ und „Y“) bildet ein Gegengewicht zu den geraden Schäften der anderen Buchstaben.

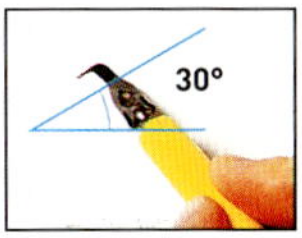

Leiten Sie den diagonalen Strich mit einer Hakenserife ein.

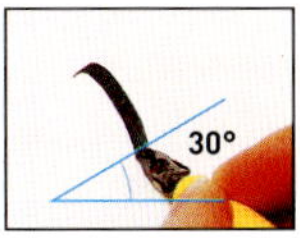

Ziehen Sie mit einer fliessenden Bewegung eine gekrümmte Linie zur Grundlinie.

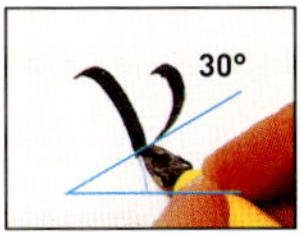

Behalten Sie den Federwinkel bei und zeichnen Sie auf der rechten Seite einen etwas stärker ausgeprägten Bogen.

A M W
Y

Beneventanische Minuskel

Diese Schrift wurde in der Mitte des achten Jahrhunderts entwickelt und wurde bis ca. 1300 n.Chr. verwendet. Von den poströmischen Schriften war die Beneventanische Schrift mit am längsten in Gebrauch. Sie wurde hauptsächlich in Süditalien verwendet, vor allem im Benediktinerkloster in Monte Cassino.

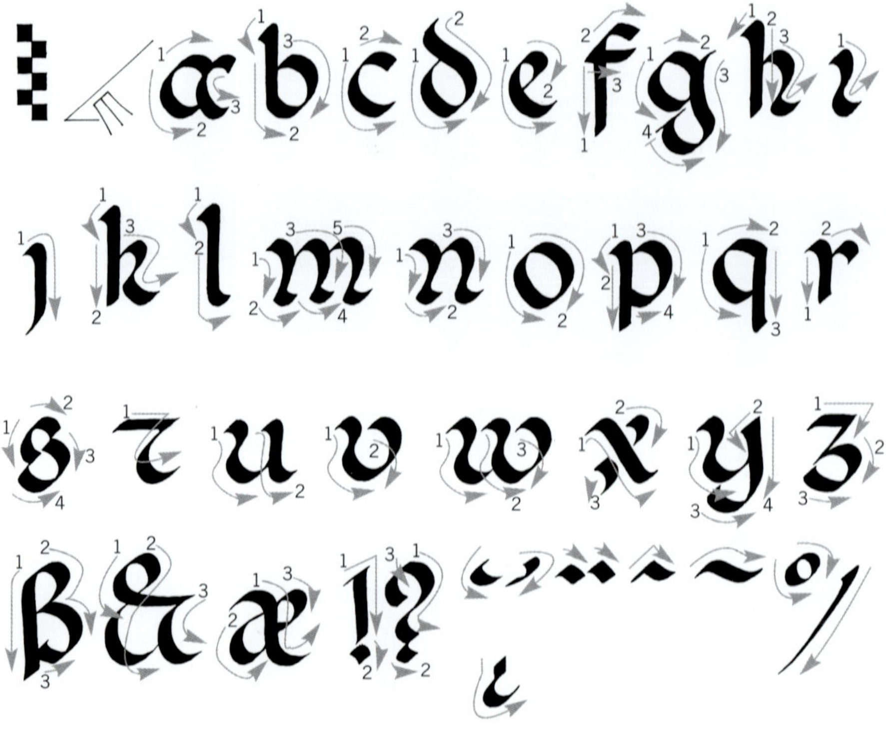

Interessante Details

Die gewundene, in der Mitte etwas schmälere Linie des Schaftes lässt die Serifen im Vergleich fetter wirken.

Das „halbe r" ist zulässig, es sollte jedoch nicht mit dem „i" verwechselt werden.

Das „große e" ist die historisch korrekte Form. Es wurde oft über den Querbalken mit einem anderen Buchstaben zu einer Ligatur verbunden.

Die runden Buchstaben sollten ein volles Volumen besitzen und eine konstante Breite einhalten.

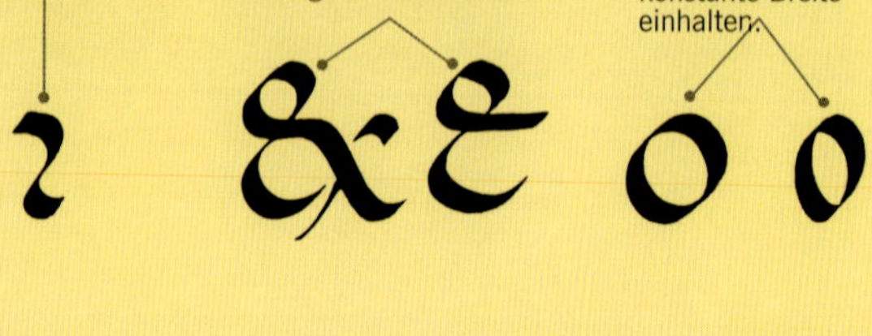

Grundstruktur

Die Buchstaben der Beneventanischen Minuskel wirken formell. Dieser Eindruck entsteht durch die regelmäßigen Breitenverhältnisse und die konstant gehaltenen Innenräume der Bäuche. Die Ober- und Unterlängen sind zurückgenommen, die Abstände zwischen den Buchstaben gleichmäßig.

Struktur	Strichfolge			Gruppe
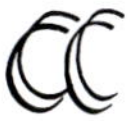 Das geschlossene „a“ wirkt wie ein verbundenes „oc“ und kann oft in spätrömischen Schriften wiedergefunden werden.	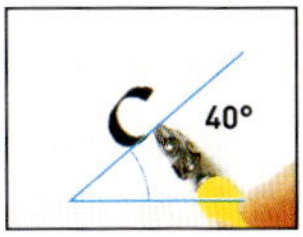 Zeichnen Sie den kurzen oberen Bogen. Vervollständigen Sie den Bauch, mit einem Bogen nach unten.	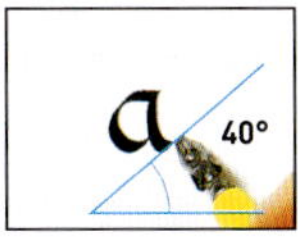 Schließen Sie das „a“ mit einem weiteren Bogen.	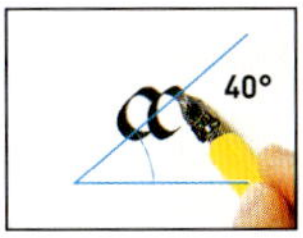 Kehren Sie zum Kopf zurück und zeichnen Sie einen kurzen Bogen, so daß die charakteristische „oc“-Form entsteht.	c e g o q t
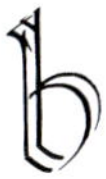 Die geraden, aufrechten Schäfte sind ein charakteristisches Kennzeichen dieser Schrift und werden durch den abrupt abgebogenen Fuß betont.	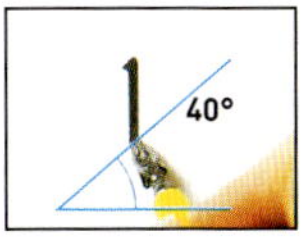 Ziehen Sie mit einem Winkel von 40° einen kurzen Strich. Kehren Sie zurück und zeichnen Sie den Schaft.	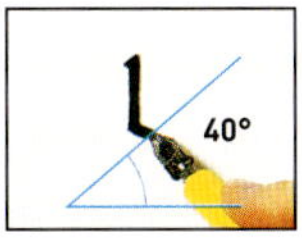 Die Feder absetzen und einen kurzen, gebogenen Fuß zeichnen.	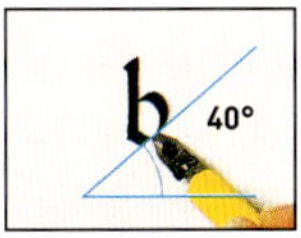 Schließen Sie den Bauch mit einem vollen Bogen.	d f h j k l p
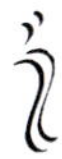 Das dünne Mittelstück der Schäftes lässt die Kopf- und Fußlinien breit wirken, wodurch ein unverwechselbares Schriftbild entsteht.	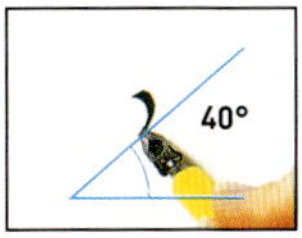 Leiten Sie das „i“ mit einem engen Schwung nach unten ein.	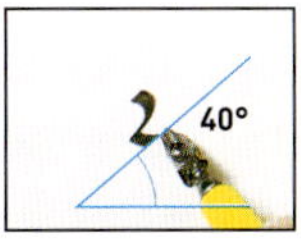 Der Strich kann mit einem Fuß oder mit einem Schwung in entgegengesetzter Richtung enden.	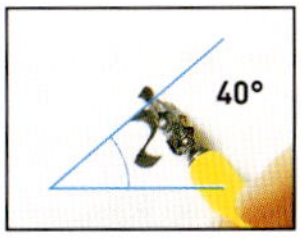 Der Strich auf dem „i“ taucht eigentlich erst ab dem 13. Jhdt. auf, kann jedoch heute auch hier verwendet werden.	m n r t u w x y
 Dies ist die ursprüngliche Form des „r“. Sie kann aus Gründen der Authentizität verwendet werden.	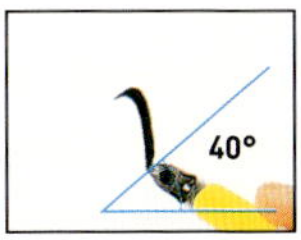 Das traditionelle „r“ beginnt mit einem großzügigem Schwung nach unten.	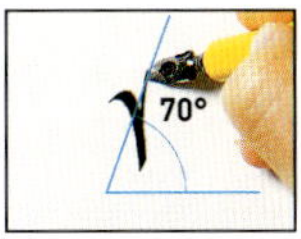 Ziehen Sie mit der Federkante eine feine Linie nach oben. Diese reicht bis über die x-Höhe.	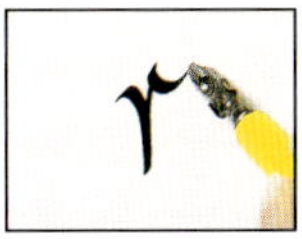 Zeichnen Sie abschließend einen kurzen, nach oben gewölbten Bogen.	m x y

Beneventanische Versalien, modern

Diese modernen Großbuchstaben ergänzen die beneventanische Minuskel und sind mit demselben Duktus geschrieben. Man sollte sie aber nicht unabhängig von dieser verwenden. Die charakteristisch fetten Kopf- und Fußstriche der Minuskel wurden übernommen.

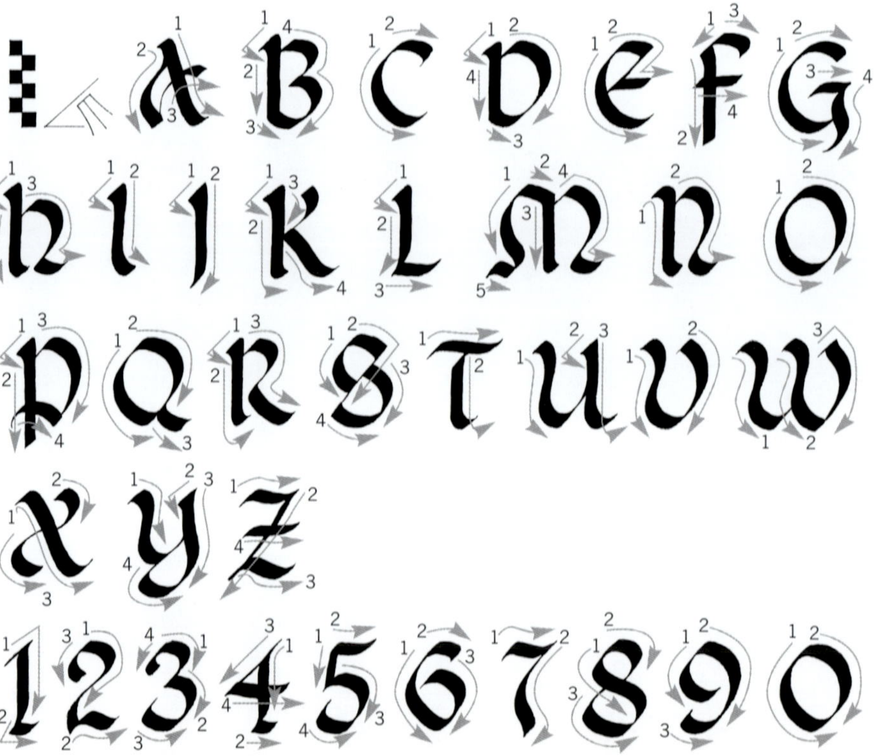

Interessante Details

Die fast keilförmigen, abgerundeten Serifen der Minuskel bleiben erhalten. Die oberen Bögen des „C“, „E“, „F“ und „G“ werden mit einer Vorwärtsbewegung geschrieben.

Beachten Sie den Richtungswechsel vom unteren zum oberen Bogen.

Hier wurde die abgerundete Serifenform verwendet. Die Rundung beginnt unterhalb der Serife.

Der obere Balken wird nach vorne gezogen.

Das alternative „m“ basiert auf der Minuskelform. Die Füßchen weisen alle in die selbe Richtung.

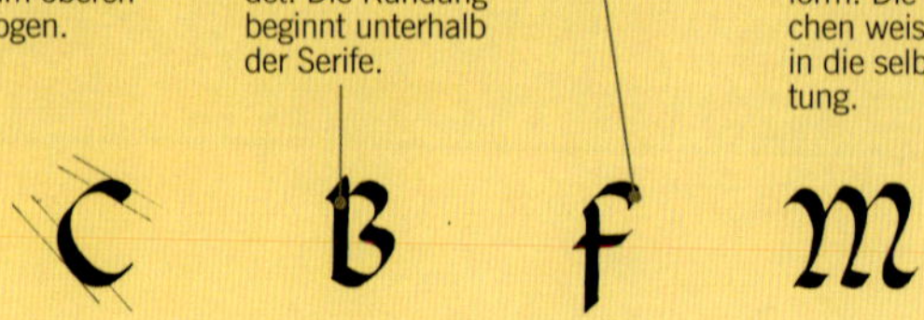

Grundstruktur

Diese schlichten Versalien lassen sich leicht mit den eher dominanten Kleinbuchstaben kombinieren. Dadurch eignet sich die Beneventanische Schrift vorzüglich für die moderne Kalligraphie. Die charakteristischen Merkmale der Minuskel wurden so weit wie möglich übernommen.

Struktur | **Strichfolge** | **Gruppe**

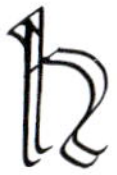

Der Federwinkel wird beim Schreiben von „A“, „K“, „M“, „N“, „R“, „U“, „V“ und „W“ geringfügig von 40° auf 30° geändert.

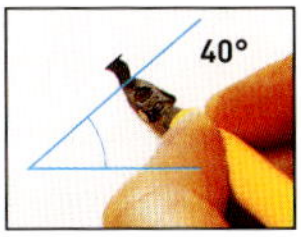

Mit einem Federwinkel von 40° wird ein kurzer diagonaler Strich nach links und dann zurück in den Schaft geführt.

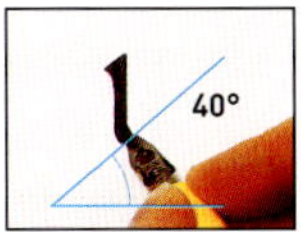

Der Schaft endet unten in einem abgerundeten Fuß.

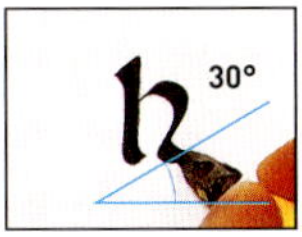

Der Bogen liegt unter der Kopflinie, der Schaft ist gewölbt. Für den Fuß Feder auf 30° drehen.

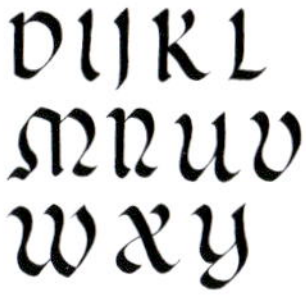

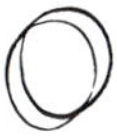

Das „O“ bestimmt die Breite aller anderen Buchstaben.

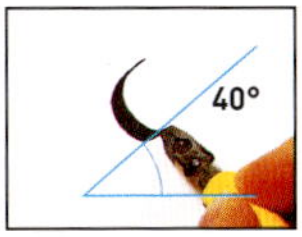

Beginnen Sie das „O“ mit einem schmalen Bogen nach links.

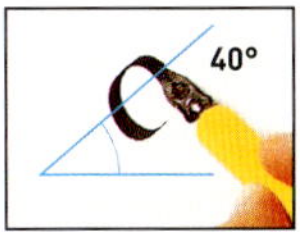

Setzen Sie ab und kehren Sie zum Anfangspunkt zurück.

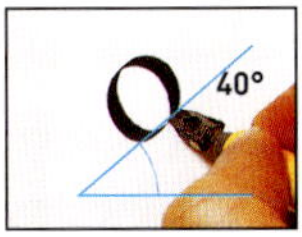

Vervollständigen Sie den Buchstaben mit einem kompakten Bogen nach links.

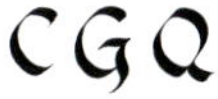

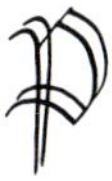

Die Breite der Rundung orientiert sich an der Breite des „O“.

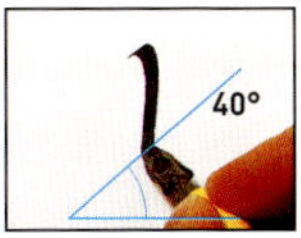

Das „P“ kann auch mit einer hakenförmigen Serife eingeleitet werden, der Schaft darf leicht durchgebogen sein.

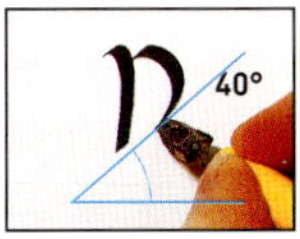

Vom oberen Schaftende aus einen Bogen ziehen, der sich an den Proportionen des „O“ orientiert.

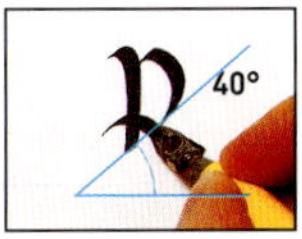

Setzen Sie links vom Schaft an und schließen Sie die Rundung mit einem großzügigen konkaven Bogen.

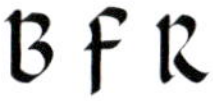

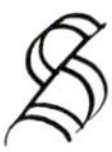

Bei dieser alternativen „S“-Form ist der untere Bogen nicht wie links im Alphabet ein Halbkreis, sondern ein konkaver Strich.

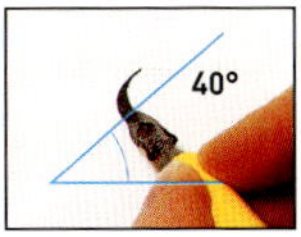

Von der Kopflinie einen kurzen Bogen nach unten bis zur mittleren Höhe ziehen.

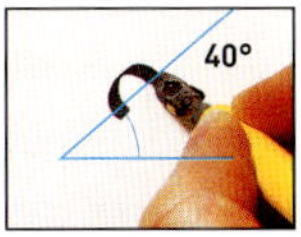

Einen weiteren Halbbogen an das obere Ende des ersten ansetzen und eine Haarlinie nach links unten ziehen.

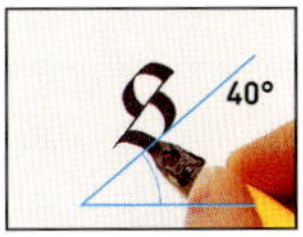

Der Bogen nach unten beginnt zwischen den beiden anderen Bögen. Den konkaven Strich am unteren Ende der Haarlinie ansetzen.

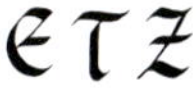

Luxeuil Minuskel

Diese Schrift war wahrscheinlich eines der ersten europäischen Minuskelalphabete. Sie stammt aus dem siebten Jahrhundert und wurde im französischen Kloster von Luxeuil entworfen. Ihre Ursprünge liegen in der Merowingischen Hofschrift, deren kursive Qualität trotz einiger Vereinfachungen beibehalten wurde.

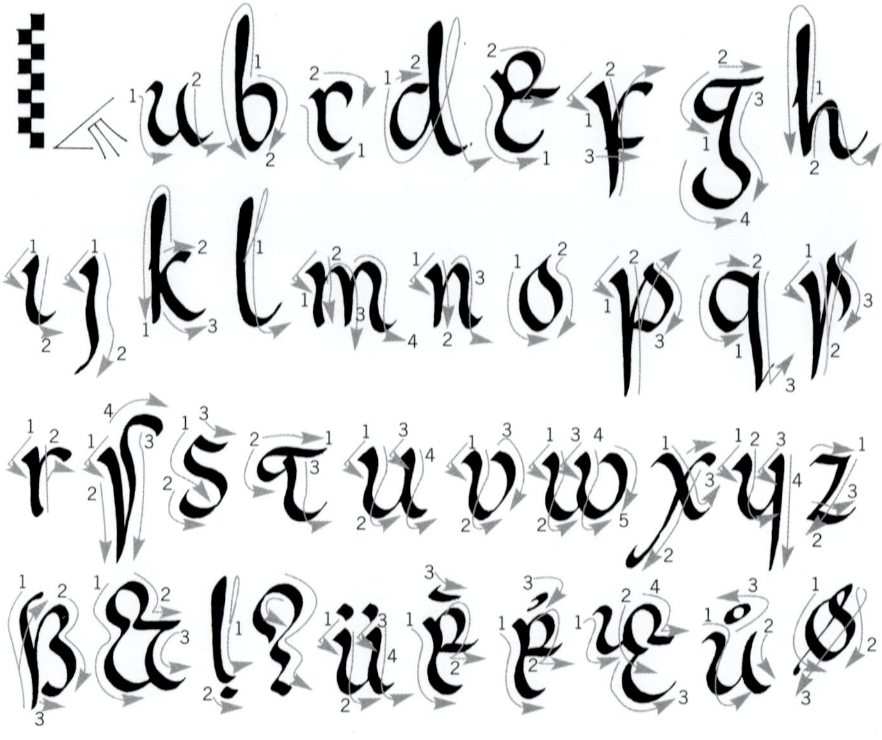

Interessante Details

Die weiten Bögen bilden einen Kontrast zu den schmalen Buchstaben wie dem „n" und „m". Die Ober- und Unterlängen sind lang, die Buchstaben werden häufig verbunden.

Das „a" ist nach oben geöffnet, das „b" bildet hier eine Ligatur mit dem „c". Der obere Bogen des „c" wird aus dem Schaft gezogen.

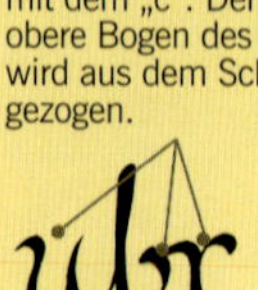

Das „u" und „v" haben im Unterschied zum „a" Kopfserifen. Das hier gezeigte „a" wirkt heutzutage passender.

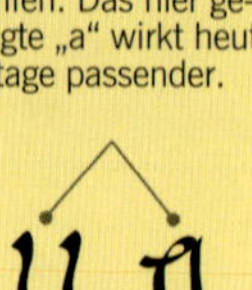

Hier sehen Sie eine alternative Version des „e". Bei dieser Schrift ragt das „e" bis über die x-Höhe hinaus.

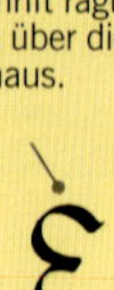

Grundstruktur

Im Textzusammenhang bilden die schmalen, leicht geschwungenen Mittellängen einen Kontrast zu den großzügigen Bögen der Rundungen. Die langen Oberlängen unterstreichen dies noch zusätzlich. Die Buchstaben werden oft zu Ligaturen verbunden, insbesonders beim großen „e“.

Struktur **Strichfolge** **Gruppe**

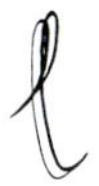

Die über Kreuz laufenden Striche sind ein typisches Kennzeichen der Oberlängen. Die Schäfte enden mit einem weit geschwungenem Fuß.

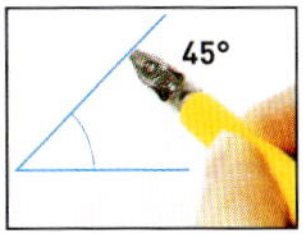

Der Federwinkel beträgt 45°.

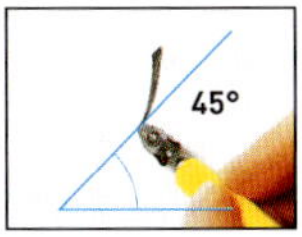

Für die geschlossenen Schleifen zieht man nach oben, dann kurz nach rechts und wieder zurück in den Schaft.

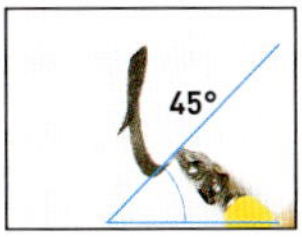

Der Schaft sollte leicht nach hinten geneigt sein.

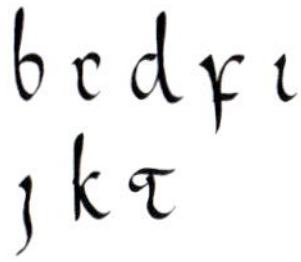

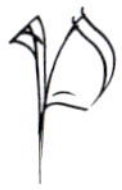

Das „p“ ist einer der breiteren Buchstaben. Wenn Sie eine größere Textmenge schreiben, können Sie den Kontrast zwischen breiten und schmalen Buchstaben intensiver gestalten, um den unverwechselbaren Charakter dieser Schrift zu unterstreichen.

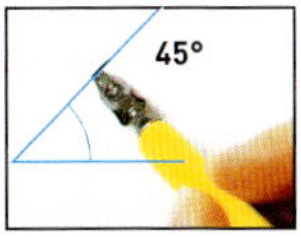

Die Feder wird am Anfang leicht nach links gezogen.

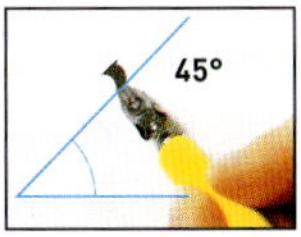

Zurückkehren und den Schaft ziehen, den Fuß etwas nach rechts drehen.

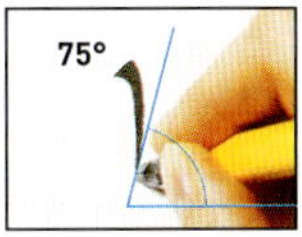

Für den spitz zulaufenden Schaft wird die Feder während des Zeichnens leicht gedreht.

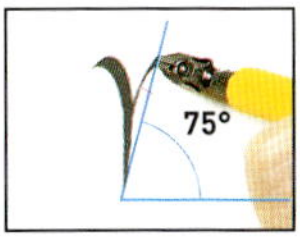

Nun einen kurzen Strich nach links unten ziehen.

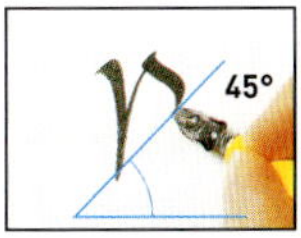

Daraus zurück in den Schaft schwingen.

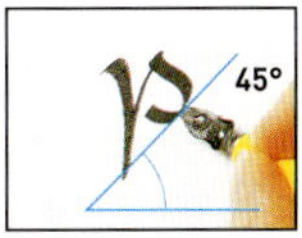

Mit dem unteren Bogen wird die Rundung vervollständigt. Sie kann unten leicht geöffnet sein.

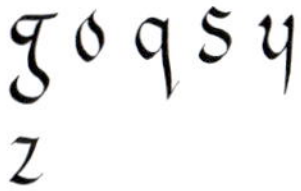

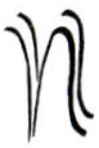

Das „n“ ist einer der schmalen Buchstaben dieser Schrift.

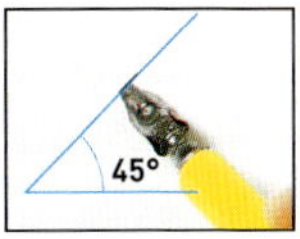

Mit senkrecht gehaltener Feder nach oben rechts ziehen.

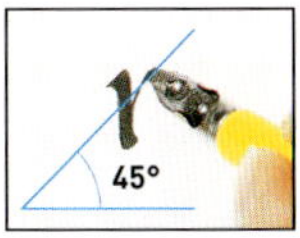

Die Rundung mit der Federkante beginnen. Sie sollte breit und „s“-förmig sein.

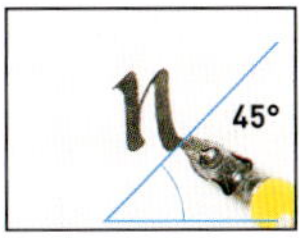

Ziehen Sie vom Schaft nach außen und zeichnen Sie den rechten Fuß, der mit einem Häkchen endet.

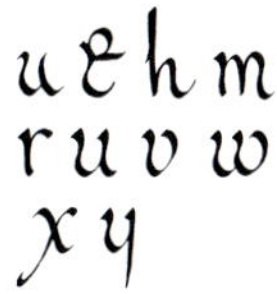

Luxeuil Versalien, modern

Versalien wurden während dieser Periode als dekorative Elemente an den Anfang von Kapiteln oder Versen gesetzt. Sie wurden jedoch nicht zum Kennzeichnen von Substantiven oder Satzanfängen innerhalb eines Textes verwendet. Die hier gezeigten Buchstaben sind für den modernen Gebrauch gedacht und können mit den Minuskeln kombiniert werden. Sie gleichen diesen im Duktus und im Charakter.

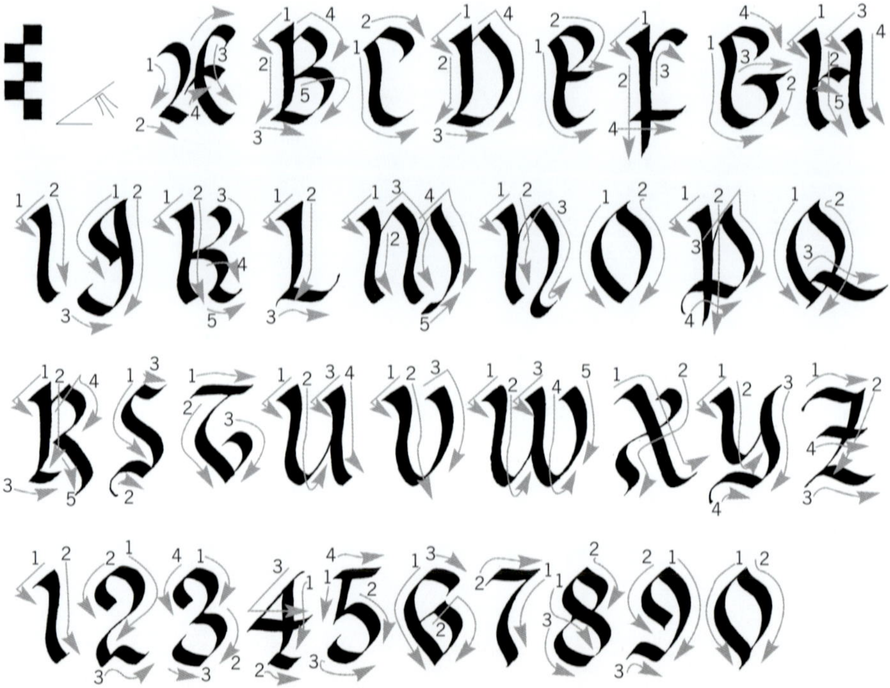

Interessante Details

Die Größe der Innenräume ist bei dieser Schrift relativ konstant gehalten. Die Buchstaben variieren nur wenig in der Breite.

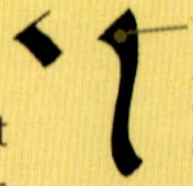

Die fette Serife wird mit zwei Strichen geformt, der Schaft ist leicht geschwungen.

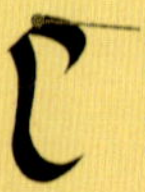

Der gebrochene Bogen der Minuskel wird beim „C", „E" und „G" wieder aufgegriffen.

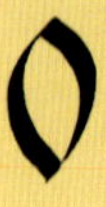

Dieses „O" ist eine auf dem Kopf stehende Version der oben gezeigten Form.

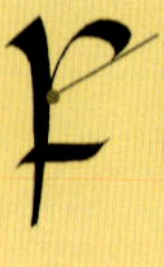

Achten Sie darauf, dass der Schaft des „F" gekrümmt ist und unter der Grundlinie mit einer Spitze endet.

Grundstruktur

Die Versalien sollten sich harmonisch in das Schriftbild einfügen. Der Kontrast zwischen den schmalen Mittellängen und den großzügig geschwungenen Bögen sollte nicht durch übermäßige Betonung der Versalien beeinträchtigt werden. Daran sollten Sie denken, wenn Sie die Versalien unabhängig von der Minuskel verwenden wollen.

Struktur | **Strichfolge** | **Gruppe**

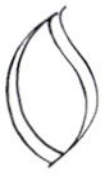

Die spitz zulaufenden Rundungen und die geschwungenen Verbindungslinien sind ein typisches Merkmal dieser Schrift.

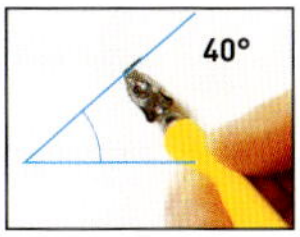

Der Federwinkel beträgt 40°.

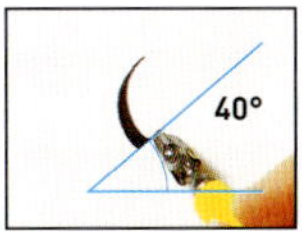

Ziehen Sie einen flachen Bogen, der mit einer Spitze endet.

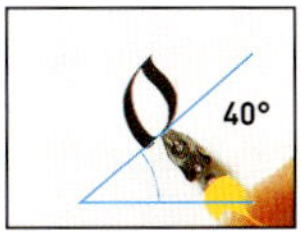

Der rechte Bogen ist „s“-förmig und bildet an Anfang und Ende eine Spitze.

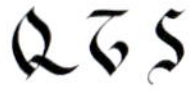

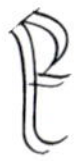

Die Krümmung des Schafts wird in der gebrochenen Kopflinie der Buchstaben wieder aufgegriffen.

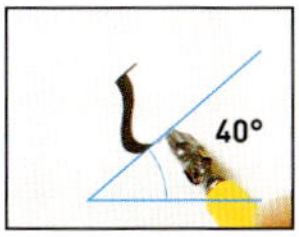

Der Schaft wird mit einem kurzen Anstrich nach links unten eingeleitet und endet mit einem Fuß.

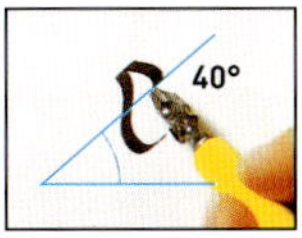

Kehren Sie nach oben zurück und formen Sie den Kopf mit einem weiten Bogen.

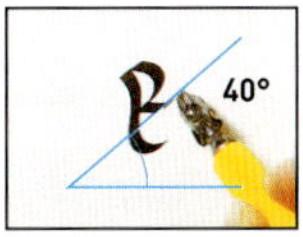

Der Kopf wird durch eine dünne Linie mit dem Schaft verbunden. Zeichnen Sie abschließend den mittleren Balken.

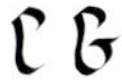

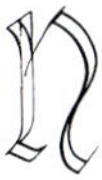

Die Form des „N“ enthält eine keilförmige Serife und eine hauchdünne Verbindungslinie zwischen Schaft und Bogen.

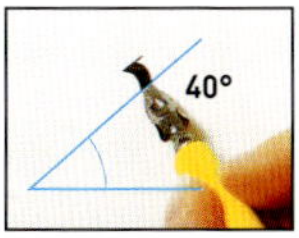

Das „N“ beginnt mit einer keilförmigen Serife.

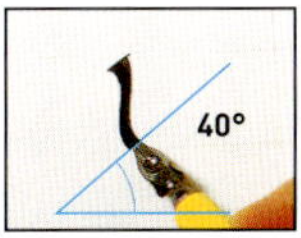

Kehren Sie zum Anfang zurück, zeichnen Sie einen geschwungenen Schaft und biegen Sie den Fuß nach rechts.

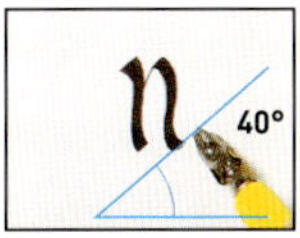

Der Bogen des „N“ beginnt mit einer feinen Linie nach oben. Der Schaft endet mit einem gerundetem Fuß.

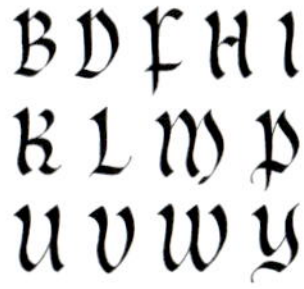

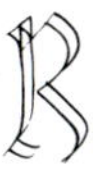

Der Fuß des „R“ kann nach innen oder nach außen geschwungen werden.

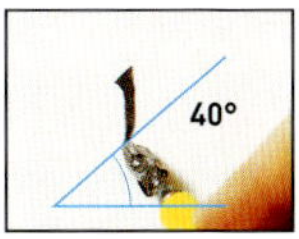

Beginnen Sie mit der keilförmigen Serife. Ziehen Sie den Schaft kurz vor der Grundlinie etwas nach links.

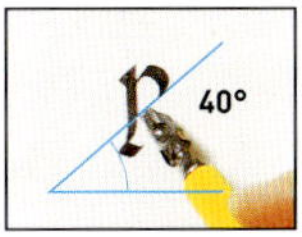

Fügen Sie eine geschwungene Fußserife hinzu und formen Sie die Rundung. Diese sollte oben spitz sein.

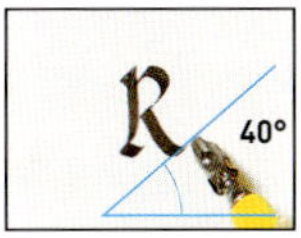

Der Fuß des „R“ setzt direkt an der Rundung an.

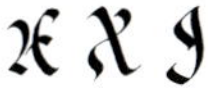

Irische Minuskel

Diese außergewöhnlich schöne Textschrift entstand im 17. Jahrhundert. Sie hat ihren Ursprung in Irland, Südschottland und Nordengland. Die korrekte Bezeichnung für diese Schrift wäre Insulare Halbunziale. Zwei herausragende Werke, die mit ihr gestaltet wurden, sind die Lindisfarne Gospeln aus London und das Buch der Kelten aus Dublin.

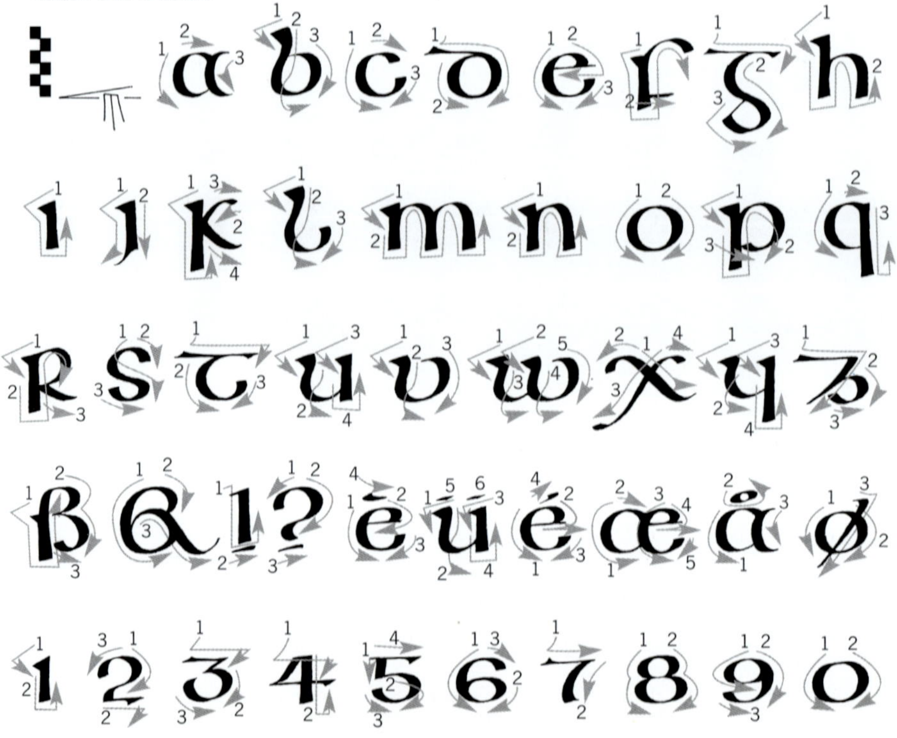

Interessante Details

Das Auge wird entlang der fetten Serifen der Oberlängen getragen. Dieser Effekt wird durch die reduzierten Ober- und Unterlängen und den großzügigen Zeilenabstand unterstützt.

Das oben gezeigte „a“ ist die gebräuchliche Form, sie können jedoch auch das Unzial-„a“ verwenden.

Diese Alternativen für das „d“ und „h“ wurden oft zusammen mit den oben gezeigten Formen verwendet.

Die Buchstaben sind ebenmäßig in Breite und Höhe.

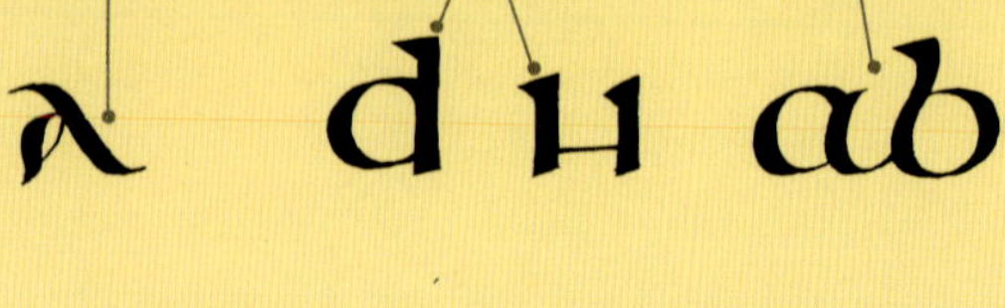

Grundstruktur

Diese Buchstaben werden mit einer abgeschrägten Feder geschrieben. Hierdurch entsteht ein starker Kontrast zwischen fetten und feinen Linien, wobei die waagerechten Linien besonders dünn ausfallen. Die Endungen der Schäfte sind waagerecht.

Struktur | **Strichfolge** | **Gruppe**

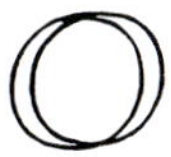

Das „o“ ist die Basis für alle Rundungen. Die Feder sollte beim Schreiben möglichst waagerecht gehalten werden.

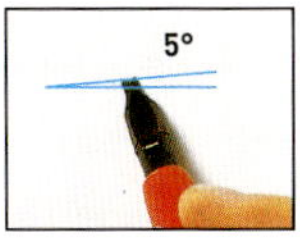

Halten Sie die Feder im Winkel von 5° zur Schreibfläche.

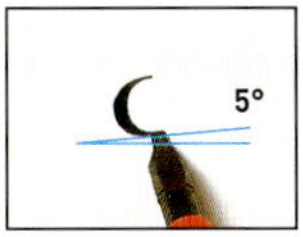

Zeichnen Sie den ersten Halbkreis des „o“.

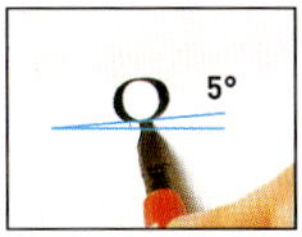

Formen Sie die rechte Seite der Rundung. Das „o“ sollte breit und offen wirken.

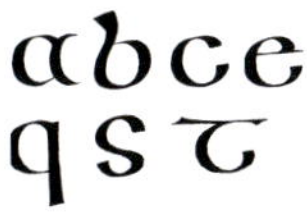

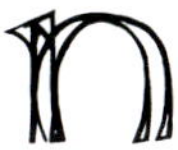

Die Buchstaben mit geraden Schäften sollten nie in einer durchgehenden Linie geformt werden. Die Form wird nach unten etwas breiter.

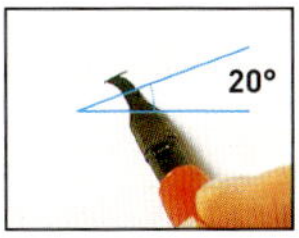

Die spitze, keilförmige Serife entsteht, indem man die Feder zwei Federbreiten nach links und nach unten zieht.

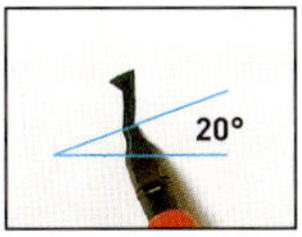

Der Schaft wird am Ende leicht nach links gezogen. Die Feder dreht man während des Zeichnens waagerecht.

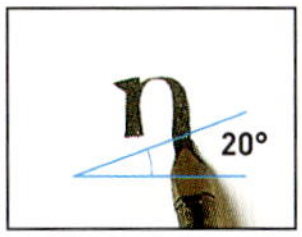

Ziehen Sie die Feder neben dem Schaft ein kleines Stück entlang der Grundlinie, bevor Sie den Bogen des „n“ gestalten.

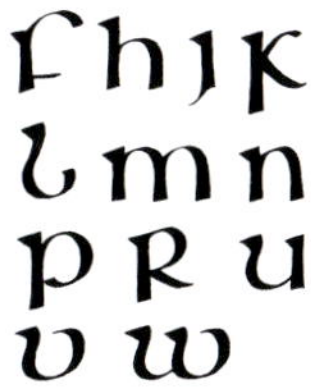

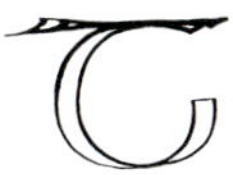

Die pfeilförmigen Endungen der Buchstaben dieser Gruppe erforden viel Übung. Das Ergebnis ist jedoch sehenswert. Die irische Minuskel wirkt außergewöhnlich elegant. Es kann hilfreich sein, Reproduktionen der Evangeliarien von Kells oder Lindisfarne eingehend zu studieren.

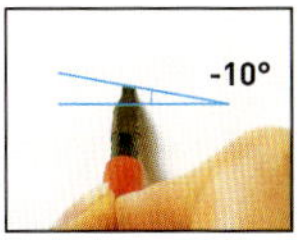

Die Pfeilform erfordert Übung: mit einem Winkel von 10° über der oberen Schriftlinie ansetzen und die Feder drehen.

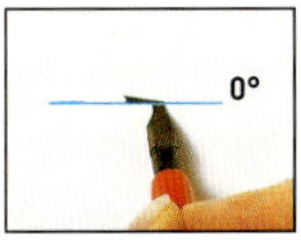

Der Pfeil sollte spitz zulaufen. Ziehen Sie leicht nach unten in die Waagerechte.

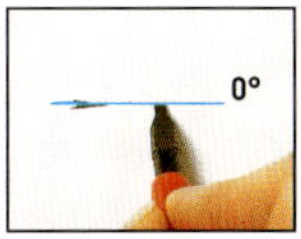

Entlang der Kopflinie einen Strich zeichnen. Die Hand sollte hierbei möglichst ruhig sein.

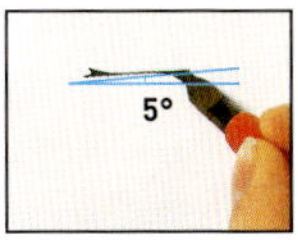

Den kleinen Keil zeichnen. Die obere Kante kann waagerecht verlaufen.

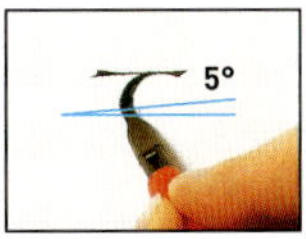

Mit einer breiten Linkskurve zur Grundlinie schwingen.

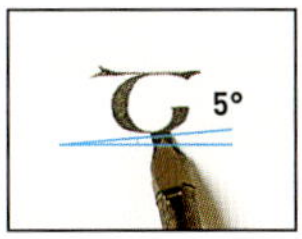

Setzen Sie die Feder ab und fügen Sie unten den Halbbogen hinzu.

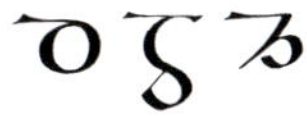

Künstliche Unziale

Diese elegante Schrift stammt aus dem frühen 8. Jahrhundert und wurde von der Unziale abgeleitet. Ihre Ursprünge lassen sich bis nach Canterbury in Südengland zurückverfolgen. Weiter im Norden geriet sie in direkte Konkurrenz zur Irischen Majuskel, die man nachahmen und übertrumpfen wollte.

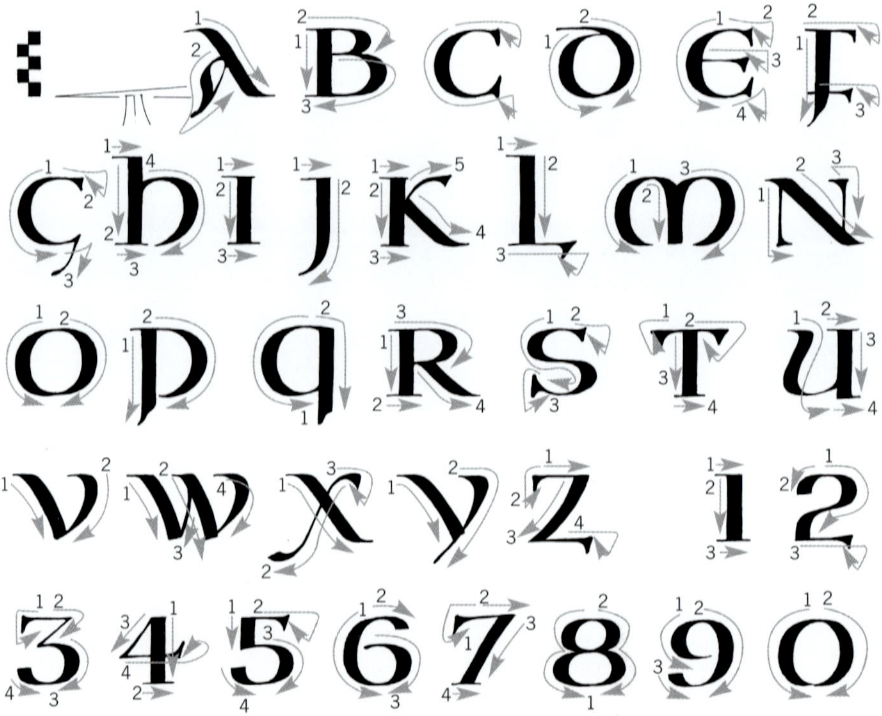

Interessante Details

Die geraden Schäfte, hauchdünnen Serifen und das hohe „L" erinnern an die Capitalis Quadrata.

Das Verlängern der hauchdünnen Serifen diente zum Schließen von Lücken. Die Schäfte enden waagerecht.

Dies ist ein alternatives „U".

Diese übertriebenen Kopf- und Fußserifen können auch beim „H" verwendet werden.

Diese alternative Form des „Q" orientiert sich eher an der römischen Form als an der Unziale.

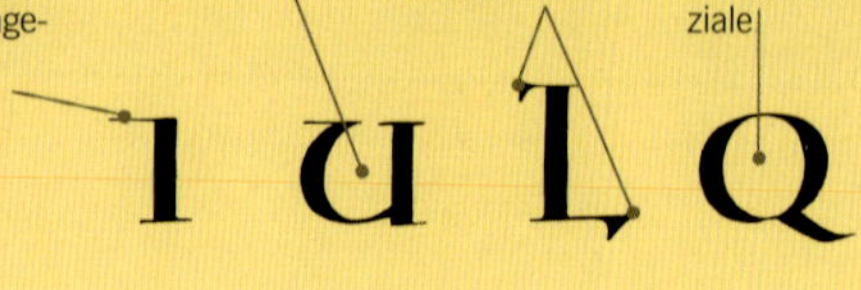

Grundstruktur

Diese Schrift wird mit „gerader“ Feder geschrieben. Die Schaftenden werden dadurch eckig, und es enstehen extreme Strichstärkenkontraste und Haarlinien. Die vollen Serifen an den waagerechten Endungen werden mit der Federkante geformt.

Struktur	Strichfolge			Gruppe
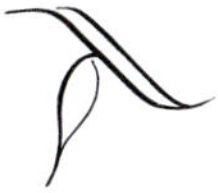 Das „A“ ist ein breiter Buchstabe. Die Rundung hat eine Spitze und reicht bis unter die Grundlinie.	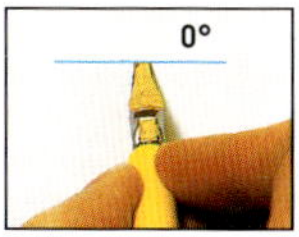 Beginnen Sie mit einer kurzen waagerechten Linie zur Seite.	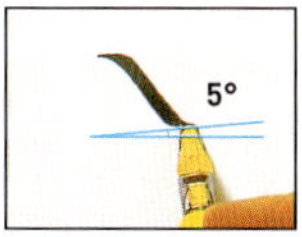 Ziehen Sie mit der vollen Breite der Feder nach unten. Fügen Sie eine Fußserife hinzu.	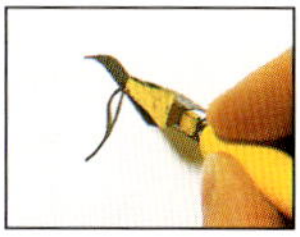 Die Rundung des „A“ kann durch eine gleitende Bewegung mit der Federkante geformt werden.	KN
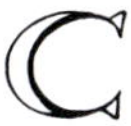 Die kleinen Serifen der runden Buchstaben erfordern viel Übung im Schreiben mit der Federkante.	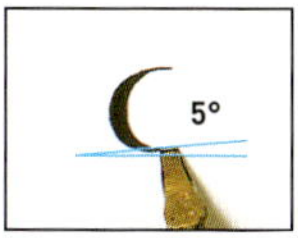 Halten Sie die Feder waagerecht und beschreiben Sie einen Halbkreis nach links.	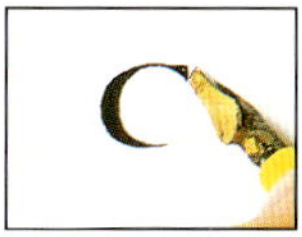 Kehren Sie zurück und ziehen Sie mit der Federkante entlang der Schriftlinie. Formen Sie eine kleine Serife.	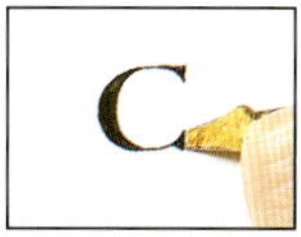 Wiederholen Sie diese Vorgehensweise für die untere Serife.	BCDE GOPQ S
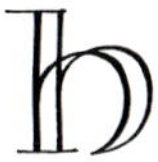 Das „H“ und „L“ ragen über die obere Schriftlinie hinaus. Das „A“, „F“, „J“, „P“, „Q“ und „X“ dehnen sich über die Grundlinie nach unten aus.	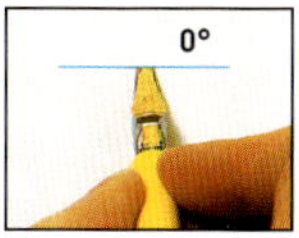 Die „gerade“ Feder wird in etwa waagerecht gehalten. Man zieht einen kurzen Strich über der oberen Schriftlinie.	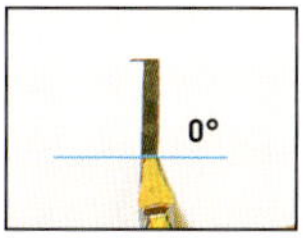 Dann folgt ein senkrechter Strich zur Grundlinie und am Fuß eine weitere Haarlinie. So erhält man den Schaftgrundstrich.	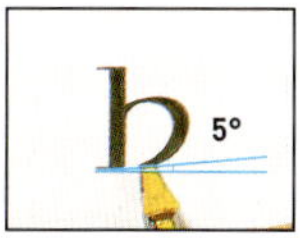 Danach setzt man knapp unter der oberen Schriftlinie an und zieht einen halbkreisförmigen Bogen.	MUV
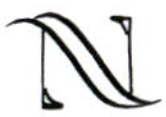 Die Diagonale des „N“ ist der des Unzial-“A“ ähnlich.	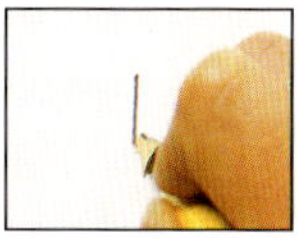 Der erste und letzte Strich sind eine senkrechte Haarlinie. Zeichnen Sie diese mit der Federkante.	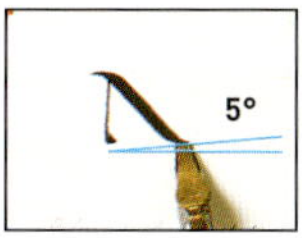 Stellen Sie die Feder wieder waagerecht und zeichnen Sie die zentrale Diagonale.	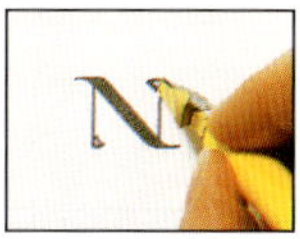 Fügen Sie den rechten Fuß hinzu. Die Serifen werden zuerst mit der Federkante gezeichnet und dann ausgefüllt.	ACFG STZ

Irische Minuskel, spitz

Diese Schrift entstand im sechsten Jahrhundert in Irland, wurde jedoch schnell auch in England verwendet. Sie war im neunten Jahrhundert eine der beliebtesten angelsächsischen Schriften. Es gab sie in verschiedenen Ausprägungen. Am bekanntesten sind die „kantige“ und die „spitze“ Minuskel. Die Spitzform entsteht, indem die Feder beim Schreiben der Unterlängen fast senkrecht gedreht wird.

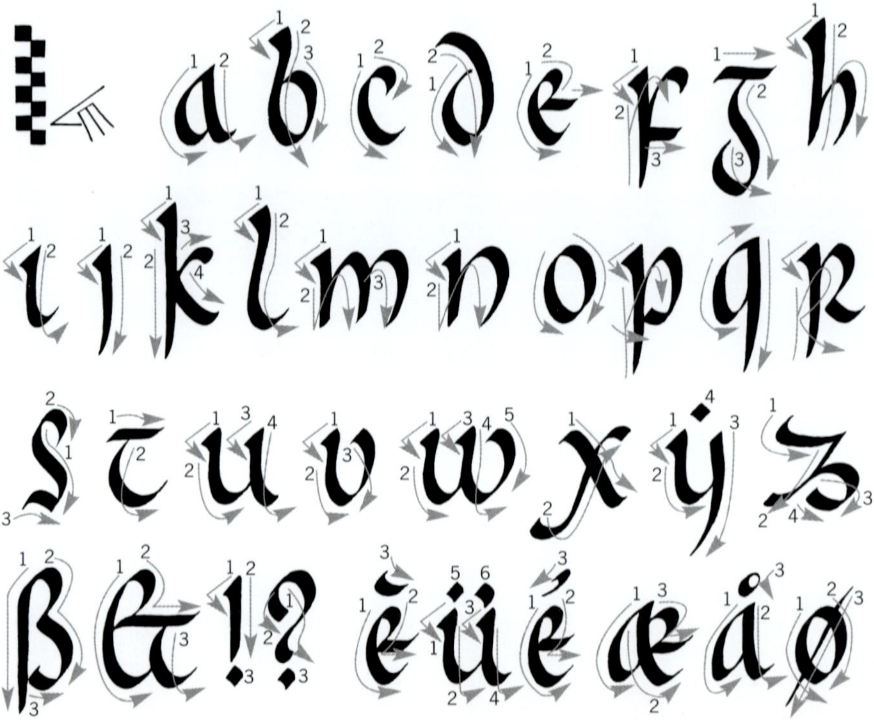

Interessante Details

Wie bei fast allen kursiven Schriften sind die Buchstaben für ein schnelles und ökonomisches Schreiben entworfen.

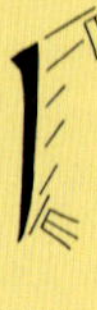

Die keilförmige Serifen sollten mit Sorgfalt geformt werden. Der Schaft wird mit einer schnellen Drehbewegung nach unten gezogen, damit er spitz ausläuft.

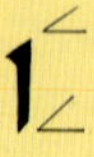

Die Drehung ist beim „h“, „m“ und „n“ nur geringfügig: von ca. 40° auf 45°.

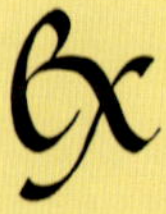

Das große „e“ war beliebt und konnte mit vielen Buchstaben zu einer Ligatur verbunden werden.

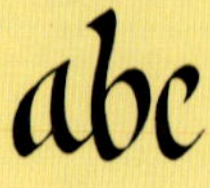

Um den Charakter der Schrift zu erhalten, sollten Sie nicht zuviel Freiraum zwischen den Buchstaben lassen.

Grundstruktur

Die Feder wird beim Schreiben der kleinen Buchstaben etwas steiler gestellt und bei den Oberlängen ganz in die Senkrechte gedreht. Ansonsten beträgt der Federwinkel meist 40°. Die Buchstaben wirken offen und breit.

Struktur | **Strichfolge** | **Gruppe**

Der großzügig geschwungene Fuß ist ein typisches Kennzeichen dieser Buchstaben.

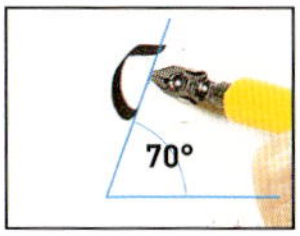

Beginnen Sie mit einem langem Strich auf der oberen Schriftlinie. Formen Sie dann die schmale Rundung.

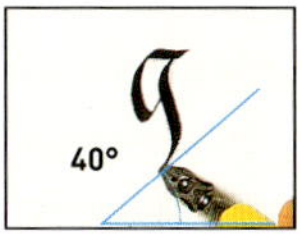

Setzen Sie am Ende des ersten Striches an und zeichnen Sie die Verbindungslinie.

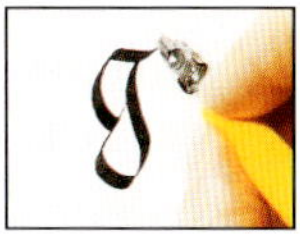

Ziehen Sie von unterhalb der oberen Rundung eine feine Linie. Schließen Sie die untere Verbindung mit der Federkante.

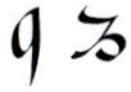

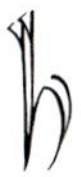

Durch die Drehung der Feder von 40° auf ungefähr 70° entstehen die charakteristischen, spitz zulaufenden Schäfte.

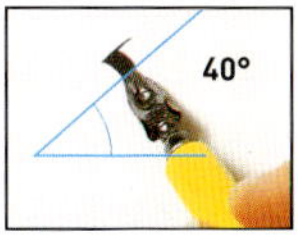

Formen Sie eine keilförmige Serife; die Kante sollte augeprägt sein. Ziehen Sie in den Schaft zurück.

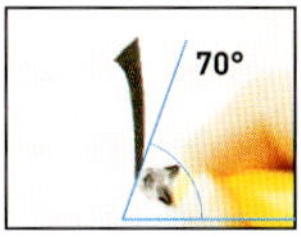

Kehren Sie zurück und zeichnen Sie den Schaft. Drehen Sie die Feder hierbei auf bis zu 70°.

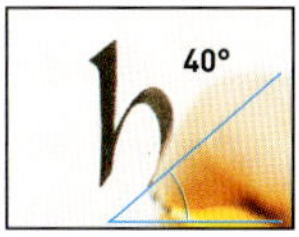

Ziehen Sie einen engen und gleichmäßigen Bogen nach außen. Enden Sie auf der Federkante.

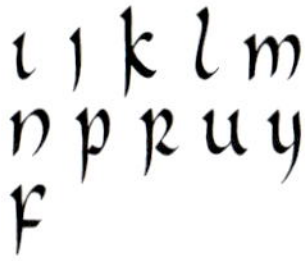

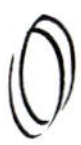

Die Breite des „o" ist eine Richtlinie für die Breite der anderen Buchstaben dieser Gruppe.

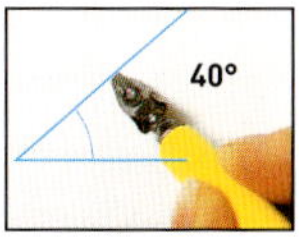

Beginnen Sie den Strich knapp unterhalb der oberen Schriftlinie.

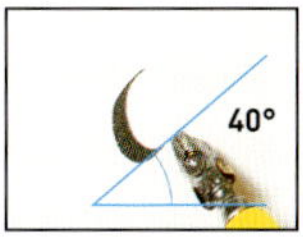

Ziehen Sie dann einen kreisförmigen Bogen.

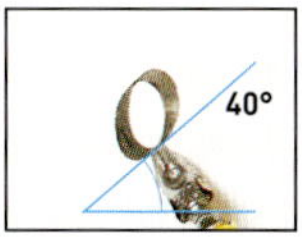

Die zweite Hälfte sollte ein Spiegelbild der ersten sein.

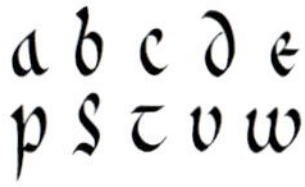

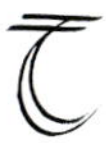

Die bogenförmige Krümmung des Schaftes ist typisch für Schriften, die vor dem 13. Jahrhundert entstanden sind.

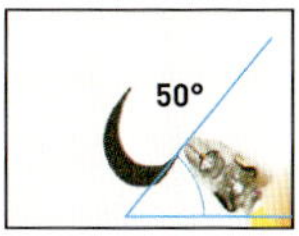

Ziehen Sie mit einem großzügigen Bogen nach unten.

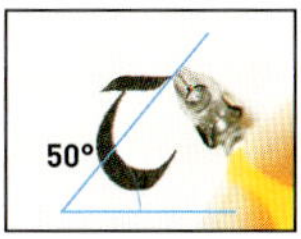

Der Querbalken wird mit einer fließenden Bewegung geformt.

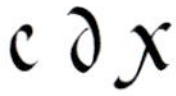

Angelsächsische Minuskel, kantig

Diese aus dem zehnten Jahrhundert stammende Schrift war weniger verbreitet als die spitze Variante und wurde hauptsächlich in Südengland verwendet. Sie wird genau zwischen die Schriftlinien eingepasst und wirkt formal. Der Zeilenabstand ist großzügig. Das „e“ und das „n“ sind wohl die auffälligsten Buchstaben.

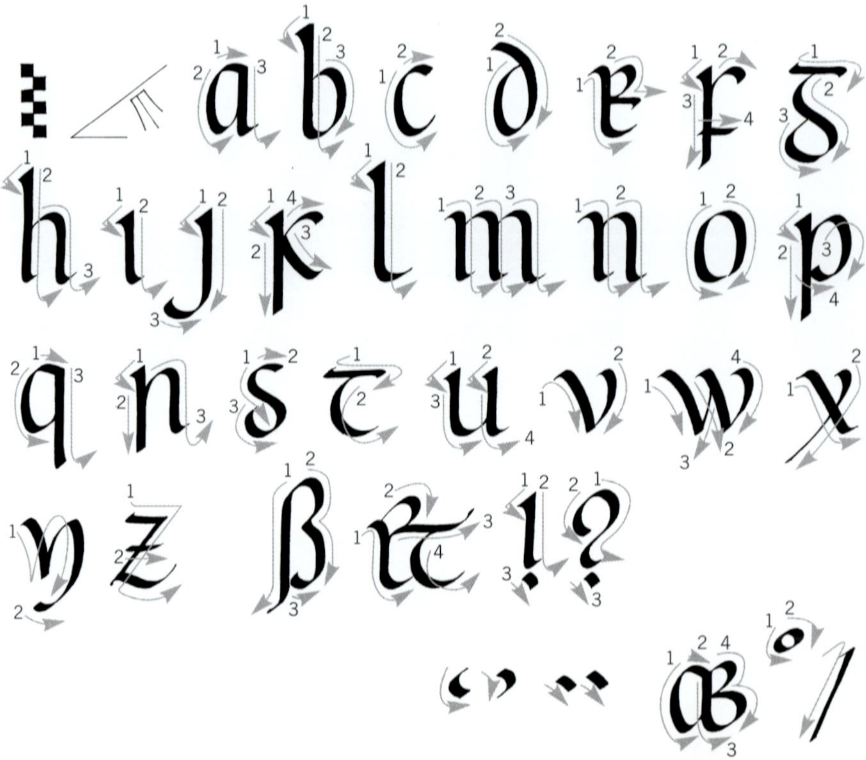

Interessante Details

Die senkrechte Ausrichtung der Buchstaben wird durch die relativ schmale Form zusätzlich betont. Das „d“ und das „g“ haben als einzige Buchstaben eine eher gerundete Form.

Diese moderne Version des „r“ kann immer dann verwendet werden, wenn die traditionelle Form die Lesbarkeit verringern würde.

Dies sind moderne Formen des „w“, „v“ und „y“. Damit wird der schmale, nach oben strebende Charakter der Schrift zusätzlich betont.

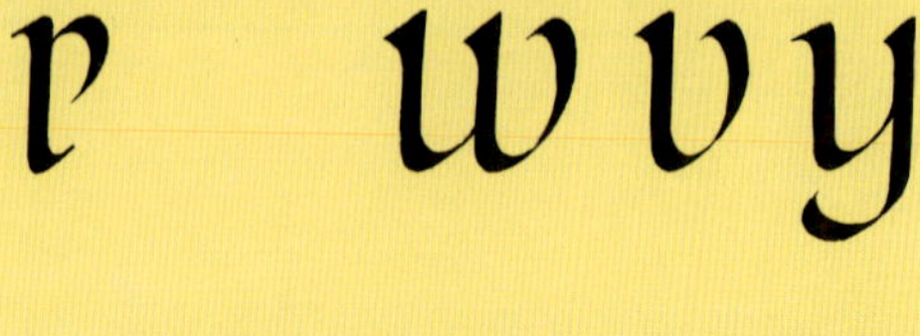

Grundstruktur

Die Buchstaben dieser Minuskel sind schmal. Die vertikale Ausrichtung ist an den Schäften gut erkennbar und wird durch diskrete Kopf- und Fußserifen untermalt. Mit Ausnahme des „r“ tragen die Buchstaben die typischen Merkmale der Insular-Schriften der Zeit.

Struktur	**Strichfolge**			**Gruppe**
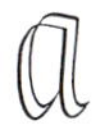 Das „a“ legt die Breite der anderen Buchstaben fest.	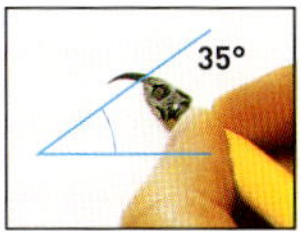 Ziehen Sie von der oberen Schriftlinie einen kurzen Strich nach rechts.	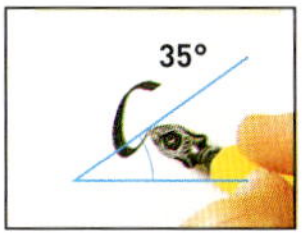 Kehren Sie zurück und schwingen Sie mit einer fließenden Bewegung nach unten und wieder zurück in den Schaft.	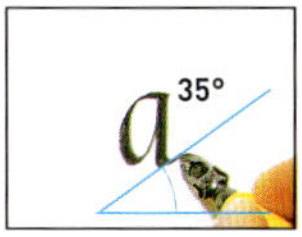 Zeichnen Sie den Schaft und formen Sie einen dezenten Fuß.	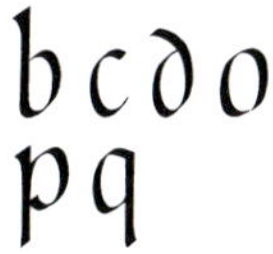
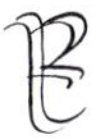 Das „e“ wirkt sehr eigen und wird mit einem hakenförmigen Anstrich geschrieben.	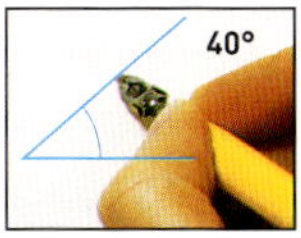 Halten Sie die Feder mit einem Winkel von 40°.	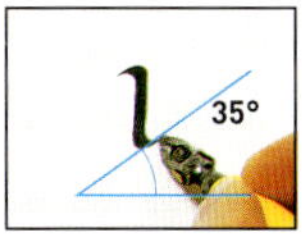 Zeichnen Sie einen Schaft und ziehen Sie desn Fuß nach außen.	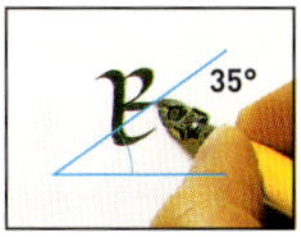 Beginnen Sie am Schaftanfang und formen Sie eine kurze Schleife. Ziehen Sie von der Mitte des Schaftes nach außen.	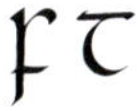
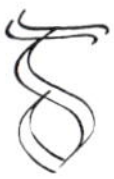 An die Stelle der Rundung tritt hier ein Querbalken. Dies ist ein typisches Merkmal der irischen Schriften.	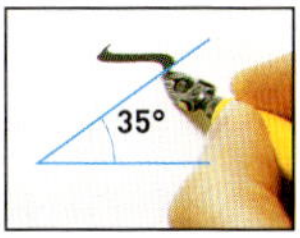 Der Querbalken beginnt und endet mit einem kleinen Häkchen.	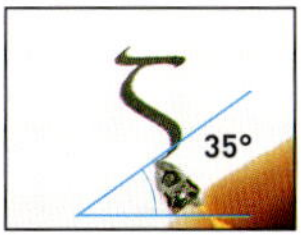 Setzen Sie am Balken an und zeichnen Sie den „s“-förmigen Fuß.	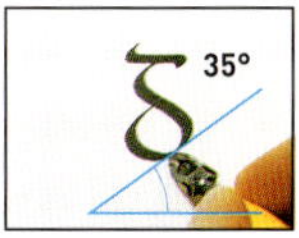 Schwingen Sie den Fuß zurück zum Schaft; die Linien können sich berühren.	
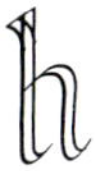 Das „h“ gibt die Breite für „m“, „n“, „u“ und die traditionelle Form des „r“ vor.	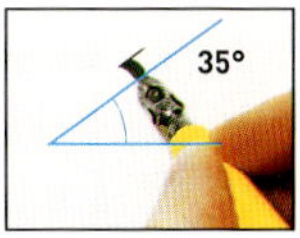 Ziehen Sie schräg nach unten und wieder zurück in den Schaft, um die dreieckige Kopfserife zu formen.	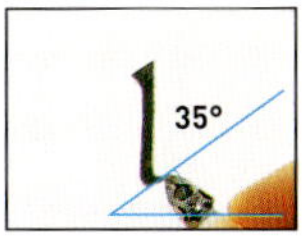 Zeichnen Sie den Schaft und biegen Sie den Fuß abrupt nach rechts.	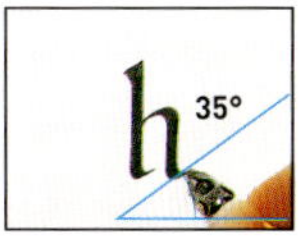 Formen Sie einen flachen Bogen und biegen Sie den Fuß nach außen.	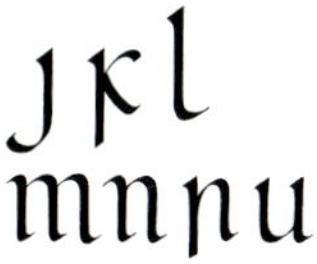

Frühgotische Minuskel

Abhängig von den jeweils vorherrschenden Merkmalen wird diese Schrift auch als spät-karolingische oder früh-gotische Schrift bezeichnet. Sie wurde während des elften Jahrhunderts als prestigeträchtige Buchschrift eingesetzt. Ein charakteristisches Merkmal dieser Schrift sind die keulenförmigen Serifen der Oberlängen. Die Serifen der Mittellängen sind keilförmig.

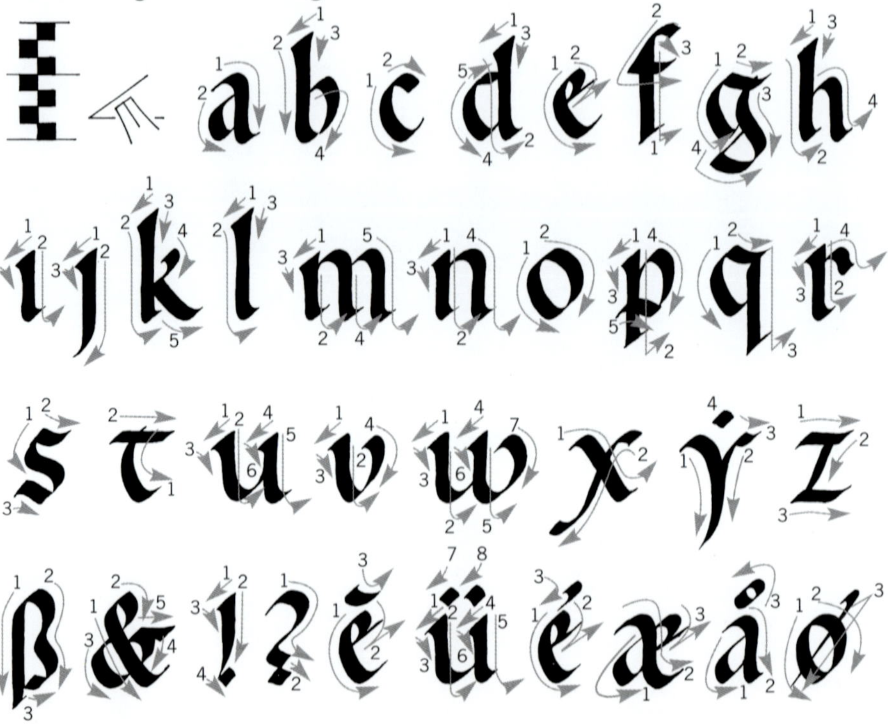

Interessante Details

Diese Minuskeln können mit karolingischen Versalien oder mit Formen der Capitalis Quadrata kombiniert werden. Die Höhe der Versalien entspricht der zweifachen x-Höhe; die Ober- und Unterlängen sind kürzer gehalten.

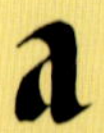

Die Breite der Buchstaben kann bis zu drei Federbreiten betragen.

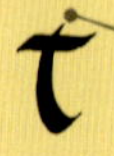

Hier tritt die modere Form des „t" in Erscheinung. Der Schaft und der Querbalken kreuzen sich.

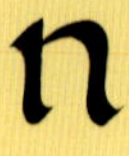

Dieses „n" ist zu breit. Die Buchstaben sollten schmal, kantig und aufrecht sein.

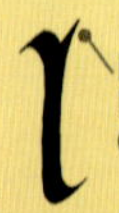

Eine alternative Endung für die Oberlängen.

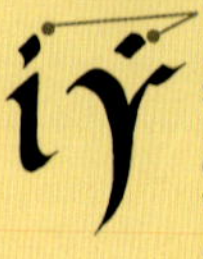

Die Punkte des „i" und „j" wurden erst später hinzugefügt. Das „y" sollte sich durch den Punkt vom germanischen „Dorn"-Zeichen unterscheiden.

Grundstruktur

Diese Buchstaben werden normalerweise mit Abstand geschrieben, können sich jedoch beim Querbalken des „e“ und an den Füßen der geraden Schäfte berühren. Die keilförmigen Serifen werden bei dieser Schrift leicht abgerundet.

Struktur | **Strichfolge** | **Gruppe**

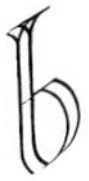

Die keilförmigen Serifen wirken etwas klobig, da die Spitzen leicht abgerundet sind.

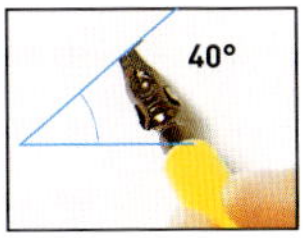

Beginnen Sie die Serife mit einem kurzen Strich nach unten.

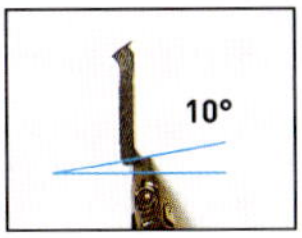

Schwingen Sie vom Ende des Striches wieder zurück in den Schaft und ziehen Sie die Feder nach unten.

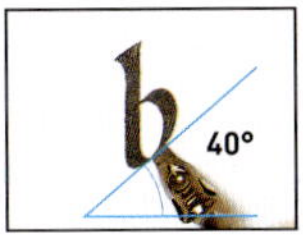

Ziehen Sie am Ende des Schaftes eine Bogen, um den Fuß zu formen.

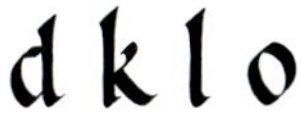

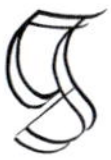

Die obere Rundung des „g“ erstreckt sich über die gesamte x-Höhe und ist größer als bei früheren Schriften.

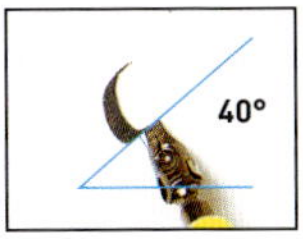

Beginnen Sie den Bogen unterhalb der oberen Schriftlinie. Er sollte nicht zu weit nach außen gezogen werden.

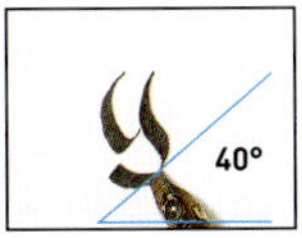

Setzen Sie oben an und zeichnen Sie den rechten Fuß mit einem langen „s“-förmigen Schwung.

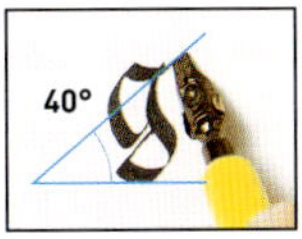

Zeichnen Sie die Haarlinie. Die Verlängerung des oberen Striches ersetzt das Fähnchen.

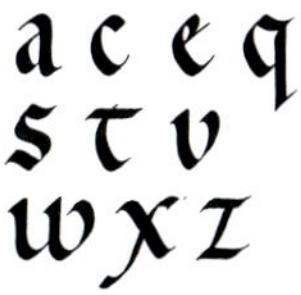

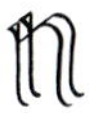

Die schmale Form dieser Schrift wird an Buchstaben mit geraden Schäften deutlich. Sie ist ein Merkmal der frühgotischen Schriften.

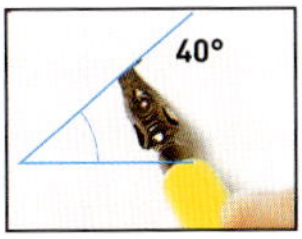

Zeichnen Sie einen kurzen Strich nach unten.

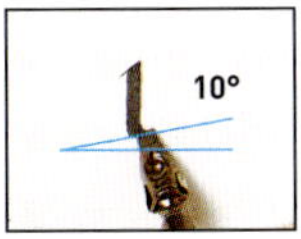

Kehren Sie zum Anfang zurück und zeichnen Sie den Schaft. Schwingen Sie den Fuß leicht nach außen.

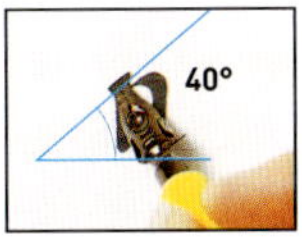

Zeichnen Sie den rechten Fuß des „n“. Formen Sie dann die keilförmige Serife.

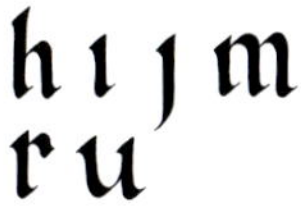

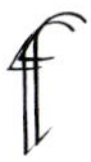

Der Fuß des „f“ ist nicht geschwungen, sondern endet mit einem kurzen Strich.

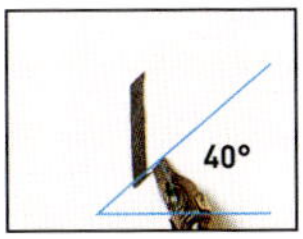

Zeichnen Sie einen senkrechten Schaft und ziehen Sie am Ende eine kurze Linie schräg nach außen.

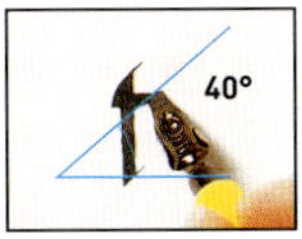

Ziehen Sie von der rechten Seite des Schaftes nach links und gehen Sie direkt in den Querbalken über.

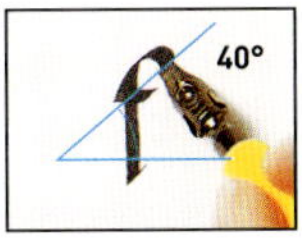

Kehren Sie nach oben zurück und zeichnen Sie den abschließenden Strich.

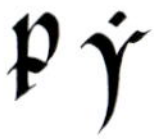

Gotische „Textura Quadrata"

Die gotische „Textura Quadrata“ entstand um 1200 n.Chr. Sie war eine der klassischen Schriften des späten Mittelalters und wurde ca. 300 Jahre lang für geistliche Werke verwendet. Der Name weist auf den eckigen Charakter der Buchstaben hin. Das Schriftbild sollte eine „gewebte“ Struktur haben.

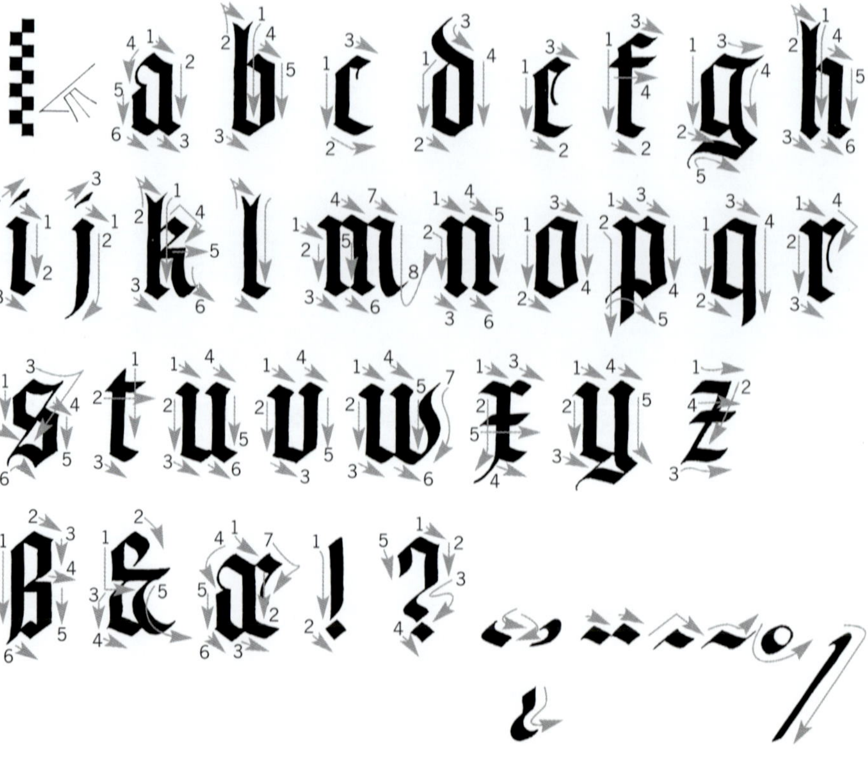

Interessante Details

Die Buchstaben unterscheiden sich nur wenig und sind oft gleich breit. Der Strich auf dem „i“ wurde entworfen, um die Schrift lesbarer zu machen.

Die Breite der Schäfte, die Innenräume und der Raum zwischen den Buchstaben sollten möglichst gleich sein.

Der gespaltene Schaft beginnt auf der linken Seite. Der rechte Sporn wird nachträglich hinzugefügt.

Das halbe „r“ taucht häufig auf, gerundete Buchstaben werden verbunden.

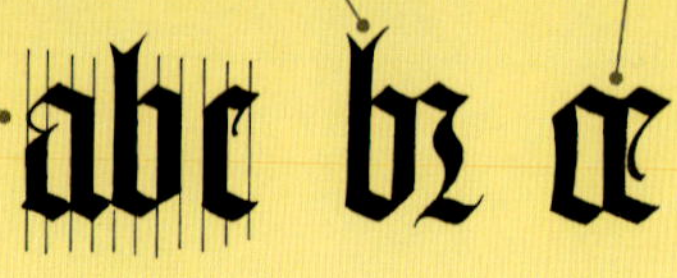

Grundstruktur

Der Zeilenabstand sollte genau eingehalten werden und ungefähr der x-Höhe entsprechen. Die Buchstaben sind komprimiert, der Abstand zwischen ihnen sollte genauso breit sein wie das „i“. Sie wirken formell, können jedoch mit zunehmender Schreibgeschwindigkeit kursiver werden. Der Federwinkel ändert sich selten.

Struktur **Strichfolge** **Gruppe**

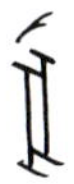

Die Strichfolge für das „i“ bildet den Grundbaustein der meisten Buchstaben.

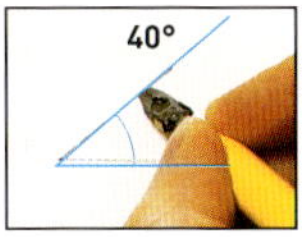

Halten Sie die Feder im 40°-Winkel. Ziehen Sie schräg nach rechts, damit eine Rautenform entsteht.

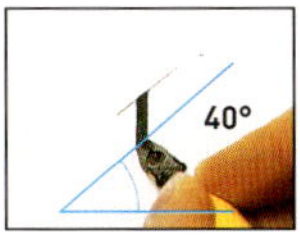

Setzen Sie an der Mitte der Raute an und zeichnen Sie den Schaft. Lassen Sie diesen kurz vor der Grundlinie enden.

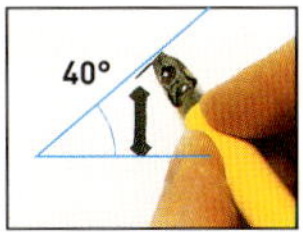

Fügen Sie am Fuß eine weitere Raute hinzu. Sie sollte mittig zum Schaft stehen. Zeichnen Sie den „i“-Punkt.

j m n r
u v w y

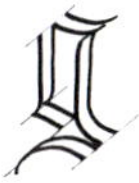

Die Breite der geschlossenen Buchstaben orientiert sich am Bauch des „g“.

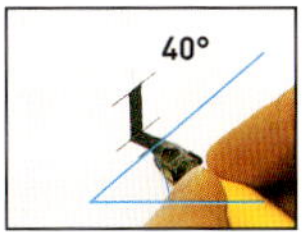

Zeichnen Sie einen geraden Schaft. Behalten Sie den Federwinkel bei und ziehen Sie schräg nach außen.

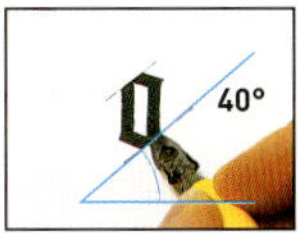

Den Vorgang in umgekehrter Reihenfolge wiederholen. Die Striche können leicht durchgebogen sein.

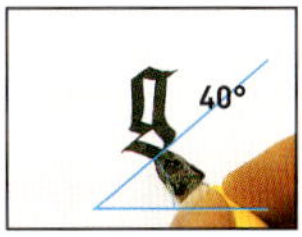

Der Fuß des „g“ ist hier etwas verkürzt und wird links wieder an den Bauch angeschlossen.

a c e o q

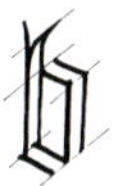

Der gespaltene Schaft findet sich auch beim „h“, „k“ und „l“ wieder. Man braucht etwas Übung, um ihn zu zeichnen.

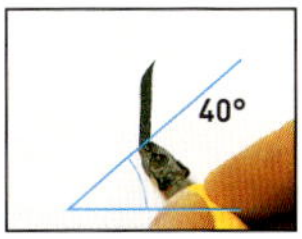

Beginnen Sie den gespaltenen Schaft auf der rechten Seite und ziehen Sie nach unten.

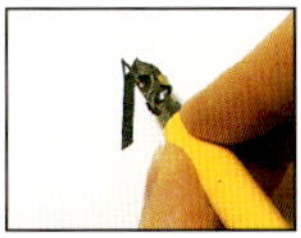

Fügen Sie die zweite Spitze nachträglich mit der Federkante hinzu.

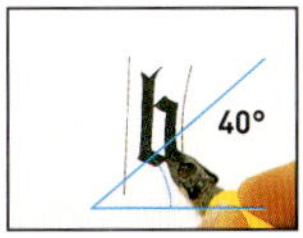

Zeichnen Sie den unteren Strich. Vervollständigen Sie den Bauch mit einer fließenden Bewegung.

d h k l p
s

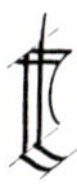

Der Querbalken sollte nicht über der x-Höhe liegen. Das „t“ ist einer der kleineren Buchstaben.

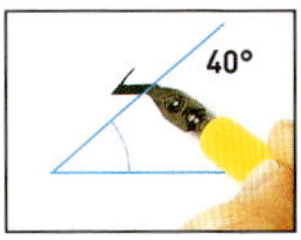

Beginnen Sie knapp über der x-Höhe und zeichnen Sie eine kurze Diagonale. Gehen Sie dann in den Querbalken über.

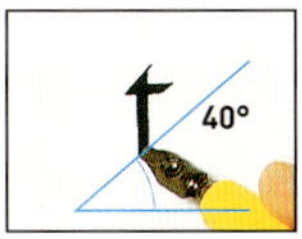

Zeichnen Sie den Schaft und lassen Sie ihn kurz vor der Grundlinie enden.

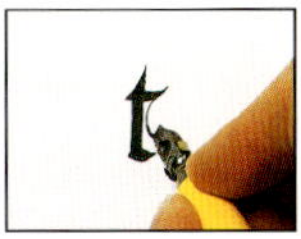

Den rautenförmigen Fuß aus dem Schaft nach rechts ziehen, an den Querbalken eine Haarlinie setzen.

f x z

Gotische „Quadrata Prescisus"

Die vollständige Bezeichnung dieser Schrift lautet „Gothic Quadrata Prescisus vel sine Pedibus" – eine „gotische Textur mit abgeschnittenen Füßen". Sie entstand zeitgleich mit der „Textura Quadrata" und ähnelt dieser in vieler Hinsicht. Die rautenförmigen Füßchen fehlen allerdings, die Schäfte enden unten gerade.

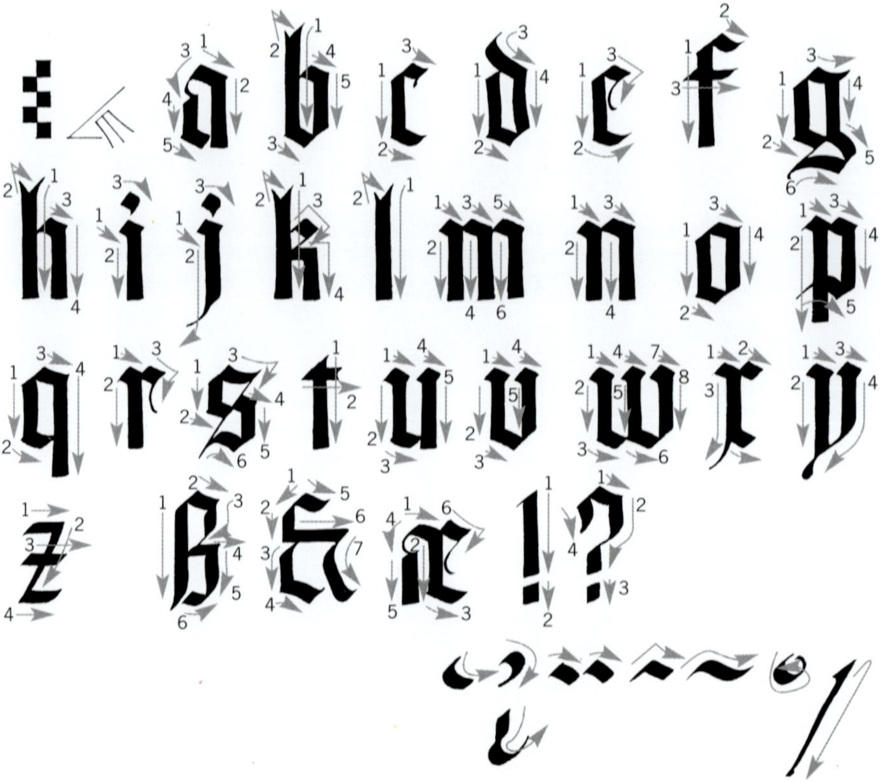

Interessante Details

Die Schäfte der Buchstaben „a", „f", „h", „k", „l", „m", „n", „p", „q", „r", „t" und „u" enden unten gerade, im rechten Winkel zum Strich.

Der Buchstabenabstand entspricht in etwa der Breite eines Schaftes.

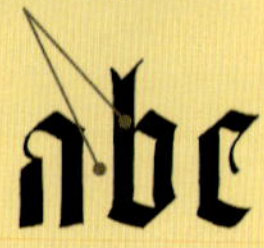

Die Ober- und Unterlängen können – abhängig vom verwendeten Zeilenabstand – verlängert werden.

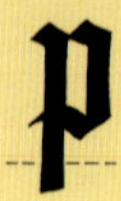

Dies ist eine zulässige Alternative für den Buchstaben „y".

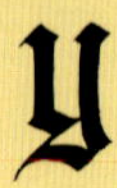

Grundstruktur

Diese Schrift ähnelt der „Textura Quadrata", unterscheidet sich jedoch durch die eckigen Endungen. Diese können auf drei Arten geformt werden: indem man die Feder beim Zeichnen des Schaftes zunehmend waagerecht stellt, oder diese am Schaftende dreht, oder indem man die Endungen vorzeichnet und dann ausfüllt.

Struktur | **Strichfolge** | **Gruppe**

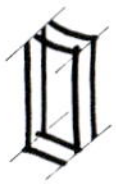

Die Form des „o" bestimmt die Breite und Grundform der anderen Buchstaben.

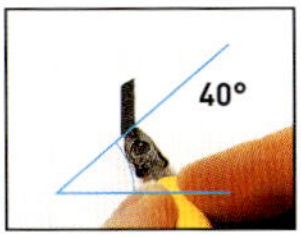

Beginnen Sie den Schaft unterhalb der x-Höhe und lassen Sie in kurz vor der Grundlinie enden.

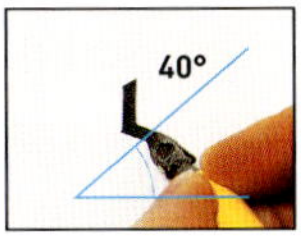

Ziehen Sie vom Schaftende eine diagonale Linie nach außen. Diese endet auf der Grundlinie.

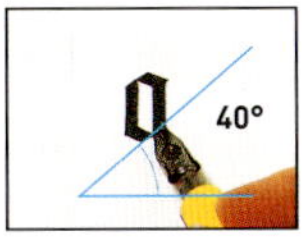

Wiederholen Sie die Striche auf der rechten Seite. Dies ist die Grundform aller geschlossenen Buchstaben.

a d q

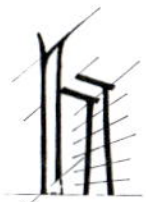

Durch die eckigen Endungen der Füße lässt sich die „Prescisus" von der zeitgleichen „Quadrata" unterscheiden.

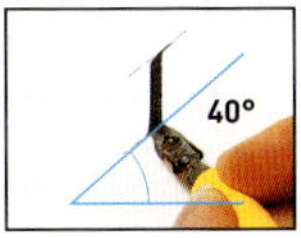

Formen Sie die rechte Seite des Spaltes mit der Federkante.

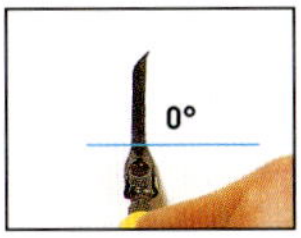

Drehen Sie die Feder am Schaftende von 40° in die Waagerechte, um die „eckigen" Endungen zu formen.

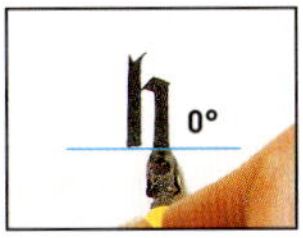

Zeichen Sie oben eine kurze Diagonale. Setzen Sie die Feder ab und zeichnen Sie den rechten Schaft.

b f k l m
n r t u

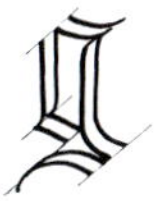

Die Striche der „Rundung" können entweder gerade oder leicht nach innen gewölbt sein.

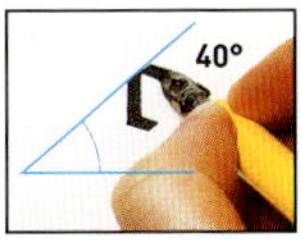

Beginnen Sie wie beim „o". Der obere Strich ist leicht gebogen, seine Verlängerung ersetzt das Fähnchen.

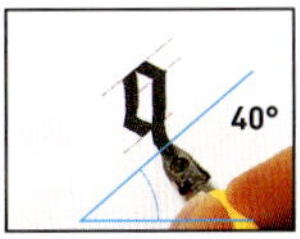

Zeichnen Sie den rechten Strich und schwingen Sie den Fuß leicht nach rechts.

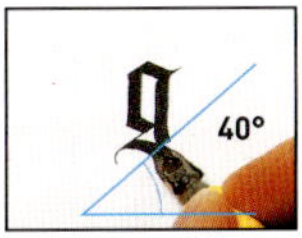

Ziehen Sie vom Ende der „Rundung" nach links. Verbinden Sie Haarlinie und rechten Schaft mit einem weitem Schwung.

c e p

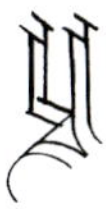

Die rechte Seite des „y" kann auch in einer durchgehenden Linie gezeichnet werden.

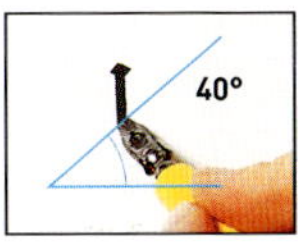

Formen Sie eine schräge Rautenform. Ziehen Sie von deren Mitte den Schaft nach unten.

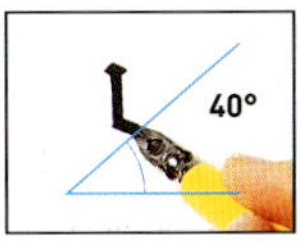

Zeichnen Sie eine bis zur Grundlinie verlängerte Rautenform.

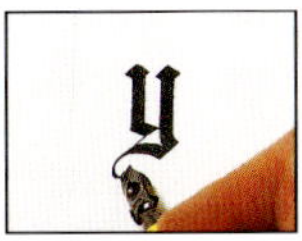

Wiederholen Sie den Vorgang rechts. Beginnen Sie den unteren Schwung mit der Federkante und ziehen Sie nach rechts.

i j v w x

Quadrata, spitze Minuskel

Diese Buchstaben stammen aus dem Spätmittelalter und wurden für den Holzschnitt entworfen. Obwohl sie sehr formal wirken, können sie mit der Feder geschrieben werden. Die Spitzen entstehen, indem man die noch feuchte Tinte aus den Rauten mit der Federkante nach unten zieht.

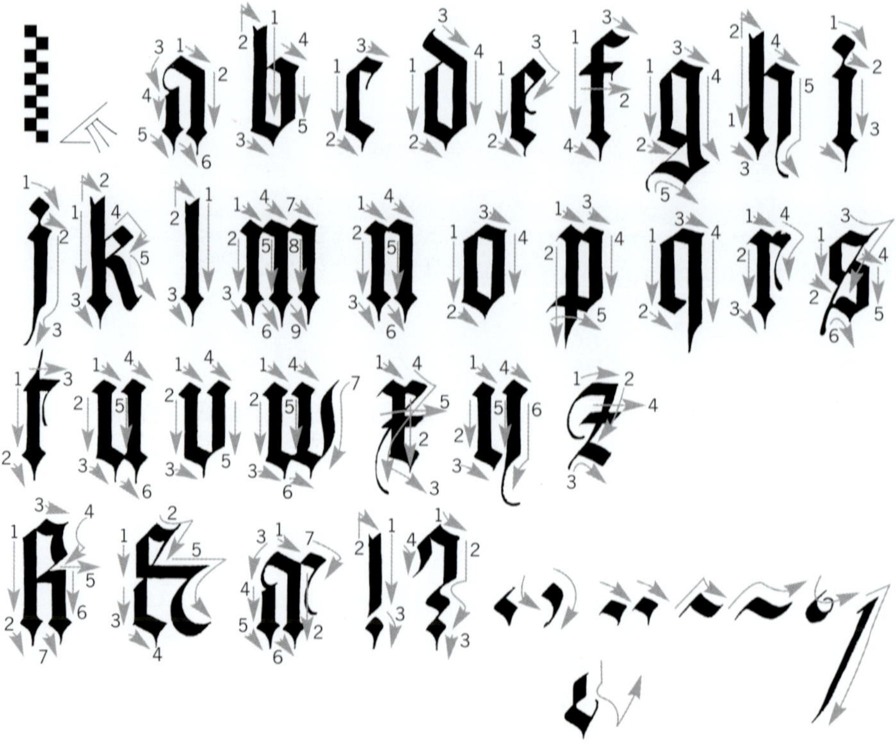

Interessante Details

Das schmale Schriftbild der „Textura Quadrata" und der minimale Abstand zwischen den Buchstaben und Wörtern wird beibehalten. Das Schriftbild wirkt wie ein gewebter Teppich.

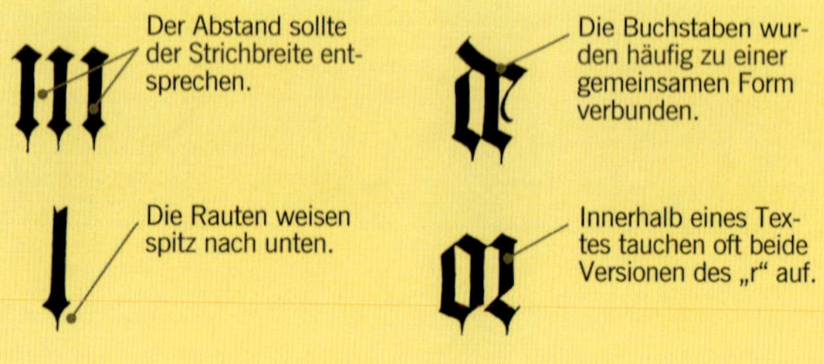

Grundstruktur

Beim Schreiben auf einer schrägen Unterlage läuft die Tinte nach unten und sammelt sich am Ende der Buchstaben; vor allem bei Pergament. Man macht sich dies zunutze, indem man die feuchte Tinte mit der Federkante aus den Rauten nach unten zieht und eine Spitze formt.

Struktur	**Strichfolge**			**Gruppe**
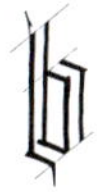 Die gespaltene Oberlänge findet sich auch beim „h", „k" und „l" wieder. Die Oberlängen sollten nicht über die x-Höhe hinausragen.	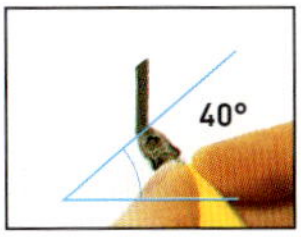 Zeichnen Sie mit der Feder im 40°-Winkel einen geraden Schaft.	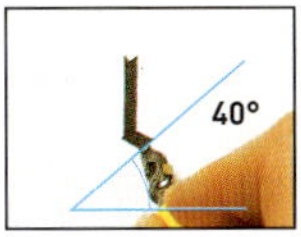 Zeichnen Sie am Fuß eine Diagonale und ziehen Sie die untere Kante nach unten.	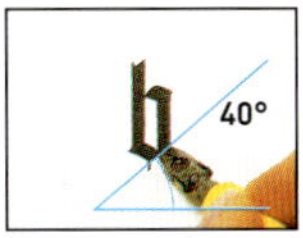 Beginnen Sie auf der x-Höhe und zeichnen Sie eine Diagonale. Setzen Sie ab und schließen Sie die Rundung.	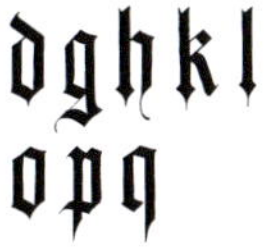
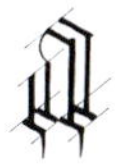 Der obere Teil der Rundung kann den Schaft berühren, obwohl es auch üblich war, diese zu trennen.	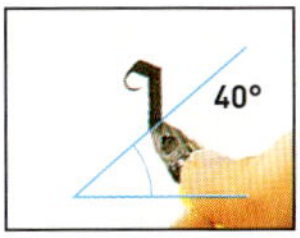 Von einer Diagonale ausgehend oben einen dünnen Bogen hinzufügen. Zeichnen Sie den Schaft.	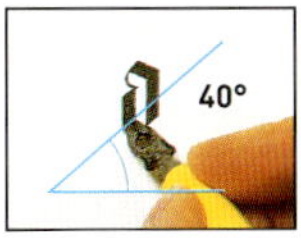 Setzen Sie am Ende der feinen Linie an und formen Sie die linke Seite der Rundung.	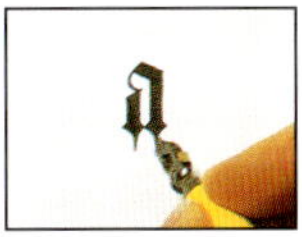 Schließen Sie den Buchstaben mit zwei rautenförmigen Füßchen und ziehen Sie die feuchte Tinte nach unten.	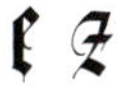
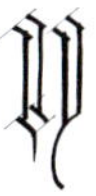 Bei diesem alternativen „y" können die unteren Striche miteinander verbunden werden, um die Lesbarkeit zu erhöhen.	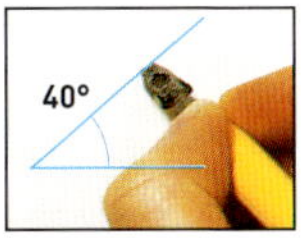 Setzen Sie auf der x-Höhe an und formen Sie eine Raute.	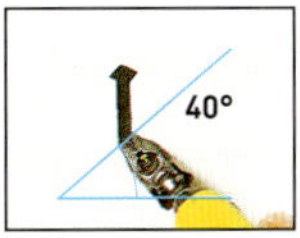 Ziehen Sie den Schaft von der Rautenmitte nach unten und enden Sie mit einer schrägen oder spitzen Raute.	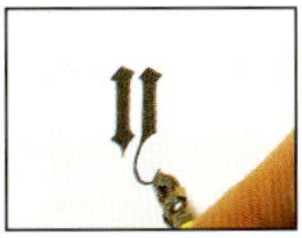 Verfahren Sie rechts genauso, enden Sie jedoch den Schaft mit einem auf der Federkante gezogenem Schwung.	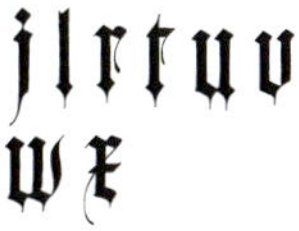
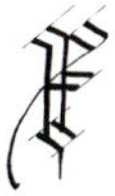 Das „x" kann mit einer geschwungenen Linie verziert werden. Sie können selbst entscheiden, wie großzügig diese ausfallen soll.	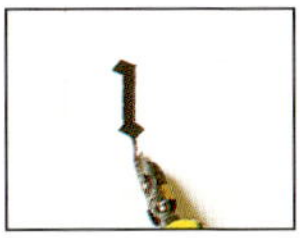 Zeichnen Sie die Kopfraute und den Schaft. Formen Sie die Fußraute ziehen Sie mit der Federkante nach unten.	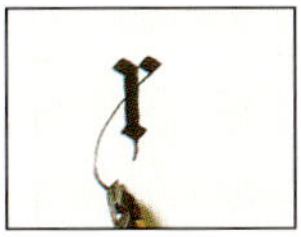 Fügen Sie rechts oben eine Diagonale hinzu. Ziehen Sie nach links und schwingen die Linie bis unter die Grundlinie.	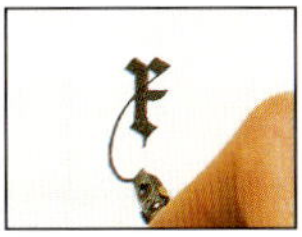 Bei einem verzierten „x" sollten Sie einen Querbalken hinzufügen.	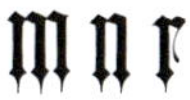

Gotische Minuskel, modern

Diese gotischen Minuskeln basieren auf Entwürfen des deutschen Kalligraphen Rudolf Koch und lassen sich auf das elfte Jahrhundert zurückführen. Die Oberlängen der Buchstaben sind gespalten. Durch die breiten Striche und die Fußrauten erhält das Schriftbild seine unverwechselbare Struktur. Der Federwinkel passt sich der Strichrichtung an.

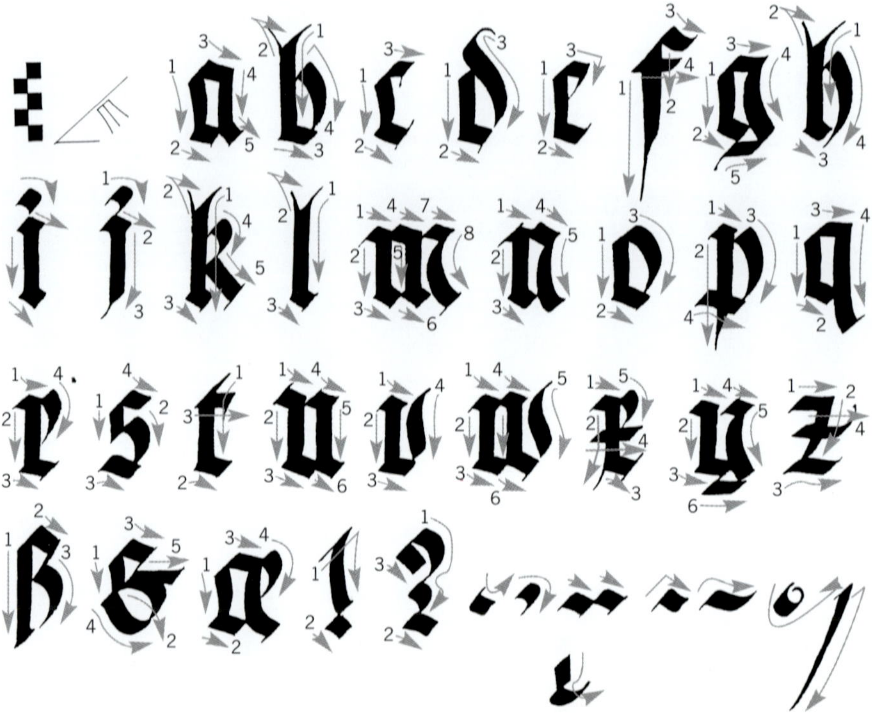

Interessante Details

Viele Striche werden mit der ganzen Federbreite gezogen,ihre Richtung ändert sich häufig. Dadurch wird das dunkle Schriftbild zusätzlich betont.

Die Buchstaben berühren sich oft und werden so eng wie möglich aneinandergesetzt.

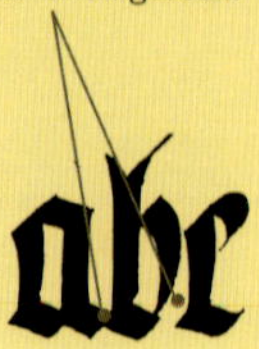

Die Schreibbewegungen wirken „abgehackt“ und die Feder wird oft abgesetzt. Lediglich die geschwungenen Bögen unterbrechen diesen Rhythmus. Die Buchstaben orientieren sich nicht an einer einheitlichen Grundlinie.

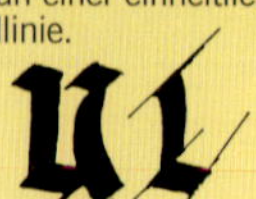

Grundstruktur

Die gebrochenen Buchstaben werden von relativ frei geformten Oberlängen begleitet. Lediglich das „f“ fällt aus der Reihe: der Schaft wird mit zwei Strichen geformt und der Fuß nach unten verlängert. Obwohl gewisse Regeln eingehalten werden müssen, bleibt genügend Freiraum für eine eigene Interpretationen.

Struktur	**Strichfolge**			**Gruppe**
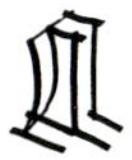 Die Form des „a“ ist geschlossen. Dadurch wird deutlich, dass diese Schrift eine moderne Version ist.	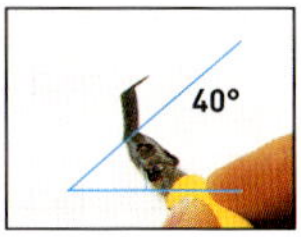 Zeichnen Sie eine feine Diagonale und formen Sie den gekrümmten Schaft; drehen Sie die Feder von 40° auf 50°.	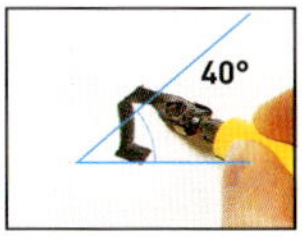 Fügen Sie oben und unten eine diagonale Verbindungslinie hinzu.	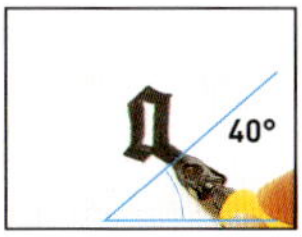 Zeichnen Sie den rechten Schaft und den Fuß.	c d e q
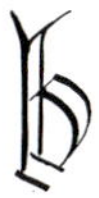 Die ausgeprägten, gespaltenen Schäfte sind ein charakteristisches Merkmal dieser Schrift.	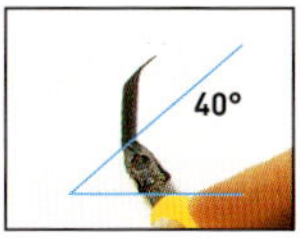 Zeichnen Sie die rechte Seite der Oberlänge und den Schaft mit einer fließenden Bewegung.	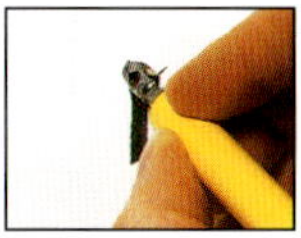 Ziehen Sie vom Schaft mit der Federkante nach außen, um die linke Seite der Oberlänge zu formen.	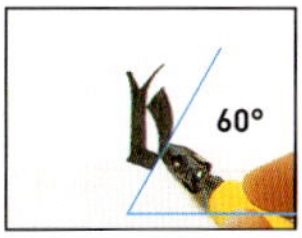 Zeichnen Sie den unteren Fuß. Beschreiben Sie einen sanften, spitz zulaufenden Bogen.	b l o p
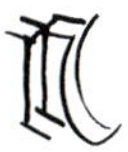 Durch die geschwungenen Linien wirkt diese Schrift freier als viele traditionelle gebrochene Schriften.	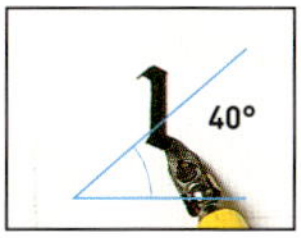 Beginnen Sie mit der oberen Diagonalen und ziehen Sie anschließend den Schaft nach unten.	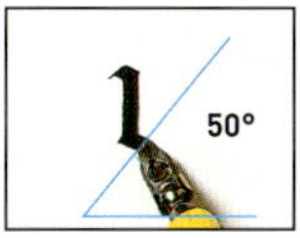 Drehen Sie die Feder auf ca. 50°, um den Fuß zu gestalten.	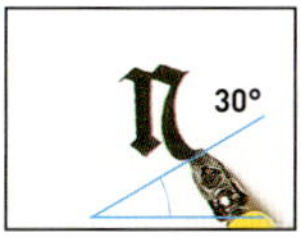 Der Federwinkel beträgt für die obere Diagonale 40°. Am Ende des rechten Schwunges wird die Feder auf 30° gedreht.	g m u v w y
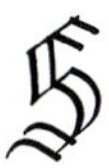 Der zentrale Schwung des „s“ ist in zwei Striche unterteilt. Die Form des oberen „Bogens“ ist eckig.	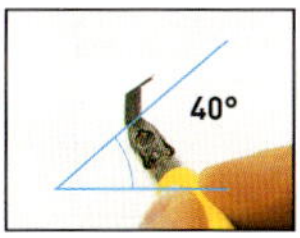 Ziehen Sie eine feine Diagonale nach rechts. Zeichnen Sie anschließend einen halben Schaft.	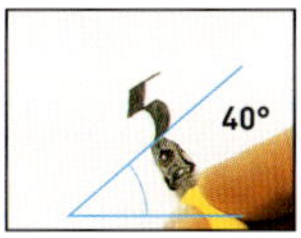 Setzen Sie am Ende des Schaftes an und ziehen Sie einen Bogen. Der Federwinkel beträgt 40°.	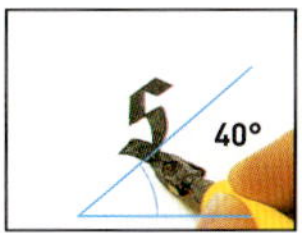 Der obere Strich ist gerade, der untere jedoch etwas gekrümmt.	k r

Gotische Versalien, modern

Diese Versalien basieren auf Buchstaben, die im frühen 20. Jahrhundert von dem großen deutschen Kalligraphen Rudolf Koch entworfen wurden. Die Buchstabenhöhe kann auf bis zu fünf Federbreiten reduziert werden. Die Grundlinie muss nicht strikt eingehalten werden. In der Form des „A" liegt der Schlüssel zu dieser Schrift.

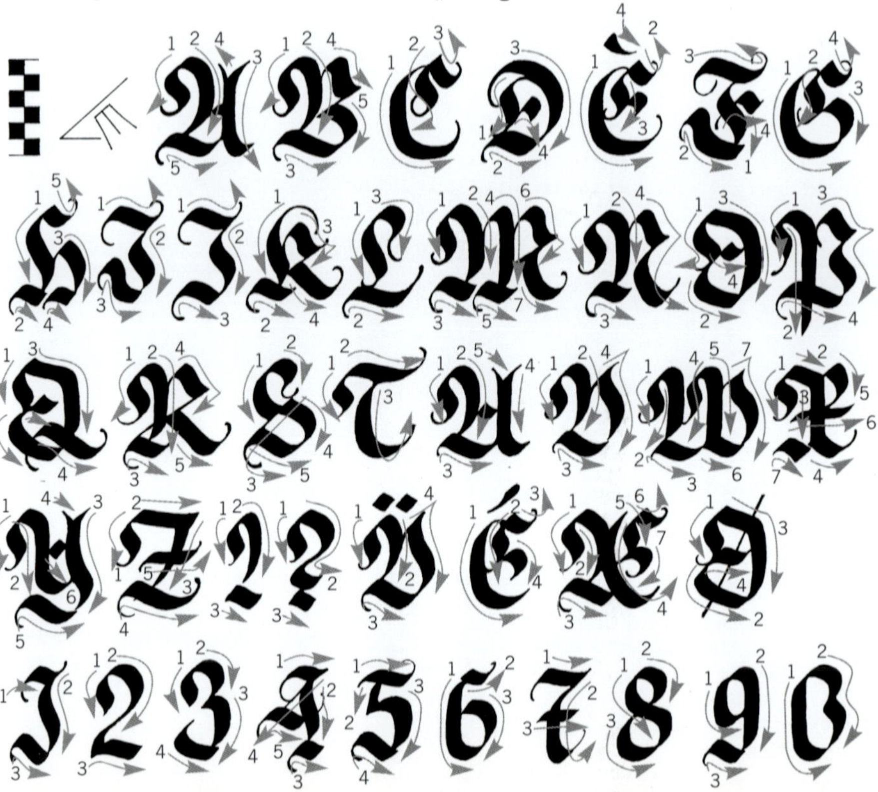

Interessante Details

Mit gotischen Versalien sollten keine ganzen Wörter oder Sätze geschrieben werden. Verwendet man die Versalien in Verbindung mit den Minuskeln, sollte man darauf achten, dass ein einheitliches Bild entsteht.

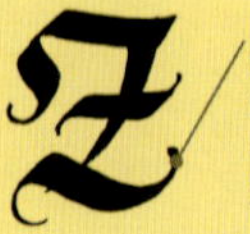

Die Verzierung am Strichende entsteht, indem man mit der Federkante die noch feuchte Tinte in die gewünschte Form bringt.

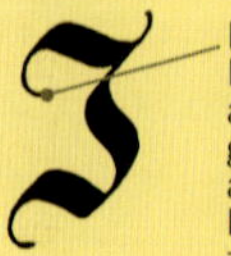

Die Verzierung am Linienanfang sollte aus dem Anstrich geformt werden; anschließend den Rest der Linie zeichnen.

Grundstruktur

Der Federwinkel sollte, außer beim Zeichnen der Verzierungen, konstant bleiben. Die einzelnen Striche und Buchstaben werden eng aneinander gesetzt, und die Binnenformen sind oft mit Rauten gefüllt.

Struktur | **Striche** | **Gruppe**

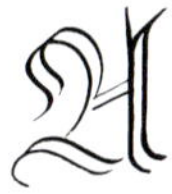

Das „A" ist der ideale Übungsbuchstabe, da viele der Striche auch bei anderen Buchstaben vorkommen. Die größte Schwierigkeit besteht darin, die Tintenmenge am Ende der Buchstaben richtig einzuschätzen. Diese muss für das Ziehen der feinen Linien ausreichen.

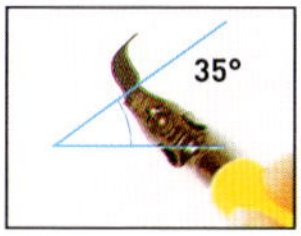

Zuerst eine „s"-Form zeichnen. Tauchen Sie die Federkante in die noch feuchte Tinte und formen Sie die Verzierung.

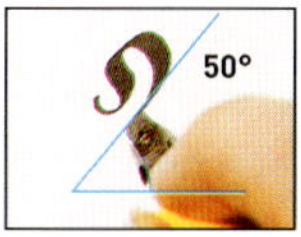

Kehren an den Anfang zurück und zeichnen Sie den linken Schenkel. Stellen Sie die Feder am Ende senkrecht.

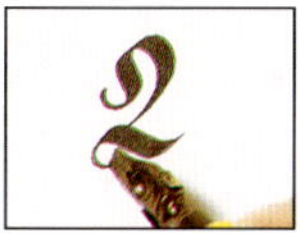

Zeichen Sie den Fuß und formen Sie den Schnörkel mit der Federkante.

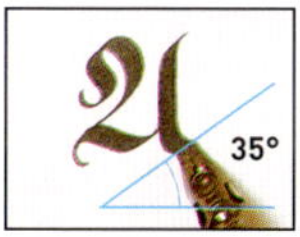

Zeichnen Sie den rechten Schenkel und ziehen Sie den Fuß am Ende leicht nach oben.

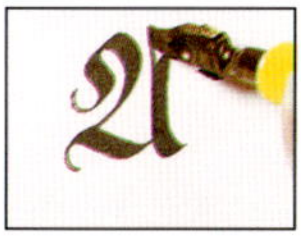

Formen Sie die gespaltene Oberlänge mit der Federkante.

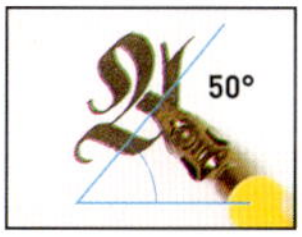

Fügen Sie den Querbalken hinzu. Dieser kann die Form einer Raute annehmen.

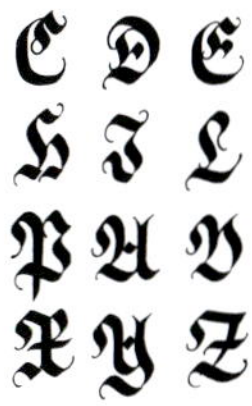

Die geschwungene obere Rundung geht in eine Haarlinie über, wodurch eine Verbindung zum Schaft hergestellt wird. Die untere Rundung ist ein weit geschwungener Bogen.

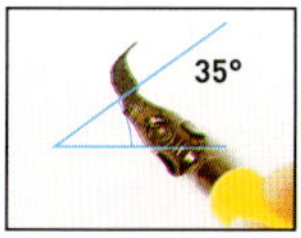

Wiederholen Sie den ersten Strich des „A".

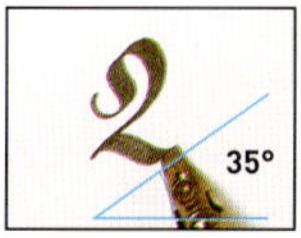

Wiederholen Sie den zweiten Strich des „A" und zeichnen Sie den Fuß.

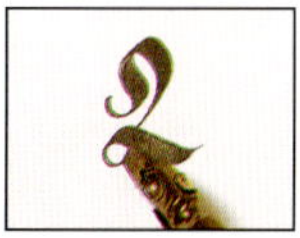

Zeichnen Sie die Verzierung mit der Federkante.

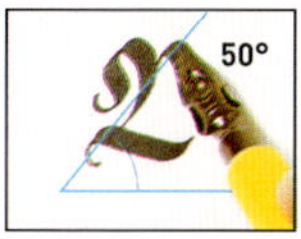

Ziehen Sie mit der Federkante vom Schaft nach außen und formen Sie die obere Rundung.

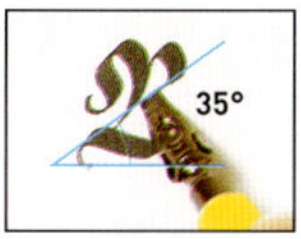

Ziehen Sie mit einer hauchdünnen diagonalen Linie zurück zum Schaft.

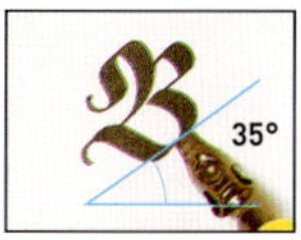

Formen Sie einen Bogen und verbinden Sie diesen mit dem Fuß.

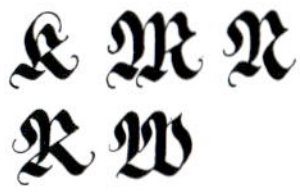

Gotische Versalien 1

Diese spät-gotischen Versalien basieren auf Entwürfen von Albrecht Dürer. Sie können mit der „Textura Quadrata“ oder der „Quadrata Prescisus“ kombiniert werden. Ursprünglich waren sie für den Holzschnitt konzipiert. Der Unterschied zwischen gedruckten und geschriebenen Buchstaben wird hier zum ersten Mal deutlich.

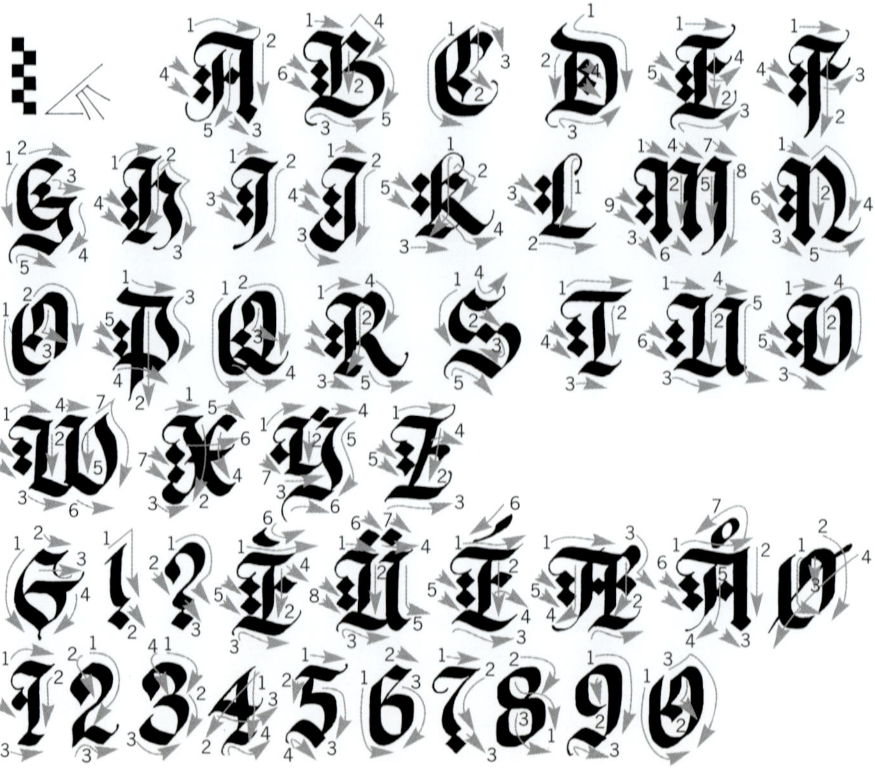

Interessante Details

Die vielen Rautenformen sind ein typisches Merkmal dieser Schrift. Beim oberen Beispiel sind es meist zwei pro Buchstabe. Dürer hat manchmal sogar drei verwendet.

Der Federwinkel bleibt konstant, die Schäfte sind gerade. Lediglich die horizontalen Linien sind leicht geschwungen.

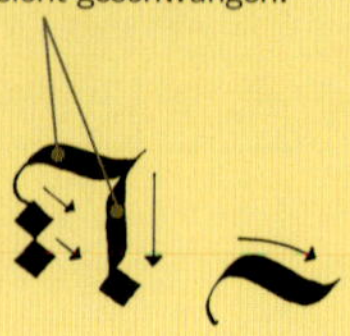

Die Rauten werden links neben die Schäfte oder in die Binnenformen der Buchstaben gesetzt.

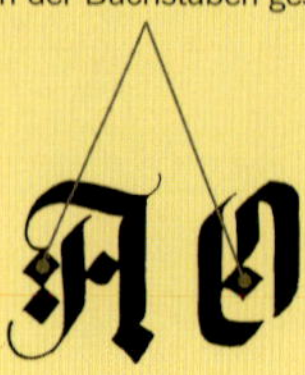

Grundstruktur

Die Buchstaben sind komprimierter als die meisten gotischen Versalien. Sie werden mit Rauten und Haarlinien üppig verziert. Meistens werden hierfür zwei Rauten mit dem Kopfstrich über eine geschwungene Linie verbunden. Einzelne Rauten füllen die Innenräume aus.

Struktur | **Strichfolge** | **Gruppe**

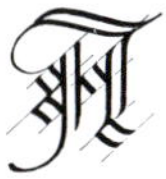

Das „A“ ist der ideale Übungsbuchstabe, da Sie beim Zeichnen auf fast alle Schwierigkeiten stoßen, die später bei anderen Buchstaben auftreten können.

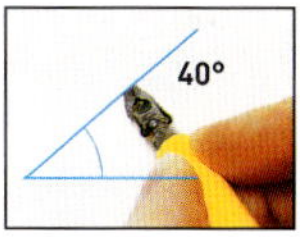

Halten Sie die Feder im 40°-Winkel.

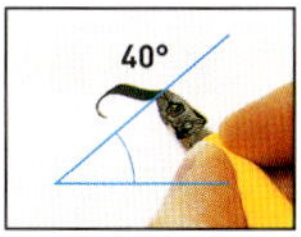

Zeichnen Sie den oberen Strich. Kehren Sie zurück und ziehen Sie die noch feuchte Tinte mit der Federkante nach unten.

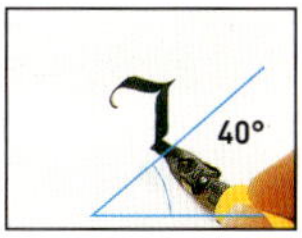

Setzen Sie den Schaft auf der rechten Seite des Balkens an. Zeichnen Sie die Fußraute.

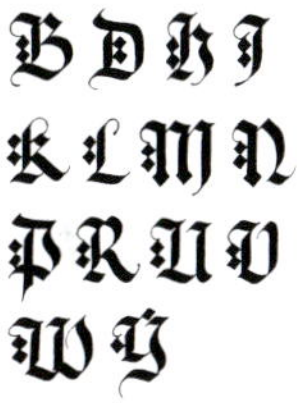

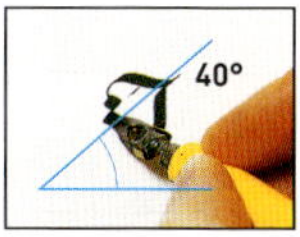

Zwei Rauten an den fein auslaufenden, sanft geschwungenen Kopfstrich setzen.

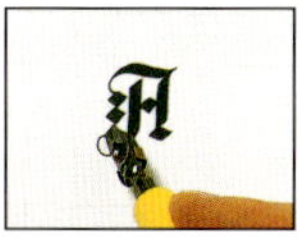

Der linke Schenkel endet in einem geschwungenen Fuß. Zwischen beide Schenkel die Raute setzen.

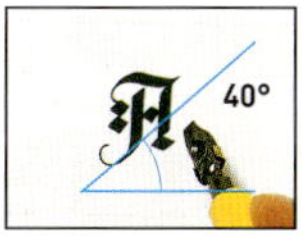

Wenn der Platz es erlaubt, können Sie damit experimentieren, den Fuß der Buchstaben zu verlängern.

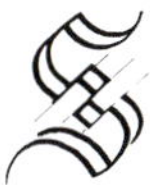

Das alternative, schmale „S“ beinhaltet zwei Rauten. Diese sollten mit einem konstanten Winkel geformt werden.

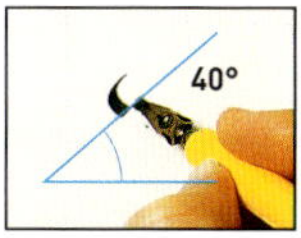

Ziehen Sie einen schmalen Halbbogen nach links.

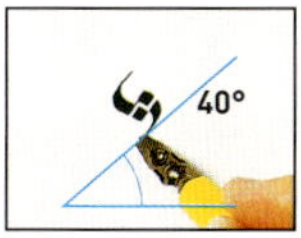

Die zwei Rauten sollten direkt an den Bogen anschließen. Sie können auch nur eine Raute einzeichnen.

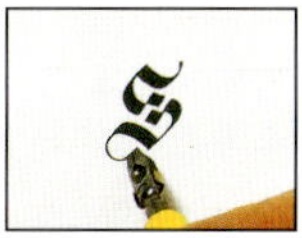

Fügen Sie oben und unten eine großzügig geschwungene Linie hinzu. Der Fuß kann mit einer Verzierung enden.

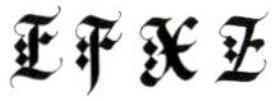

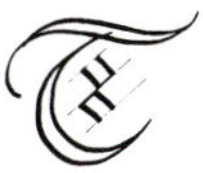

Bei dieser Schrift laufen keine senkrechten Haarlinien durch die Rauten.

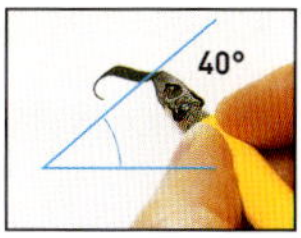

Dies ist die traditionellere Form des „T“. Der obere Strich sollte wellenförmig sein.

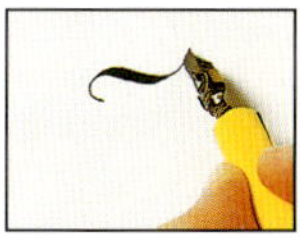

Der Balken kann mit einem auf der Federkante gezogenen Schwung enden.

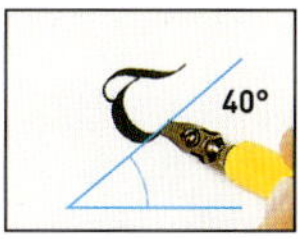

Der Schaft sollte bogenförmig sein. Sie können in die Mitte der Form zwei Rauten setzen.

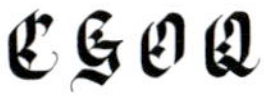

Gotische Versalien 2

Diese Versalien wurden oft in Verbindung mit den Minuskeln der „Textura Quadrata“ und „Quadrata Prescisus“ verwendet. Ihre Größe wurde davon bestimmt, wie sehr sie im Textverbund auffallen sollten. Die breiten Versalien bilden einen Kontrast zu den schmalen Minuskeln. Sie wurden oft mit Farbe geschrieben oder verziert.

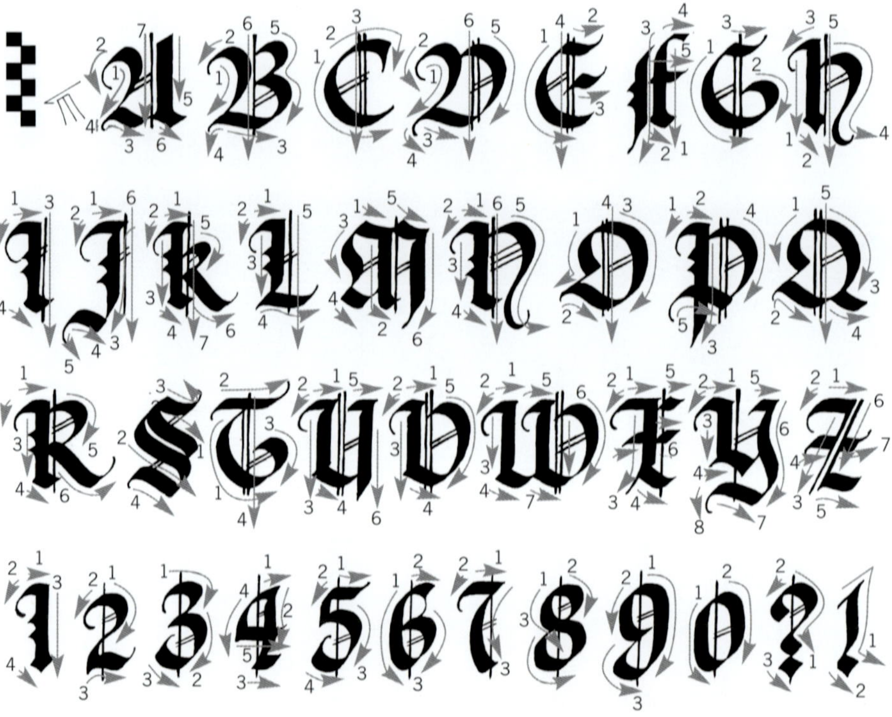

Interessante Details

Die geraden Striche können mit kleinen „Dornen“ verziert werden, wodurch der Schaft breiter wirkt. Die Innenräume werden oft mit senkrechten oder diagonalen Haarlinien geschmückt.

Halten Sie die Feder senkrecht und ziehen Sie schnell nach unten.

Ziehen Sie mit senkrechter Feder um 30° geneigte Linien.

Ziehen Sie mit der Feder im 30°-Winkel weg vom Schaft und wieder zurück.

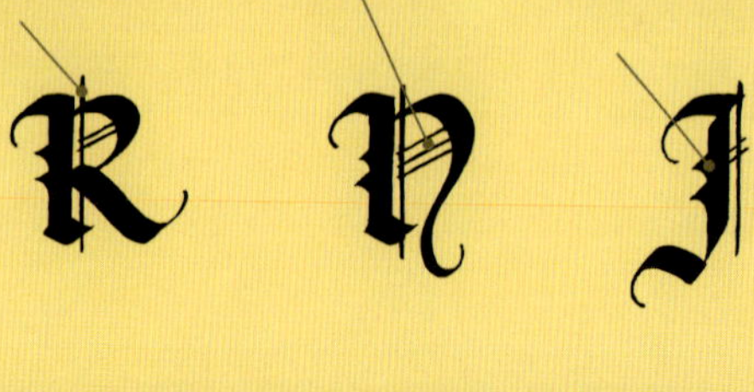

Grundstruktur

Die hauchdünnen Senkrechten und Diagonalen enstehen, indem man entweder mit der Federkante zeichnet oder den Federwinkel der Strichrichtung anpasst. Die dornenförmigen Verzierungen der breiten Schäfte werden mit einer fließenden Bewegung geformt.

Struktur **Strichfolge** **Gruppe**

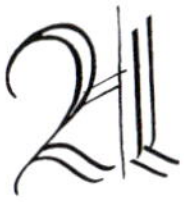

Das Zeichnen dieser Buchstaben erfordert Übung, macht jedoch auch Spaß. Sobald Sie das „A“ gemeistert haben, sollten die anderen Buchstaben kein großes Problem mehr darstellen. Obwohl die Buchstaben komplex wirken, ist ihre Grundstruktur einfach.

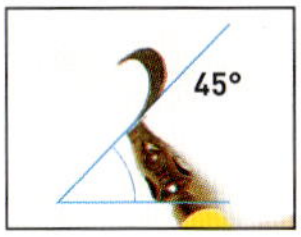

Beginnen Sie das „A“, mit einem Bogen.

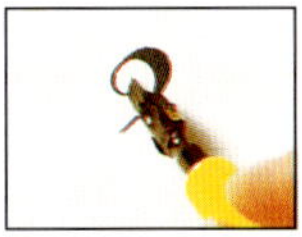

Formen Sie den Schnörkel, indem Sie mit der Federkante die feuchte Tinte nach außen ziehen.

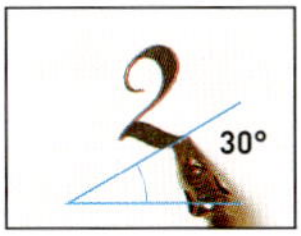

Zeichnen Sie einen breiten, leicht nach unten gezogenen Fuß.

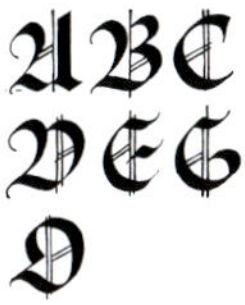

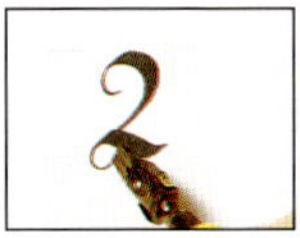

Mit der Federkante an der rechten Seite des Fußes einen Schörkel hinzufügen.

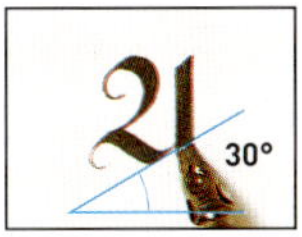

Halten Sie Ihre Feder im 30°-Winkel und zeichnen Sie einen geraden Schaft.

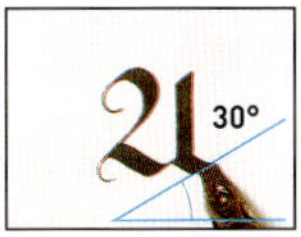

Fügen Sie unten einen diagonalen Fuß hinzu und zeichnen Sie dann die senkrechten und diagonalen Haarlinien.

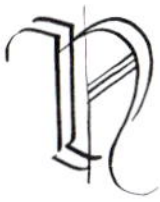

Aus dem Schaft des „R“ ragen kleine Spitzen. Es steht Ihnen relativ frei, wie Sie diese einsetzen. Sie sollten jedoch vermeiden, dass die Buchstaben überladen wirken.

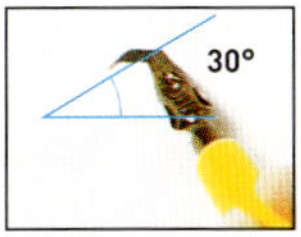

Formen Sie, mit der Feder im 30°-Winkel, eine kurze, waagerechte Serife.

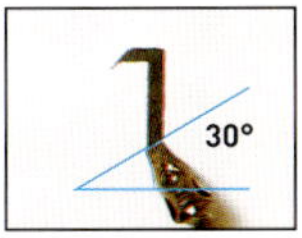

Behalten Sie den Federwinkel bei und zeichnen Sie den Schaft.

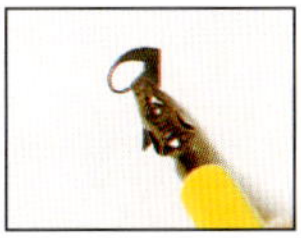

Kehren Sie zurück und gestalten Sie mit der Federkante einen Schnörkel.

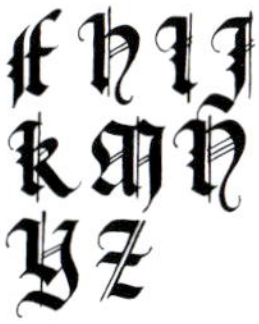

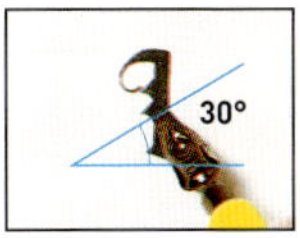

Sie können nun die „Dornen“ hinzufügen. Diese können auch abgerundet werden.

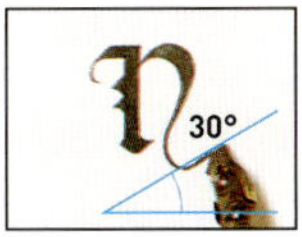

Setzen Sie am Schaft an an ziehen Sie einen Bogen. Lassen Sie diesen in einem langen, eleganten Schwung auslaufen.

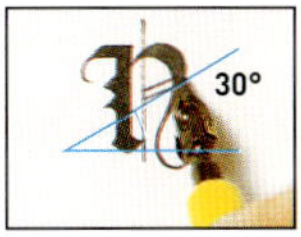

Abschließend eine vertikale und zwei diagonale Haarlinien hinzufügen.

Gotische Minuskel, skelettartig

Diese Schrift ist eine moderne, modifizierte Version der gotischen Minuskelformen. Sie wird mit einer Spaltfeder und leicht zögerlichem Duktus geschrieben. Hierbei kann die raue Oberfläche des Papiers ausgenutzt werden und in die Beschaffenheit der Buchstaben mit einfließen.

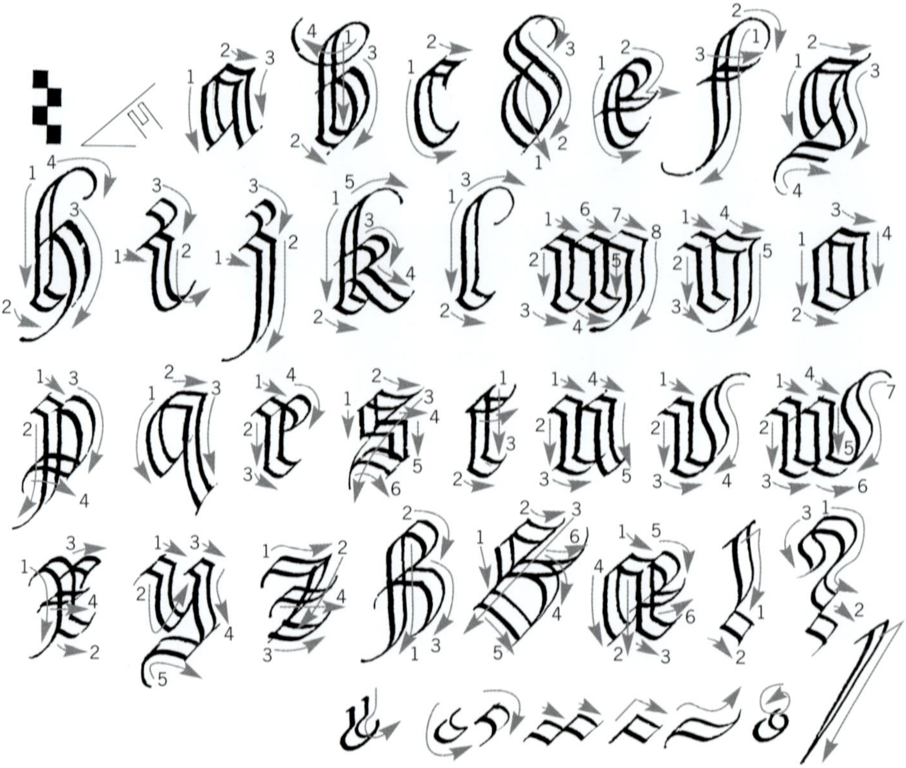

Interessante Details

Durch diese Buchstaben entstehen spannende Wortstrukturen. Sie sind nicht für das Schreiben von längeren Texten geeignet. Ihre Wirkung entfaltet sich vor allem bei kürzeren Textpassagen.

Die Kreuzungen der Striche sind hier sichtbar. Die Schnörkel werden mit der Federkante geformt.

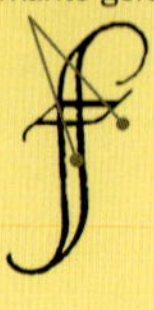

Anstelle des zögerlichen Striches können die Buchstaben auch spontan geschwungen werden.

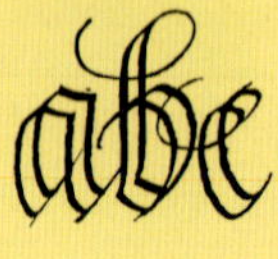

Dieses alternative „a“ und „b“ sollte nicht verwendet werden, wenn die Schrift kursiv geschrieben wird.

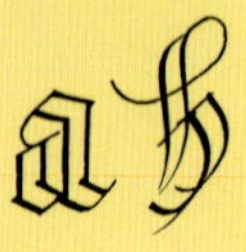

Grundstruktur

Diese Buchstaben wirken dekorativ und können eingesetzt werden, wenn ein dramatischer Audruck gewünscht wird. Sie werden mit einer Spaltfeder von mittlerer Größe geschrieben. In Kombination mit verschieden Techniken und Papieren kann eine Vielzahl von Effekten erzielt werden.

Struktur **Strichfolge** **Gruppe**

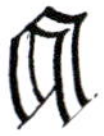

Die Form des „a" ist hier im Gegensatz zu der traditionellen Form, geschlossen.

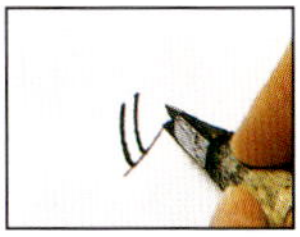

Unterhalb der x-Höhe mit einem gekrümmten Strich beginnen und mit der Federkante nach oben ziehen.

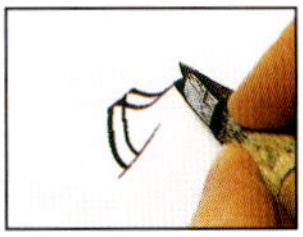

Kehren Sie zurück und zeichnen Sie den oberen Strich. Enden Sie auf der Federkante.

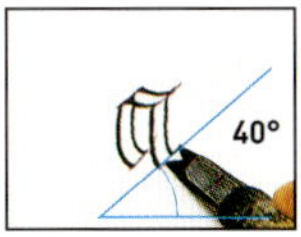

Der Schaft ist leicht gekrümmt. Er endet mit einem kurzen, schrägen Strich, der mit der Federkante gezeichnet wird.

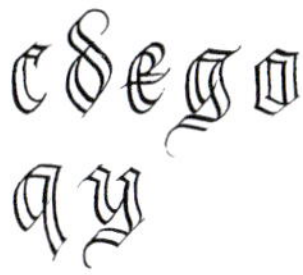

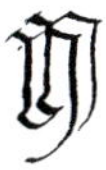

Die geraden Schäfte der Buchstaben dieser Gruppe bilden einen Kontrast zu den Rundformen. Dadurch entsteht ein lebendiger Eindruck.

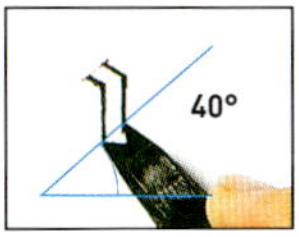

Ziehen Sie eine kurze Diagonale nach rechts. Setzen Sie ab und zeichnen Sie einen kurzen senkrechten Schaft.

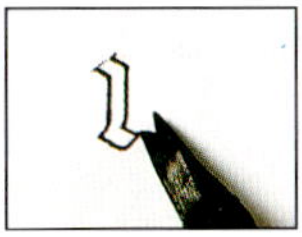

Die Feder wird abgesetzt und ein Fuß hinzugefügt. Schließen Sie diesen mit der Federkante.

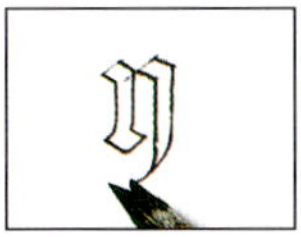

Wiederholen Sie den ersten Strich und schwingen Sie den Fuß bis unter die Grundlinie. Enden Sie auf der Kante.

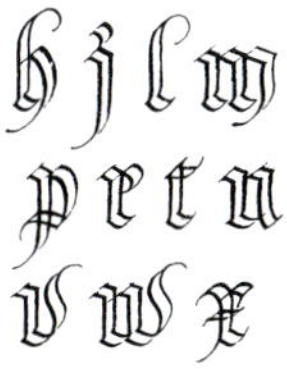

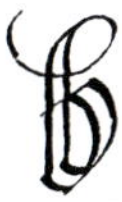

Der lebendige Eindruck wird durch die Schnörkel noch verstärkt. Diese Möglichkeit können Sie voll ausschöpfen.

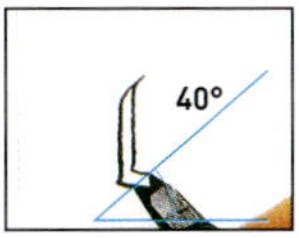

Beginnen Sie über der Schriftlinie, ziehen Sie leicht nach links und abwärts in den Schaft. Zeichnen Sie den Fuß.

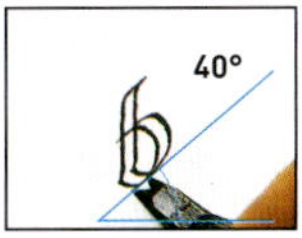

Setzen Sie auf der oberen Schriftlinie an und schließen Sie den Bauch mit einem großzügigen Bogen.

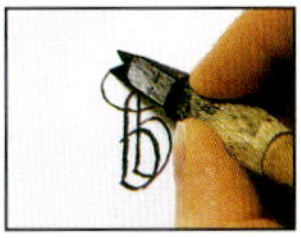

Kehren Sie zurück und formen Sie mit der Federkante einen Schnörkel.

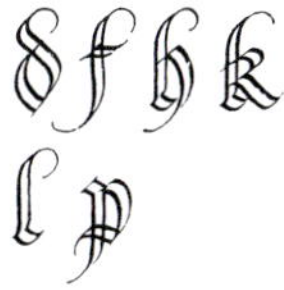

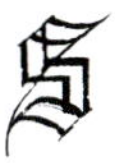

Das Wechselspiel zwischen Geraden und Schrägen läßt vermuten, daverschiedene Buchstabenformen in das Schriftbild eingeflossen sind.

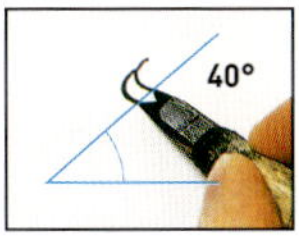

Ziehen Sie einen kleinen Bogen bis zur Buchstabenmitte.

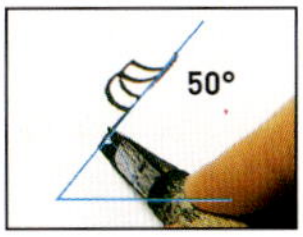

Der zentrale Schwung des „s" ist zweiteilig: Formen Sie die obere Hälfte und zeichnen Sie die feine Diagonale.

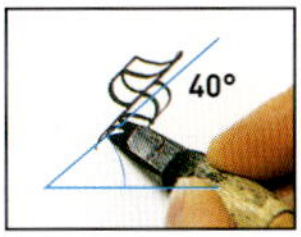

Die zweite Hälfte des Schwunges setzt direkt am Ende der ersten Hälfte an. Zeichnen Sie den Fuß.

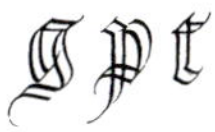

Gotische Versalien, skelettartig

Diese Buchstaben sind eine Neufassung von gotischen Versalien und werden mit einer Spaltfeder geschrieben. Sie können als Initialen verwendet oder in Kombination mit der Minuskel zum Gestalten von Überschriften oder Zitaten eingesetzt werden. Unabhängig von dieser sind sie allerdings nur schlecht lesbar.

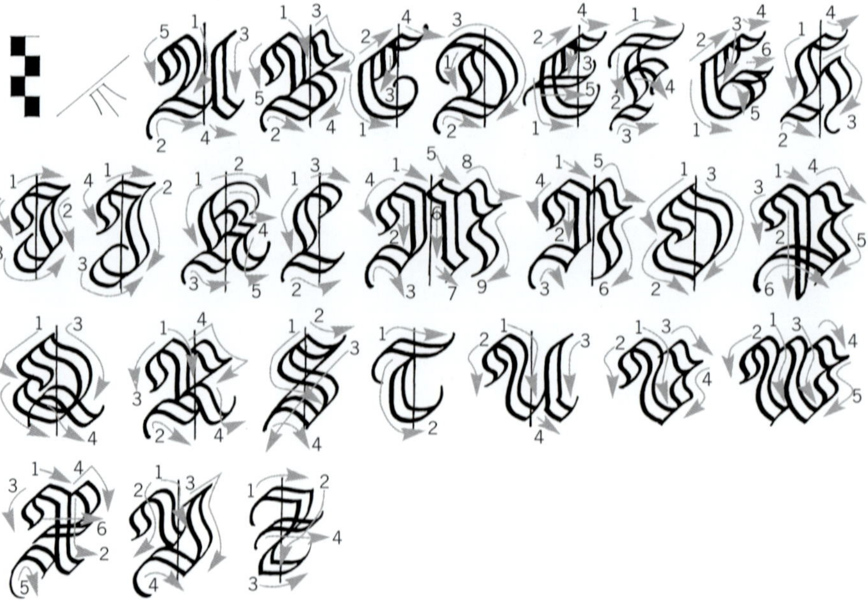

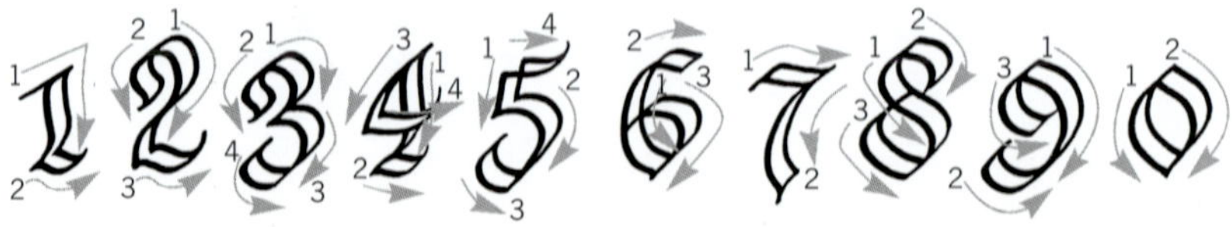

Interessante Details

Es macht viel Spaß, diese dekorativen Buchstaben zu schreiben. Sie können zum Gestalten von Logos, Überschriften und als Initialen verwendet werden.

Die Schäfte sollten möglichst gebrochen sein. Gerade Schäfte werden, wie hier beim „B“, „D“ und „M“, vermieden.

Die Rundungen werden gebrochen, damit die Buchstaben, wie hier das „O“ und „P“, möglichst abwechslungsreich wirken.

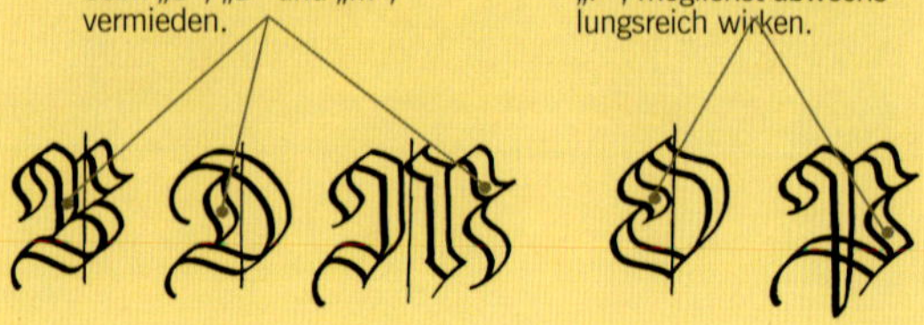

Grundstruktur

Die Buchstaben werden mit einer mittleren Spaltfeder geschrieben. Sie wirken zwar komplex, sind jedoch einfacher zu schreiben als man zuerst vermuten mag. Es ist unbedingt notwendig, dass ein konstanter Federwinkel eingehalten wird.

Struktur | **Strichfolge** | **Gruppe**

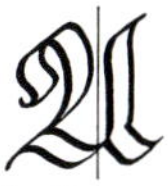

Die Spaltfeder und die Breitfeder unterscheiden sich in der Handhabung nur wenig. Man sollte jedoch darauf achten, dass beide Seiten des Spaltes ausreichend mit Tinte gefüllt sind.

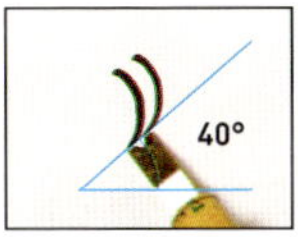

Halten Sie die Feder im 40°-Winkel und ziehen Sie von der Kopflinie einen kurzen Bogen nach unten.

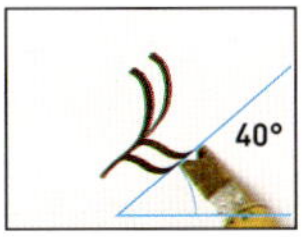

Der Fuß wird entlang der Grundlinie gezeichnet.

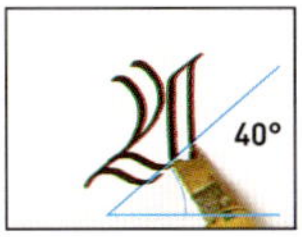

Der Schaft beginnt an der Kopflinie und endet auf der Höhe des Fußes.

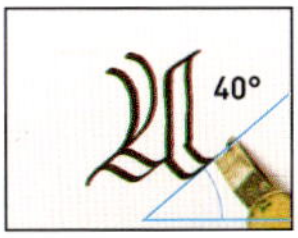

Den rechten Fuß zeichnen. Deutlich sollte die Richtungsänderung zwischen Schaft und Fuß sichtbar sein.

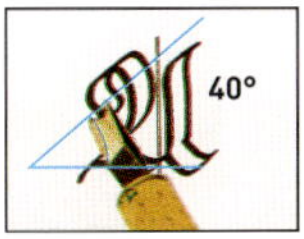

Für den einleitenden Schwung wird der Federwinkel beibehalten.

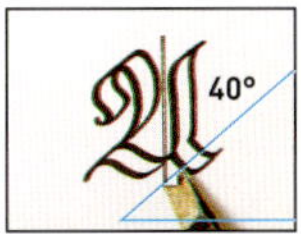

Die senkrechte Haarlinie zwischen den beiden Schäften wird mit der Federkante gezeichnet.

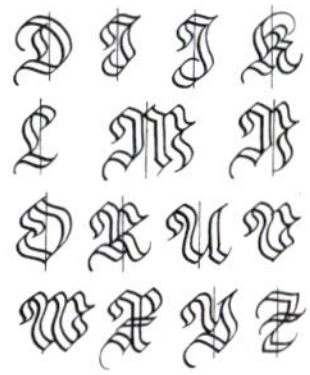

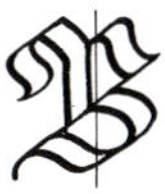

Bei vielen Buchstaben wird der verkürzte Schaft durch einen großzügig geschwungenen Fuß ausgeglichen. Die Haarlinie kann entweder mit der Federkante oder mit der Feder in senkrechter Stellung nach unten gezogen werden.

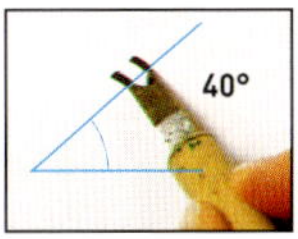

Das „B" wird mit einem kurzen Anstrich eingeleitet. Der Schaft sollte kurz ausfallen.

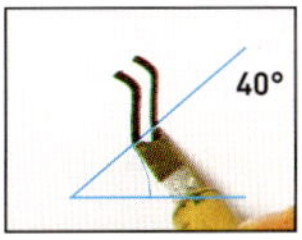

Ziehen Sie entlang der Grundlinie einen großzügig geschwungenen Bogen.

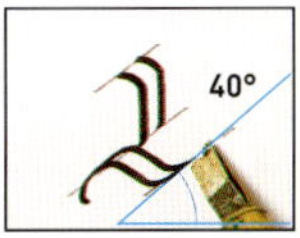

Der obere Bogen ist geschwungen und wird durch eine dünne Diagonale mit dem Schaft und Fuß verbunden.

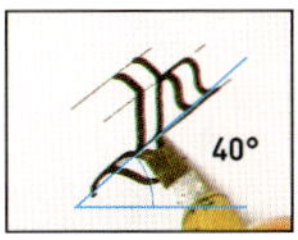

Der untere Bogen setzt in der Mitte der diagonalen Linie an.

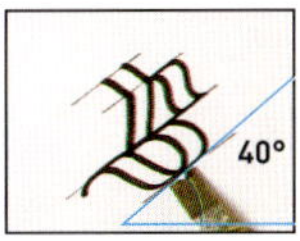

Vervollständigen Sie den unteren Bogen.

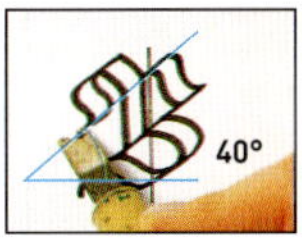

Die senkrechte Haarlinie läuft durch die Mitte des Buchstabens. Schließen Sie den Buchstaben oben mit einem Schwung ab.

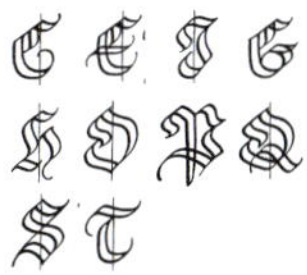

Gotische Initialen

Diese Buchstaben sind eine moderne Ausführung von gotischen Versalien. Sie werden mit einer gespaltenen Feder gezeichnet. Als Initialen werden Sie meist am Textanfang verwendet. Man kann sie mit Farbe gestalten und mit Schmuckelementen versehen.

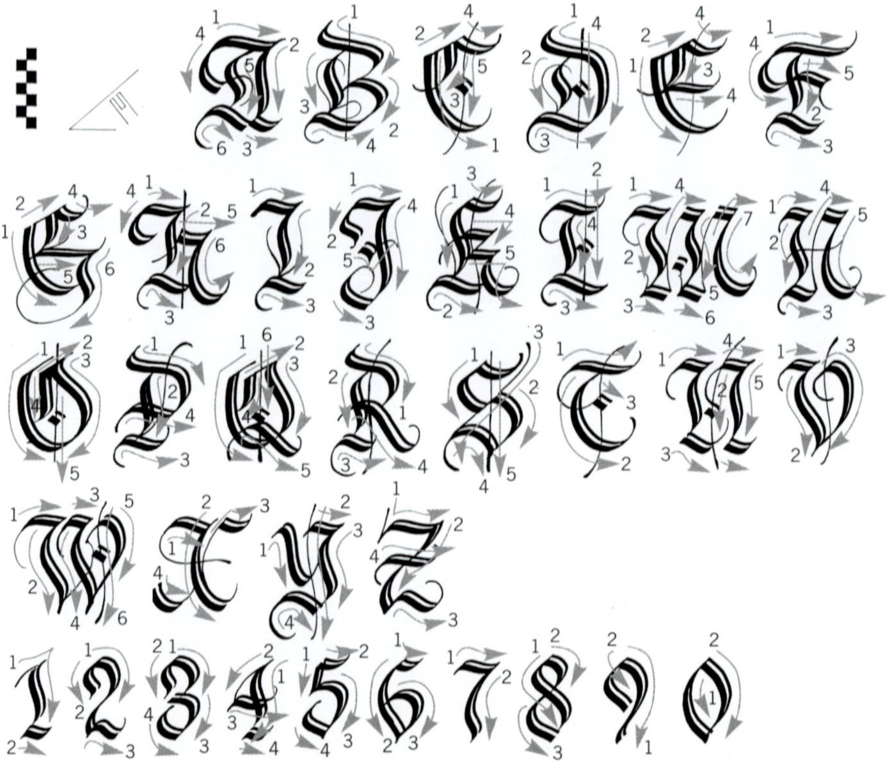

Interessante Details

Diese Schrift wurde mit einer gespaltenen Bambusfeder mit unterschiedlich breiten Spitzen geschrieben. Falls Sie keine geeignete Feder finden, können Sie diese auch selbst herstellen.

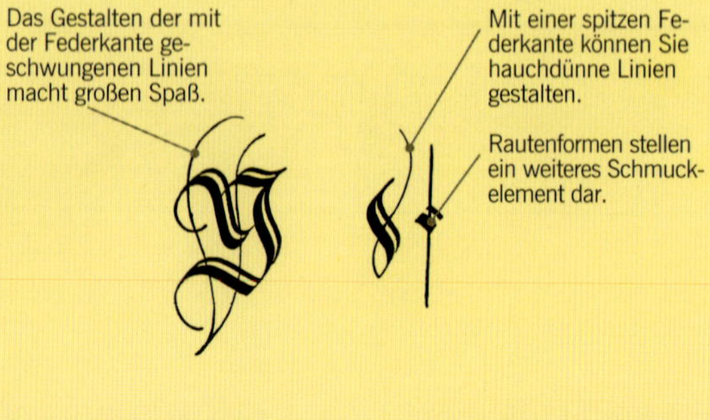

Grundstruktur

Diese Schrift enthält, bis auf die hauchdünnen Verzierungslinien, keine geraden Striche. Die Innenräume werden häufig mit Rauten geschmückt, die Feder wird beim Schreiben oft auf die Kante gestellt. Die Buchstaben können als Initialen mit gotischen oder kursiven Schriften kombiniert werden.

Struktur | **Strichfolge** | **Gruppe**

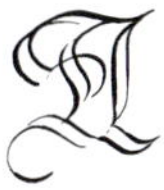

Der Aufbau dieser Buchstaben ist relativ kompliziert; es ist am Anfang hilfreich, sich auf einen Buchstaben zu konzentrieren. Sobald Sie diesen flüssig schreiben können, wird Ihnen das Zeichnen der anderen Buchstaben leichter fallen und Spaß machen.

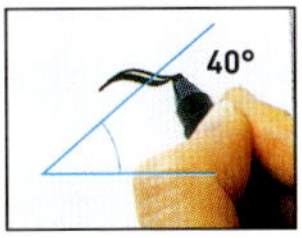

Der obere Balken ist leicht geschwungen und wird mit einem Federwinkel von 40° geschrieben.

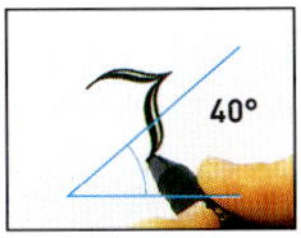

Zeichnen Sie direkt im Anschluß einen geschwungenen Schaft.

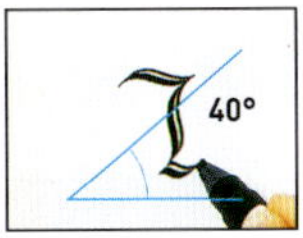

Der Fuß wird mit demselben Federwinkel gezeichnet.

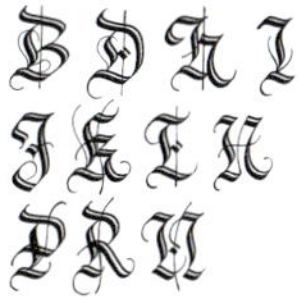

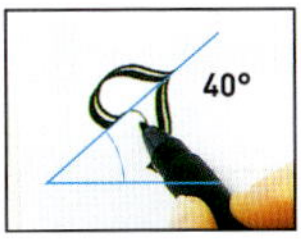

Am Schaft einen Bogen setzen. Anschließend die noch feuchte Tinte nach außen ziehen, um den Schnörkel zu formen.

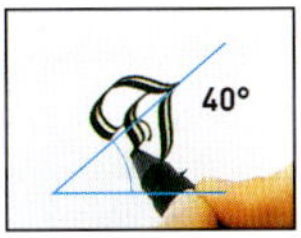

Zeichnen Sie den linken Schaft. Dieser sollte kurz und leicht gekrümmt sein.

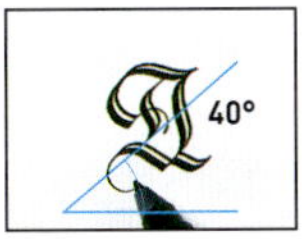

Die Schäfte werden durch einen Fuß miteinander verbunden. Der Schnörkel wird mit der Federkante gezeichnet.

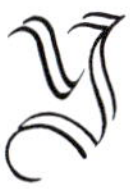

Der Initialbuchstabe „Y" basiert auf der Form der Minuskel.

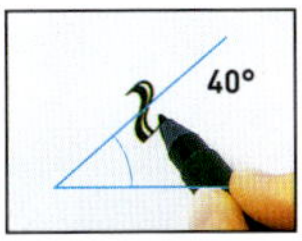

Der erste Strich ist leicht gebogen. Ziehen Sie anschließend mit der Federkante nach außen und oben.

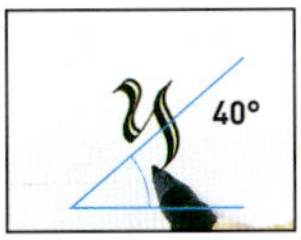

Der Schaft sollte wellenförmig sein. Diese „Welle" findet sich bei vielen Buchstaben dieser Schrift wieder.

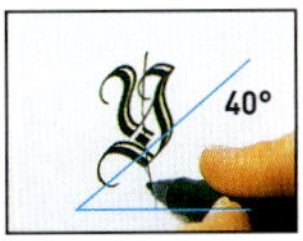

Der Fuß ist weit nach außen geschwungen. Oben fügt man eine Serife hinzu und gestaltet die Verzierungen.

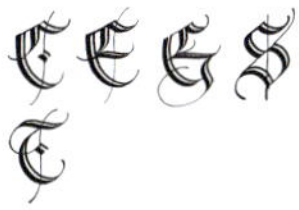

Dies ist eine Alternative zum „M" auf der gegenüberliegenden Seite. Die inneren Schenkel setzen hier direkt an den Kopfserifen an.

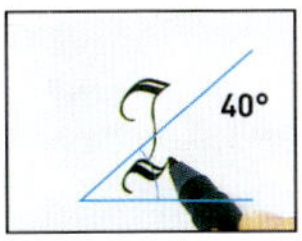

Bei diesem „M" wird der innere Schenkel nicht vom Fuß weg gezeichnet. Die Linie für den Schaft sollte hauchdünn sein.

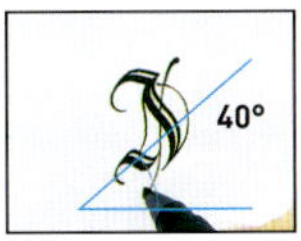

Der Schenkel wird erst mit dem zweiten Strich geformt; der dritte Strich ist eine Haarlinie.

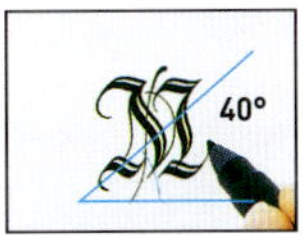

Zeichnen Sie den rechten Schaft, die Füßchen und Serifen. Das „M" wird abschließend mit einem feinen senkrechten Strich verziert.

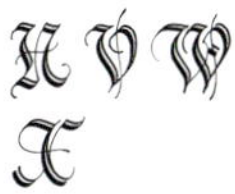

Langobardische Versalien

Diese Versalien enstanden in der frühgötischen Periode. Obwohl sie oft als Verzierung am Kapitel- oder Versanfang eingesetzt werden, erreichten sie dennoch nie den Status von Initialen. Als Buchschrift wurden Sie von den humanistischen Schriften der Renaissance verdrängt.

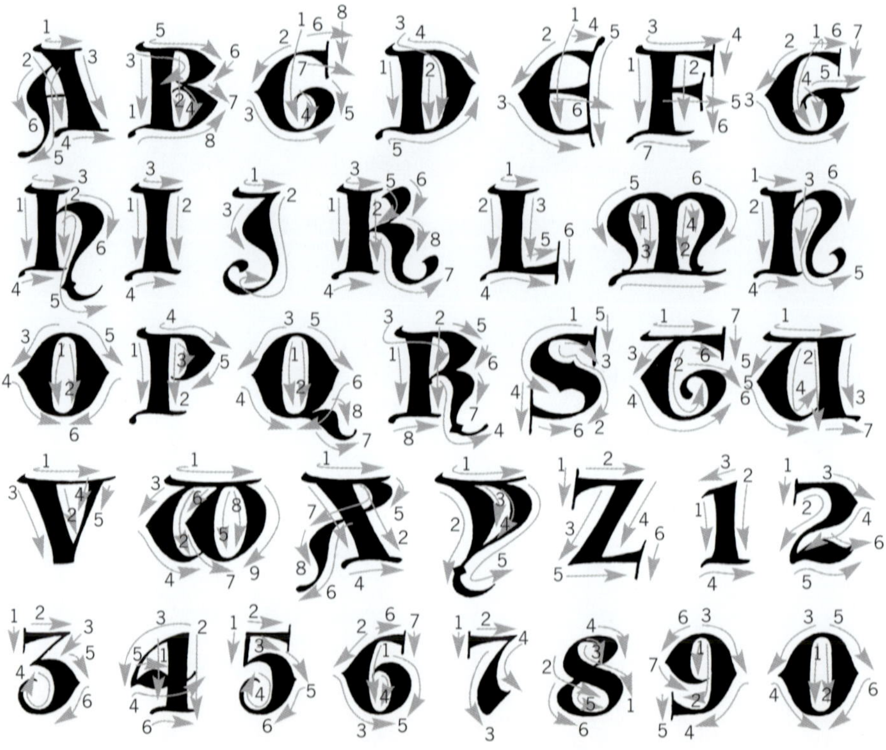

Interessante Details

Diese Buchstaben sind eine Kombination aus römischen und Unzial-Formen. Im Gegensatz zur Textur treten hier kaum gerade Linien auf.

Der Schaft wird mit zwei gegenüberliegenden konkaven Linien geformt.

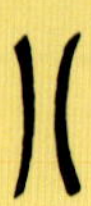

Er wird durch zwei waagerechte, nach innen gebogene Linien geschlossen.

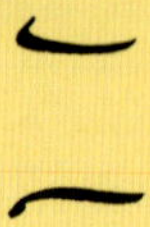

Die Rundungen nehmen die Form eines Kielbogens an.

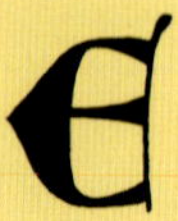

Die Buchstaben werden zuerst vorgezeichnet und dann ausgefüllt. Hier sehen Sie ein alternatives „A“.

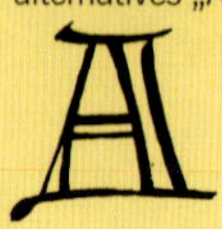

Grundstruktur

Die Langobardischen Versalien sind konstruierte Buchstaben. Ihre Schäfte werden mit zwei gegenüberliegenden konkaven Strichen geformt. Um eine enge Taille zu gestalten, können diese Striche in der Mitte aufeinandertreffen. Die Rundungen laufen an Ihrer breitesten Stelle spitz zu, so dass eine Kielbogenform entsteht.

Struktur | **Strichfolge** | **Gruppe**

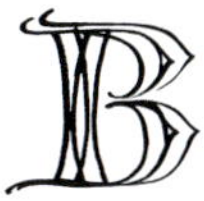

Der taillierte Schaft und die kielbogenförmigen Rundungen sind ein unverwechselbares Merkmal dieser Schrift. Achten Sie darauf, dass die Endungen der Schäfte nach oben weisen – entweder durch einen Schwung nach außen, oder durch eine kurze, nach oben gezogene Linie.

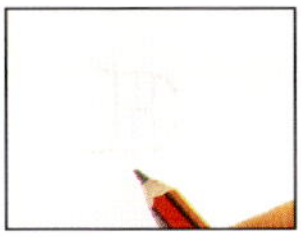

Der Buchstabe wird zuerst mit Bleistift vorskizziert.

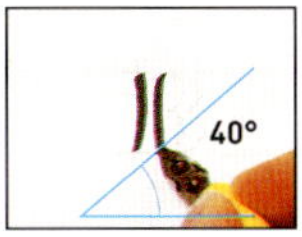

Die konkaven Linien werden mit einem Federwinkel von 40° gezeichnet.

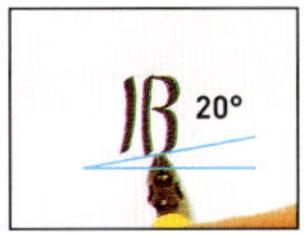

Zeichnen Sie die inneren Linien der Rundungen. Der obere Bogen sollte etwas kleiner als der untere sein.

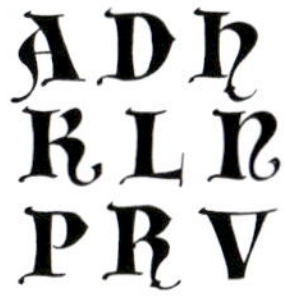

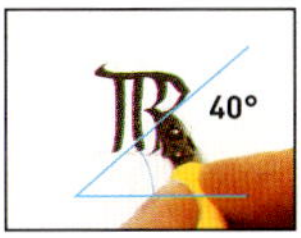

Der Balken und die zwei Rundungen können mit einer Linie durchgezeichnet werden. Achten Sie auf die Keilbogenform.

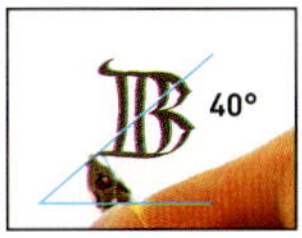

Der untere Balken wird separat gezeichnet. Setzen Sie an dessen Ende entweder einen Punkt oder ein Häkchen.

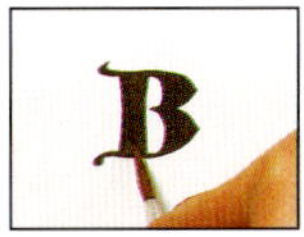

Malen Sie den Buchstaben mit einem feinen Pinsel aus. Sie können hierbei auch Farbe verwenden.

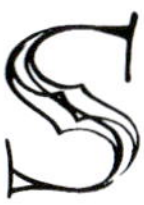

Die Form der Spitzen in der Mitte des „S“ orientiert sich am „O“.

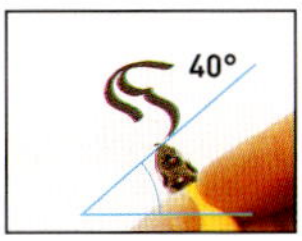

Beginnen Sie das „S“ mit dem Balken und zeichnen Sie anschließend die kielbogenförmige Linie.

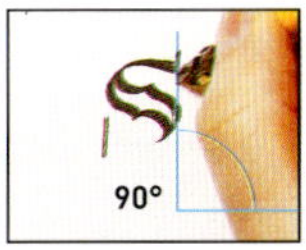

Vervollständigen Sie den zentralen Schwung und zeichnen Sie oben rechts und unten links eine Haarlinie.

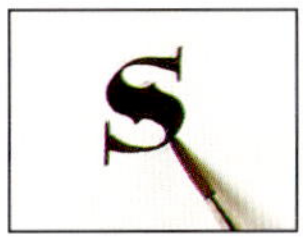

Nun muss man nur noch die Verbindungslinien einzeichnen und den Buchstaben ausmalen.

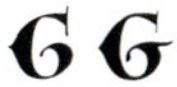

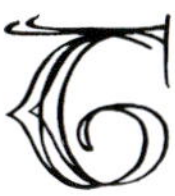

Der obere Balken ist trompetenförmig und findet sich auch beim „C“, „G“ und „S“ wieder.

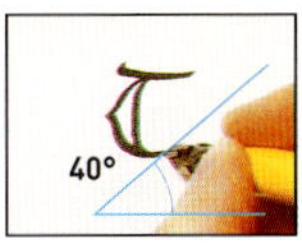

Der Balken beginnt mit einem kleinen Häkchen nach oben. Der Schaft setzt links von der Balkenmitte an.

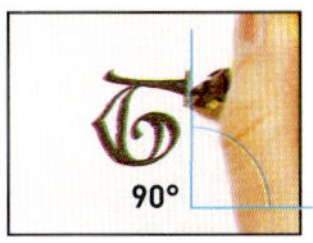

Der Fuß endet mit einem kleinen Punkt. Formen Sie dann die Trompetenform.

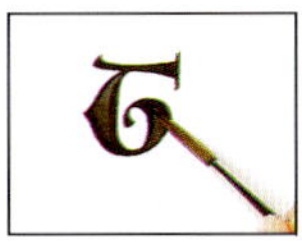

Zum Schluss wird der Buchstabe ausgemalt.

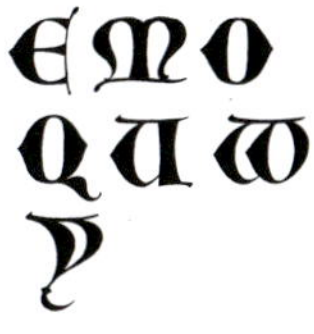

Langobardische Initialen

Diese Buchstaben sind den Langobardischen Versalien sehr ähnlich, unterscheiden sich jedoch durch die Form der Konturen. Traditionell wurden sie mit zusätzlichen Schmuckelementen und Farbe versehen, abhängig davon, wie sehr man sie hervorheben wollte. Sie wurden meist mit der Gotischen Minuskel kombiniert.

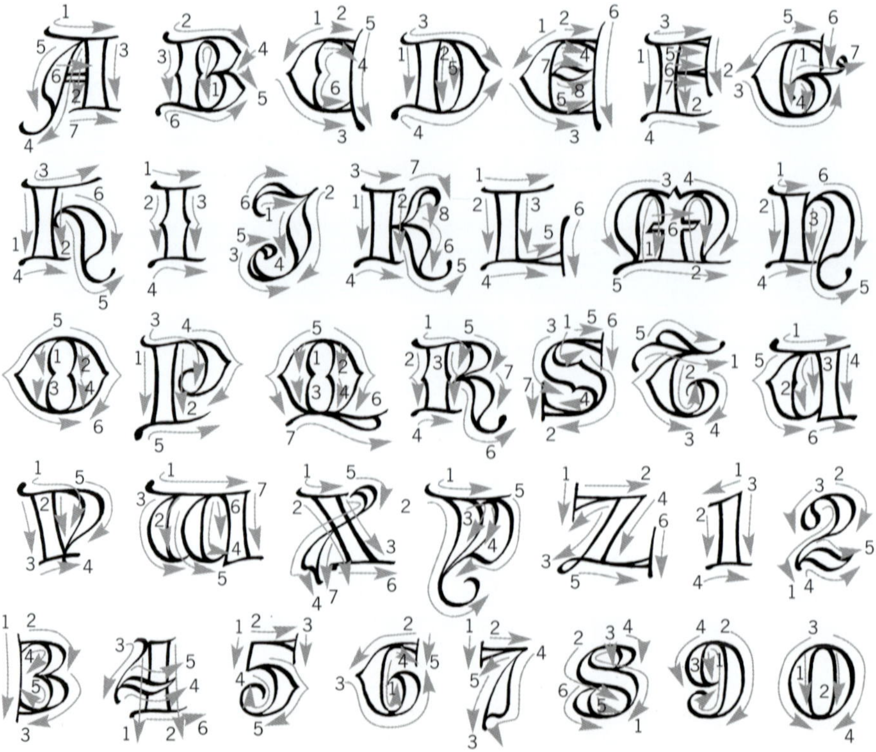

Interessante Details

Diese Buchstaben werden mit einer schmalen Breitfeder gezeichnet, so dass die Strichstärke leicht variiert.

Die Buchstaben gewähren einen großen Spielraum für die Kreativität des Schreibers. Sie können frei entscheiden, wie Sie die Verzierungen gestalten wollen.

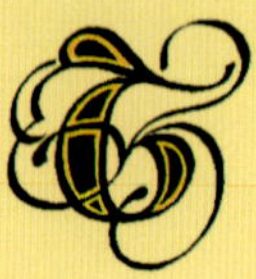

Oft werden die Buchstaben auch mit einer farbigen Fläche unterlegt. Sie können den Buchstaben auch konturieren und innen weiß lassen.

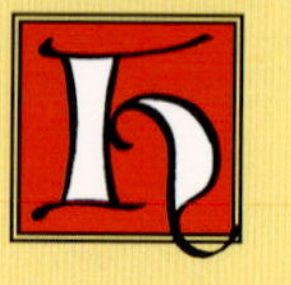

Grundstruktur

Der Schaft besteht aus zwei konkaven Linien; die Kielbogenform der Rundungen wird hier wieder aufgegriffen. Die Buchstaben selber sind eher an der Unziale als an römischen Formen orientiert. Gerade Linien sieht man bei dieser Schrift nur selten.

Struktur | **Strichfolge** | **Gruppe**

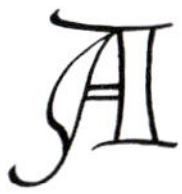

Das „A" ist wohl der auffälligste Buchstabe. Die Betonung liegt hier auf dem linken Schenkel.

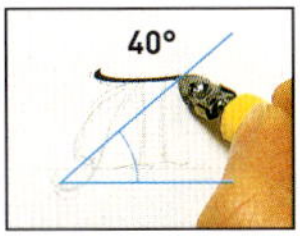

Der obere Balken sollte lang und waagrecht sein.

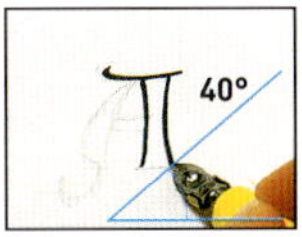

Die Kontur des Schaftes setzt an der linken Seite des Balkens an.

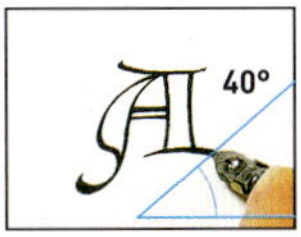

Der linke Schenkel wird mit sinnlich geschwungenen Linien gezeichnet. Fügen Sie die rechte Fußserife hinzu.

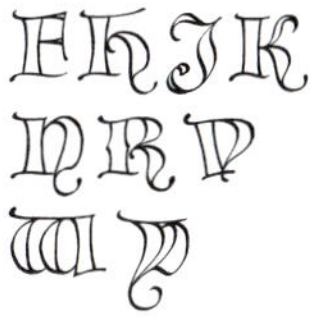

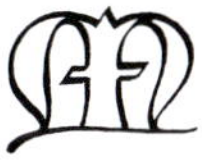

Das „M" erinnert eher an eine Krone als an einen kalligraphischen Buchstaben.

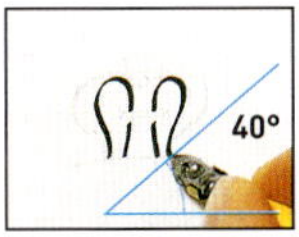

Es empfiehlt sich, zuerst die inneren Linien der Bögen zu zeichnen.

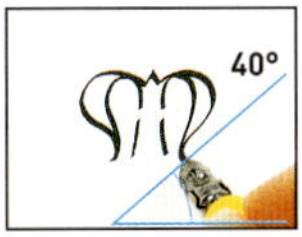

Zeichnen Sie anschließend den Rest des Buchstabens. Die Keilbogenform findet sich hier wieder.

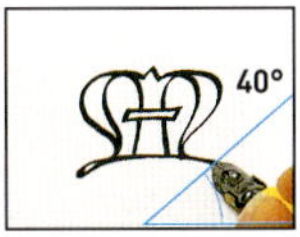

Ziehen Sie den mittleren Querbalken und verbinden Sie die Füße mit einer verlängerten Serife.

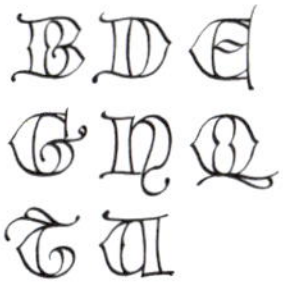

Sie können die Form zuerst separat üben und Sie dann auf dem Original vorzeichnen, damit Sie die Linien nur noch nachzeichnen müssen.

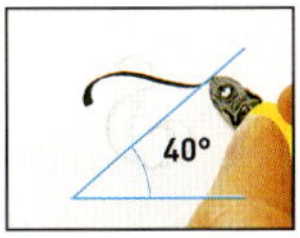

Der Buchstabe sollte vorsichtig vorskizziert werden. Zeichnen Sie dann eine wellenförmige Linie entlang der oberen Schriftgrenze.

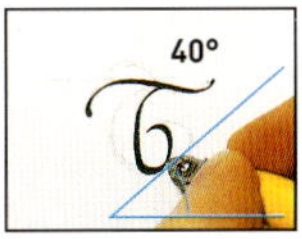

Der Schaft setzt an der rechten Hälfte des Balkens an. Die inneren Linien sollten zuerst gezeichnet werden.

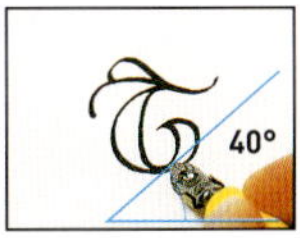

Zeichnen Sie die äußeren Linien des Schaftes und des Fußes. Fügen Sie am Balken eine weitere Linie hinzu.

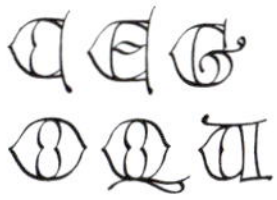

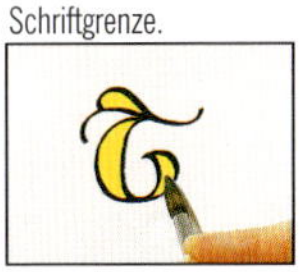

Der Buchstabe wird normalerweise koloriert, die Fläche kann jedoch auch offen gelassen werden.

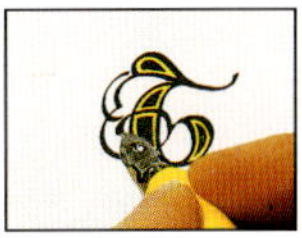

Sie können auch eine zweite Farbe und Verzierungen hinzufügen.

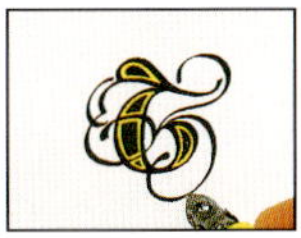

Eine weitere Möglichkeit besteht darin, die Endungen mit frei gestalteten Schwüngen oder Verzierungen zu versehen.

Secretary hand

Diese Schrift war vom 13. bis zum 17. Jahrhundert in Gebrauch und wurde im Gegensatz zur sorgfältig ausgeführten „Textura Quadrata“ vor allem im weltlichen Kontext verwendet. Sie ist kursiv im Charakter und kann, obwohl sie auf ein schnelles Schreiben ausgelegt ist, sehr elegant wirken.

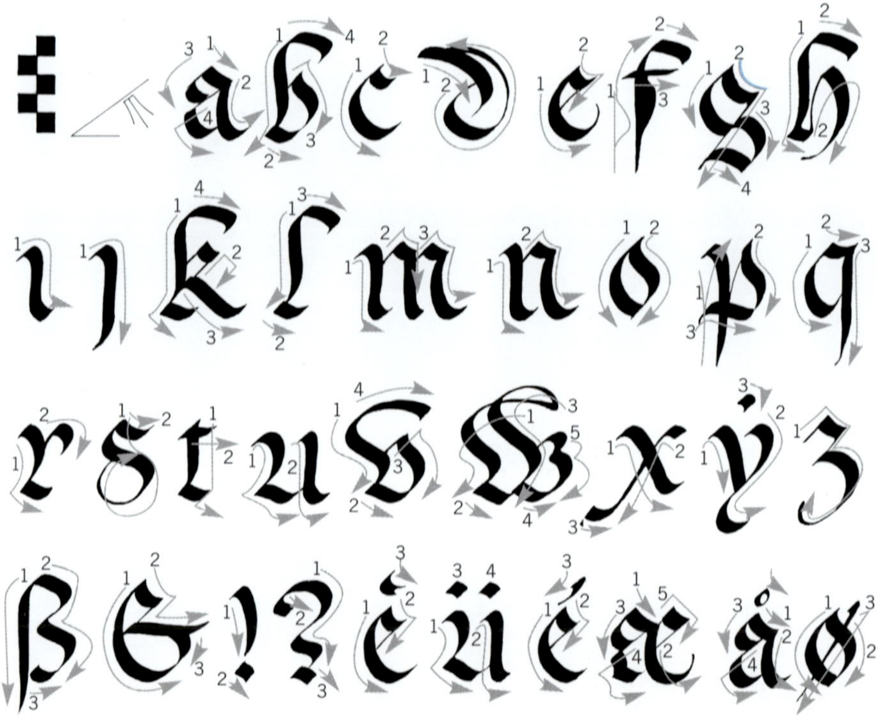

Interessante Details

Diese „Elefantenohren“ dienen als Verbindungslinien, und sie verstärken den vorwärts drängenden Rhythmus dieser Schrift. Das „w“ ist relativ groß und hat die Form einer Versalie.

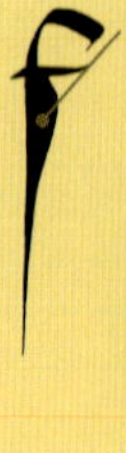

Der Fuß des „f“ (und des langen „s“) läuft nach unten spitz zu und ist in der Mitte bauchig. Dies ist ein typisches Merkmal dieser Schrift.

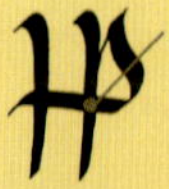

Ligaturen und Abkürzungen wurden häufig verwendet. Die hier gezeigte Form ist ein doppeltes „p“.

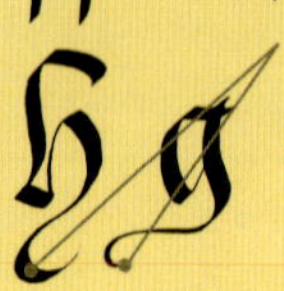

Der Fuß des „g“ und „h“ wurde entweder nach unten oder entlang der Grundlinie nach links geschwungen.

Grundstruktur

Die Grundform der Buchstaben ist relativ einfach. Lediglich die Ober- und Unterlängen – vor allem die des „v“ und „w“- werden fantasievoller gestaltet. Mit Ihnen ensteht auch die Vorwärtsbewegung dieser Schrift. Der Bogen des „h“ setzt am Fuß und nicht am Schaft an.

Struktur | **Strichfolge** | **Gruppe**

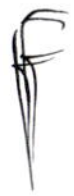

Das „f“ und „p“ sind die einzigen Buchstaben, bei denen der Federwinkel während des Schreibens geändert wird.

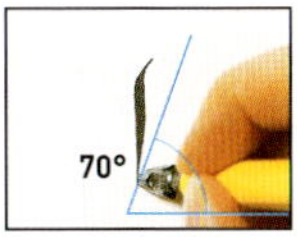

Die Feder wird während des Zeichnens des Schaftes leicht gedreht, so dass am Ende eine Spitze entsteht.

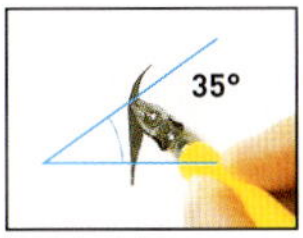

Kehren Sie zurück und ziehen Sie nach rechts außen und dann wieder zurück auf die x-Höhe.

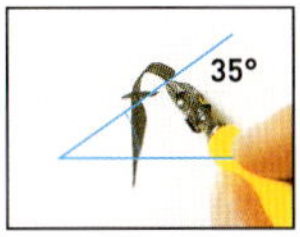

Fügen Sie den Querbalken hinzu und zeichnen Sie oben einen „Elefantenrüssel“.

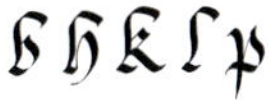

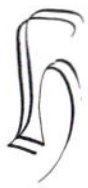

Die Besonderheit beim „h“ besteht darin, daß der Bogen nicht am Schaft, sondern am Fuß ansetzt.

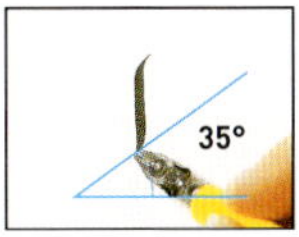

Der Schaft der Oberlängen wird mit einem kurzen Strich nach links eingeleitet und dann nach unten gezogen.

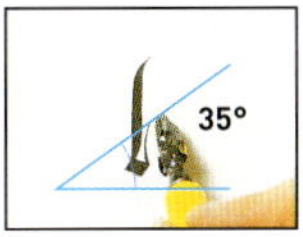

Zeichnen Sie den Fuß und ziehen Sie mit der Federkante nach oben, um den Bogen zu formen.

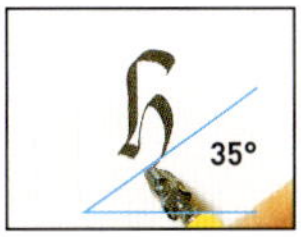

Der rechte Schaft des „h“ wird nach innen geschwungen. Setzen Sie ab und formen Sie den „Elefantenrüssel“.

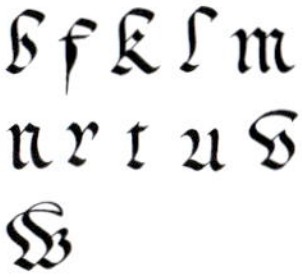

Das „o“ bildet die Grundlage der meisten Rundformen.

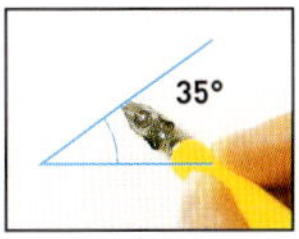

Der Federwinkel beträgt 35°.

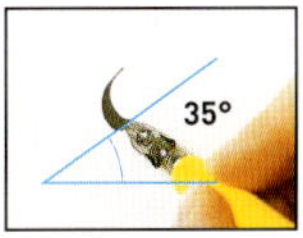

Zeichnen Sie einen relativ flachen Bogen.

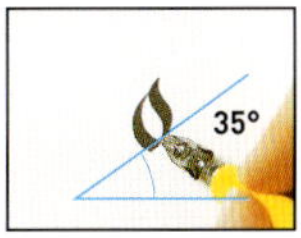

Die rechte Seite des „o“ wird mit einem „s“-förmigen Bogen gestaltet.

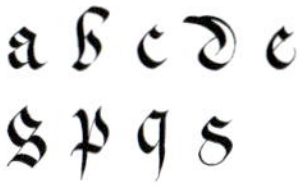

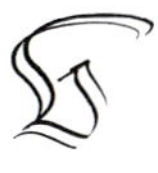

Der „Elefantenrüssel“ ist ein charakteristisches Merkmal dieser Schrift.

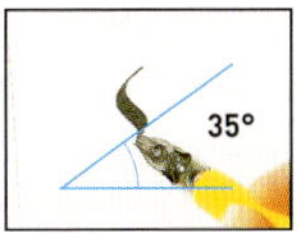

Beginnen Sie mit einem breiten, „s“-förmigen Schwung.

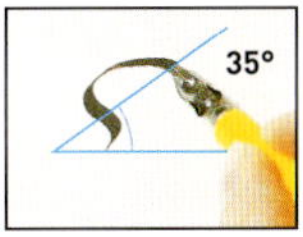

Ziehen Sie einen langen Strich nach vorne. Setzen Sie ab und gestalten Sie den unteren Fuß.

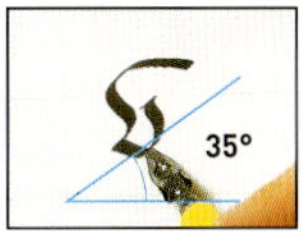

Abschließend wird die Rundung geschlossen.

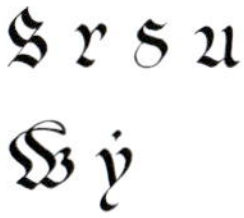

Secretary hand, modern

Die Secretary hand war das „Arbeitspferd“ unter den Schriften des Mittelalters. Sie wurde schnell geschrieben und ist, vom heutigen Standpunkt betrachtet, schlecht lesbar. Die hier gezeigte moderne Überarbeitung behält den Charakter der mittelalterlichen Schrift bei, ist jedoch leichter zu lesen.

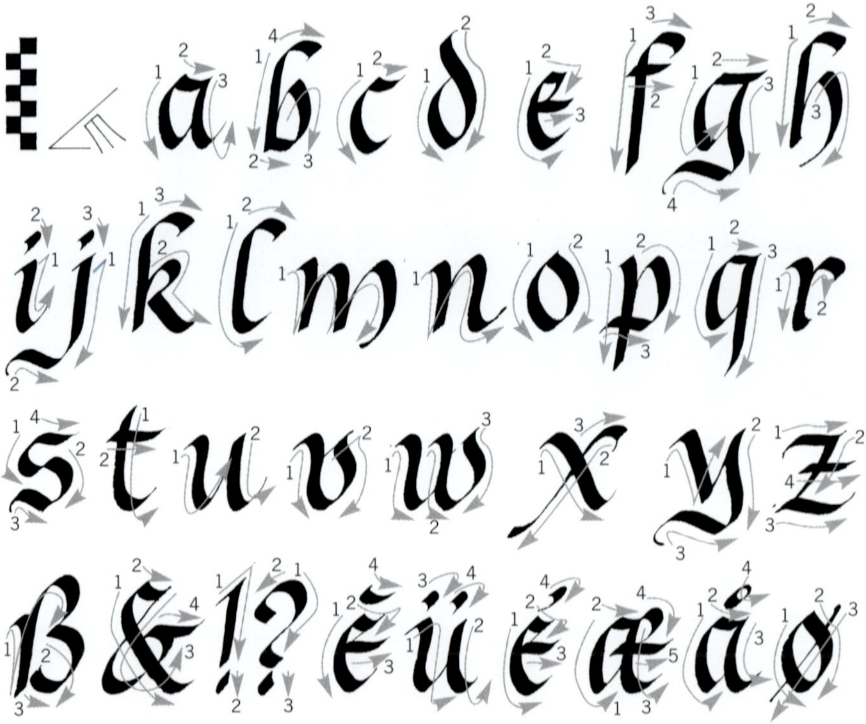

Interessante Details

Der charakteristische „Elefantenrüssel“ wurde bei dieser modernen Version beibehalten. Er sollte nach vorne geschwungen werden.

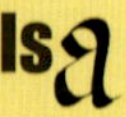

Dies ist eine Alternative zum geschlossenen „a“.

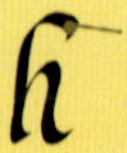

Hier wurde die Hakenserife etwas anders geformt; diese Form kann auch beim „m“ verwendet werden.

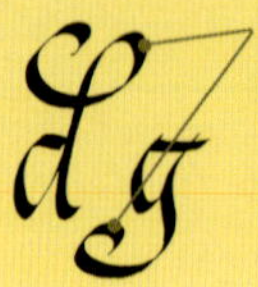

Sie können oben und unten Schnörkel hinzufügen und die Verbindungslinien wie bei der Fraktur verlängern.

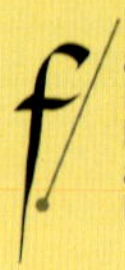

Der Fuß des „f“ kann auch die traditionelle Form annehmen. Man kann die feine Linie auch in die untere Zeile laufen lassen.

Grundstruktur

Der Neigungswinkel der Buchstaben beträgt in etwa 8°, der Federwinkel beim Schreiben etwa 40°. Das „d“ ist aufrecht, und die Rundung besitzt unten eine kleine Spitze. Nach vorne gezogene und nach unten geschwungenen Linien werden betont. Bei dieser Schrift wurde die moderne Form des „w“ verwendet.

Struktur **Strichfolge** **Gruppe**

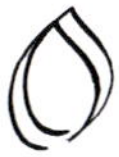

Das „o“ ist der Maßstab, nach dem sich die Breite der anderen Buchstaben richtet.

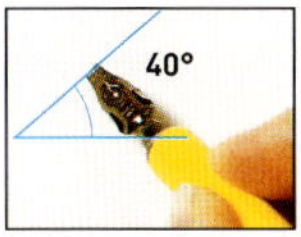

Der Federwinkel beträgt 40°.

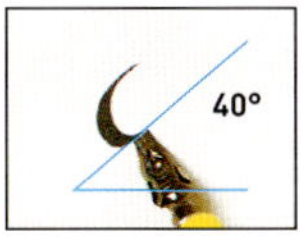

Formen Sie einen gleichmäßigen Bogen nach links.

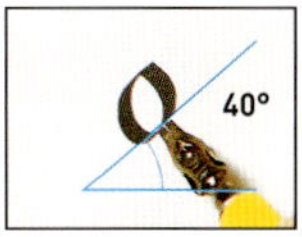

Der rechte Bogen ist anders geformt als der linke, da er mit einem kurzen Schwung eingeleitet wird.

acdegp
qs

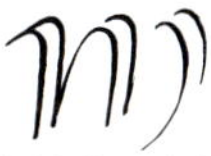

Die Schrift wurde für ein schnelles Schreiben entworfen. Dies wird vor allem bei den fließend geschwungenen Bögen deutlich.

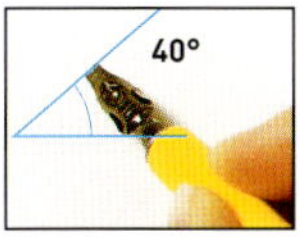

Halten Sie die Feder mit einem Winkel von 40°.

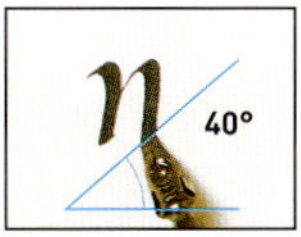

Die ersten zwei Schäfte des „m“ haben einen unterschiedlichen Neigungswinkel.

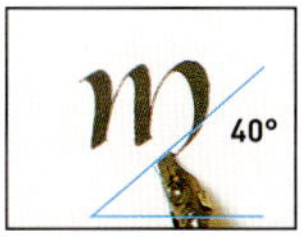

Der letzte Bogen hat die Form eines weit geschwungenen „Elefantenrüssels“.

ijnpru
vw

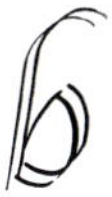

Der Schaft wird am Ende gerade nach unten gezogen, die Rundung wird unten mit einem geraden Strich geschlossen.

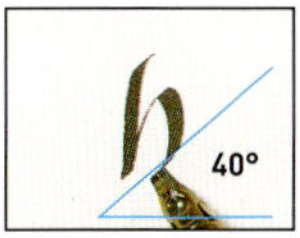

Der Schaft wird am Anfang leicht nach links gezogen. Der Bogen wird mit einer fließenden Bewegung geformt.

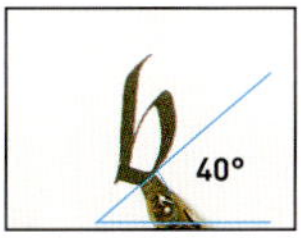

Schließen Sie die Rundung mit dem unteren Fuß.

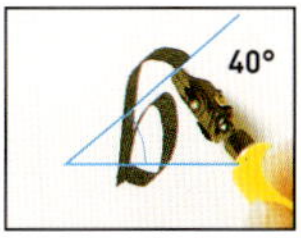

Der obere Bogen wird mit einer leichten Vorwärtsbewegung gezeichnet. Er sollte relativ flach ausfallen.

fhklp

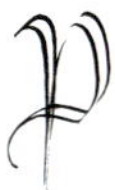

Das „p“ ist der einzige Buchstabe, bei dem der Federwinkel variiert.

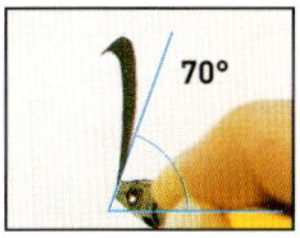

Der spitz zulaufende Schaft wird geformt, indem man die Feder während des Zeichnens von 40° auf 70° dreht.

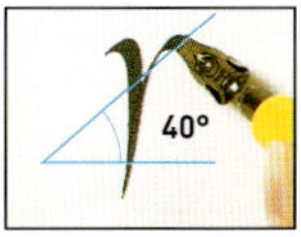

Ziehen Sie vom Schaft nach oben und gehen Sie in den Schwung für die Rundung über.

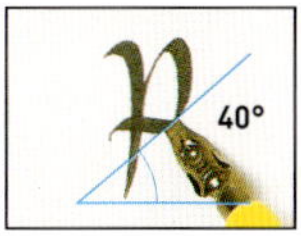

Die Rundung schließt unten mit einem waagrecht verlaufenden Strich ab.

bru

Secretary hand, Versalien

Diese Versalien begleiten die Minuskeln der Secretary hand und dienten in dieser Kombination zwischen dem 13. und 17. Jahrhundert als Gebrauchsschrift. Die Schrift wurde vor allem für Gesetzestexte und weltliche Bücher verwendet.

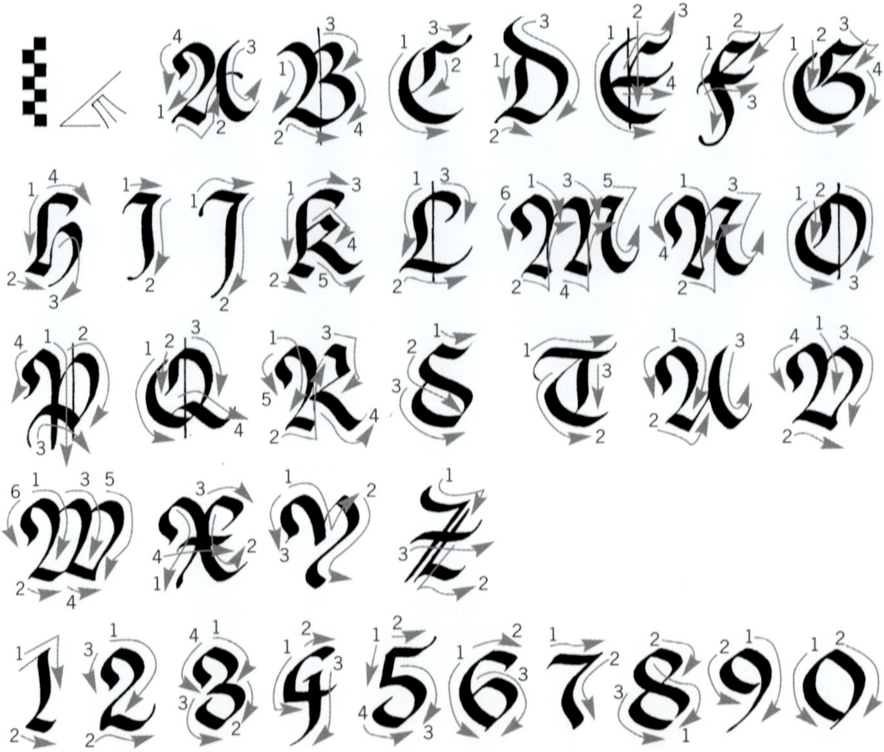

Interessante Details

Die Buchstaben werden oft mit einem senkrechten Strich betont. Zum Teil sind sie nur dadurch als Versalien gekennzeichnet.

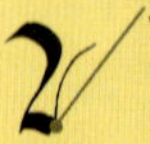

Die charakteristische Verbindungslinie setzt meist am Fuß und nicht am Schaft an.

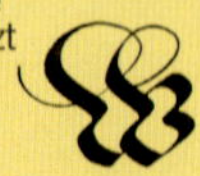

Das weit nach oben geschwungene „w“ der Minuskel kann alternativ als Versalie verwendet werden.

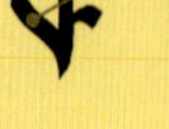

Bei dieser alternativen Version des „F“ wird der breite Anstrich mit dem Fuß verbunden.

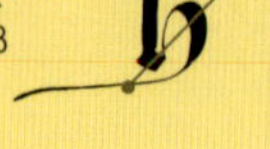

Steht das „h“ am Wortende, so kann der Fuß unter die Grundlinie nach hinten geschwungen werden.

Grundstruktur

Die Buchstaben sind eher an gotischen als an römischen Formen orientiert, sie sind auf ein schnellen Schreiben ausgelegt. In der Anleitung werden die Striche getrennt voneinander beschrieben, sie können jedoch auch mit einer fließenden Bewegung verbunden werden.

Struktur | **Strichfolge** | **Gruppe**

Der rechte Schenkel wird durch eine feine Linie mit dem Fuß verbunden. Dies ist ein typisches Kennzeichen dieser Schrift.

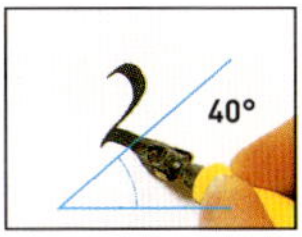

Der Federwinkel beträgt 40°. Die erste Linie nimmt die Form einer „2" an. Der Fuß ist leicht gebogen.

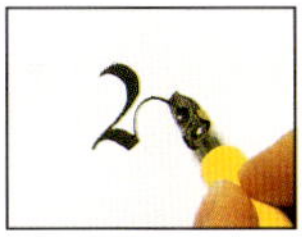

Beginnen Sie am Fuß und ziehen Sie mit der Federkante einen weiten Bogen nach oben.

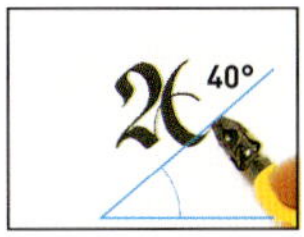

Der rechte Schaft wird mit einem großzügigen Bogen geformt. Fügen Sie den einleitenden Schwung hinzu.

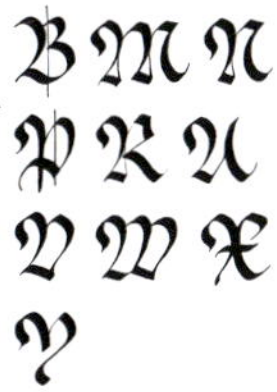

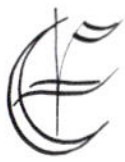

Der linke Bogen beschreibt einen großzügigen Halbkreis. Er findet sich auch beim „C", „G", „O" und „Q" wieder.

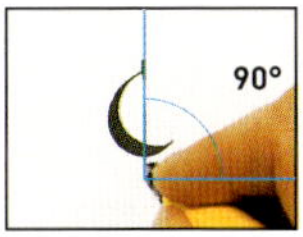

Der erste Strich des „E" gleicht dem rechten Schenkel des „A". Die Haarlinie wird mit der Federkante gezeichnet.

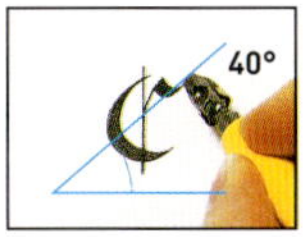

Ziehen Sie von der Haarlinie nach außen und oben, um den oberen Balken zu gestalten.

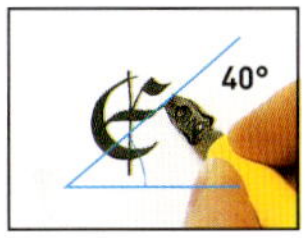

Setzen Sie die Feder ab und fügen Sie den mittleren Balken hinzu.

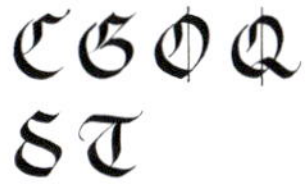

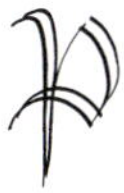

Die Rundung des „P" ist großzügig, ihr Volumen wird jedoch durch die extreme Wölbung des unteren Striches reduziert.

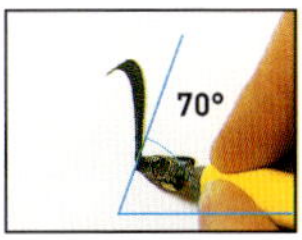

Der Schaft beginnt mit einem kurzen Schwung. Drehen Sie die Feder während des Zeichnens von 40° auf 70°.

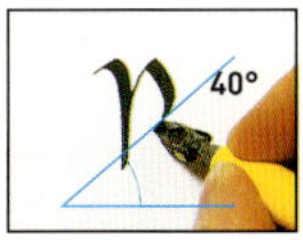

Ziehen Sie vom Schaft nach oben und zeichnen Sie die Rundung mit einer fließenden Bewegung.

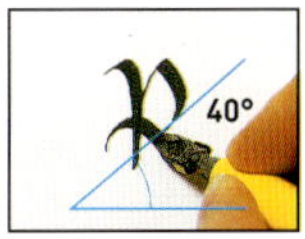

Die Rundung schließt unten mit einer nach innen gebogenen Linie ab, die den Schaft im rechten Winkel kreuzt.

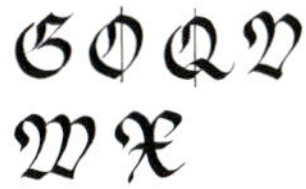

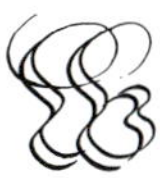

Die Form des hier gezeigtem „W" ist an der Minuskel orientiert.

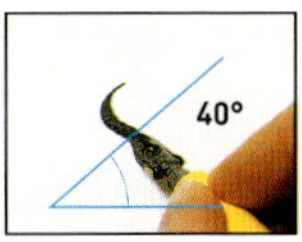

Ziehen Sie einen weiten, „s"-förmigen Schwung, um das alternative „W" zu formen.

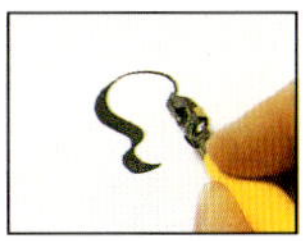

Der obere Schwung wird mit der Federkante gezogen.

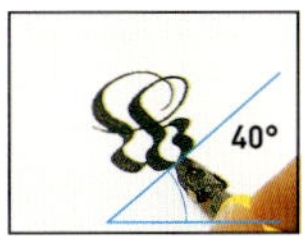

Wiederholen Sie den ersten Strich und die geschwungene Linie. Der letzte Strich ist leicht gewellt.

Fraktur Minuskel

Die ersten Frakturformen enstanden um ca. 1400 n. Chr. als eine Weiterentwicklung der volkstümlichen Schriften. Innerhalb eines Jahrhunderts hatte die Fraktur den Status einer Buchschrift erlangt und wurde zum Vorbild vieler Satzschriften. Sie ist auch heute noch beliebt – vor allem im deutschsprachigen Raum.

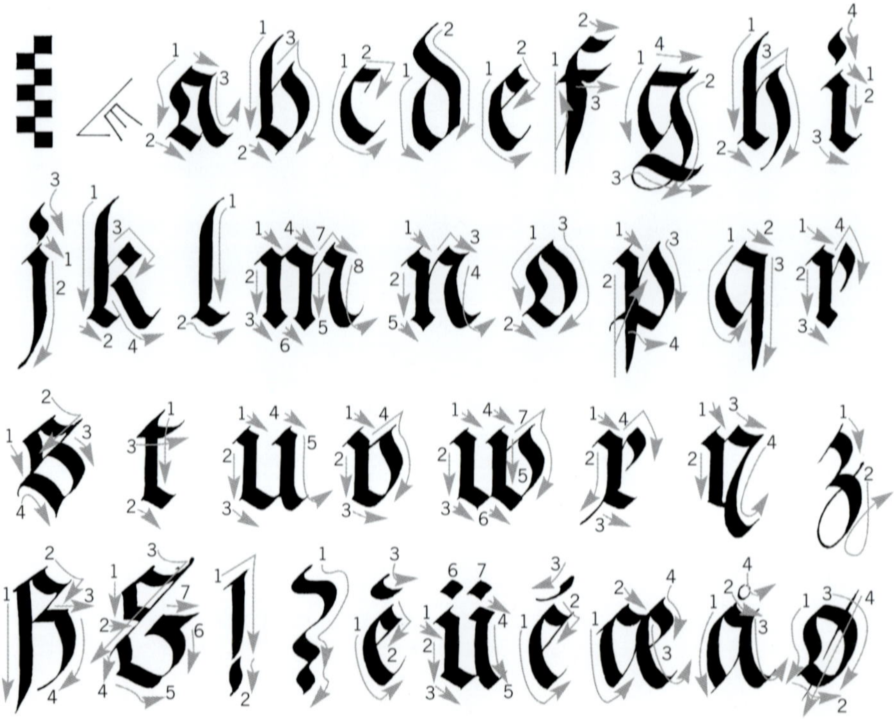

Interessante Details

Die Form der Buchstaben erinnert an die Textur. Die Feder wird zwischen den geraden und schrägen Linien abgesetzt, wodurch die Schäfte ihren gebrochenen Charakter erhalten.

Der „Elefantenrüssel“ kann auch an die Oberlängen des „b“, „h“, „k“ und „l“ gesetzt werden.

Die feine Verbindungslinie kann über das Ende des darauffolgenden Striches hinausragen.

Die Fraktur ist eine schmal laufende Schrift. Der Abstand zwischen den Strichen beträgt manchmal nur eine Federbreite.

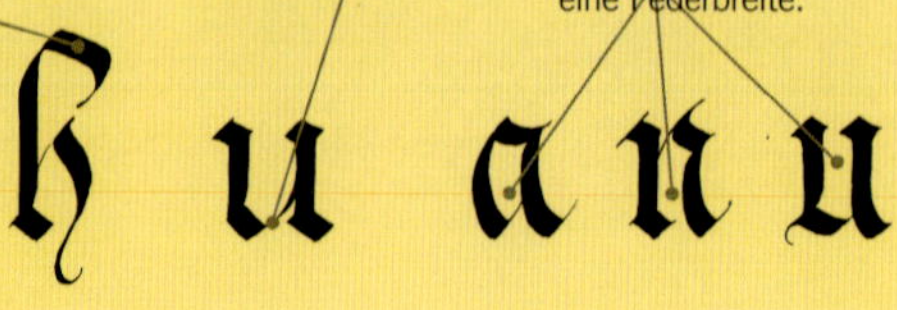

Grundstruktur

Obwohl einige Striche stärker geneigt sind als bei der Textur, werden deren enge Proportionen beibehalten. Je öfter man die Feder absetzt, desto eleganter wird die Form des Buchstabens. Die feinen Linien können über die Buchstaben hinausragen, es werden auch einige Linien mit der Federkante gezogen.

Struktur | **Strichfolge** | **Gruppe**

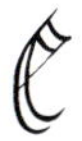

Die charakteristische Spitze entsteht, indem man den Strich über der x-Höhe beginnt.

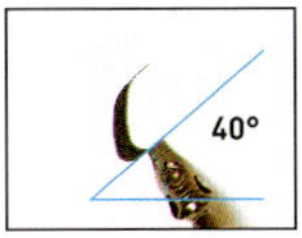

Der hauchdünne Anstrich wird mit einem Federwinkel von 40° geformt.

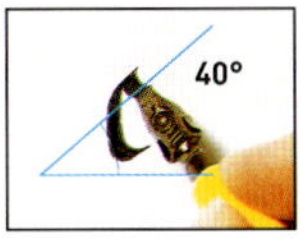

Der Bogen sollte flach verlaufen.

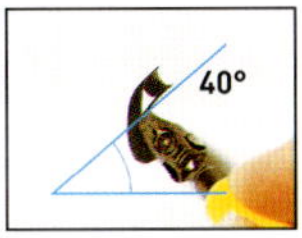

Formen Sie den Kopf mit einem kurzen Bogen. Schließen Sie ihn mit einer feinen Linie.

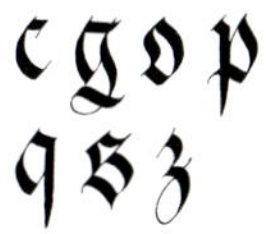

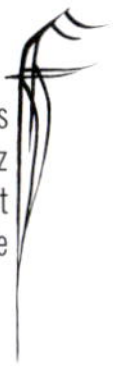

Der Schaft des „f“ läuft spitz zu und schwillt in der Mitte bauchförmig an.

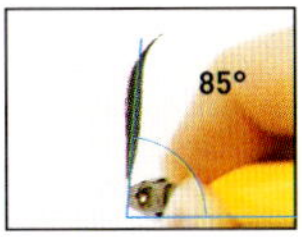

Die Feder wird beim Zeichnen des Schaftes auf halbem Wege senkrecht gedreht.

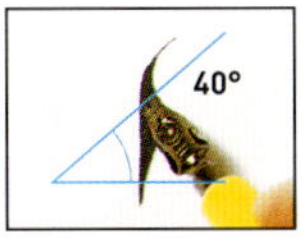

Enden Sie den Schaft mit der Federkante und schieben Sie die Feder nach oben, um den Bauch zu gestalten.

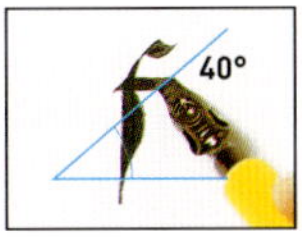

Zeichnen Sie den Kopf und fügen Sie den Querbalken hinzu.

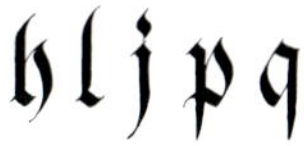

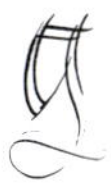

Der gebrochene Charakter dieser Schrift wird besonders beim „g“ deutlich. Die seitlichen Linien der Rundung ragen über den oberen Balken hinaus.

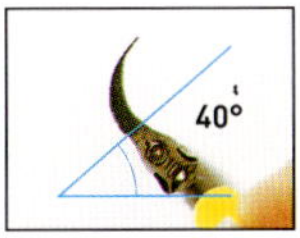

Der erste Strich ist leicht gebogen, jedoch nicht kreisförmig.

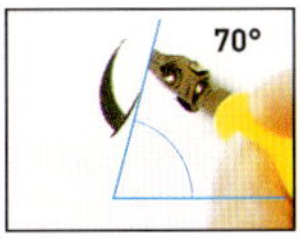

Die separate Verbindungslinie wird mit einem Federwinkel von 70° gezeichnet.

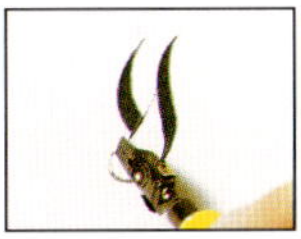

Der geschwungene rechte Strich geht in den Schweif über und läuft mit einer feinen Linie aus.

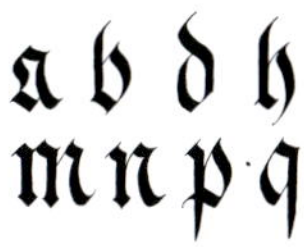

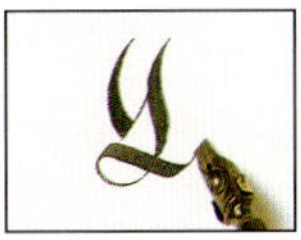

Vervollständigen Sie den Fuß und ziehen Sie am Ende mit der Federkante eine feine Linie nach oben.

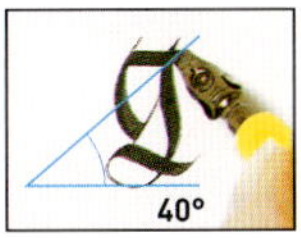

Die Rundung des „g“ schließt oben mit einem Balken. Achten Sie auf die feinen Spitzen und das Fähnchen.

Fraktur Versalien

Diese Versalien werden mit den Minuskeln der Fraktur kombiniert, sie sind jedoch um einiges breiter. Mit Ausnahme vom Schaft des „P“ werden alle Striche kursiv geschrieben. Nach der Erfindung des Buchdruckes wurden die Buchstaben immer üppiger dekoriert.

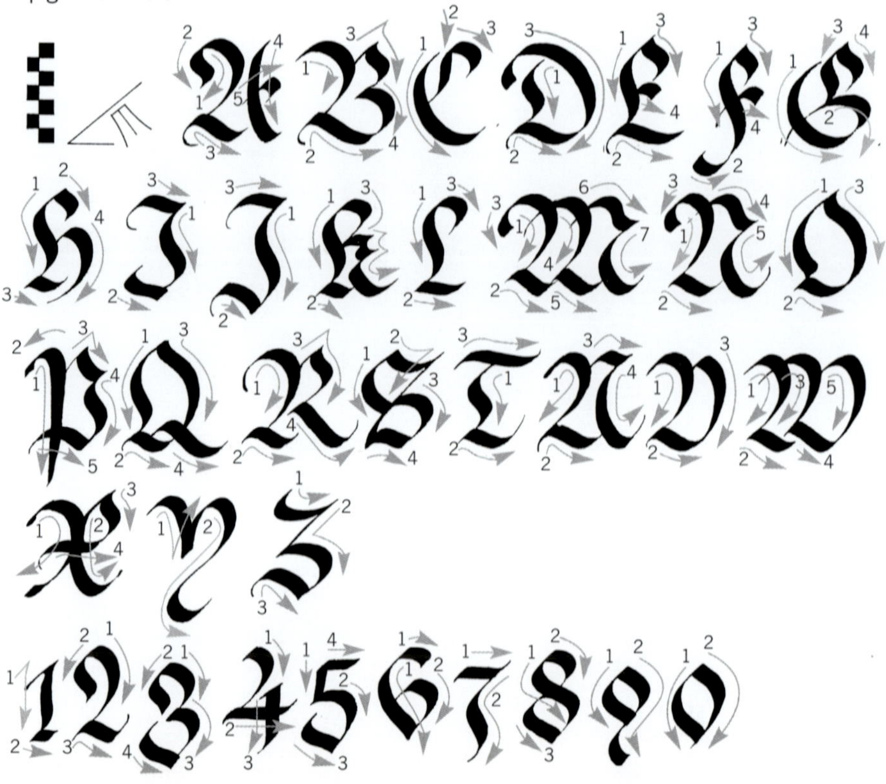

Interessante Details

Diese Schrift ist den gotischen Versalien in der Form sehr ähnlich, doch wird sie eher kursiv geschrieben. Die Buchstaben werden nicht mit feinen Linien oder seitlichen „Dornen“ dekoriert. Die Rundungen sind meistens gebrochen.

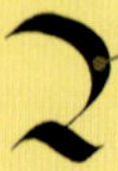

Der weit nach außen geschwungene Schaft, wie hier beim „B“, verleiht den Buchstaben zusätzliche Breite.

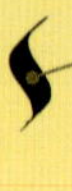

Die geraden Schäfte werden durch geschwungene Linien ersetzt.

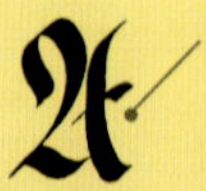

Die Versalien sollten nicht zu schmal geraten - allerdings kann dies die Schrift auch interessanter machen.

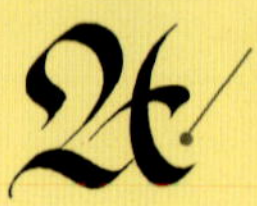

Hier sehen Sie das übliche Breitenverhältnis der Buchstaben.

Grundstruktur

Hier gilt, wie auch bei der Minuskel: je öfter die Feder abgesetzt wird, desto eleganter werden die Buchstabenformen. Durch das Absetzen wird der „gebrochene" Charakter dieser Schrift unterstützt, und es entsteht ein die Einzelteile verbindender Rhythmus. Achten Sie darauf, dass diese zwei Aspekte im Gleichgewicht sind.

Struktur | **Strichfolge** | **Gruppe**

Die Versalien sind um etwa 2/5 größer als die x-Höhe. Die Striche sind geneigt – sie sollten nie steif wirken.

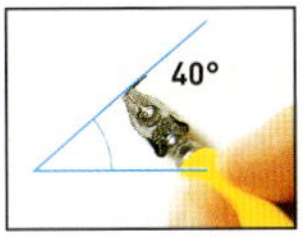

Der Anstrich wird mit einem Federwinkel von 40° gezeichnet.

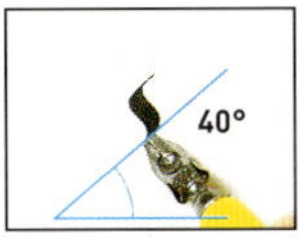

Zeichnen Sie eine kurze, „S"-förmigen Linie.

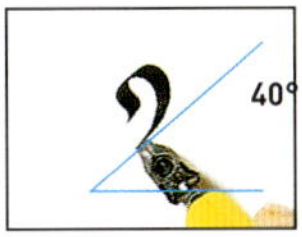

Der Schwung für den linken Schenkel setzt am Ende der „S"-Form an.

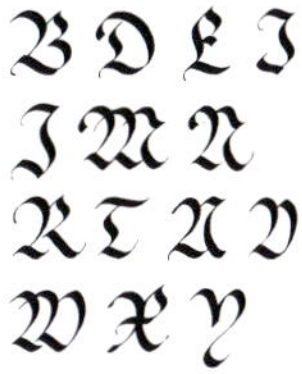

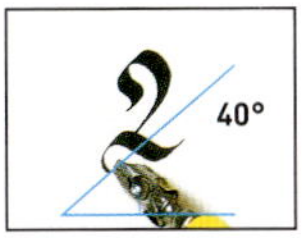

Formen Sie den Fuß mit einer geschwungenen Linie.

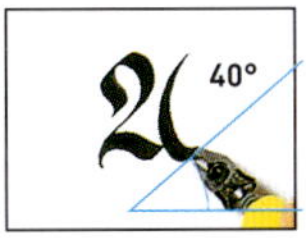

Die Verzierung am Anfang des Fußes wird mit der Federkante geformt.

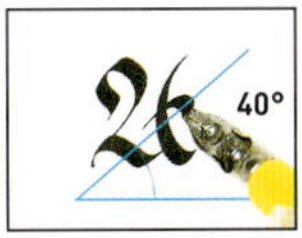

Gestalten Sie den linken Schenkel mit einem nach unten gezogenen Bogen. Fügen Sie den Querbalken hinzu.

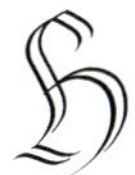

Die Vorwärtsbewegung der Kopflinien ist hier nicht so dominant wie bei der Minuskel.

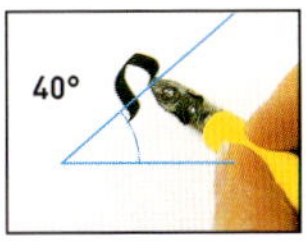

Der Schaft des „h" ist kurz und „S"-förmig. Fügen Sie oben den Elefantenrüssel hinzu.

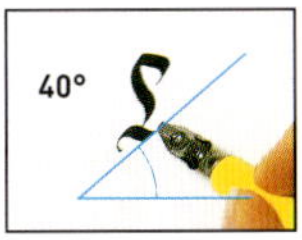

Der linke Fuß sollte großzügig sein.

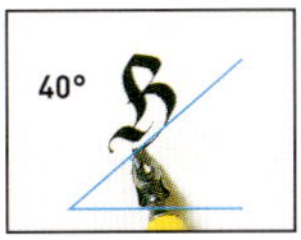

Der Bogen setzt in der Mitte des Schaftes an und wird nach innen bis unter den Fuß geschwungen.

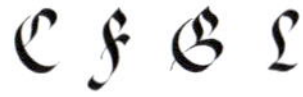

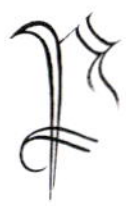

Das „P" ist der einzige Buchstabe mit geradem Schaft.

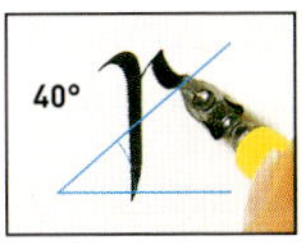

Die Feder wird beim Zeichnen des Schaftes von 40° auf 70° gedreht. Formen Sie den ersten Bogen der Rundung.

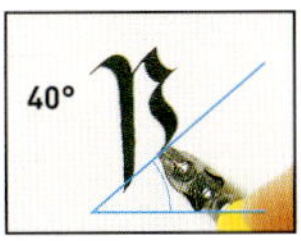

Der zweite Strich der Rundung ist „s"-förmig.

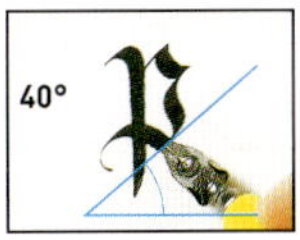

Schließen Sie die Rundung mit einem breiten Fuß.

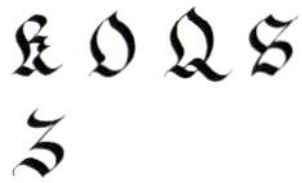

Fraktur, verzierte Versalien

Diese modernen Versalien sind relativ frei in der Form. Sie wurden von mittelalterlichen deutschen Schriften abgeleitet. Sie können als Basis für Initialen dienen oder mit den Minuskeln der Fraktur kombiniert werden.

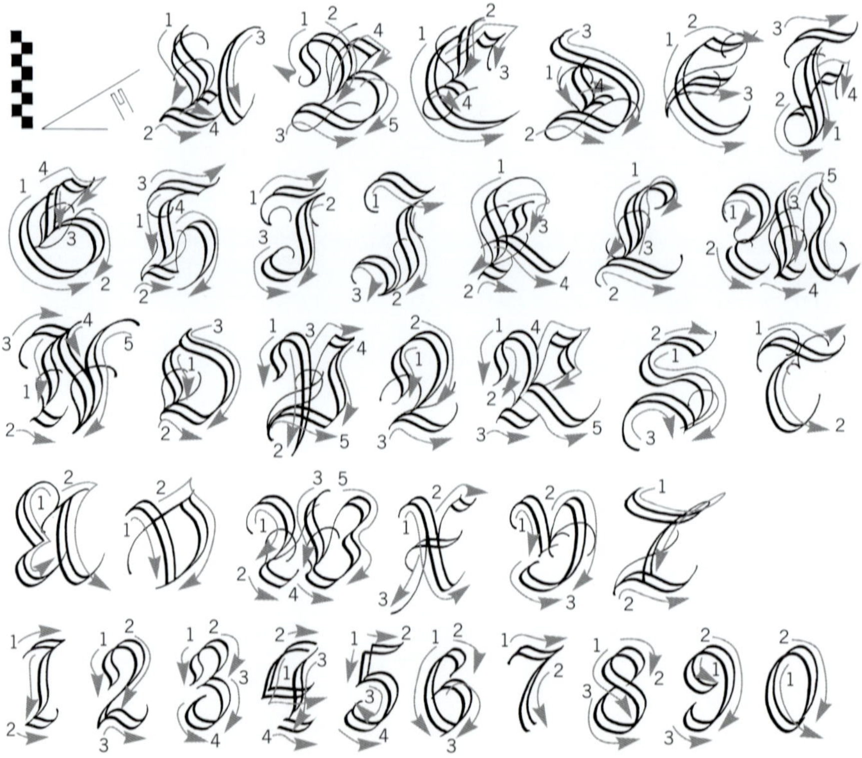

Interessante Details

Die Linien sind fast alle geschwungen. Die Verzierungen setzen entweder am Ende der Striche oder an den Verbindungsstellen an.

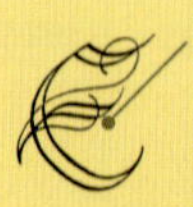

Bei den gebrochenen Bögen wird der steile Neigungswinkel besonders deutlich.

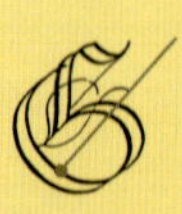

Der Bogen des „C“, „E“ und „G“ scheint unter dem Buchstaben wegzugleiten.

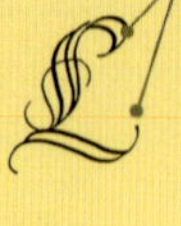

Der ausgeprägt kursive Charakter zeigt sich auch bei den feinen Endungen der Kopf- und Fußlinien.

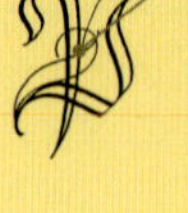

Beim Formen des Schaftes wird die Feder senkrecht gedreht, so dass unten eine Spitze entsteht.

Grundstruktur

Diese Schrift wird mit einer Spaltfeder geschrieben. Deren integriertes Reservoir kann eine größere Menge Tinte halten. So wird es möglich, die Verzierungen nachträglich an den Buchstaben zu setzen, anstatt sie mit der Federkante aus der noch feuchten Tinte zu formen.

Struktur | **Strichfolge** | **Gruppe**

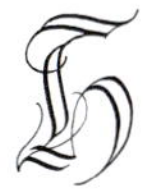

Der Aufbau dieser Buchstaben wirkt auf den ersten Blick komplex. Es ist ratsam, sich für den Anfang auf einen Buchstaben zu konzentrieren. Sobald Sie diesen gemeistert haben, werden Sie feststellen, dass die anderen Buchstaben einem ähnlichen Muster folgen.

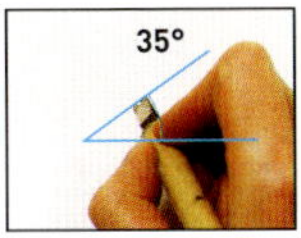

Der Federwinkel beträgt 35°.

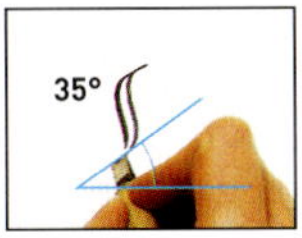

Zeichnen Sie den geschwungenen Schaft. Enden Sie auf der Federkante.

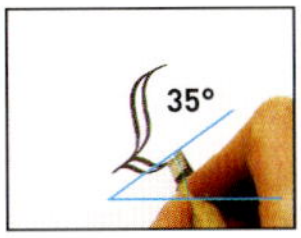

Behalten Sie den Federwinkel bei und zeichnen Sie den Fuß.

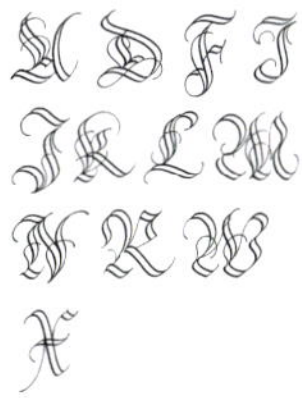

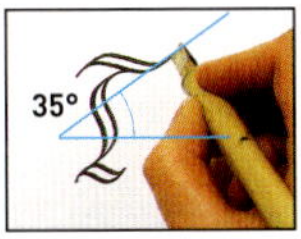

Anschließend wird die Kopflinie geformt.

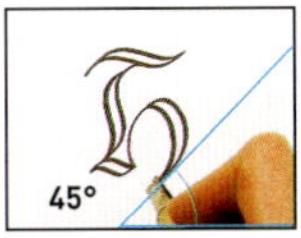

Der Bogen setzt am Fuß des „h" an. Ziehen Sie zuerst mit der Federkante nach oben und zeichnen Sie dann den Schaft.

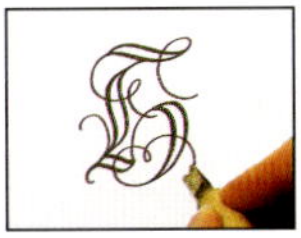

Abschließend können mit der Federkante die Schmucklinien hinzugefügt werden.

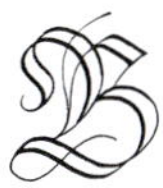

Die Fraktur erhält ihren Namen durch die gebrochenen oberen Rundungen. Dies ist ein typisches Merkmal der „gebrochenen Schriften". Besonders auffällig ist diese Eigenschaft bei der Minuskel.

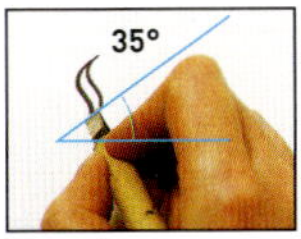

Das „B", „P", „R" und „Q" beginnen mit einem geschwungenen Anstrich.

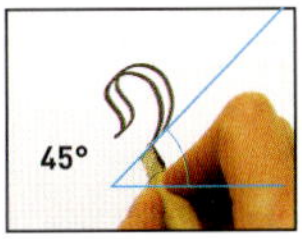

Kehren Sie zurück und zeichnen Sie einen weiten Bogen. Dieser sollte kurz vor der Grundlinie enden.

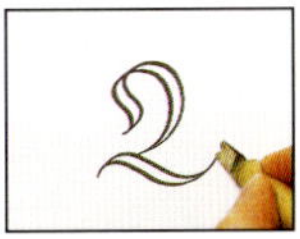

Der Fuß des „D", „L" und „Q" ist weit nach vorne geschwungen. Formen Sie das Ende mit der Federkante.

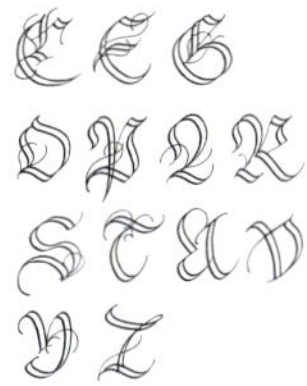

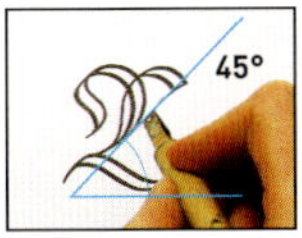

Die Rundung des „B" setzt am Fuß an.

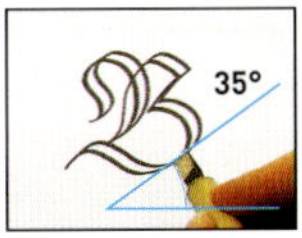

Zeichnen Sie einen großzügigen Bauch und schließen Sie die Form.

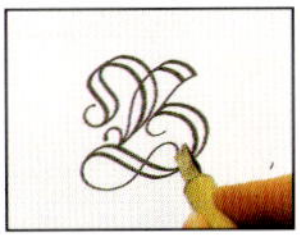

Die Verzierungen werden mit der Federkante gestaltet.

Schwabacher Minuskel, modern

Die Schwabacher entstand im späten 15. Jahrhundert in Deutschland. In der Form ist Sie einfacher, kursiver und nicht so prunkvoll wie die Quadrata. Die Schäfte sind jedoch nicht wie bei der Fraktur gebrochen. Die hier gezeigte moderne Version basiert auf einem Entwurf von Rudolf Koch aus den späten 1920er Jahren.

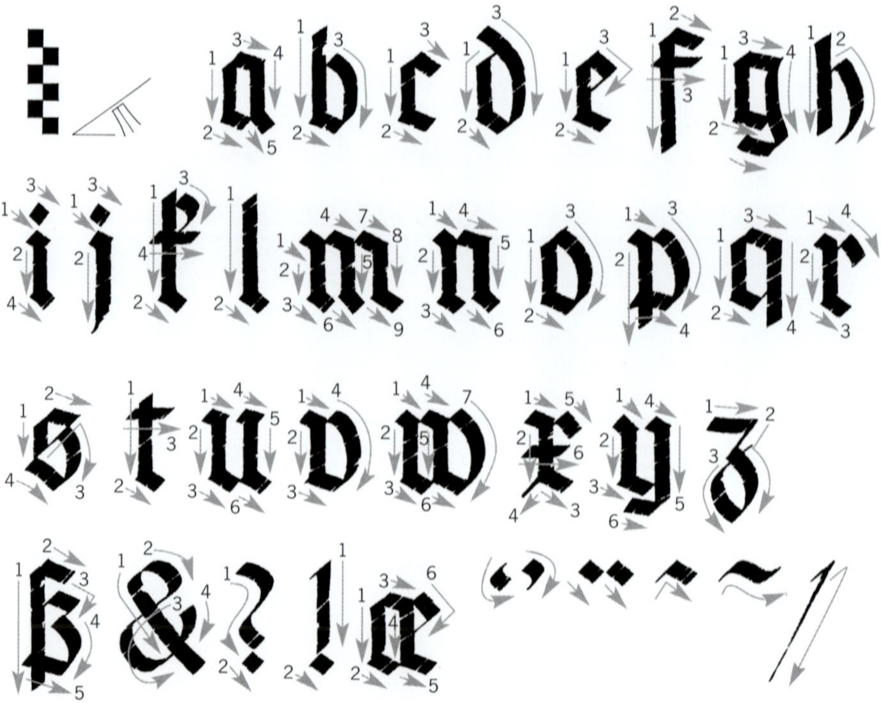

Interessante Details

Die Struktur dieser Buchstaben entsteht durch kurze, ruckartige Bewegungen während des Schreibens.

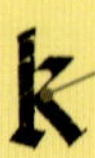

Die Schäfte werden mit einer schlichten diagonalen Linie eingeleitet und nicht, wie bei diesem alternativen „k“, unterteilt.

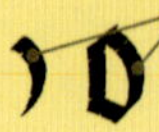

Durch den Bogen des „b“, „h“, „o“, „p“, „u“ und „w“ erhält diese Schrift eine unverwechselbare Struktur.

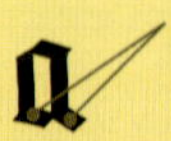

Beachten Sie den unterschiedlichen Neigungswinkel der zwei unteren Striche des „a“.

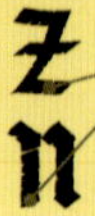

Bei diesen alternativen Versionen des „z“ und „n“ wurde der Fuß weggelassen.

Grundstruktur

Diese Minuskeln sind aus zwei Grundformen aufgebaut: Einem geraden Schaft im Kontrast zu einem geschwungenen Bogen. Dieses starre Muster wird abgemildert, indem der Winkel der Füßchen und der kürzeren Striche leicht variiert. Die Wortstruktur wirkt im Vergleich zur Quadrata relativ unregelmäßig.

Struktur | **Strichfolge** | **Gruppe**

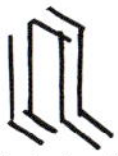

Der Winkel der Striche variiert – wie hier beim Fuß des „a" – zwischen 30° und 40°.

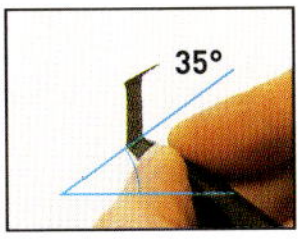

Beginnen Sie das „a" mit einem diagonalen Strich nach links unten. Lassen Sie den Schaft kurz vor der Grundlinie enden.

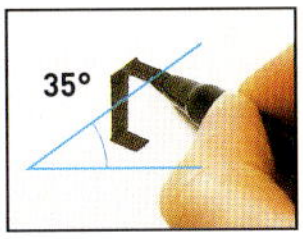

Fügen Sie oben und unten eine kurze Diagonale hinzu, um die Rundform zu gestalten.

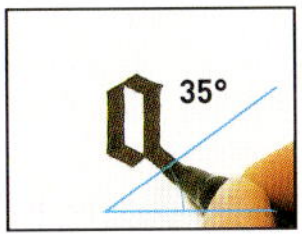

Verbinden Sie die obere und untere Diagonale mit einem senkrechten Schaft. Zeichnen Sie das rautenförmige Füßchen.

Gruppe: c g i j m n q r t u y

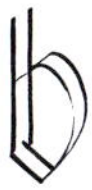

Die Oberlängen sind am Kopfende abgeschrägt und nicht, wie bei den gotischen Vorgängern, gespalten. Die Schäfte werden gerade gezeichnet.

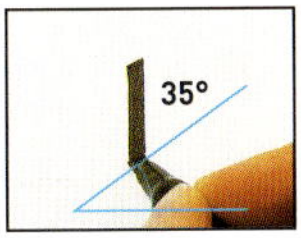

Beginnen Sie den Schaft über der x-Höhe und lassen Sie ihn kurz vor der Grundlinie enden. Der Federwinkel beträgt 35°.

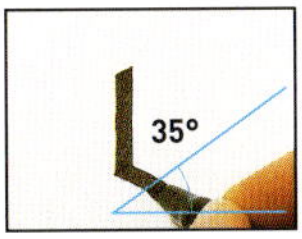

Zeichnen Sie einen großzügigen Fuß. Dieser endet auf der Grundlinie und bildet den unteren Teil der Rundung.

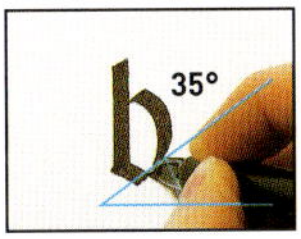

Auf der oberen Schriftlinie ansetzen und einen großzügigen Bogen ziehen, um die Rundung zu vervollständigen.

Gruppe: f h k l o p

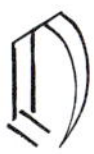

Der Kontrast zwischen geraden und geschwungenen Linien ist beim „o" am auffälligsten.

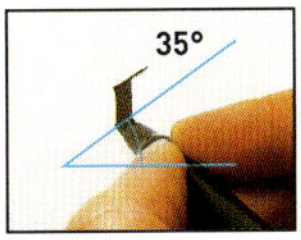

Von der oberen Schriftlinie schräg nach unten ziehen und in den Schaft übergehen. Dieser endet kurz vor der Grundlinie.

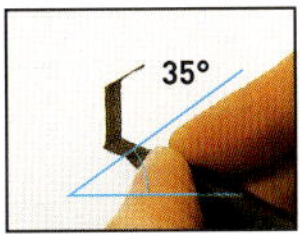

Ziehen Sie, wie beim „a", einen kurzen diagonalen Strich bis zur Grundlinie.

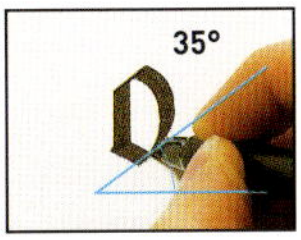

Die rechte Seite der Rundform ist im Gegensatz zur linken durchgeschwungen.

Gruppe: d p v w

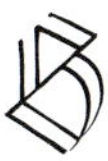

Das „s" ist in vielen Schriften das „schwarze Schaf", da es sich schlecht einer Gruppe zuordnen lässt. Es kann jedoch eine willkommene Abwechslung darstellen.

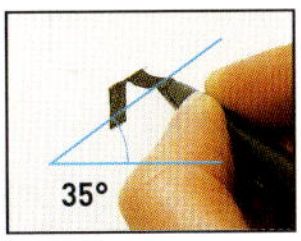

Beginnen Sie das „s" genauso wie das „a", halten Sie jedoch die senkrechte Linie kürzer.

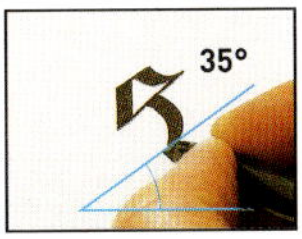

Ziehen Sie vom Ende der Senkrechten eine diagonale Linie nach oben. Setzen Sie an der Diagonalen an und zeichnen Sie einen Bogen.

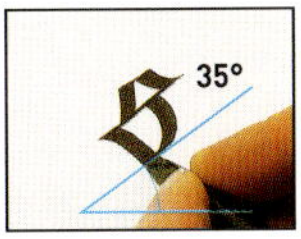

Verbinden Sie mit einem steilen Strich nach unten das Ende der Senkrechten mit der Bogenform.

Gruppe: e z

Schwabacher Versalien, modern

Diese Versalien wurden von Rudolf Koch entworfen, um die Minuskeln zu begleiten. Der Aufbau der Buchstaben ist zwar gotisch, jedoch sind sie auf die Grundformen reduziert; jegliche Verzierung wurde weggelassen. Die spezielle Struktur der Striche entsteht durch kurze, ruckartige Bewegungen beim Schreiben.

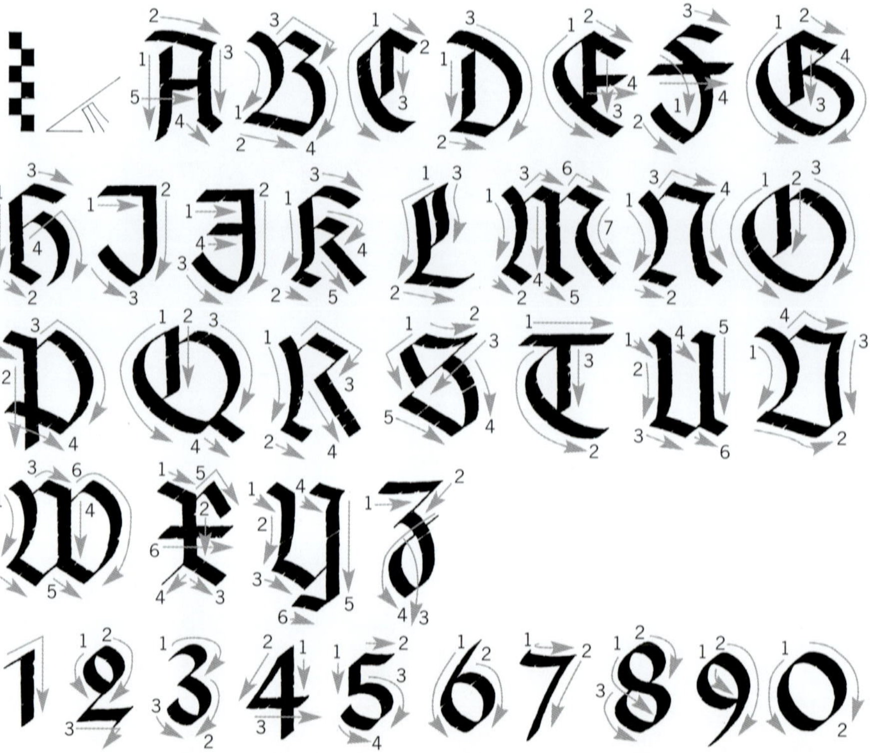

Interessante Details

Obwohl die Buchstaben auf das Wesentliche reduziert sind, wirken Sie fließend und lebendig. Diese Qualität wird durch geringfügige Änderung des Federwinkels beim Schreiben ermöglicht. Rudolf Koch machte sich diese leichte Variation oft zunutze.

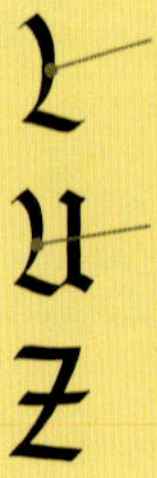

Der Schaft des „B“, „M“, „N“, „R“, „V“ und „W“ ist leicht gebogen.

Der Schaft des „U“ kann ebenfalls gekrümmt sein.

Diese alternative Form des „Z“ ist für uns heute leichter lesbar.

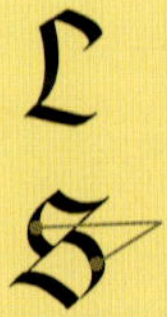

Der „Elefantenrüssel“ von diesem alternativen „L“ ist der gleiche wie beim „H“ und „K“.

Die Krümmung der Linien ist beim „S“ an der Minuskel orientiert.

Grundstruktur

Die geraden Linien variieren nur wenig und wirken sehr starr. Sie bilden einen Kontrast zu den weit geschwungenen, leicht nach hinten geneigten Rundformen. Die abwechslungsreiche Kombination dieser Elemente verhindert, dass die Schrift allzu statisch wirkt.

Struktur	**Strichfolge**			**Gruppe**
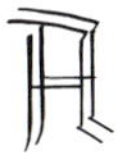 Die Schäfte dieser Versalien sind auf unterschiedlichste Weise gekrümmt – manchmal auf sehr überraschende Weise.	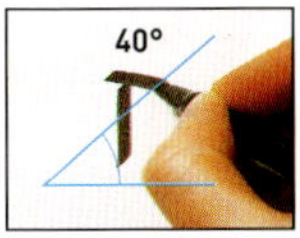 Formen Sie einen Schaft und ziehen Sie am Ende leicht nach links. Zeichnen Sie den oberen Balken.	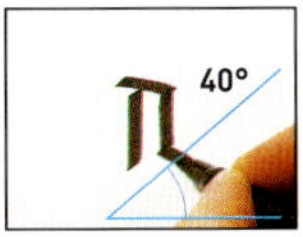 Für den Fuß wird die Feder geringfügig steiler gestellt.	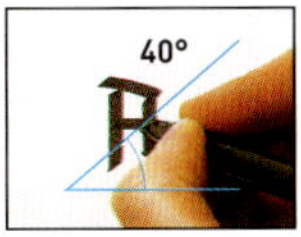 Der Querbalken wird zuletzt hinzugefügt.	D H K U X
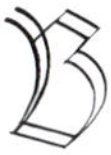 Der Schaft des „B" beginnt mit einem weiten Bogen. Er endet mit einem geraden Strich, der den unteren Teil der Rundung formt.	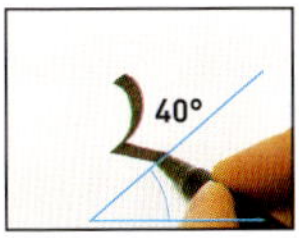 Der Schaft des „B" ist gekrümmt. Ziehen Sie einen schrägen Strich zur Grundlinie.	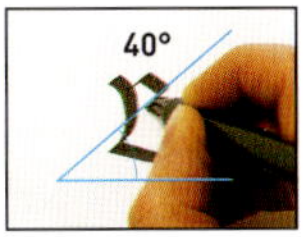 Die obere Rundung hat bei dieser Schrift eine eckige Form.	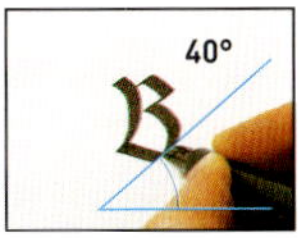 Schließen Sie die untere Rundung mit einer gekrümmten Linie.	A W Y
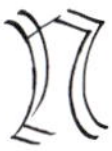 Der erste Strich des „B" findet sich auch beim „N" wieder. Er bildet einen Kontrast zum geraden Schaft des „H".	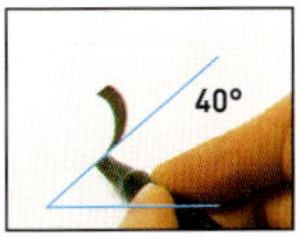 Der gebogene Schaft endet kurz vor der Grundlinie.	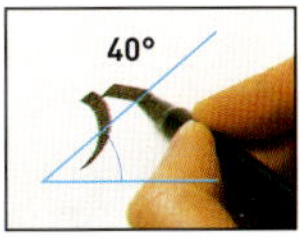 Die obere Linie des „N" ist leicht nach unten geneigt. Sie wird mit einem kurzen Strich eingeleitet.	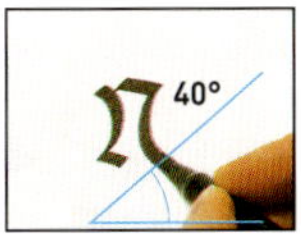 Der rechte Schaft wird nach außen geschwungen. Sie können einen dezenten Fuß hinzufügen.	M R A W Y
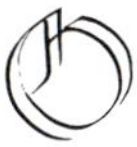 Das „O" (und „Q") ist breit und rund. Die Binnenfläche wird durch einen senkrechten Strich nach unten optisch verkleinert.	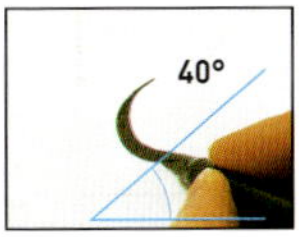 Das „O" hat mit dem „C", „G", „Q" und „T" viele Striche gemeinsam.	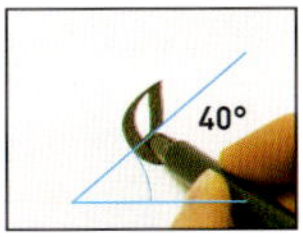 Die senkrechte Linie beginnt auf der oberen Schriftlinie. Sie wird unten mit dem linken Bogen des „O" verbunden.	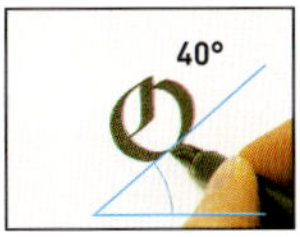 Fügen Sie den rechten Halbkreis hinzu.	C D E G P Q S T

Bâtarde

Diese elegante Schrift ist das französische Gegenstück zur englischen Secretary hand und zur deutschen Fraktur. Sie stammt aus dem 13. Jahrhundert und wurde als einfache Textschrift verwendet. Um das 15. Jahrhundert hatte sie sich weitgehend von ihren gotischen Ursprüngen emanzipiert und zu einer eigenständigen, anspruchsvollen Schrift entwickelt.

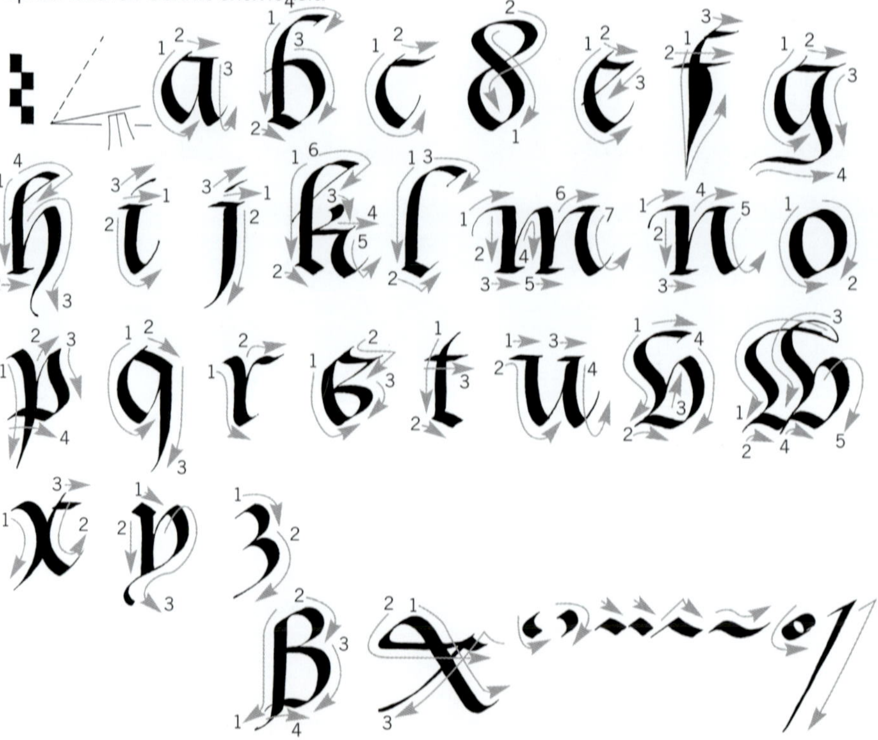

Interessante Details

Im oberen Beispiel sind alle Buchstaben gerade ausgerichtet. Früher waren das „f“, das lange „s“ und der Fuß des „p“ häufig stark geneigt.

Sie können das halbe „r“ anstelle der oben gezeigten Form verwenden.

Die hauchdünnen Fußlinien können die Buchstaben der darunterliegenden Zeile berühren.

Die alternative Form des „a“ sollte nicht mit der oberen Form gemischt werden.

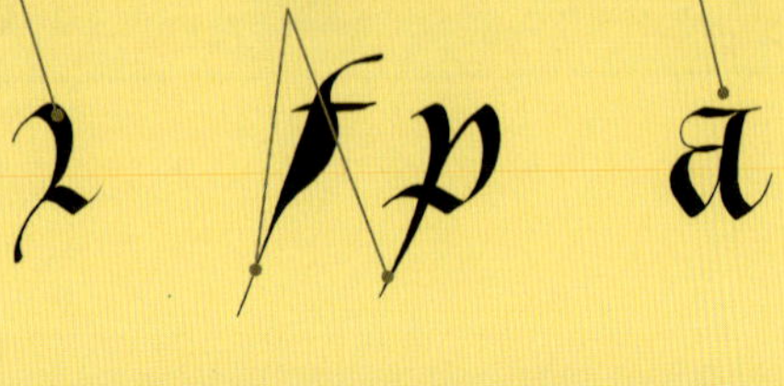

Grundstruktur

Die breiten Striche der Buchstabenformen stehen im Kontrast zu den hauchdünnen Linien, die als Verbindung zwischen einzelnen Strichen oder Buchstaben dienen. Diese Schrift wird mit einer abgeschrägten Feder geschrieben. Am Besten geeignet wäre ein Federkiel oder, als Alternative, eine spitzkantige Feder.

Struktur | **Strichfolge** | **Gruppe**

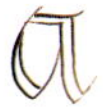

Der Federwinkel variiert beim „a“: Man beginnt mit ungefähr 60° und verringert ihn beim Zeichnen des rechten Schaftes auf bis zu 10°.

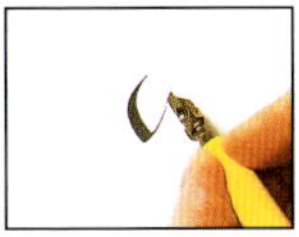

Das „a“ wird über der oberen Schriftlinie mit eine Haarlinie eingeleitet.

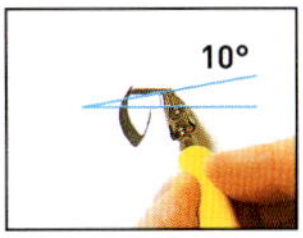

Der obere Balken wird über den Schaft hinaus verlängert.

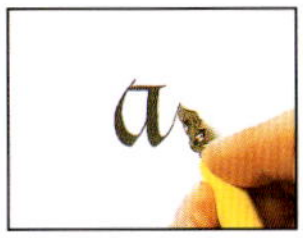

Der rechte Schaft endet mit einem feinen, nach oben gezogenem Häkchen.

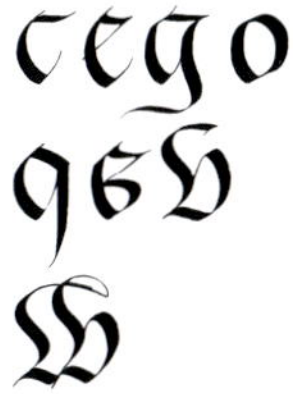

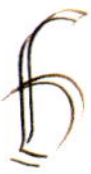

Die „Elefantenohren“ der Secretary hand wurden bei der Bâtarde auf eine Serifenform reduziert.

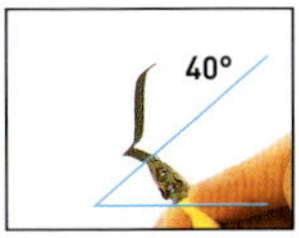

Der Schaft des „b“ beginnt und endet mit einem kurzen Strich nach links. Er sollte die Grundlinie nicht erreichen.

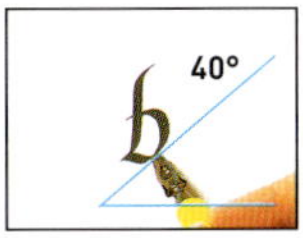

Der untere Teil der Rundung wird mit einem schrägen Strich nach unten geformt.

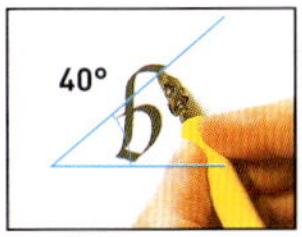

Die Rundung des „b“ beginnt links vom Schaft. Fügen Sie die nach vorne geschwungene Verzierung der Oberlänge hinzu.

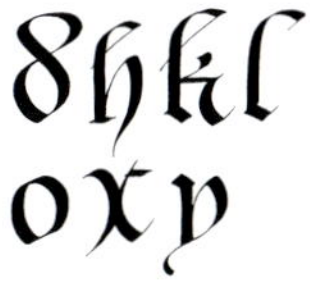

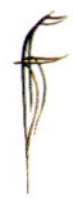

Der bauchige Schaft wird mit zwei Linien geformt. Die Feder steht beim Zeichnen des Querbalkens fast im 90° Winkel zum Schaft.

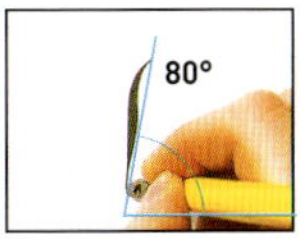

Für das „f“ setzt man mit der Federkante an und nutzt erst in der Schaftmitte die ganze Federbreite.

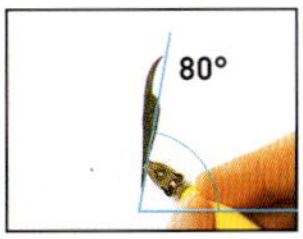

Der hauchdünne Fuß wird mit der Federkante geformt. Für den Bauch wird Sie die Feder nach außen und oben geschoben.

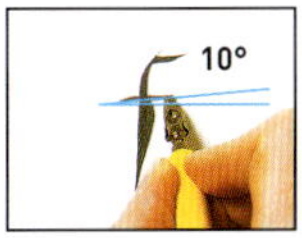

Die beiden Balken werden mit einem flachen Federwinkel gezeichnet.

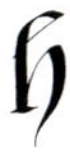

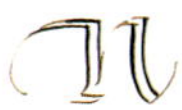

Die abrupten Wechsel des Federwinkels sind bei dieser Schrift deutlich sichtbar. Stellen Sie sich vor, dass Ihre Hand beim Schreiben tanzt.

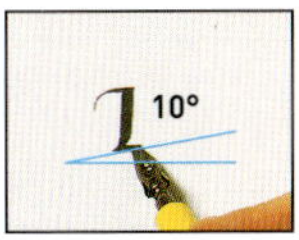

Ziehen Sie mit der Feder in fast waagerechter Stellung nach rechts und dann hinab in den Schaft.

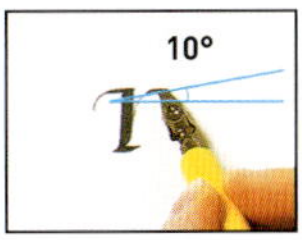

Zeichnen Sie den Fuß und ziehen Sie von dort eine feine Linie nach oben.

Halten Sie die Feder weiterhin flach und schwingen Sie hinab in den rechten Fuß. Enden Sie mit einem Häkchen.

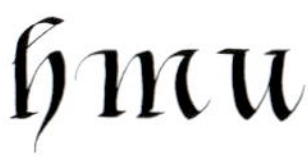

Bâtarde Versalien

Diese Versalien sind eigentlich moderne Buchstaben. Sie entstanden um 1920 in Deutschland. Sie passen gut zu den Minuskeln der Bâtarde und lassen sich auch mit der Fraktur kombinieren.

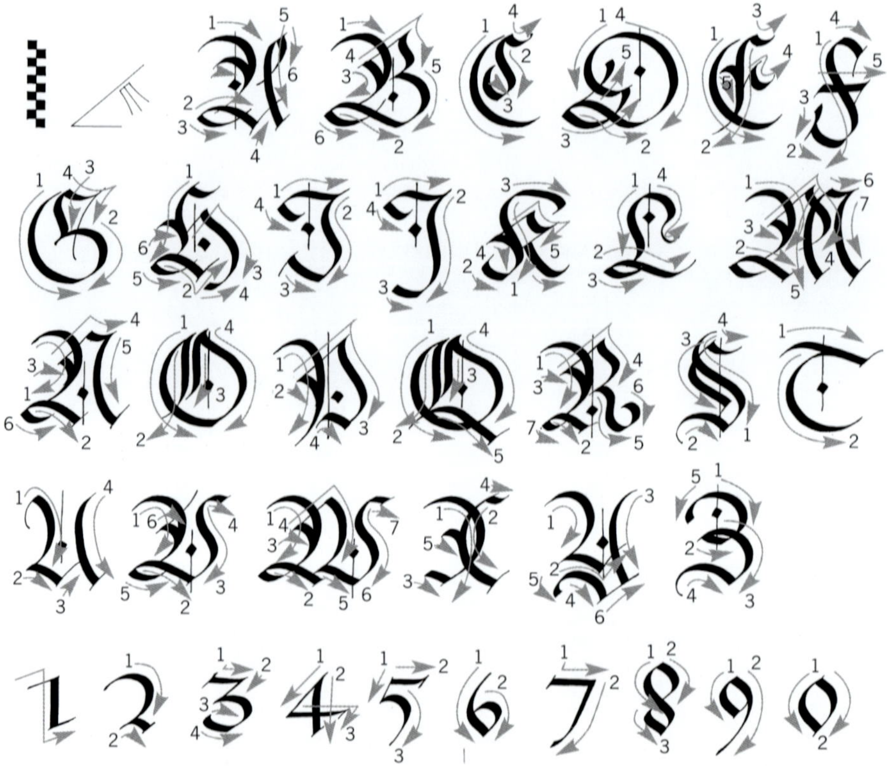

Interessante Details

Viele Buchstaben werden mit einem voll ausgerundeten Bogen geschwungen. Manchmal überschneiden sich Striche mit den Haarlinien. Die Rauten füllen die Innenräume der Buchstaben zu füllen.

Dies ist eine alternative Form des „S". Achten Sie darauf, das es nicht mit dem „G" verwechselt werden kann.

Für eine zusätzliche Betonung, z.B. am Anfang eines Textabschnitts, können Sie den Schaft mit einer doppelten Linie gestalten.

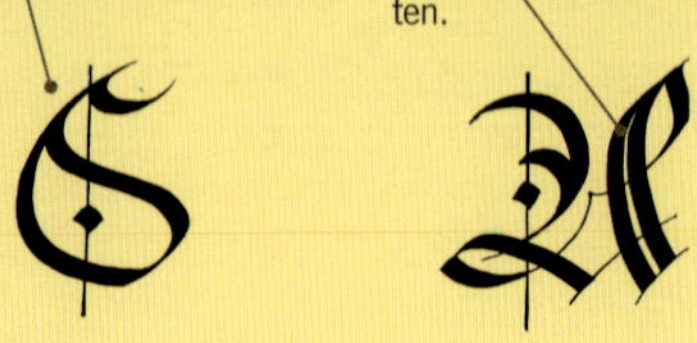

Grundaufbau

Die Proportionen fallen bei diesen Buchstaben großzügiger aus als bei den Minuskeln. Die Rauten und seitlichen Verzierungen verleihen den Buchstaben zusätzlich Gewicht. Die Striche sind voll ausgerundet und beanspruchen in der Breite viel Platz.

Struktur **Strichfolge** **Gruppe**

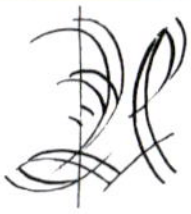

Auf dieser Seite werden nur zwei Buchstaben beschrieben. Sobald Sie diese gemeistert haben, können Sie die Struktur der restlichen Buchstaben davon ableiten. Die meisten Striche dieser Schrift sind in diesen Buchstaben enthalten.

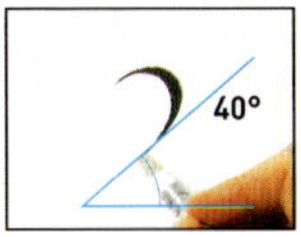

Ziehen Sie einen weiten Bogen. Dieser sollte noch vor der Grundlinie in einer feinen Linie auslaufen.

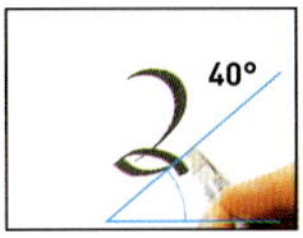

Zeichnen Sie am Fuß einen Bogen und lassen Sie darauf einen weiteren Bogen in entgegengesetzter Richtung folgen.

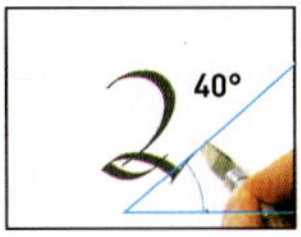

Der erste Bogen endet mit einem nach oben gezogenem Fuß.

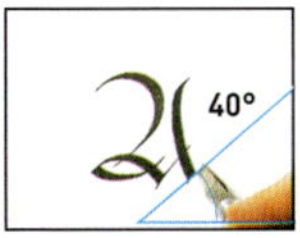

Der rechte Schaft kreuzt den Fuß des unteren Bogens.

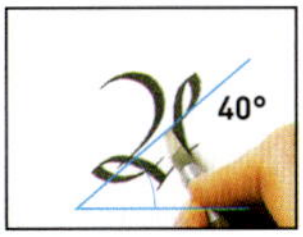

Ziehen Sie vom oberen Ende des Schaftes eine Schleife.

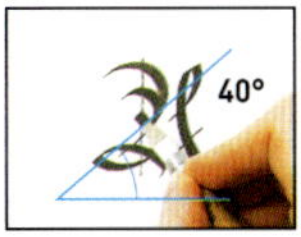

Der Buchstabe wird abschließend mit einer Raute, seitlichen Verzierungen und einer Haarlinie geschmückt.

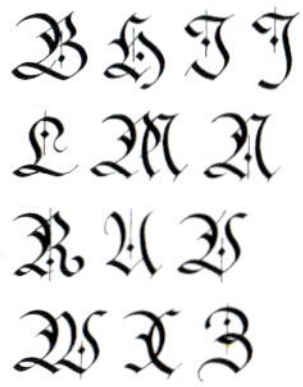

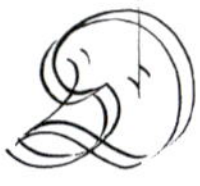

Die Rundungen der Buchstaben werden weit geschwungen. Die Haarlinien und Rauten helfen dabei, den Innenraum optisch zu verkleinern.

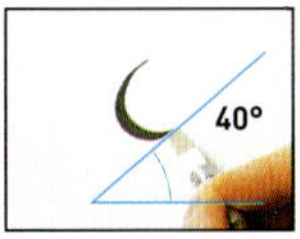

Das „D“ beginnt mit einem kleinen Bogen, der auf der oberen Schriftlinie ansetzt.

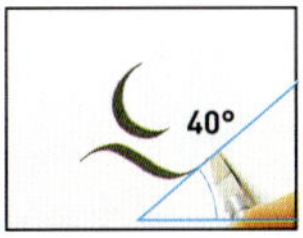

Beginnen Sie links des Bogens und zeichnen Sie eine lange geschwungene Linie. Diese kann die Grundlinie berühren.

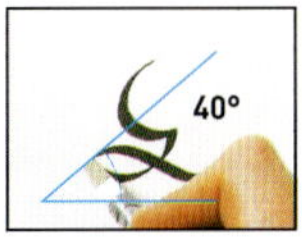

Kehren Sie an den Anfang der Linie zurück und verbinden Sie die beiden Formen mit einem Bogen.

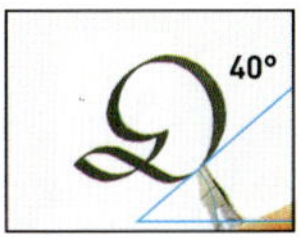

Der breite, halbkreisförmige Bogen verbindet das obere und untere Ende des Buchstabens.

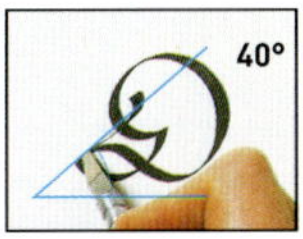

Die linke Seite der Binnenfläche wird durch einen Strich mit der unteren Schleife verbunden.

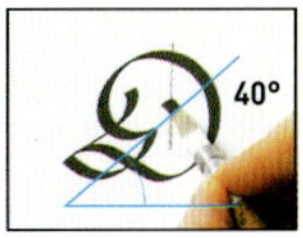

Schmücken Sie den Buchstaben mit einer Haarlinie und einer Raute.

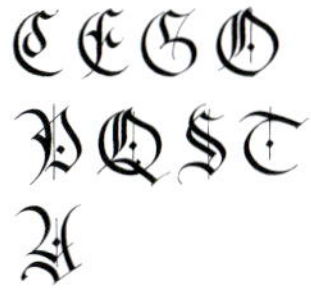

„Cadeaux“ oder „Cadels“

Von allen Initialen sind diese wohl am komplexesten aufgebaut. Sie enstanden im 15. Jahrhundert in Frankreich und werden auch heute noch zur Dekoration von Verträgen, notariellen Urkunden und Gründungsurkunden verwendet. Ihr besonderer Reiz besteht darin, dass sie bei der Gestaltung viel Spielraum gewähren.

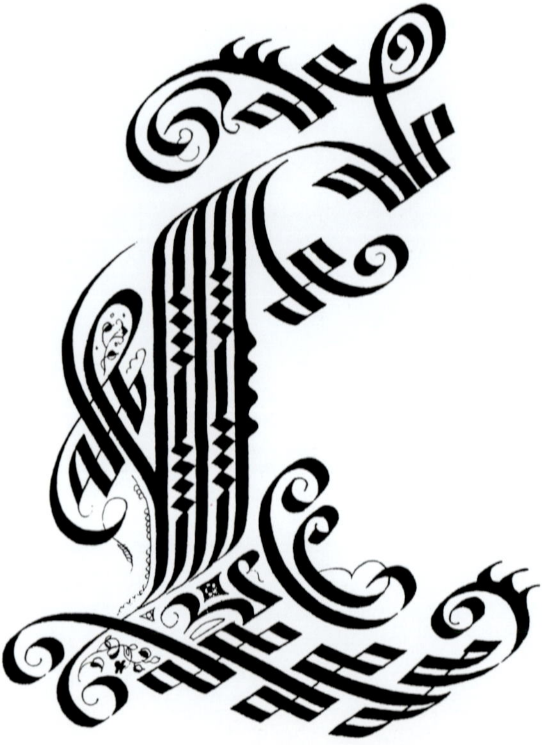

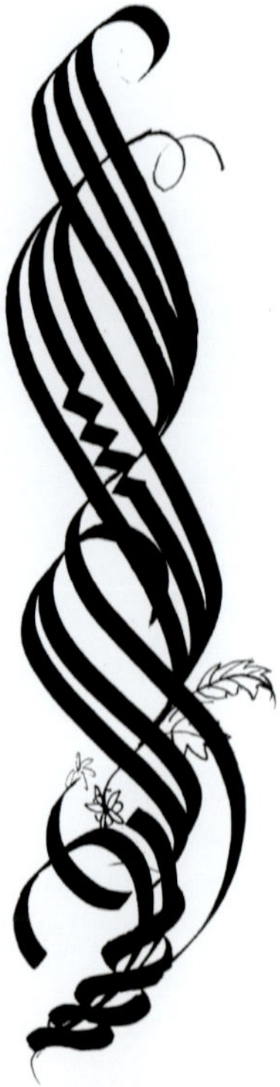

Interessante Details

Zwischen den einzelnen Strichen sollte immer ausreichend Abstand gelassen werden. Die Hauptlinien werden durch feine Linien miteinander verbunden.

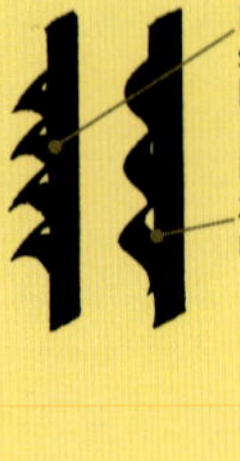

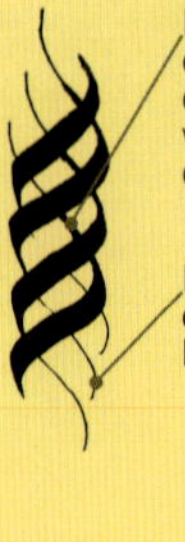

Grundstruktur

Diese Initialen bestehen aus einer Vielzahl einzelner Striche, die miteinander verwoben und durch feine Querlinien verbunden werden. Wegen der komplexen Struktur wird hier nur das „L“ erklärt. Sie können jedoch die Technik auch bei anderen Buchstaben anwenden.

Struktur | **Strichfolge**

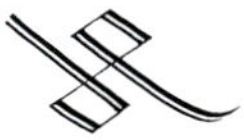

Die Striche sollten klar voneinander getrennt sein. Der Abstand darf maximal eine Federbreite betragen.

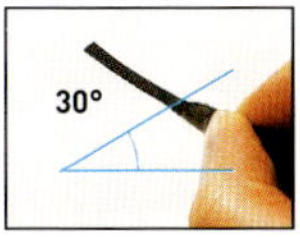

Ziehen Sie mit der ganzen Breite der Feder schräg nach unten. Dies ist der erste Strich für die Kastenform.

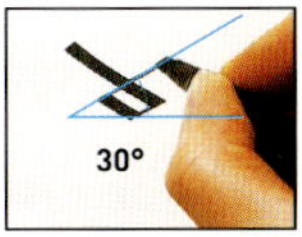

Mit der Federkante einen Strich nach links ziehen. Zeichnen Sie eine Parallele zur ersten Linie.

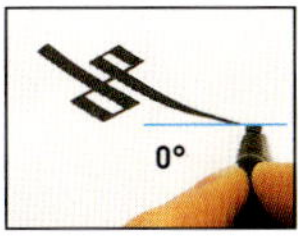

Der Strich nach rechts sollte vier Federbreiten lang sein. Zeichnen Sie den zweiten Kasten mit einer Federbreite Abstand.

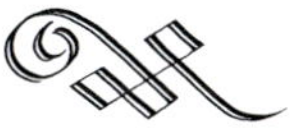

Dies ist ein Ausschnitt vom Kopf des Buchstabens. Hier können Sie den Richtungswechsel deutlich erkennen.

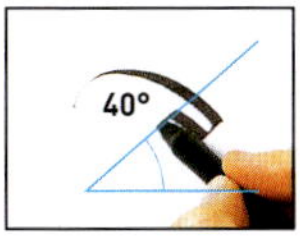

Ziehen Sie mit einem weiten Bogen weg vom Schaft; dann nach links, und wieder nach oben zurück.

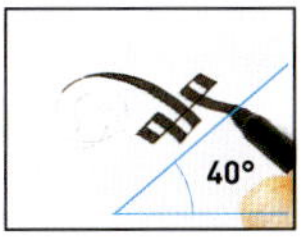

Mit etwas Übung können die Kastenlinien ohne ein Absetzen der Feder gezeichnet werden.

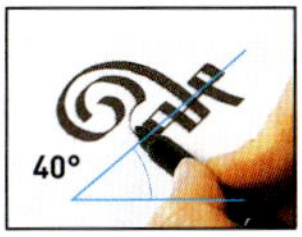

Bei dieser Kastenform findet ein Richtungswechsel statt. Überschneidungen werden vermieden.

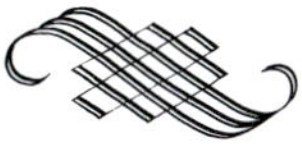

Mit dieser Verzierung kann einem Balken oder einer waagrechten Linie mehr Gewicht verliehen werden.

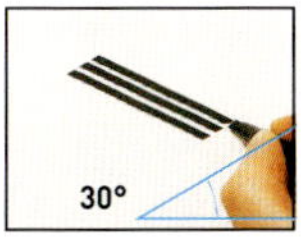

Das symmetrische Muster beginnt mit drei gleichlangen, parallelen Linien.

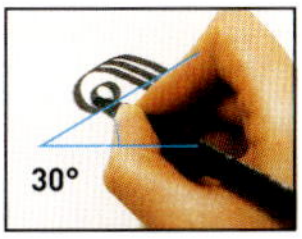

Der Schnörkel wird von der ersten Linie nach vorne gezogen.

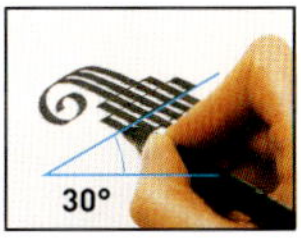

Fügen Sie ein treppenförmiges Kästchenmuster hinzu.

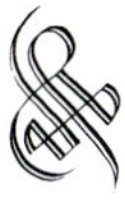

Dieses Schmuckelement stammt von der rechten Seite des Schaftes.

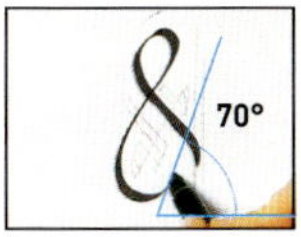

Schwingen Sie nach außen und oben und formen Sie eine Schleife.

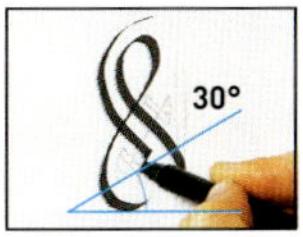

Die zweite Linie verläuft parallel zur ersten, endet jedoch abrupt.

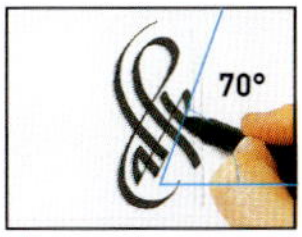

Ziehen Sie im rechten Winkel nach links, dann wieder zurück auf eine Federbreite Abstand, und folgen Sie dem äußeren Bogen.

Humanistische Minuskel

Diese Schrift entwickelte sich aus der Karolingischen Minuskel und spielte eine wichtige Rolle in der Entwicklung der westlichen Schriften. Mitte des 15. Jahrhunderts war sie besonders beliebt. In Italien war sie auch als Handschrift in Mode, doch vor allem diente sie als Vorlage für venezianische Buchstabengießer.

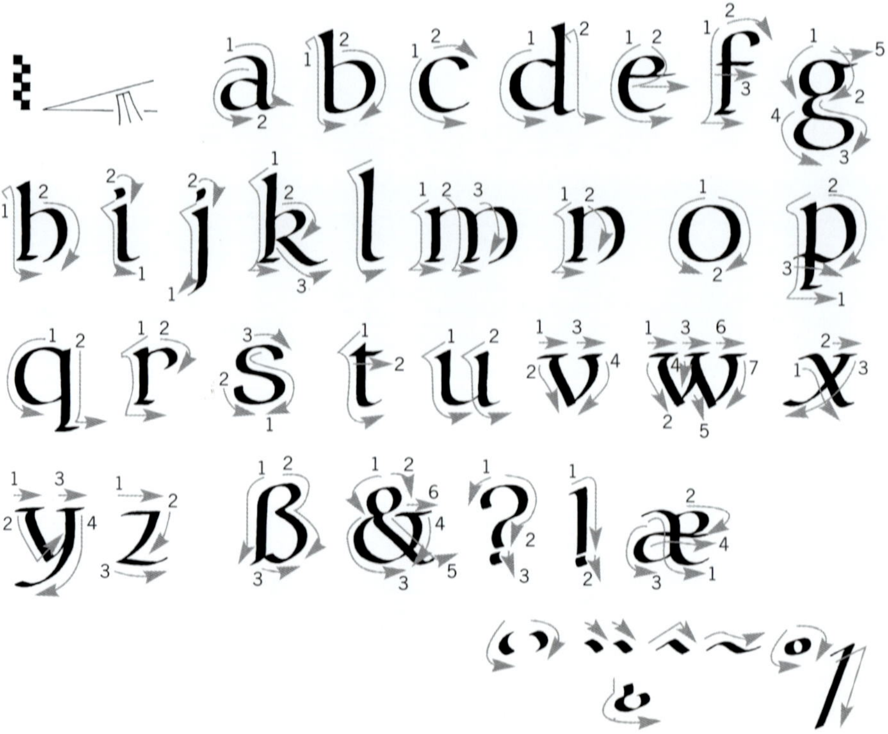

Interessante Details

Diese Schrift kann man wie oben mit „gerader Feder“ schreiben für eine Betonung der Vertikale, oder mit “geneigter“ Feder für die Betonung der Diagonale.

Dieses „Abc“ wurde mit „geneigter“ Feder geschrieben.
Die Diagonalbetonung wird besonders am „c“ deutlich.

Die keilförmige Serife kann man durch eine einfache horizontale „Strich“-Serife ersetzen.

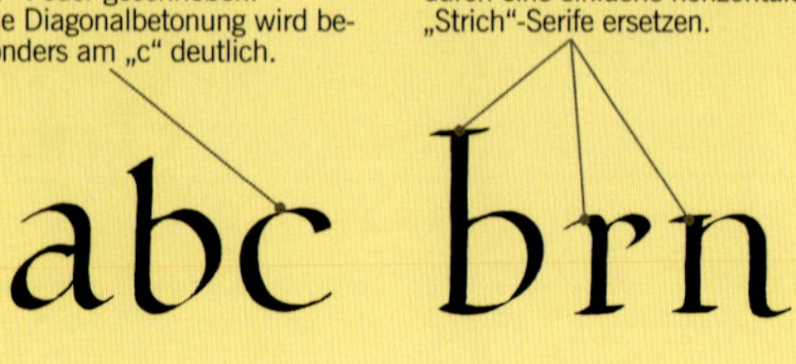

Grundstruktur

Diese Schrift wurde oft sehr klein geschrieben und wirkt so auch am besten. Jeder Buchstabe ist eindeutig und klar definiert. Im heutigen Gebrauch sind Ober- und Unterlängen nicht größer als 3/5 der x-Höhe. Lassen Sie reichlich Platz zwischen den Zeilen. Wortzwischenräume müssen nicht breiter sein als „i“.

Struktur | **Strichfolge** | **Gruppe**

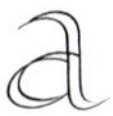

Der Bauch des „a“ ist relativ klein, kaum größer als die Hälfte der x-Höhe.

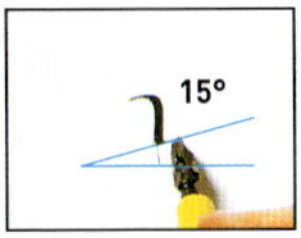

Das „a“ ist immer zweigeschossig. Ziehen Sie Ansatz, Schaft und Fuß in einem Strich durch.

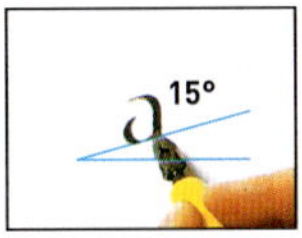

Der Bauch kann in einem einzigen Strich gezogen werden, oder man beginnt mit dem unteren Teil.

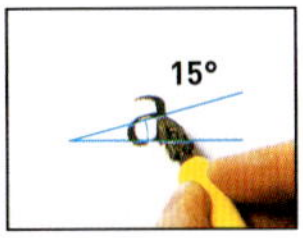

Dann die Richtung wechseln und den Bauch mit dem Schaft verbinden.

coqs

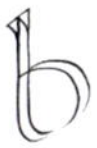

Bei manchen Versionen der Humanistischen Minuskel ist die keilförmige Serife durch einen horizontalen Strich ersetzt.

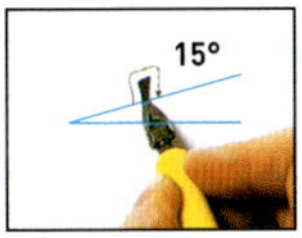

Für die Keilserife ziehen Sie entweder mit der Feder seitlich nach oben und gehen daraus in den Schaft …

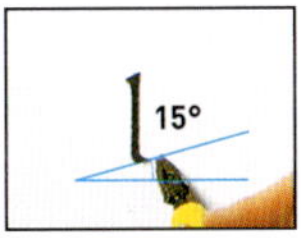

… in einem einzigen Zug nach unten, oder Sie fügen die Serife nachträglich an.

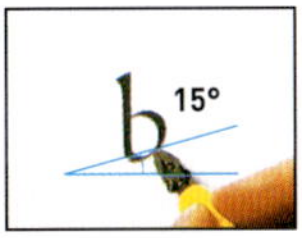

Für das „b“ aus dem Schaft an der Grundlinie entlang nach rechts schwingen. Danach den Bauch fertigstellen.

dfbij
klmn
prtu

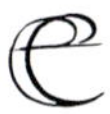

Wie beim „a“ ist der Bauch des „e“ relativ klein. Er sollte auf keinen Fall größer sein als in den Beispielen hier.

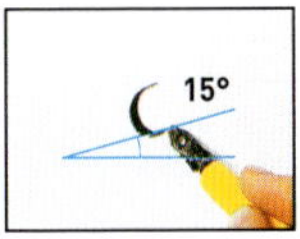

Ziehen Sie den linken Teil des Bauches in einem Strich durch.

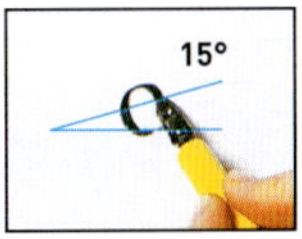

Mit einem kleinen “Looping“ verbinden Sie den oberen mit dem inneren Teil der Rundung.

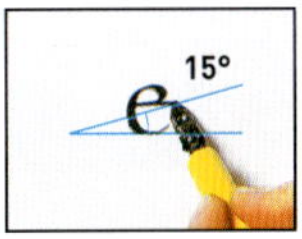

Ergänzen Sie nun den horizontalen Strich. Dieser kann mit dem nächsten Buchstaben verbunden werden.

coq

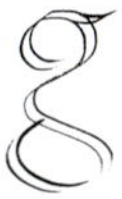

Beide Rundungen des „g“ sind zusammenhängend durchgezogen, der obere Bauch ist niedriger als die x-Höhe.

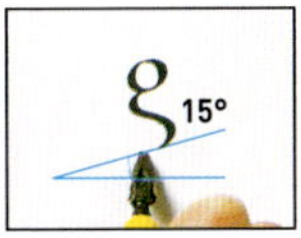

Das „g“ ist der komplexeste Buchstabe. Ziehen Sie einen Bogen, der kleiner ist als die x-Höhe.

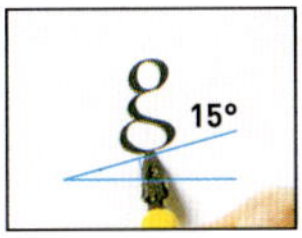

Die Verbindung kann von diesem Bogen aus durchgezogen oder separat angesetzt werden.

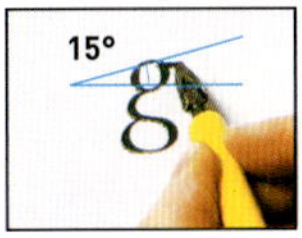

Der Buchstabe ist erst vollständig mit dem „Fähnchen“.

os

Kursive

Die Kursive enstand ungefähr im Jahre 1400 aus der Humanistischen Minuskel. Das wichtigste Unterscheidungsmerkmal ist hier das eingeschossige „a“ sowie der runde Bauch und die offene Schleife des „g“. Die Buchstaben sind komprimierter als bei der Humanistischen Minuskel und zeigen eine leichte Vorwärtsneigung.

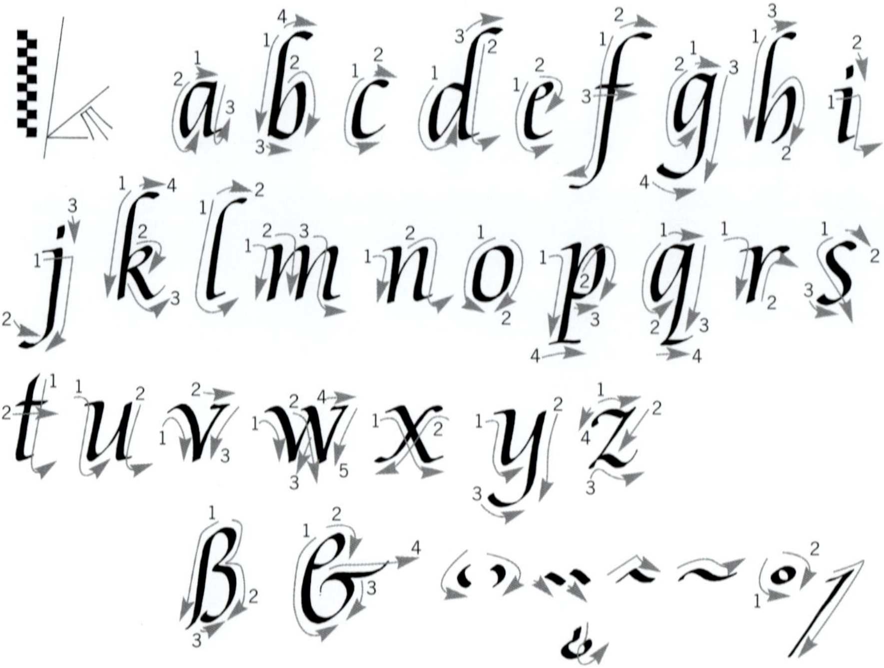

Interessante Details

Die Kursive, die wahrscheinlich am häufigsten verwendete Textschrift, gibt es in verschiedenen Ausführungen (vgl. hierzu die „Johnston“, eine weniger formale Version).

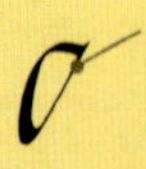

Der äußere Bauch geht bis zum Kopf des Buchstaben, bevor er in den Schaft mündet.

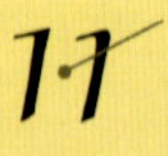

Die Initialserife ist ein wichtiges Merkmal und sollte besonders sorgfältig gezeichnet werden.

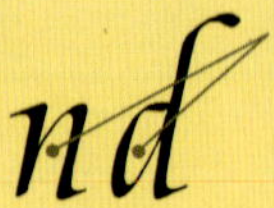

Der Innenraum der Buchstaben soll dasselbe Volumen haben wie hier beim „n“ und beim „d“.

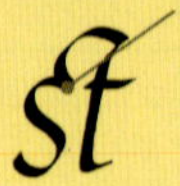

Wenn „t“ auf „s“ folgt, können Sie die beiden Buchstaben mit dieser attraktiven Ligatur verbinden.

Grundstruktur

Dies ist eine formale Kursivschrift mit gleichmäßigen Buchstabenformen. Die Basis für fast das gesamte Alphabet sind „a“ und „n“. Die Buchstaben sind um höchstens 8° vorgeneigt. Verbindungslinien sollten von der Grundlinie aus möglichst hoch bis zum Kopf des Buchstabens gezogen werden.

Struktur	Strichfolge			Gruppe
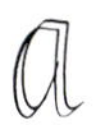 Der Verbindungsstrich geht in einem abrupten Winkel nach oben und verbindet sich erst weit oben mit dem Schaft.	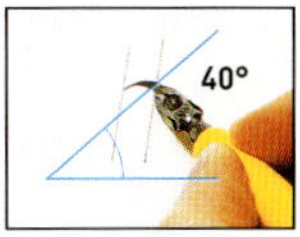 Mit der Feder im 40°-Winkel den ersten kleinen horizontalen Strich am Kopf zeichnen.	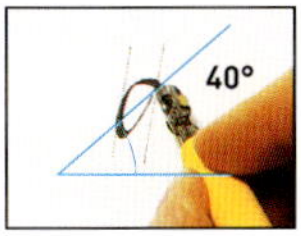 Zum Ausgangspunkt zurückgehen und den Bauch formen; mit dem Ende des ersten Strichs verbinden.	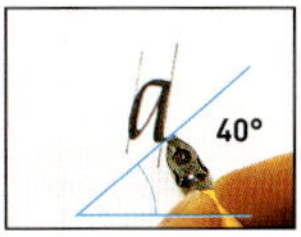 Beim Zeichnen des Schafts den Winkel des Fußes beachten, der eher seitlich geneigt ist.	e g o q
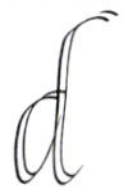 Die obere Serife des „d“ zeigt nach rechts. Dies ist ein Bruch mit der früheren Tradition – vorher zeigte das „d“ stets nach links.	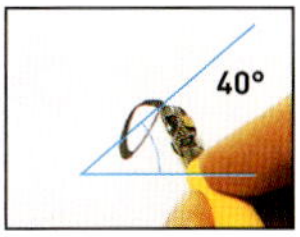 Die ersten Striche für das „d“ (und für „g“ und „q“) sind dieselben wie beim „a“.	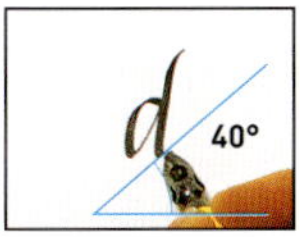 Ungefähr von der doppelten x-Höhe aus die Oberlänge in den Schaft auslaufen lassen.	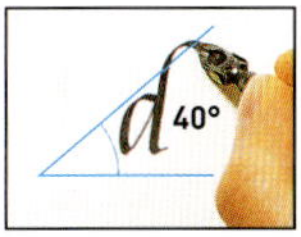 Am Ende der Oberlänge neu ansetzen und daraus die Serife nach rechts ziehen.	b f h k l p
 Das „n“ definiert die Buchstaben mit geraden Seiten. Beachten Sie den Winkel zwischen Serife und Schaft.	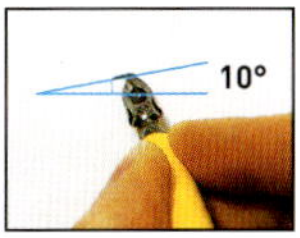 Einen kurzen Strich im Winkel von 10° zur gedachten Linie auf der x-Höhe ziehen.	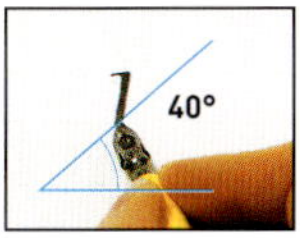 Mit der im 40°-Winkel gehaltenen Feder einen geraden Schaft zeichnen.	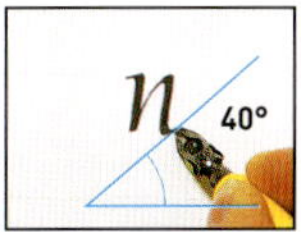 Der gebogene Strich beginnt tief unten an der Basis. Er ist zunächst flach und steigt dann wieder auf 40° an.	h j l m p r t u x y
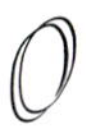 Der Federwinkel erzeugt eine starke Diagonalachse. Trotz der Krümmung erscheinen die Seiten des Buchstaben gerade.	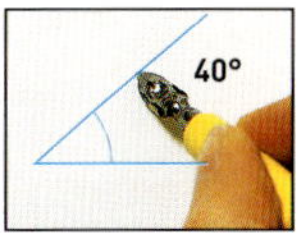 Feder im 40°-Winkel halten und mit einer 8°-Neigung den Buchstaben schreiben.	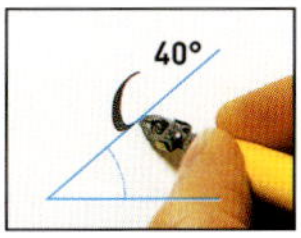 Zuerst einen komprimierten Halbkreis für die linke Seite zeichnen.	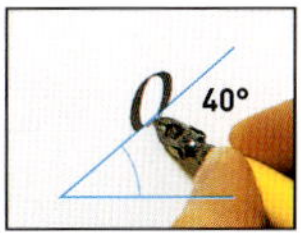 Nun folgt die spiegelbildliche Ergänzung auf der rechten Seite; dabei Proportionen beachten.	b c e g p q

Kursive Versalien

Diese formalen Versalien ergänzen die kursive Minuskel und haben denselben Duktus und Neigungswinkel wie ihre kleinen Verwandten. Sie basieren auf Vorbildern aus der Renaissance. Die Großbuchstaben werden meist nur zusammen mit den Kleinbuchstaben verwendet.

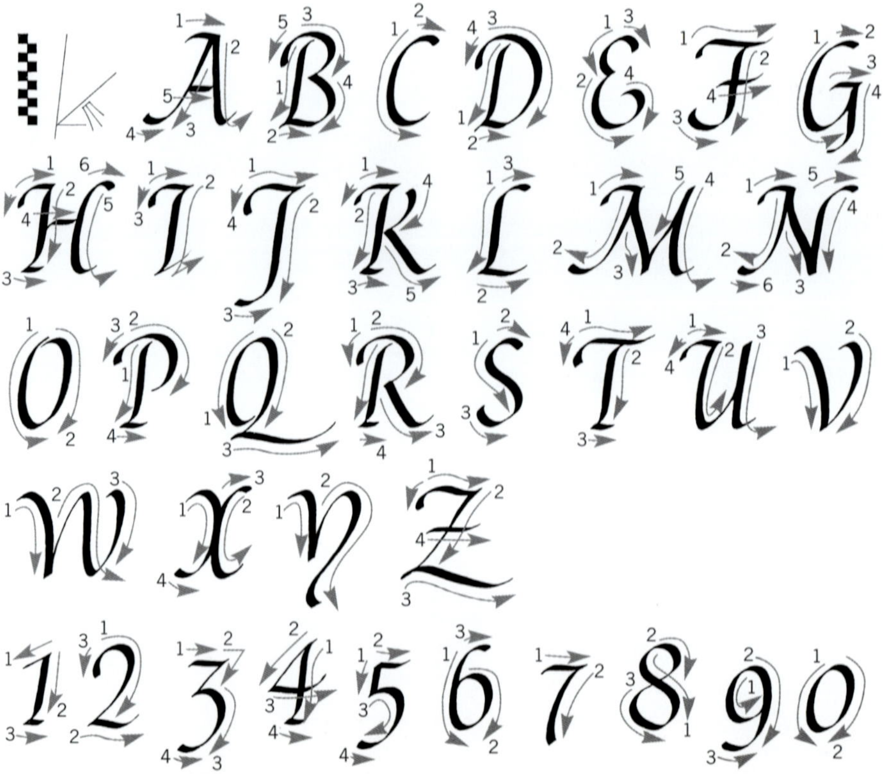

Interessante Details

Die meisten Buchstaben haben eine kleine, disziplinierte Schleife, die aber nicht in den Zwischenraum hineinragt.

Das „W“ oben im Alphabet ist historisch korrekter, aber heute bevorzugen viele diese Form.

Dies sind alternative Formen von „X“ und „E“.

Dieser aufstrebende Endstrich war früher bei Kalligraphen beliebt und ist auch bei „I“, „K“, „P“, „R“ und „T“ anwendbar.

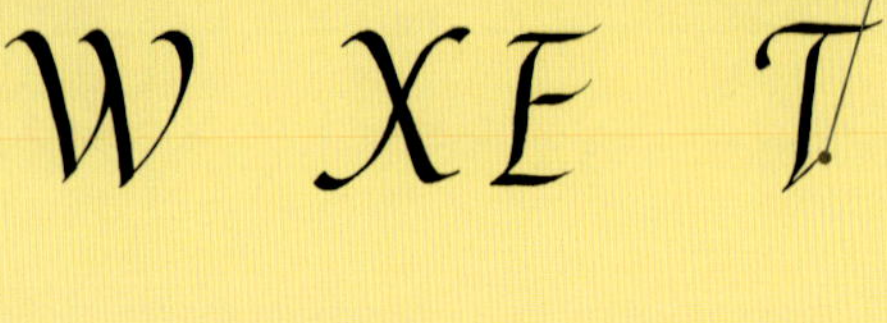

Grundstruktur

Diese formale Kursivbuchstaben werden im Text wie normale Versalien verwendet – die Minuskel dominiert also das Textbild. Die Vorwärtsneigung ist bei Groß- und Kleinbuchstaben dieselbe; die Höhe der großen ist etwas geringer als die Oberlänge der kleinen Buchstaben.

Struktur **Strichfolge** **Gruppe**

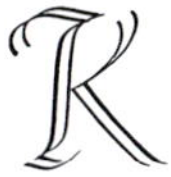

Der schleifenartig geschwungene Anstrich ist ein charakteristisches Merkmal für viele Versalien dieser Schrift.

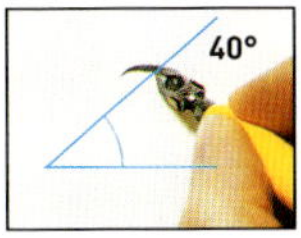

Im 40°-Winkel die obere Serife zeichnen. (Oberserifen werden häufig nicht nachgearbeitet.)

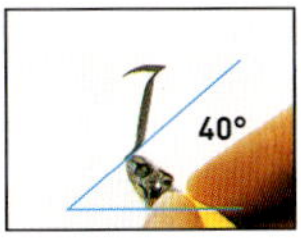

Zeichnen Sie den Schaft. (Beachten Sie die feine Verbindung zwischen Serife und Schaft.)

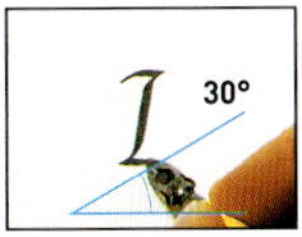

Setzen Sie die Fußserife an. Der Stift sollte flacher gehalten werden (30°), damit der Fußstrich magerer wird.

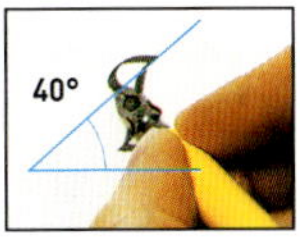

An die Serife eine kleine Schleife ansetzen. Zu Beginn eines Satzes oder Absatzes kann diese größer ausfallen.

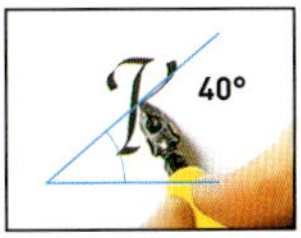

Der obere Schenkel ist nach innen gewölbt. Die Wölbung darf aber genausogut nach außen zeigen.

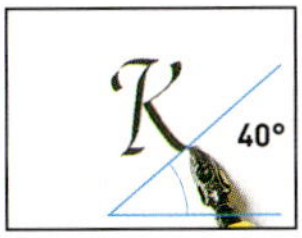

Der Fuß beginnt am Schaft, berührt ihn aber nur leicht. Er beginnt nicht am oberen Schenkel.

Gruppe: B D H I J L M N P R T U X

Die Versalien sind komprimiert, und das „S" definiert die Breite vieler anderer Buchstaben.

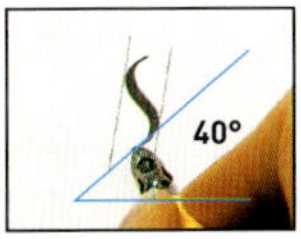

Der Mittelstrich des „S" gibt die Neigung des Buchstabens vor.

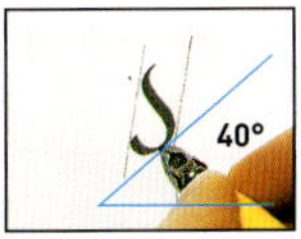

Die untere Rundung bleibt innerhalb der Neigungslinien.

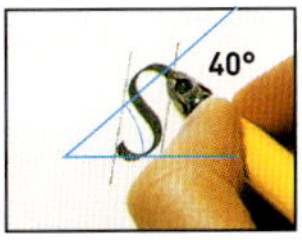

Zuletzt kommt die obere Rundung. Beide Bögen sind rund und passen sich nicht der Kopf- und Grundlinie an.

Gruppe: C E G O P Q

Dieses „V" ist auch die Basis für das „W" und enspricht außerdem dem ersten Zug des „Y".

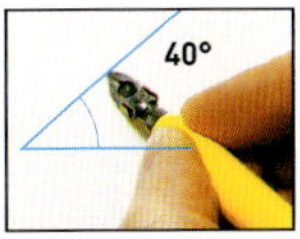

Der erste Strich von „V" und „W" beginnt recht weit links von der Neigungslinie von 8°.

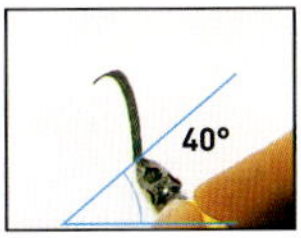

Beginnen Sie beide Buchstaben mit einem weiten Bogen bis zur Grundlinie.

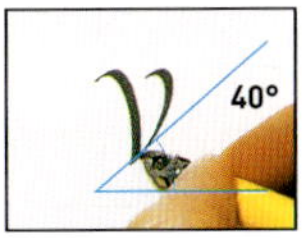

Der zweite Strich ist stärker senkrecht, beide Striche zusammen sind um 8° geneigt.

Gruppe: W X Y

Kursive Zier-Minuskel

Diese freihändig geschwungene Kursive ist an Ober- und Unterlängen mit Schnörkeln geschmückt. Eine Raute ziert die Mitte der Buchstabenkörper.
Trotz ihrer modernen Wirkung stammt diese Buchstabenform aus der alten Renaissance-Kursive.

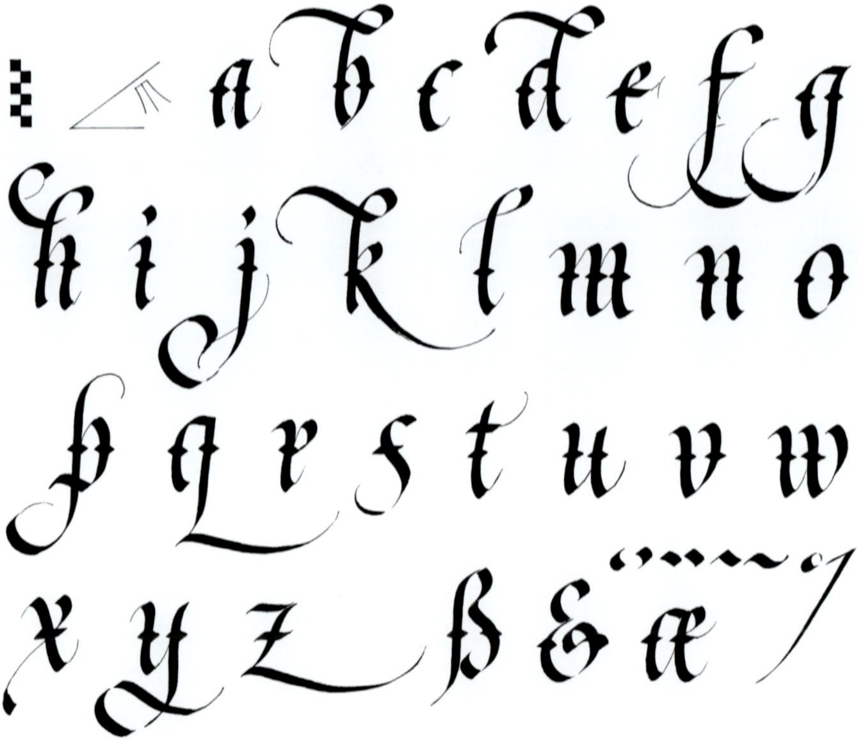

Interessante Details

Die Raute verleihen dem Buchstabenkörper zusätzliches Gewicht. Die Schnörkel sind relativ dezent, können aber an Ober- und Unterlängen entlang der Kopf- bzw. Grundlinie verlängert werden.

Der Schnörkel kann angepasst werden. Hier wurde die Schleife vor dem Schaft angesetzt.

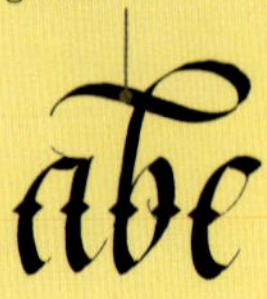

Wenn „s" vor „t" steht, sollten Sie die beiden durch eine Ligatur verbinden.

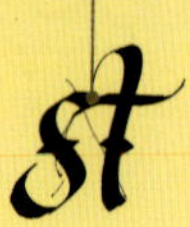

Versuchen Sie die Kapitälchenform des „r" zu verwenden. Dies ist ein guter Raumfüller.

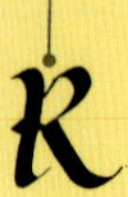

Grundstruktur

Diese Buchstaben wurden schnell mit einem Filzstift geschrieben und nicht retuschiert. An die Hauptstriche sind dünne Haaarlinien angefügt, die mit der Federkante gezogen wurden. Durch den Stiftwinkel von ca. 30° weichen die Buchstaben etwas nach rechts von der Senkrechten ab.

Struktur | **Strichfolge** | **Gruppe**

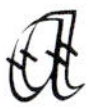

Das „a" dient als Maßstab für die Breite der meisten anderen Buchstaben. Die Rauten liegen etwa auf der mittleren x-Höhe.

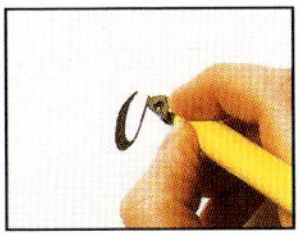

Halten Sie den Stift im 30–35°-Winkel und ziehen Sie den Schaft aus der linken Rundung heraus nach oben.

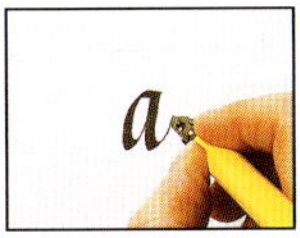

Aus dem Strich den Schaft nach unten, dann den Fuß nach oben rechts ziehen.

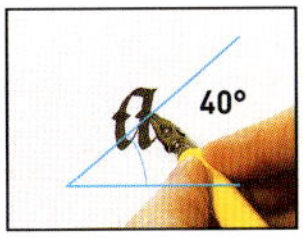

Halten Sie den Stift etwas senkrechter und fügen Sie nun die beiden Rauten an.

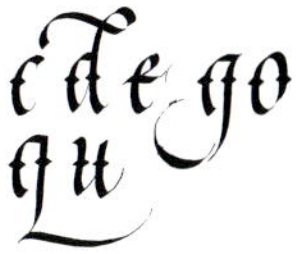

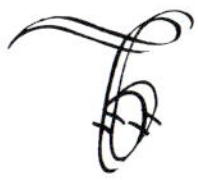

Die üppig geschwungenen Schnörkel sind gemeinsam mit den Rauten charakteristisch für diesen Kursivbuchstaben.

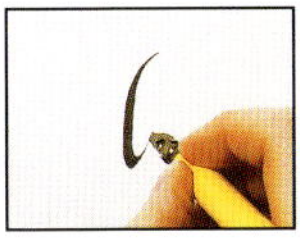

Beginnen Sie die Oberlänge etwas rechts vom Schaft und ziehen sie erst nach unten, dann wieder hinauf.

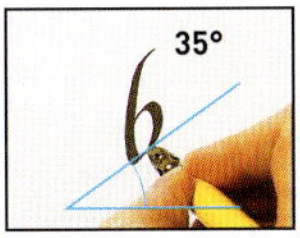

Zeichnen Sie dann den Bauch und verbinden ihn mit der Basis des Schafts.

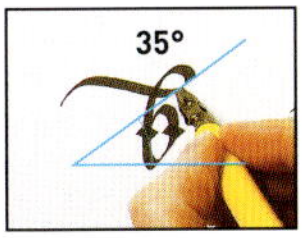

Die Länge des Schnörkels vor und hinter dem Schaft können Sie nach eigenem Geschmack gestalten.

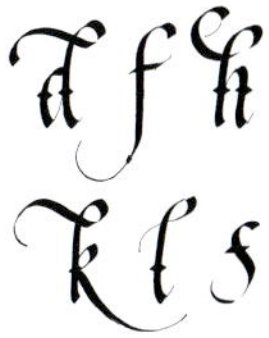

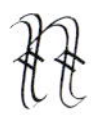

Die Buchstaben, die nicht über die x-Höhe herausragen, sind die Stiefkinder dieser Schrift. Nur die Rauten verleihen Ihnen Gewicht.

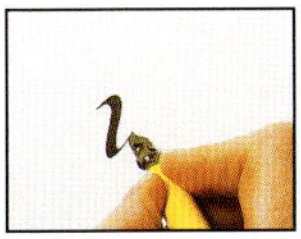

Das „n" beginnt mit einer Haken-Serife, die mit der Federkante gezeichnet wird.

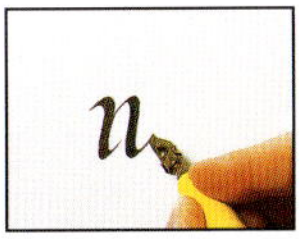

Der zweite Schaft sieht fast genauso aus wie der erste. Der Buchstabe muss genauso breit sein wie das „a".

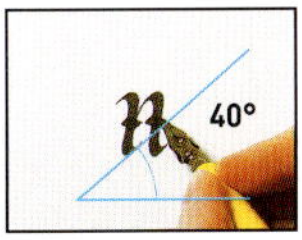

Vervollständigen Sie das „n" nun mit den beiden Rauten.

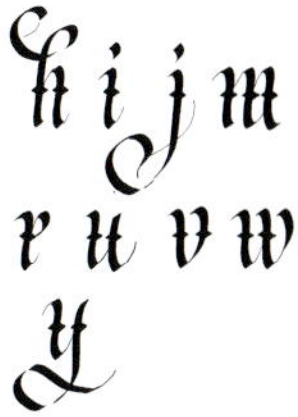

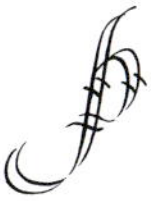

Das „p" hat sowohl Ober- als auch Unterlängen. Alle Buchstaben sollten genau aufeinander abgestimmt werden.

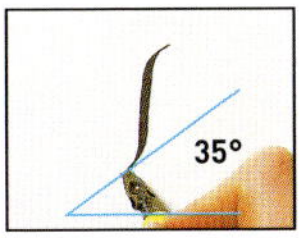

Hier hat das „p" sowohl Ober- als auch Unterlängen.

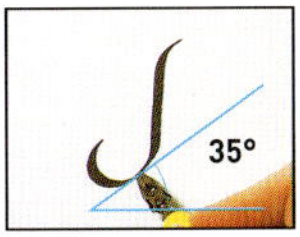

An den unteren Schaft wird ein Schnörkel angefügt.

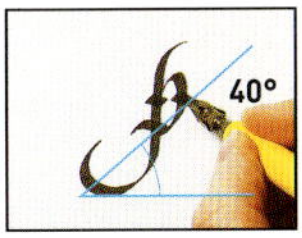

Die untere Rundung des Bauches endet in einem fast horizontalen Strich, der den Schaft kreuzt.

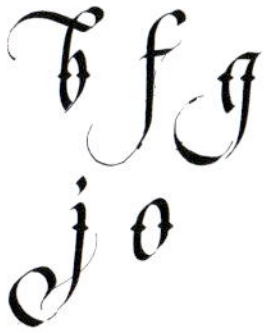

Kursive Zier-Versalien 1

Diese dekorativen Zier-Versalien ergänzen die kursive Minuskel und können anstatt oder in Verbindung mit den kursiven Versalien verwendet werden. Die Buchstabenformen dieser Schrift genossen im 16. Jahrhundert vor allem in Italien und Spanien hohes Ansehen.

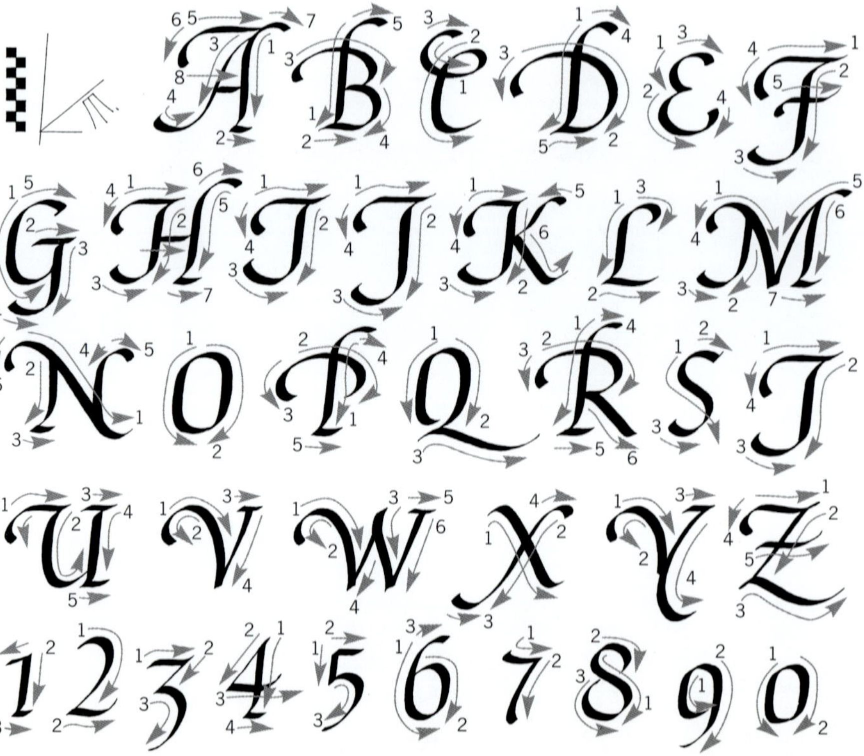

Interessante Details

Der Kalligraph hat bei den Minuskeln wenig Spielraum für Variationen, kann seine Ausdrucksmöglichkeiten dafür aber bei den Versalien voll ausleben.

Man kann die Buchstaben auch mit größeren Schleifen verzieren.

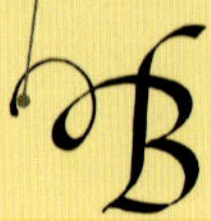

Die Verzierungen können auch komprimiert oder verlängert werden.

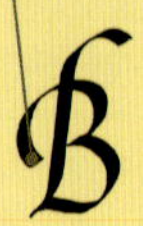

Dies sind alternative, etwas formalere Versionen von „C“ und „N“.

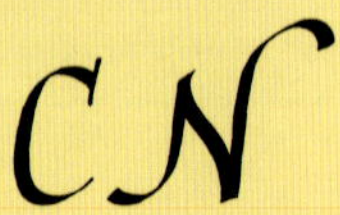

Grundstruktur

Die kursiven Zier-Versalien sollten mit derselben Feder geschrieben werden wie die Minuskel. Die Verzierung setzt entweder seitlich an oder verlängert den Schaft vertikal über die Kopflinie hinaus. Sie endet aber immer in einem Tropfen oder einem durchgezogenen Endstrich.

Struktur | **Strichfolge** | **Gruppe**

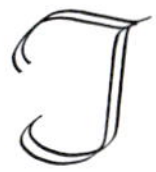

Das „I“ ist zwar ein einfacher Buchstabe, enthält aber viele charakteristische Merkmale der anderen Buchstaben.

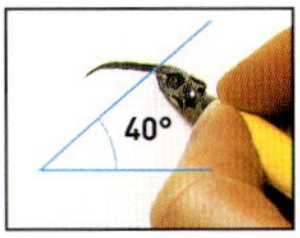

Ziehen Sie einen langen, geschwungenen Strich an der Kopflinie; dies legt die Länge der Verzierung fest.

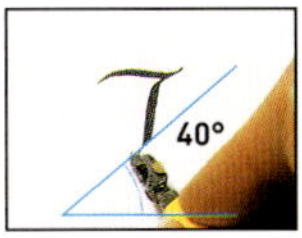

Der geschwungene Schaft endet in einem Schwung nach links.

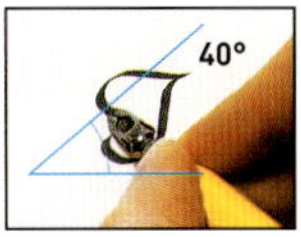

Verzieren Sie den Kopfstrich großzügig. Beenden Sie den Buchstaben mit einem breiten Bogen für den Fuß.

B H J K R L M P R T U

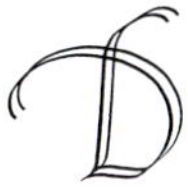

Die Zier-Versalien dürfen die Kopflinie auch überschreiten – hier durchbricht der Schaft oben den Bauch.

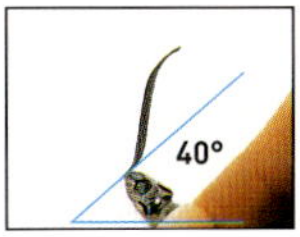

Verlängern Sie den Schaft über die Kopflinie hinaus. Dies gilt auch für „B“, „P“ und „R“.

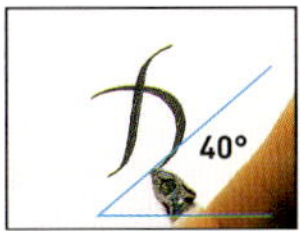

Beginnen Sie an der Kopflinie weit links vom Schaft und ziehen Sie einen kräftigen Bogen fast bis zur Grundlinie.

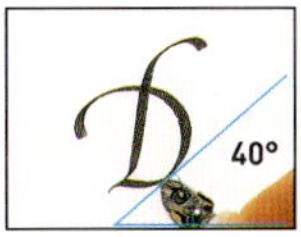

Setzen Sie die Verzierungen an Schaft und Schleife. Schließen Sie den Bogen mit einer kurzen Fußlinie ab.

B C H P R T U V W Y

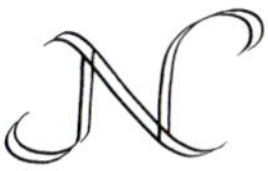

Dies ist eine etwas andere Variante für das „N“ mit einem Auswärtsschwung am Fuß.

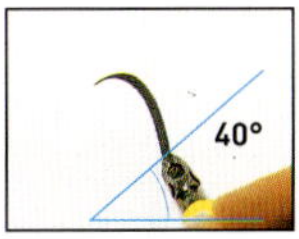

„M“, „N“, „V“ und „W“ beginnen alle mit einem breiten Schwung von der Kopf- bis zur Grundlinie.

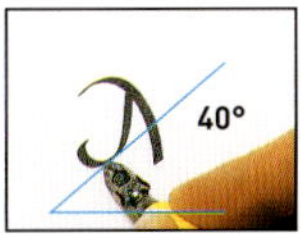

Als nächstes den linken Schenkel. Beachten Sie die alternative Form der Serife im Alphabet.

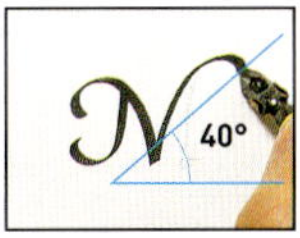

Diese Alternative für den rechten Schenkel ragt über die Kopflinie hinaus und endet in einem Schnörkel.

A F R M

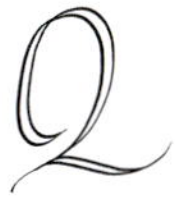

Das „Q“ ist ein „O“ mit angefügtem Schweif, wobei die rechte Seite des „Q“ etwas runder sein darf als beim „O“.

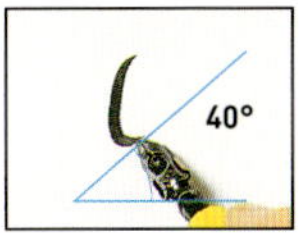

Sowohl „O“ als auch „Q“ sind relativ eng und leicht quadratisch in der Form.

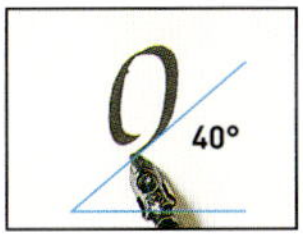

Den äußeren Strich nicht verbinden, sondern leicht unter die Fußlinie ziehen.

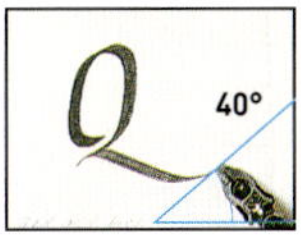

Üppige Schleifen und Schnörkel zieren nur den Schweif dieses Buchstabens.

C E O S

Kursive Zier-Versalien 2

Diese Versalien ergänzen sowohl die kursive Minuskel als auch die kursive Zier-Minuskel und werden schnell gezeichnet. Wichtig ist jedoch, dass alle Buchstabenteile scharf konturiert sind – schreiben Sie also zügig, aber nicht übereilt.

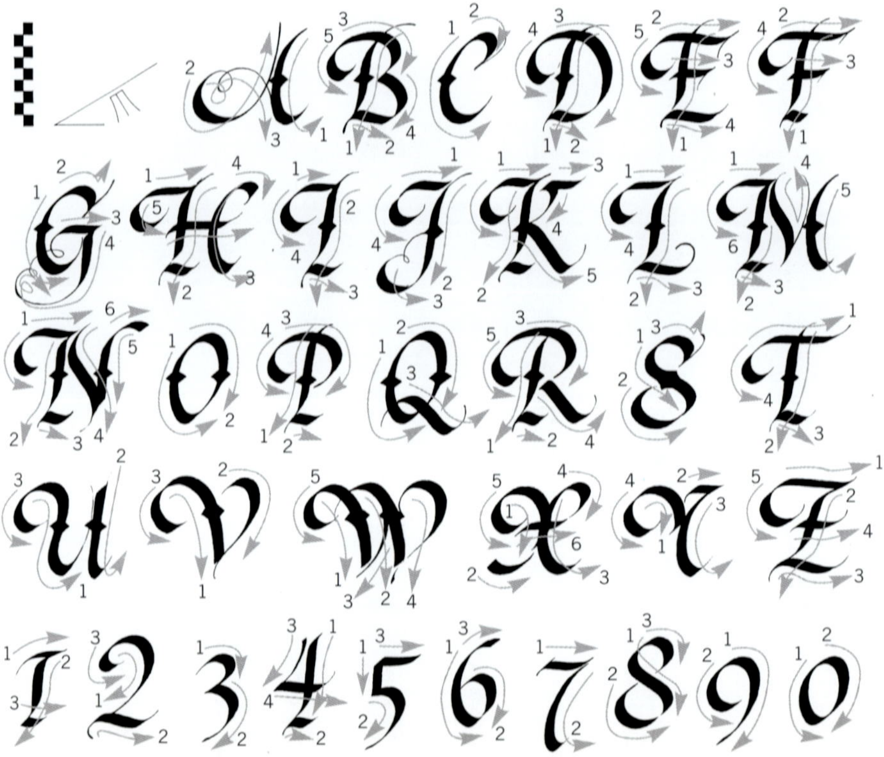

Interessante Details

Die Schleifen, die links am Schaft ansetzen, kommen gewöhnlich nur bei Buchstaben mit geraden Schäften vor; gerundete Buchstaben haben stattdessen manchmal Haarlinien. Bei dieser Schrift sind die runden Buchstaben mit Raute verziert.

Alternative Form des „E“, die sich besser vom „F“ unterscheidet.

Diese alternative Form der Kopfserife („T“ und „M“), kann auch bei „F“, „J“, „K“ und „L“ verwendet werden. Der Buchstabe erhält dadurch mehr Gewicht.

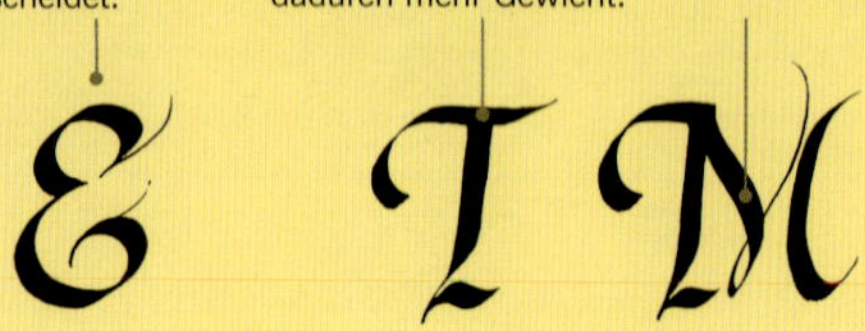

Grundstruktur

Diese Buchstaben wurden mit dem Kalligraphie-Filzstift gezeichnet, der vor allem ideal für Werke ist, bei denen ein schnelles Abschreiben wichtiger ist als der dekorative Effekt. Als allgemeine Regel gilt, dass am besten derselbe Stift für Minuskeln und Majuskeln verwendet wird.

Struktur | **Strichfolge** | **Gruppe**

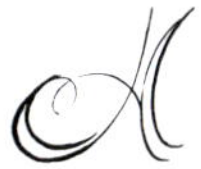

Diese Zierversalien sind schnell und flüssig gezeichnet. Die freien Formen dieser Schrift werdem vor allem beim „A" deutlich.

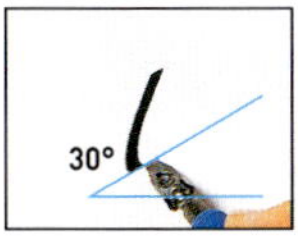

Mit dem Stift im 30°-Winkel den rechten Schenkel mit einem leicht gewölbten Strich zeichnen.

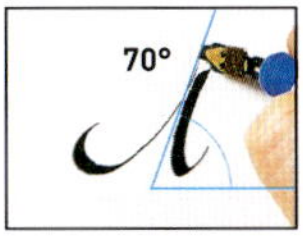

Den linken Schenkel ungefähr auf mittlerer Höhe in einiger Entfernung zum rechten beginnen und nach oben ziehen.

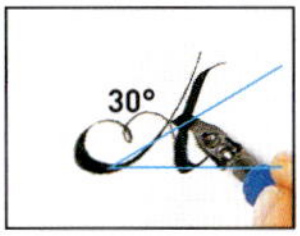

Zum Anfang zurückkehren und eine Zierschleife zur Basis des rechten Schenkels ziehen. Raute anfügen.

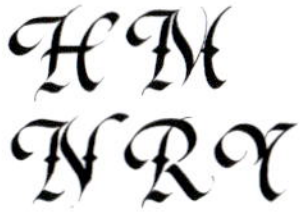

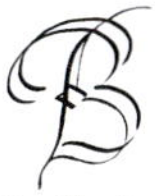

Beachten Sie die veränderte Reihenfolge in der Strichfolge. Entscheiden Sie sich für den Ablauf, der Ihnen am leichtesten fällt.

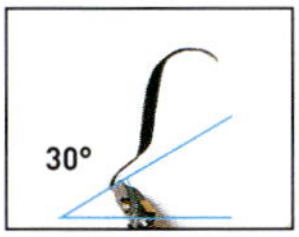

Mit einer Haarlinie beginnen und daraus den Schaft nach unten ziehen. Die Endung ist weit links vom Schaft.

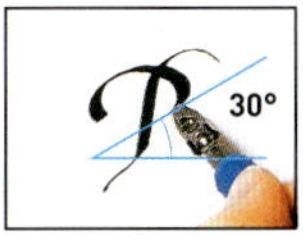

Den oberen Bauch quer durch den Schaft ziehen. Verzierung anfügen.

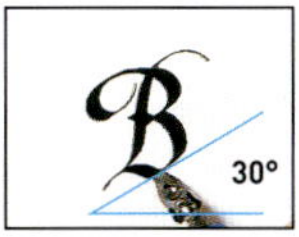

Den Bogen für den unteren Bauch zeichnen und mit dem linken Endstrich verbinden. Zuletzt mit einer Raute verzieren.

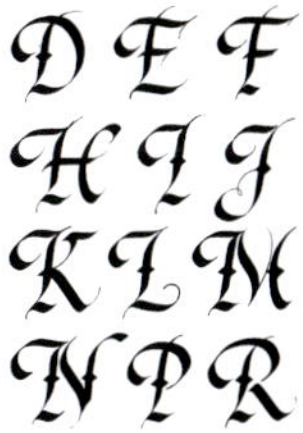

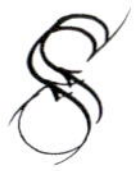

Das „S" ist neben dem „O" der am wenigsten verzierte Buchstabe dieser Schrift. Haarlinien können aber angefügt werden.

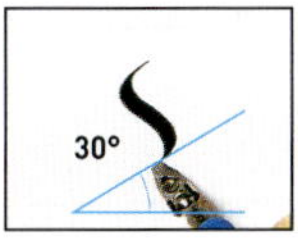

Mit einer sanft geschwungenen Abwärtsbewegung zuerst den Mittelstrich des „S" zeichnen.

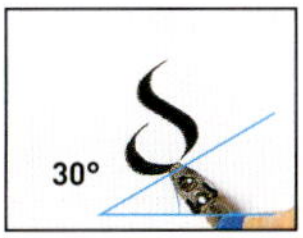

Nun den unteren Bogen beinahe halbkreisförmig ansetzen.

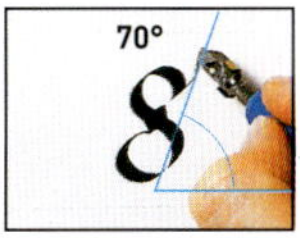

Den oberen Bogen anfügen, den Buchstaben mit dem aufwärts zeigenden Endstrich und der Raute verzieren.

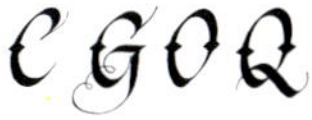

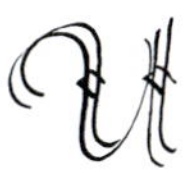

Die nach links geschwungene Verzierung des „U" bildet einen schönen Kontrast zum geraden rechten Schaft.

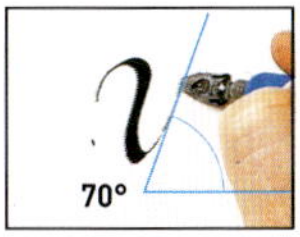

Der linke Schaft des „U" hat eine deutliche Kurve. Den rechten Schaftansatz nach oben ziehen.

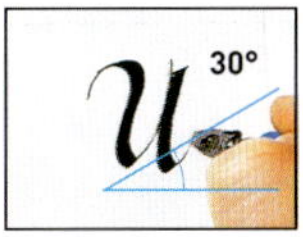

Der rechte Schaft ist gerade und senkrecht. Zwischen den Strichen eine kleine Lücke lassen.

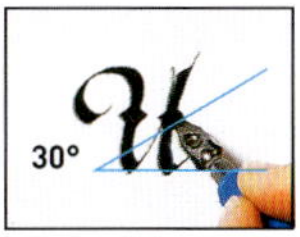

An den ersten Strich die Zierschleife setzen und zum Schluss die beiden Rauten anfügen.

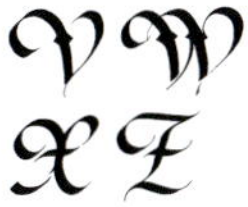

„Johnston“ Kursive Minuskel

Dieses Alphabet basiert auf der von Edward Johnston entwickelten Kursive. Er betrachtete gerade in der letzten Hälfte seiner Schaffenszeit „Schärfe“ und Spontaneität als wichtigste Kriterien für den handgeschriebenen Buchstaben. Dies drückt sich besonders in den Haarlinien aus, die andere Striche durchkreuzen.

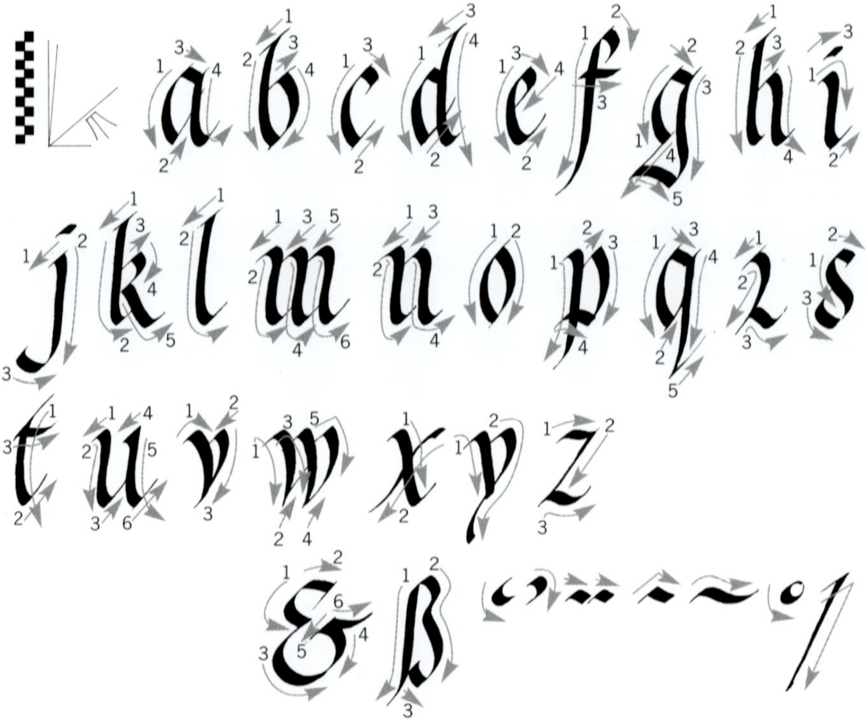

Interessante Details

Die Buchstaben sind komprimiert und haben nur minimale Zwischenräume. Gegenüberliegende Bäuche werden zusammengefügt.

Man beginnt meist mit einer Haarlinie, die mit der Federspitze schnell gezeichnet wird.

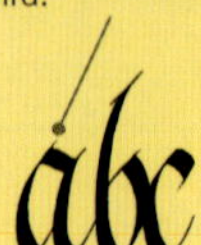

Die Haarlinie geht oft noch über den Buchstaben hinaus.

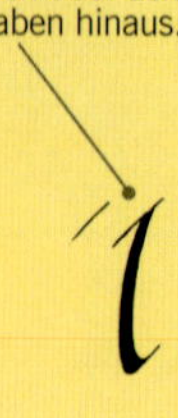

Ober- und Unterlängen können variieren, abhängig vom Buchstaben und vom Zeilenzwischenraum.

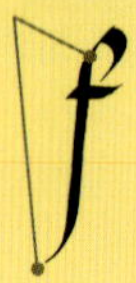

Grundstruktur

Johnston hat diese Kursive für das schnelle Schreiben entworfen. Dennoch muss der Schreiber – ungewöhnlich für eine schnelle Schrift – die Feder häufig absetzen.

Struktur	Strichfolge			Gruppe
 Das eingeschossige „a“ weist diese Schrift als echte Kursive aus. Der Bauch ist wie bei allen runden Buchstaben nach rechts geneigt.	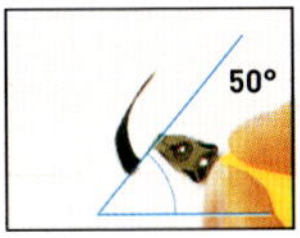 Mit dem Stift im 35°-Winkel die Haarlinie ziehen, für den Bauch die Feder flach drehen.	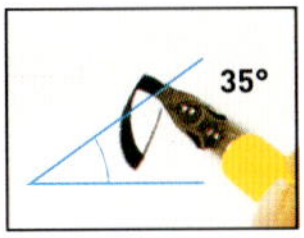 Absetzen und die Haarlinie zum Schaft ziehen, dann den Kopfstrich zeichnen.	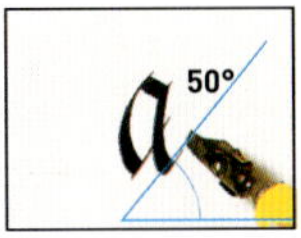 Etwas oberhalb der x-Höhe den gewölbten Schaft beginnen, mit einer Haarlinie beenden.	c e g o q
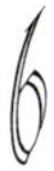 Halten Sie die Feder so steil wie möglich und zeichnen Sie die feinen Haarlinien mit sehr leichtem Druck.	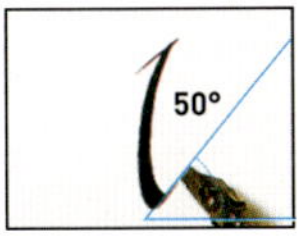 Absetzen und den gewölbten Schaft malen. In einer Aufwärtsbewegung die kurze Haarlinie zeichnen.	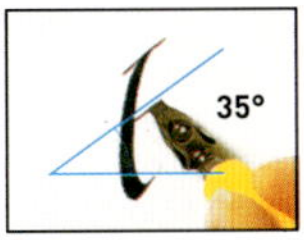 Zeichnen Sie eine weitere Haarlinie vom Schaft nach oben als Ansatz für den Bauch.	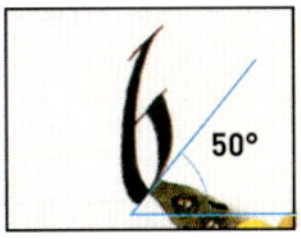 Zeichnen Sie den Bauch mit voller Federbreite. Beginnen Sie unterhalb des Haarlinienendes.	d h k l
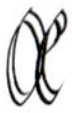 Stehen sich die Bäuche zweier Buchstaben gegenüber, kann man sie verbinden.	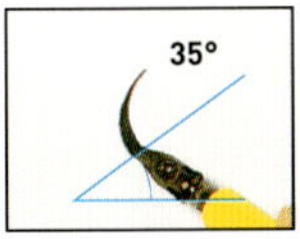 Erhöhen Sie nach unten hin den Druck auf die Feder, wenn Sie die erste Rundung zeichnen.	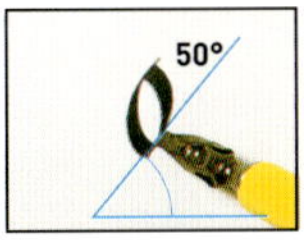 Setzen Sie nun rechts das Spiegelbild an; der Buchstabe bleibt komprimiert. Beachten Sie die spitzen Enden.	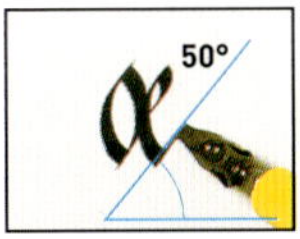 Wiederholen Sie den ersten Strich des „o“. Fügen Sie einen kleineren Bogen für das „e“ an.	a b c d e g p q s
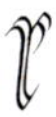 Das „r“ im Alphabet ist ein halbes “r“. Es lässt sich durchaus auch zusammen mit dem ganzen „r“verwenden.	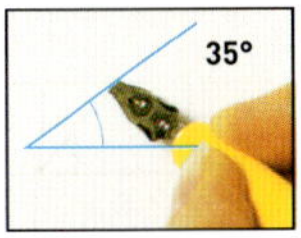 Halten Sie den Stift im 35°-Winkel und ziehen Sie einen kurzen gebogenen Strich nach oben.	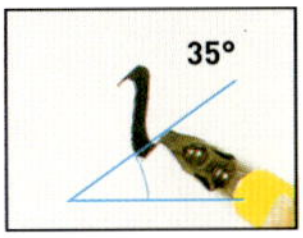 Zeichnen Sie den Schaft. Der Fuß ist die Umkehrung des ersten Strichs.	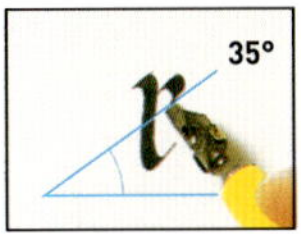 Am Kopf einen kleinen Haken anfügen.	a f h i j k l m n t u v w x y z

„Johnston“ Kursive Versalien

Diese Versalien wurden zur Ergänzung der Minuskeln der „Johnston“ Kursive entworfen. Während die meisten Versalien auf der römischen Schriftform basieren, sind diese eher gotisch geprägt. Als Alternative können Sie auch die kursiven Versalien aus der Renaissance (S. 138 – 139) verwenden.

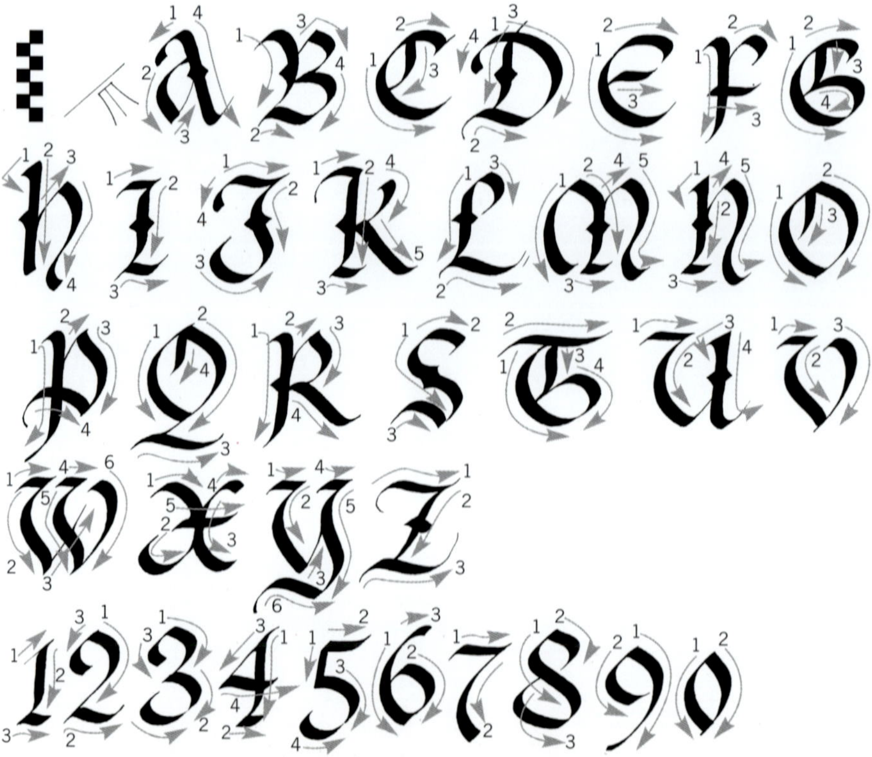

Interessante Details

Die Breite der Versalien steht im Kontrast zu den komprimierten Minuskeln. Verbindungslinien sollten möglichst als Haarlinien gezeichnet werden.

Wenn der Schaft zu dünn wirkt, verzieren Sie ihn mit einer Raute.

Beachten Sie den Unterschied in der relativen Breite der Groß- und Kleinbuchstaben.

Ein vertikaler Strich im Neigungswinkel der Kursive kann dem Buchstaben mehr Gewicht verleihen.

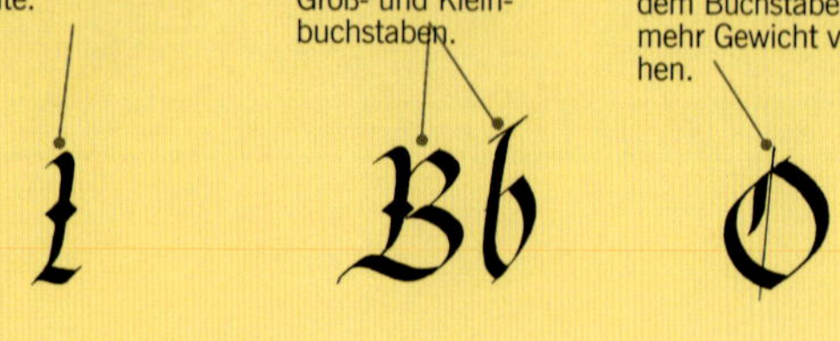

Grundstruktur

Gotische Formen prägen diese Versalien, die die Kleinbuchstaben derselben Schrift ergänzen. Generell sollten sie im Text nur einzeln verwendet werden, außer vielleicht für ein ungewöhnliches Design. Vertikale Striche und Rauten können Sie anfügen oder auch weglassen.

Struktur **Strichfolge** **Gruppe**

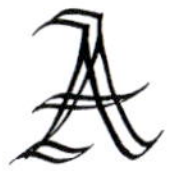

Diese Alternative für das „A“ stammt aus den Renaissance-Versalien. Die Serife am Kopf kann auch weggelassen werden.

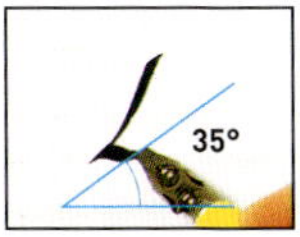

Mit dem linken Schenkel des „A“ beginnen und den Fuß ansetzen.

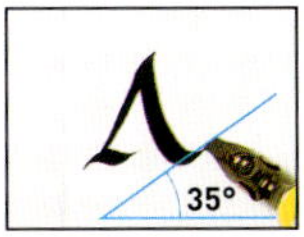

Nun den rechten Schenkel in einem breiten Schwung nach unten ziehen.

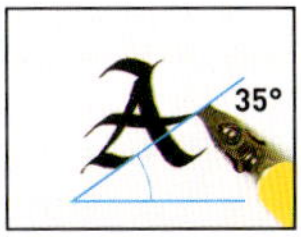

Zeichnen Sie die Serife im selben Winkel wie den Fuß, ebenso den Querstrich.

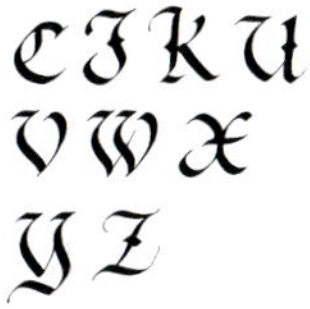

Der frei fließende, runde, kursive Charakter dieser Schrift wird besonders deutlich am „B“.

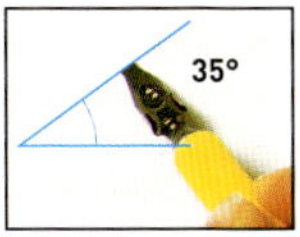

Halten Sie den Stift in einem Winkel von 35° zum Papier.

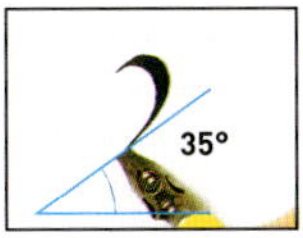

Dann zeichnen Sie eine weite, schwungvolle Rundung für den Schaft.

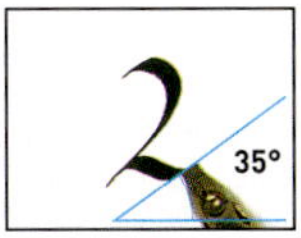

Genauso großzügig gestalten Sie den Fuß; dies wird die Basislinie für den Bauch.

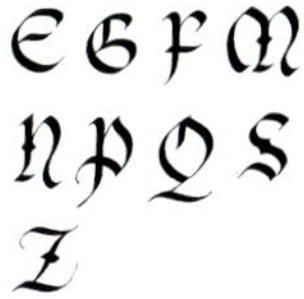

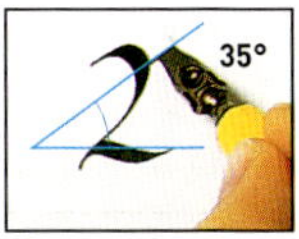

Absetzen und den Ansatz für den oberen Bauch zeichnen, der mit einer Haarlinie beginnt.

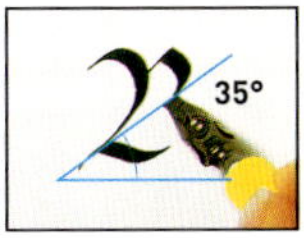

Für den oberen Bauch eine Bewegung nach unten machen.

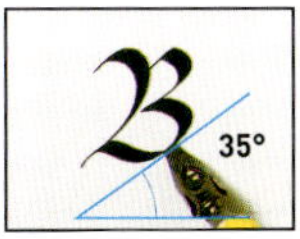

Der untere Bauch beginnt mit einer horizontalen Bewegung, die abwärts in den Fuß fortgeführt wird.

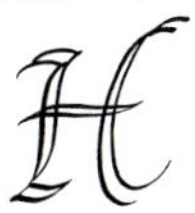

Das „H“ ist auch eine alternative Form, die auf dem „I“ basiert.

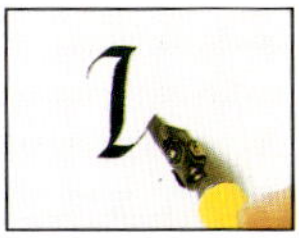

Beginnen Sie den Kopfstrich und ziehen Sie am Schluss den Endstrich mit der Federkante.

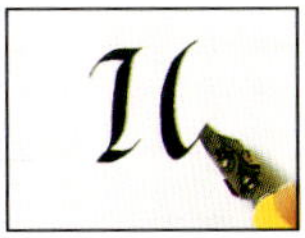

Der rechte Schenkel besteht aus einer gekrümmten Linie, die über der Kopflinie beginnt und in einer Haarlinie ausläuft.

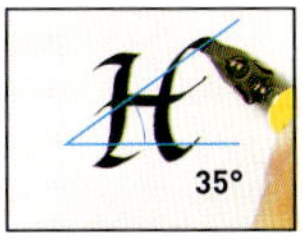

Als nächstes zeichnen Sie die Filette am Kopf. Dann absetzen und zuletzt den Balken ziehen.

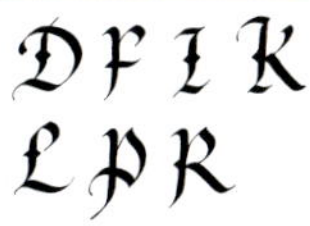

Cancelleresca formata

Die Cancelleresca, entwickelt in der päpstlichen Kanzlei Mitte des 16. Jahrhunderts, hat ihren Ursprung in den früheren Kursivschriften. Sie galt als absolute „Luxus-Handschrift“ und ist aufrechter und weniger kursiv als ihre Verwandte, die Cancelleresca Corsiva. Hier sehen Sie eine moderne Version.

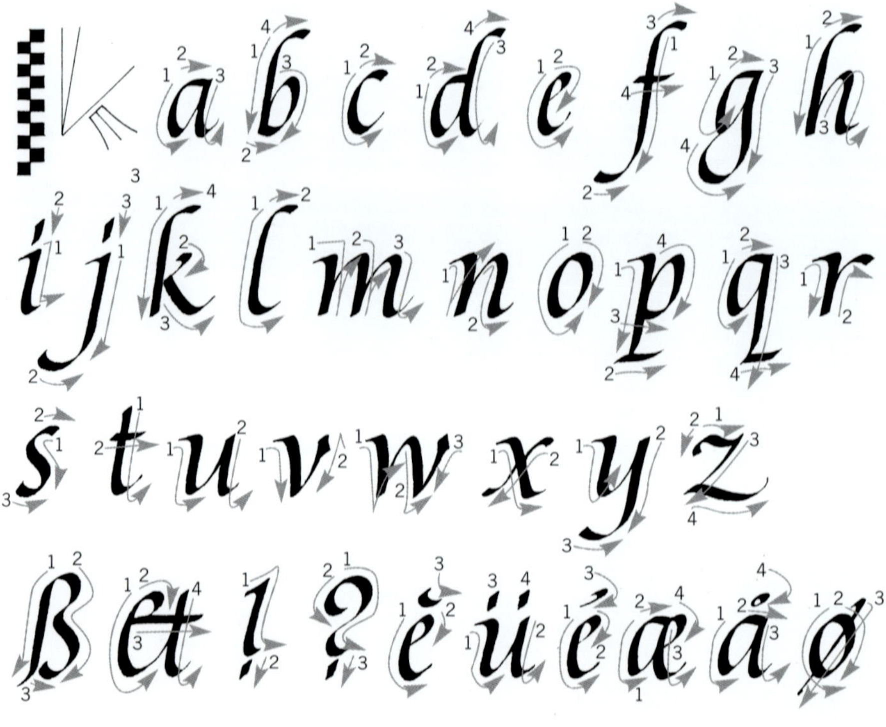

Interessante Details

Die Oberlängen sind zwar hoch, aber kaum ausgearbeitet. Kein Buchstabe dominiert, was dem Text seine gleichmäßige Struktur verleiht. Ligaturen sind möglich, aber den besten Effekt erzielt man mit einzelnen, sorgfältig gezeichneten Buchstaben.

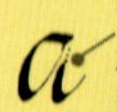

Die Verbindung zwischen Bauch und Schaft setzt sehr hoch am Schaft an.

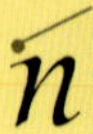

Die Serife ist gut definiert. Mit einer kleinen Drehung in der Mitte verleihen Sie dem Schaft eine Taille.

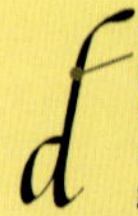

Die Oberlänge kann über die Kopflinie hinaus verlängert werden.

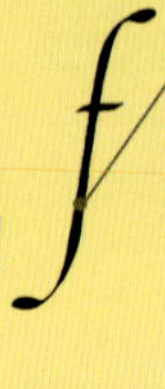

Die Unterlänge kann über die Grundlinie hinaus verlängert werden.

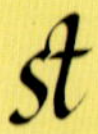

Die Ligatur zwischen „s“ und „t“: für Prestige-Werke wurden die Buchstaben früher einzeln und mit reichlich Zwischenraum geschrieben.

Grundstruktur

Der relative aufrechte Charakter spricht für eine langsam und bedächtig geschriebene Schrift mit flachen Kurven. Das Alphabet ist von schlichter, ruhiger Eleganz, obwohl hier und da eine Unter- oder Oberlänge verziert ist. Die Kleinbuchstaben sind konsequent auf x-Höhe gehalten.

Struktur | **Strichfolge** | **Gruppe**

Der runde Bauch des „a“ wiederholt sich bei allen gerundeten Buchstaben.

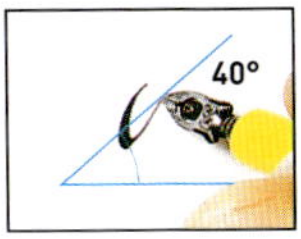

Halten Sie den Stift im 40°-Winkel für eine Neigung von ca. 8°.

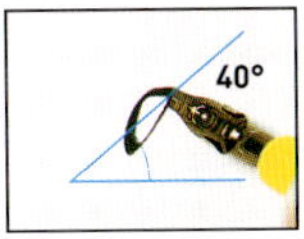

Einen Kopfstrich vom Bauch zum Schaft ziehen. Verbindungsstrich von unten nach oben zeichnen.

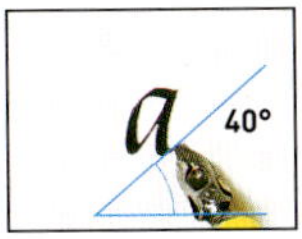

Den Schaft von oben nach unten, dann den Fuß von der Grundlinie nach oben ziehen.

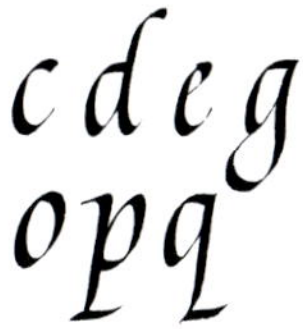

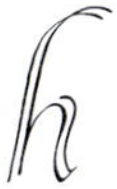

Die Oberlänge ist mit ca. zwei x-Höhen relativ lang.

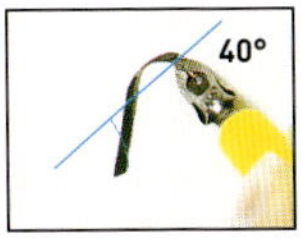

Die Oberlänge oben rechts beginnen und nach unten in den Schaft ziehen. Absetzen und die Serife anfügen.

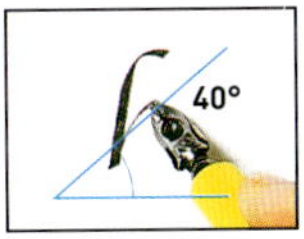

Gehen Sie nun an den unteren Ansatz des Schafts und ziehen Sie daraus den Bogen nach oben.

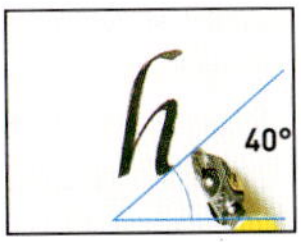

Für den rechten Schenkel wieder nach unten ziehen und am Schluss den Fuß ansetzen.

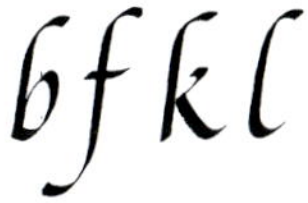

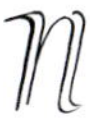

Gerundete und gerade Buchstaben sollen optisch gleich breit erscheinen.

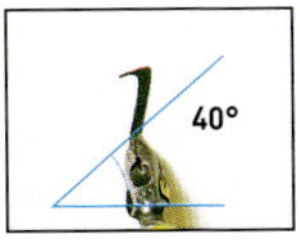

Die Serife kann in der Bewegung entweder zum Schaft hin- oder von ihm wegführen.

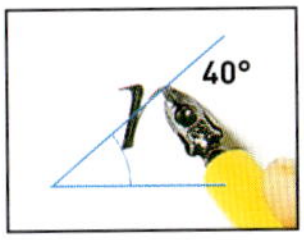

An der Basis des Schafts zunächst gerade nach oben ziehen, dann drehen.

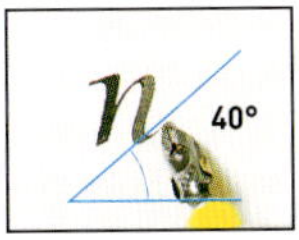

Nun den rechten Schenkel nach unten ziehen. Setzen Sie den Fuß genauso an wie beim „a“.

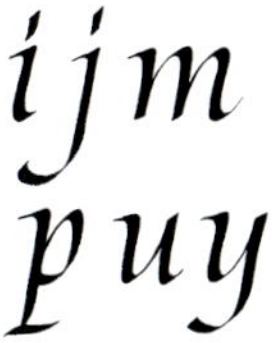

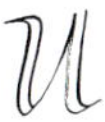

Der erste Strich ist charakterisch für diese Schrift.

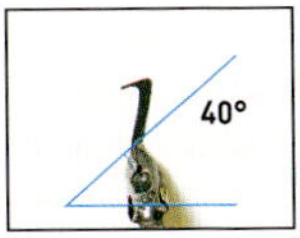

Zeichnen Sie die relativ rechtwinklige Serife auf der x-Höhe. Daraus ziehen Sie den Schaft nach unten.

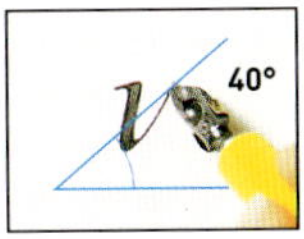

Drehen Sie die Feder für eine dünne Strichstärke und führen sie nach oben.

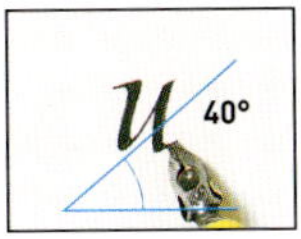

Nach der Abwärtsbewegung wird rechts der Fuß angesetzt.

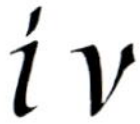

Cancelleresca corsiva

Die Cancelleresca corsiva wurde Mitte des 16. Jahrhunderts in der päpstlichen Kanzlei im Vatikan entwickelt und ist eng verwandt mit der Formata. Sie wurde mit einer starken Vorwärtsneigung geschrieben, was die Schreibgeschwindigkeit erhöhte. In dieser Hinsicht war sie Vorläufer der späteren Kupferstecherschriften. Diese Version ist der Schrift von Cresci aus dem Jahre 1570 nachempfunden.

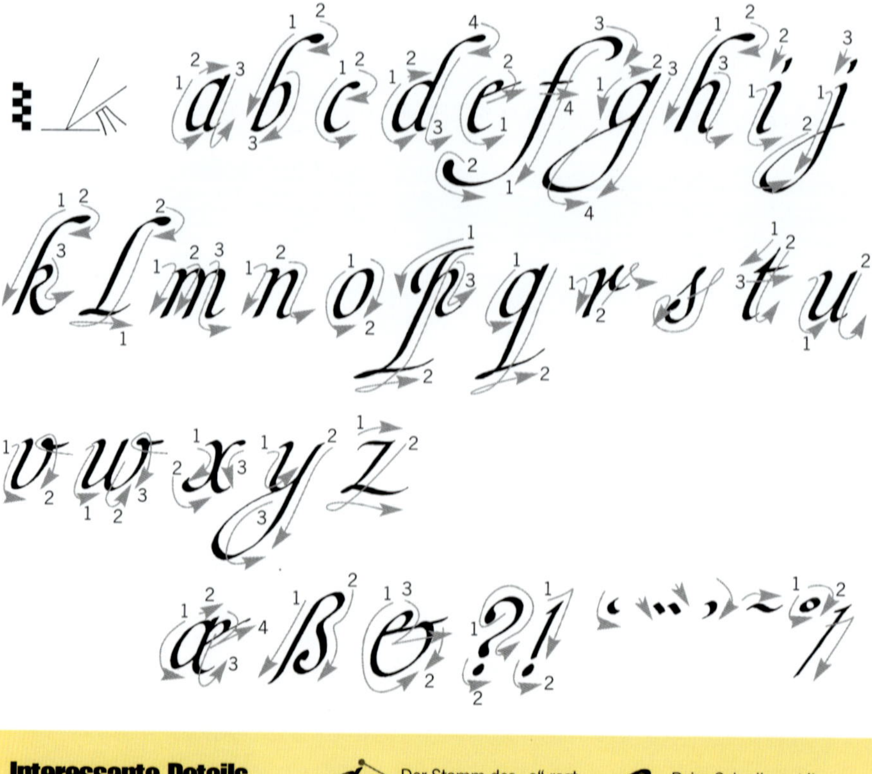

Interessante Details

Charakteristisches Merkmal für die Corsiva ist der „Tropfen“ am Ende der Oberlängen. Die früheren Schreiber haben dabei gerne etwas übertrieben.

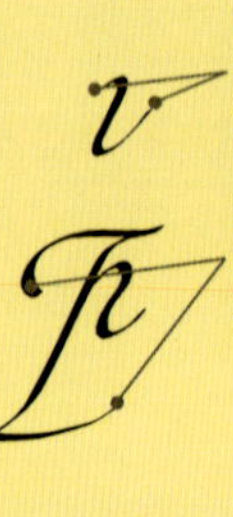

Der Stamm des „a“ ragt über die x-Höhe hinaus.

In modernen Werken werden An- und Abstriche oft offen gezeichnet.

Verzierung und Schweif können vergrößert werden, wenn es der Platz erlaubt.

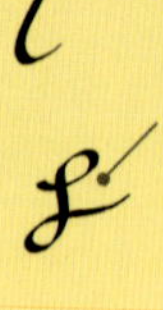

Beim Schreiben mit dem Federkiel kann man einen breiten „Tropfen“ zeichnen.

Hier eine alternative Form für das „s“.

Grundstruktur

Die Buchstaben im Umfang der x-Höhe sind eher komprimiert – Verbindungslinien beginnen und enden dicht an Anfang und Ende des Schafts. Dagegen sind Buchstaben mit Ober- und Unterlängen sehr ausladend: die geschwungenen Oberlängen enden in einem „Tropfen“, die Unterlängen haben lange Schleifen.

Struktur | **Striche** | **Gruppe**

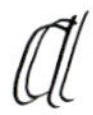

Die Breite des „a“ definiert die Breite vieler anderer Buchstaben. Der Schaft ragt charakterisch über die x-Höhe hinaus.

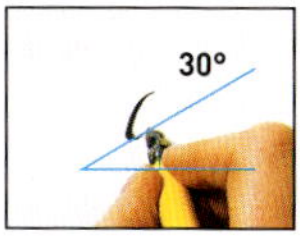

Der Neigungswinkel dieser Buchstaben beträgt ca. 30°. Zeichnen Sie den Bauch mit seiner ovalen Form.

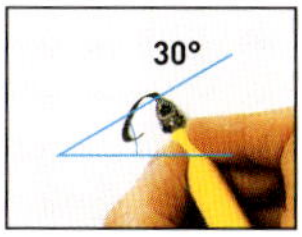

Setzen Sie wieder am Kopf an und ziehen Sie einen kurzen Strich hinüber zum Schaft.

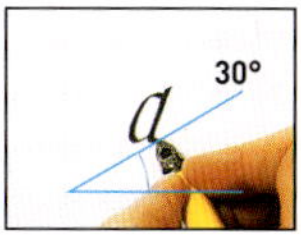

Beginnen Sie den Schaft oberhalb der x-Höhe und setzen Sie ans Ende einen kleinen Fuß.

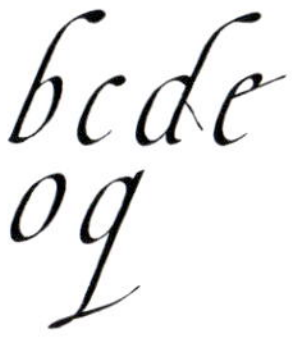

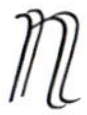

Beide Schenkel sind genau parallel. Dies betrifft auch die Buchstaben „h“, „m“ und „u“.

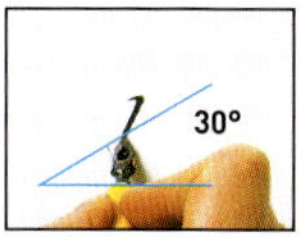

Das „n“ ist ebenfalls eng, ungefähr so breit wie das „a“. Beachten Sie den kleinen Anstrich.

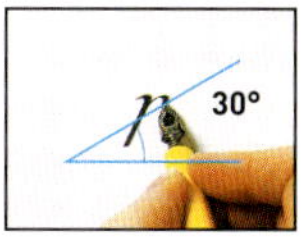

Zeichnen Sie den rechten Schenkel und beginnen Sie weit oben am rechten Schenkel.

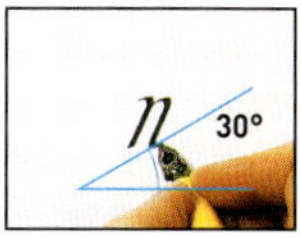

Der kleine Fuß des „n“ ist derselbe wie beim „a“. Er lässt sich auch bis zum folgenden Buchstaben verlängern.

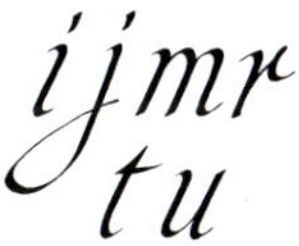

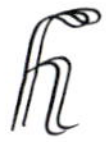

Buchstaben mit Oberlängen sind weniger formal. Beachten Sie den liebevoll gerundeten „Tropfen“.

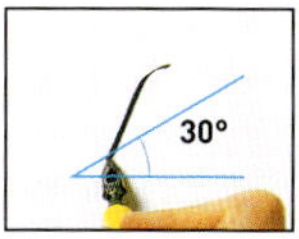

Das „h“ ist genauso breit wie das „n“. Die Oberlänge hat die doppelte x-Höhe.

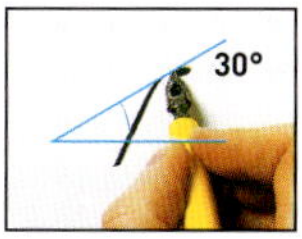

Setzen Sie an der Spitze der Oberlänge an. Mit etwas Druck den „Tropfen“ so groß wie möglich zeichnen.

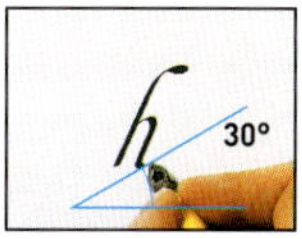

Der rechte Schenkel ist genauso wie beim „n“.

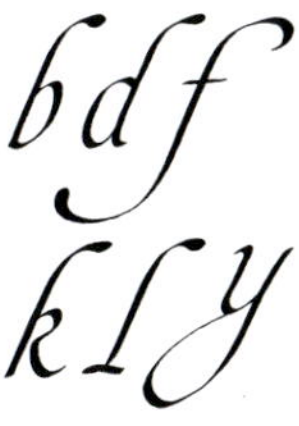

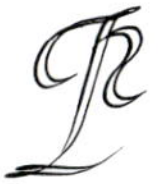

Dieses „p“ bietet einen Kontrast zu den anderen Buchstaben mit den Verzierungen an Fuß und Kopf.

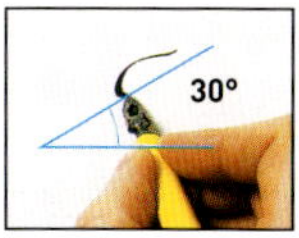

Diese Schrift hat großzügige Ober- und Unterlängen. Das „p“ beginnt mit dem Kopfstrich.

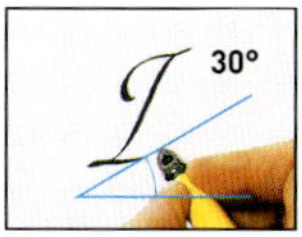

Absetzen und den Schaft mit dem Fuß möglichst in einem Strich durchziehen.

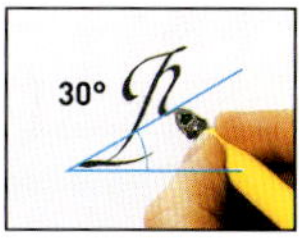

Zeichnen Sie die Rundung. Sie sollte offen sein und nicht breiter als das „n“.

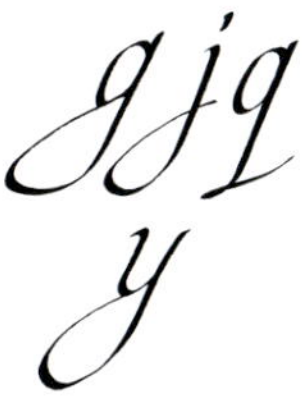

Cancelleresca Versalien

Diese anmutigen Versalien können die Cancelleresca Formata oder Corsiva ergänzen und stammen aus der Mitte des 16. Jahrhunderts. Die Buchstabenformen mögen dem heutigen Betrachter übertrieben scheinen; die Perlen sind Zierwerk, allerdings etwas weniger auffällig als die Tropfen der Corsiva. Generell verwendet man Großbuchstaben nur zusammen mit Kleinbuchstaben.

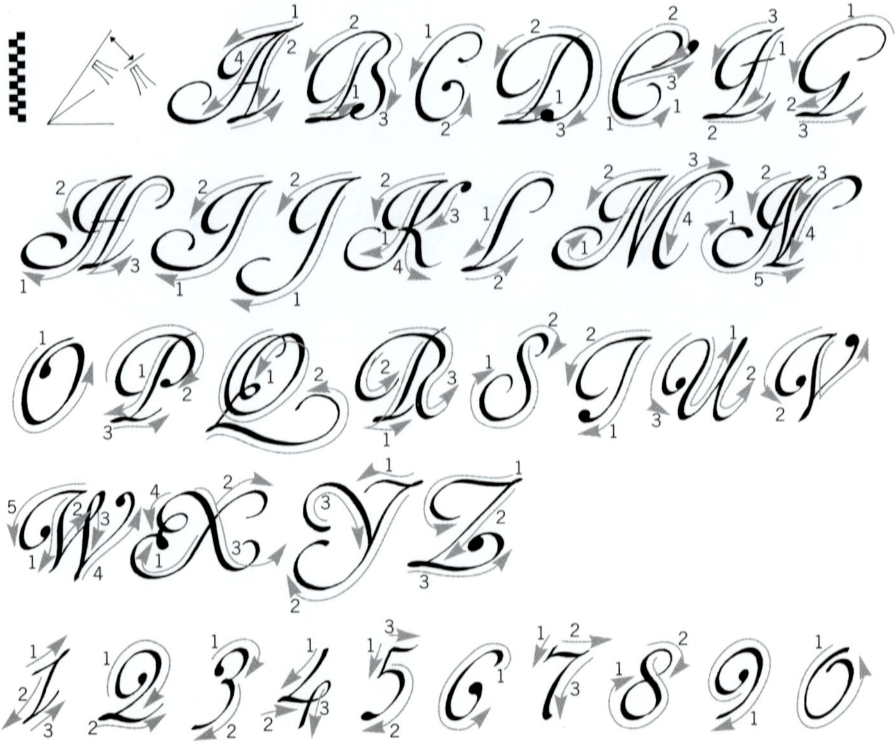

Interessante Details

Verzierungen sind charakteristisch für diese Schrift – sie dürfen auch noch größer sein, wenn es der Platz erlaubt. Beachten Sie das Ende des Fußes mit dem langen Strich entlang der Grundlinie, der in eine plötzliche Aufwärtsbewegung übergeht.

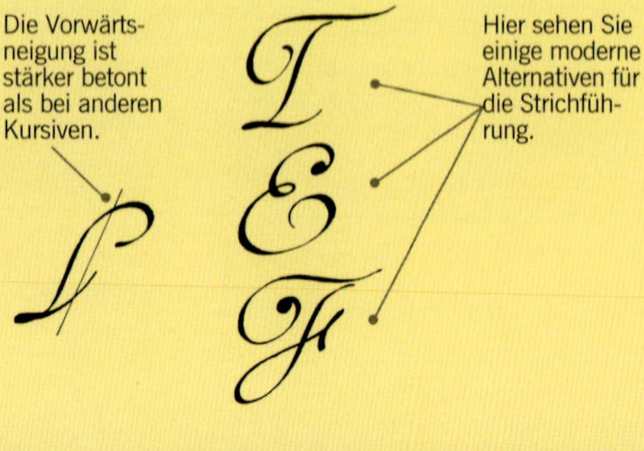

Grundstruktur

Hier wird der Stift häufig aus der Grundhaltung (35°) in den steileren 55°-Winkel gebracht, was einen dünneren Strich erzeugt. Mit etwas Übung wird Ihnen diese Drehbewegung auch während des Schreibens gelingen. Die Betonung der Vorwärtsneigung ist ein entscheidendes Merkmal dieser Schrift.

Struktur | **Strichfolge** | **Gruppe**

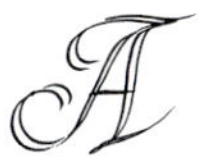

Drei Hauptstriche gehen vom Kopf aus nach unten, also kann der Buchstabe mit einigen flüssigen Linien geschrieben werden.

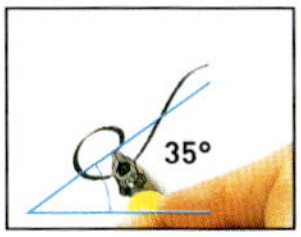

Den linken Schenkel im 55°-Winkel beginnen, an der Basis auf 35° drehen. Nun die Schleife formen.

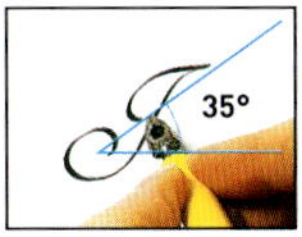

Im 35°-Winkel eine kleine Schleife zeichnen, die den linken Schenkel beinahe berührt.

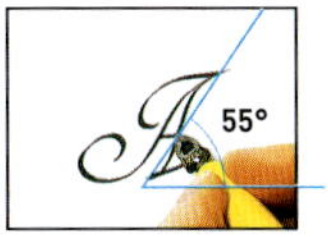

Der geschwungene Fuß endet in einer Aufwärtsbewegung. Am Schluss den Querbalken ziehen.

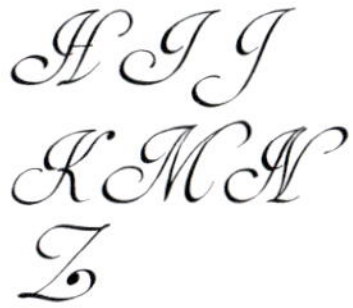

Für einen dünnen Strich wie hier beim Schaft des „B" wird der Stift gedreht. Für die Perlen ziehen Sie sich vergrößernde Kreise.

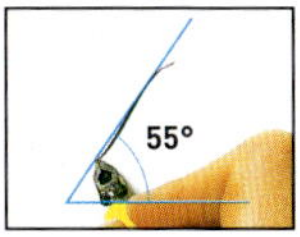

Der Schaft ähnelt dem rechten Schenkel des „A". Der Strich durchkreuzt sich für die Perle selbst.

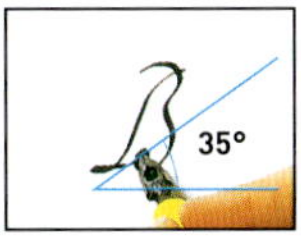

Mit dem Stift im 35°-Winkel ziehen Sie beide Bäuche in einer Linie durch. Die Perle wird danach angefügt.

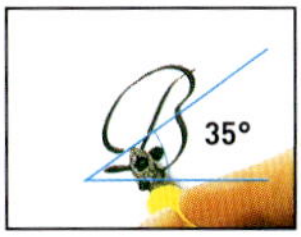

Die Schleife verläuft abwärts endet fast an der Grundlinie.

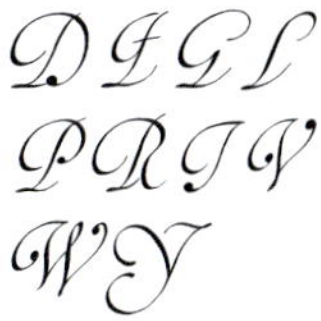

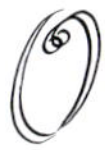

Der ovale Strich wird mit einem Stiftwinkel von 45° gezeichnet – ein Kompromiss zu den beiden Grundwinkeln (35° und 55°).

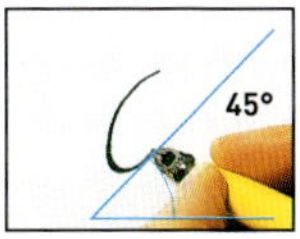

Das „0" wird aus zwei Strichen konstruiert. Zuerst kommt die linke Rundung mit der engen Kurve an der Basis.

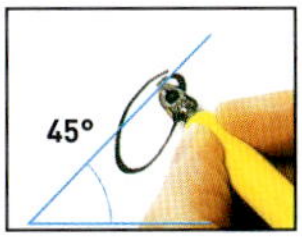

Beginnen Sie die zweite Rundung von oben. Sie sollte parallel zum ersten Strich laufen und diesen fast berühren.

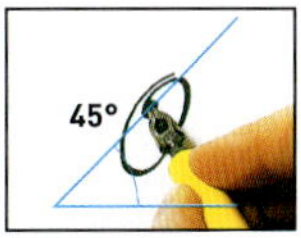

Zum Schluss wieder oben ansetzen und in kreisförmigen Bewegungen die Perle zeichnen.

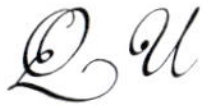

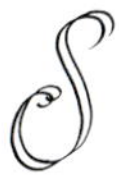

Dieser einfache Buchstabe ist doppelt so hoch wie breit.

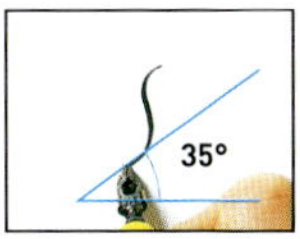

Mit dem Stift im 35°-Winkel ziehen Sie zuerst den nach unten führenden Mittelstrich.

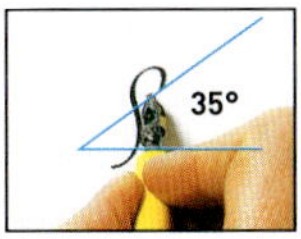

Mit demselben Stiftwinkel setzen Sie nun den oberen Strich an.

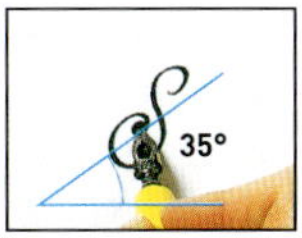

Zeichnen Sie die Perle und verbinden diese schwungvoll mit dem Mittelstrich.

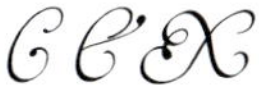

Rotunda Minuskel

Diese in Italien lange Zeit vorherrschende Schrift entwickelte sich im 12. Jahrhundert aus der Karolingischen Minuskel. Bis ins 18. Jahrhundert war sie auch in Spanien sehr populär. Man setzte sie sowohl als kleine Handschrift als auch für große Lettern ein.

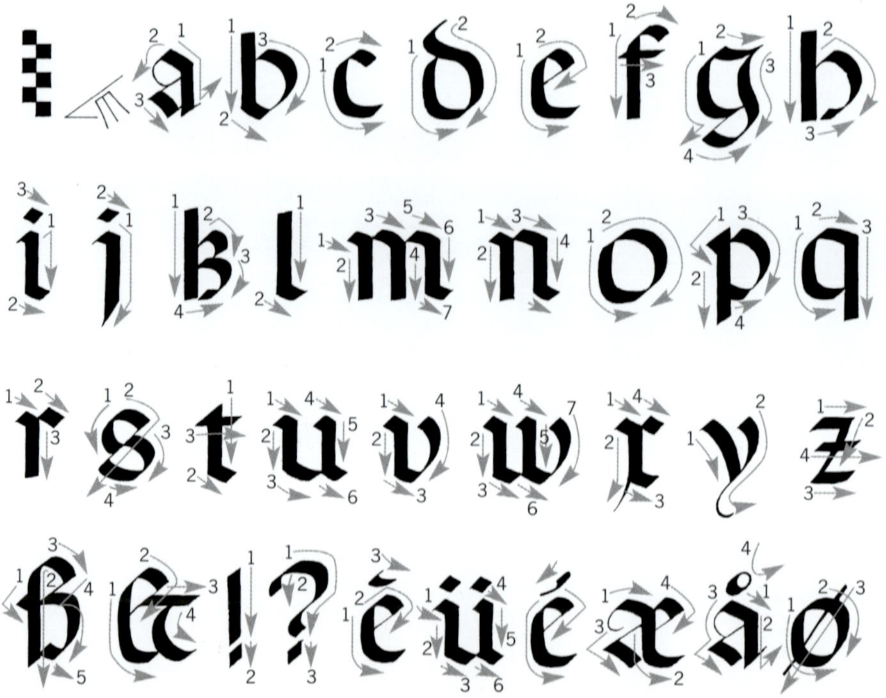

Interessante Details

Dies ist eine der formalsten Schriften, besonders wenn große Schriftgrößen gebraucht werden. Jeder Strich muss präzise, geometrisch und sauber gezeichnet sein.

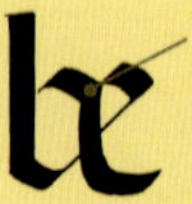

Wenn sich zwei Bäuche gegenüberliegen, kann man die Buchstaben verbinden.

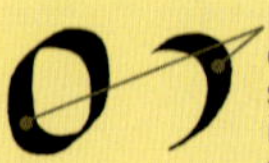

Die beiden Hälften des „o“ sind unterschiedlich: die linke ist winklig, die rechte eher rund.

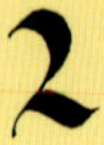

Das halbe „r“ kann das ganze „r“ ersetzen.

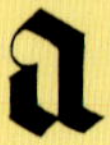

Diese gotische Form des „a“ kann als Alternative verwendet werden.

Grundstruktur

Viele Buchstaben haben eine rechtwinklige Basis, doch ist dies eine „geneigte" Schreibschrift, bei der die Feder auf einen Winkel von ca. 30° zur Horizontale gedreht wird. Die formale, präzise Struktur der Buchstaben lässt nur wenig Spielraum für individuelle Interpretationen.

Struktur | **Strichfolge** | **Gruppe**

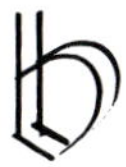

Die Oberlängen sind grundsätzlich kurz, die Innenräume sind groß.

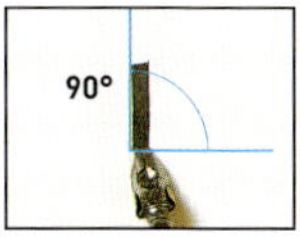

Zeichnen Sie den breiten, vertikalen Schaft mit der Feder im 90°- Winkel.

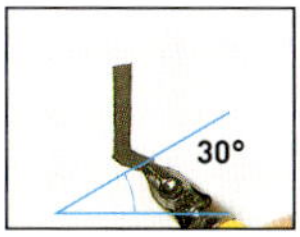

Kurz vor der Grundlinie anhalten und mit der Feder im 30°-Winkel diagonal nach rechts ziehen.

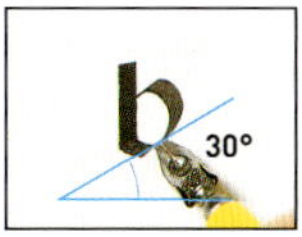

Von der x-Höhe aus den Bauch mit einem Halbkreis abschließen.

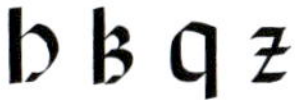

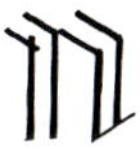

Es gibt zwei Fußformen für den rechten Schenkel zur Auswahl. Denselben Fuß bei „n" und „m" verwenden.

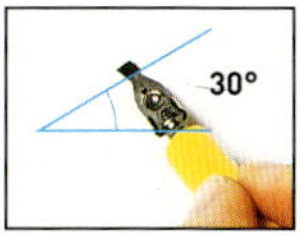

Beginnen Sie mit einem diagonalen Strich im 30°-Winkel und gehen Sie daraus senkrecht hinunter in den Schaft.

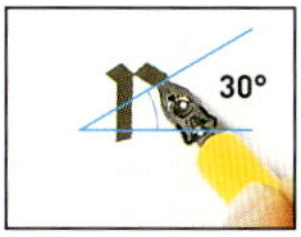

Wiederholen Sie die erste Diagonale und setzen den rechten Schenkel an.

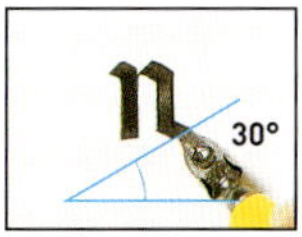

Der Fuß am rechten Schenkel kann nach unten oder nach oben zeigen.

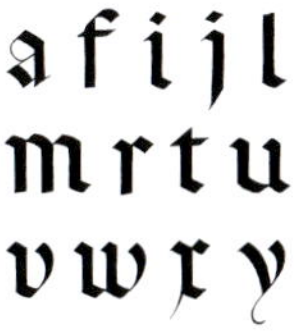

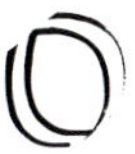

Die linke Hälfte des „0" ist eher rechteckig im Vergleich zum Halbkreis der rechten Hälfte.

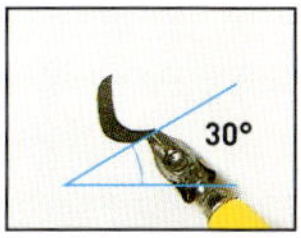

Halten Sie die Feder konstant in einem Winkel von 30°– 35°.

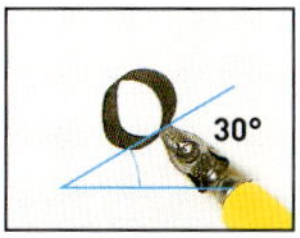

Ziehen Sie den rechten Strich als Kurve, ohne eckige Winkel.

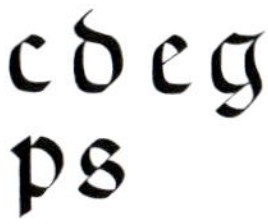

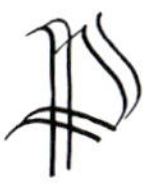

An Schaft und Bauch dieses „p" erkennt man den gotischen Einfluss.

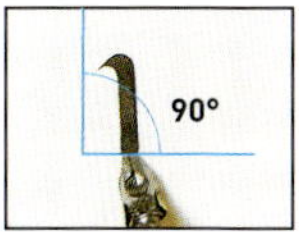

Ziehen Sie einen senkrechten Strich. Am Fuß drehen Sie die Feder in die Horizontale.

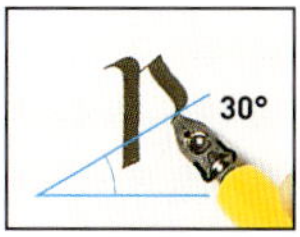

Im 30°-Winkel einen Strich nach rechts oben ziehen und den breiten Bauch daranfügen.

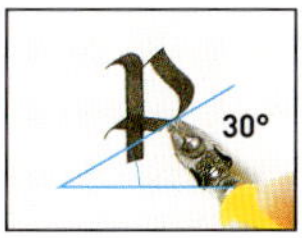

Vervollständigen Sie den Bauch mit einem horizontalen Strich durch den Schaft.

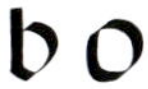

Rotunda Versalien

Diese Versalien ergänzen die Rotunda Minuskel und können zusammen mit oder als Alternative zur doppelschaftigen Rotunda verwendet werden. In der Praxis eignet sie sich jedoch eher für kleinere Textgrößen. Die Rotunda hat eine sehr geometrische Struktur mit vertikalen Schäften und rechtwinkligen Endungen.

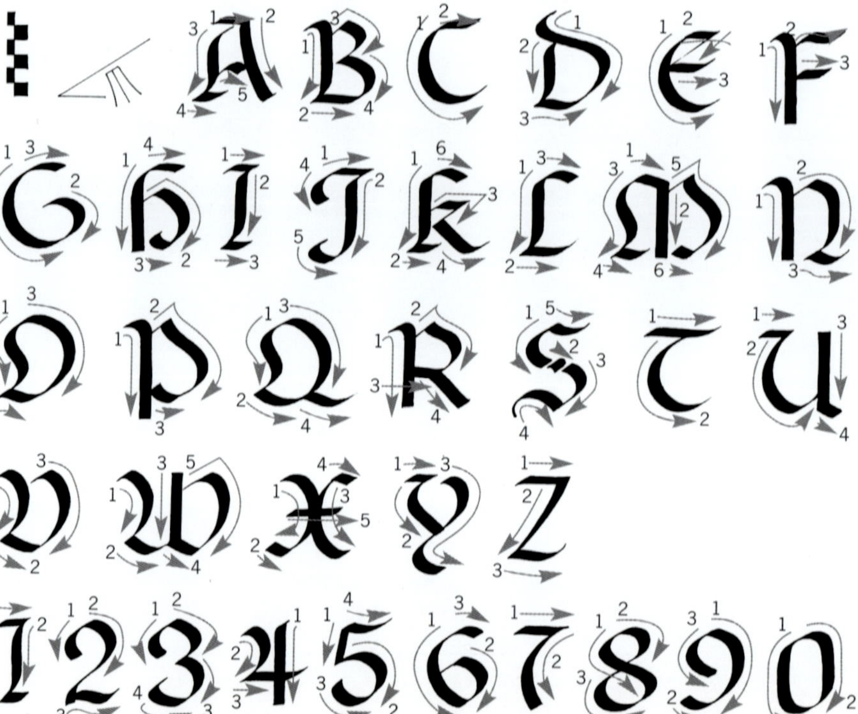

Interessante Details

In dieser Schrift vereinen sich römische und langobardische Charakteristika, das „E“, „H“, „M“ und „N“ sind am deutlichsten langobardisch geprägt.

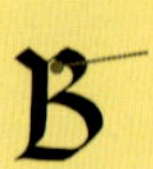

Der Winkel des Anstrichs zum Schaft kann auch bei „F“, „N“ und „R“ verwendet werden.

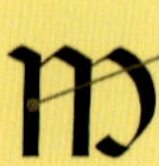

Die geraden Schäfte dieses alternativen „M“ sind der Minuskel nachempfunden.

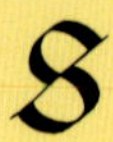

Die alternative Minuskelform des „S“ ist auch bei den Versalien möglich.

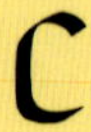

Diese alternative „C“ entspricht der Grundstruktur des kleinen „o“.

Grundstruktur

Diese Buchstaben sind ähnlich aufgebaut wie die doppelschaftigen Versalien, wirken durch den einfachen Schaft aber weitaus leichter. Charakteristisch sind die scharf geschnittenen, präzise und klar definierten Buchstabenformen, die bei großen Schriftgrößen besonders gut zur Geltung kommen.

Struktur | **Strichfolge** | **Gruppe**

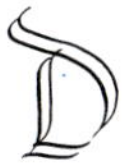

Die Breitenbetonung der Buchstaben ist charakteristisch für diese Schrift.

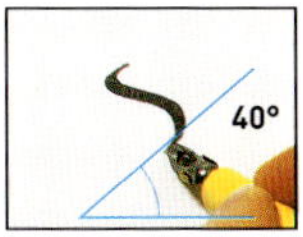

Oberhalb der Kopflinie beginnen und einen breiten Bogen nach rechts schwingen.

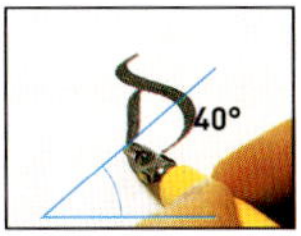

Der kurze Schaft setzt ungefähr nach dem ersten Drittel des ersten Strichs an.

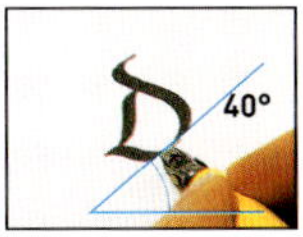

Nun den Schaft mit einem großzügigen Fuß mit dem Bauch verbinden.

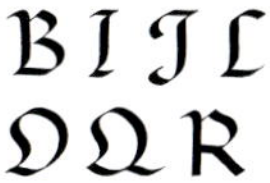

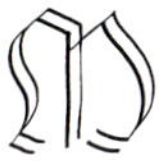

Charakteristisch für die Rotunda ist, dass die beiden Seiten symmetrischer Buchstaben niemals spiegelgleich sind.

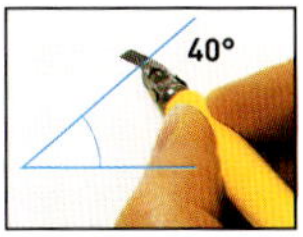

Im Winkel von 40° mit einem kurzen Abwärtsstrich nach rechts beginnen.

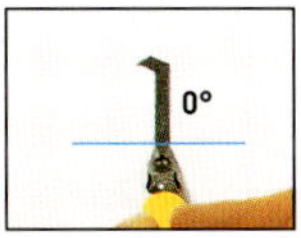

Die Federspitze in die Horizontale drehen und den Schaft senkrecht nach unten ziehen.

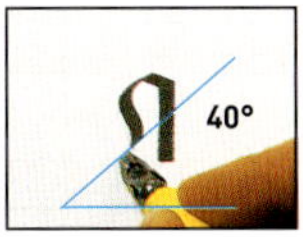

Zum Anfang zurückgehen und im 40°-Winkel einen „s“-förmigen Strich zur Grundlinie ziehen.

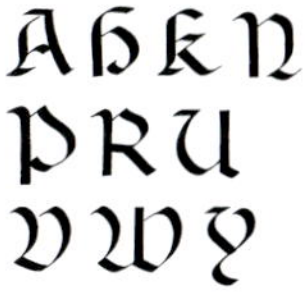

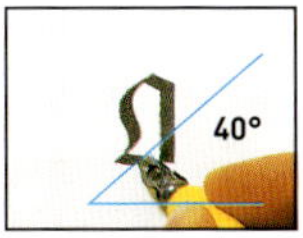

Im selben Winkel entlang der Grundlinie einen schmalen Fuß zeichnen.

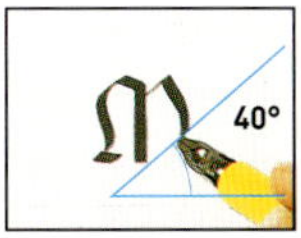

Weit oben am Mittelschaft eine kurze Haar-linie bis zur Kopflinie ziehen. Den breiteren „s“-Bogen anfügen.

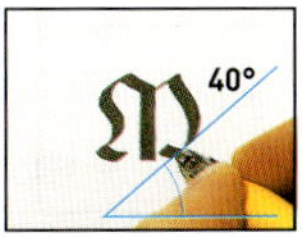

Zuletzt den nach innen gedrehten Fuß zeichnen.

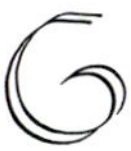

Die linke Seite von „C“, „G“ und „T“ ist gerundet und entspricht der rechten Seite von „O“ und „Q“.

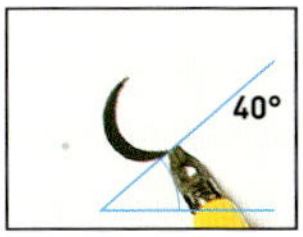

Ziehen Sie einen vollständig runden Halbkreis.

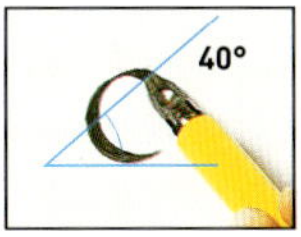

Nun einen kurzen, nur leicht gekrümmten Strich an der Kopflinie ziehen.

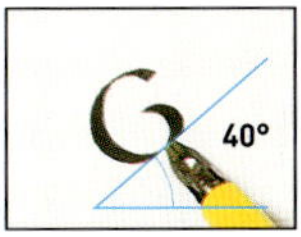

Der Schweif besteht aus einem Halbkreis in der halben Größe des ersten.

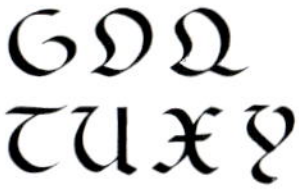

Rotunda Versalien, doppelter Schaft

Diese ausdrucksstarken, geometrisch formalen Versalien begleiten die Rotunda Minuskel. Sie war in Italien und Spanien eine der ersten und wichtigsten Buch-Handschriften der Renaissance. Die doppelschaftige Version wurde zusammen mit der Minuskel für mittlere und größere Texte verwendet.

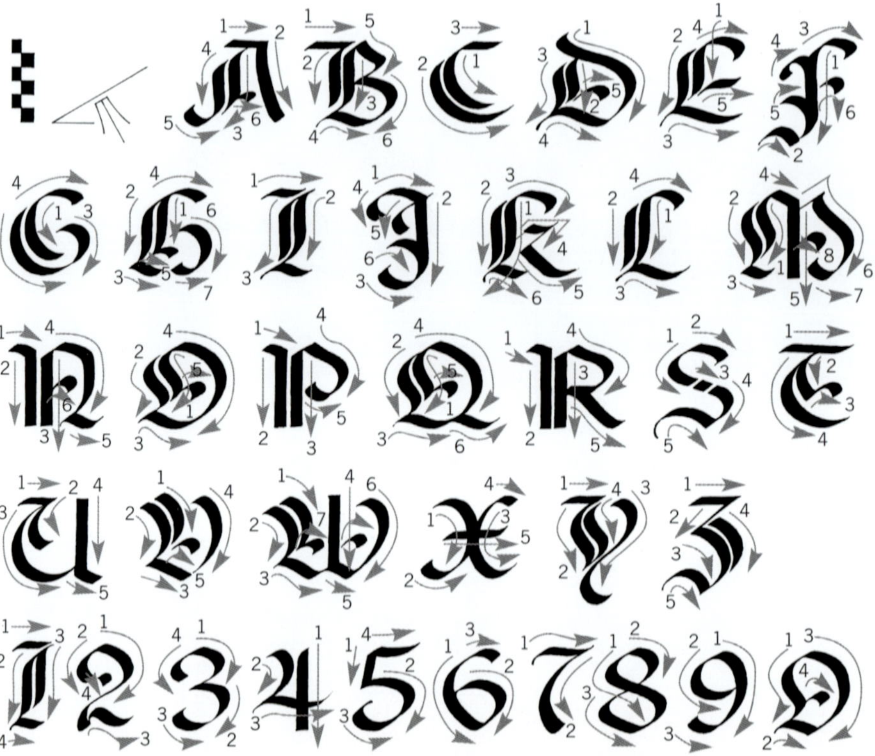

Interessante Details

Der doppelte Schaft erzeugt einen halbfetten Charakter; bei geraden Schäften ist die Basis quadratisch und im rechten Winkel zum Schaft abgeschnitten.

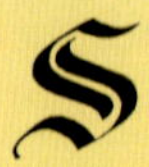

Dies ist ein alternatives doppelschaftiges „S“.

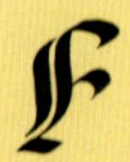

Hier eine Alternative für das „F“. Bei der einschaftigen Version oben verleihen die Verzierungen zusätzliches Gewicht.

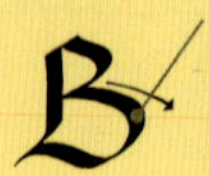

Beachten Sie den breit ausgeschwungenen unteren Bauch; dies ist auch bei „D“, „H“ und „R“ der Fall.

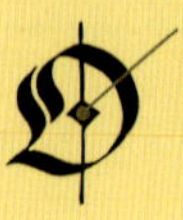

Eine Alternative zum Ausfüllen von Innenräumen: ein durchgezogener Strich und ein Diamant.

Grundstruktur

Mit ihren spitzen Winkeln und einigen rechtwinkligen Endungen greifen die Versalien die Struktur der Minuskel auf. Der Abstand zwischen den parallelen doppelten Schäften ist gleichbleibend. Die einzigen einschaftigen Buchstaben sind „F“, „J“ und manchmal „S“. Der doppelte Schaft kommt nur einmal vor.

Struktur **Strichfolge** **Gruppe**

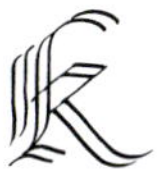

Der Abstand zwischen den Schäften sollte minimal sein. Es gibt immer nur einen Doppelschaft pro Buchstabe.

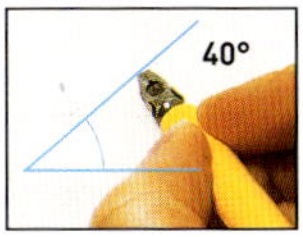

Halten Sie den Stift im 40°-Winkel zum Papier.

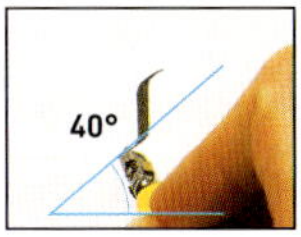

Der Schaft wird zur Kopf- und zur Grundlinie hin abgewinkelt.

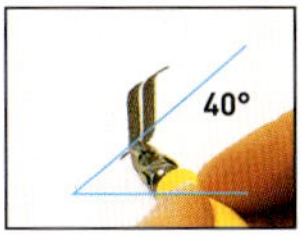

Links einen kürzeren parallelen Strich ziehen, allerdings ohne betonte Endungen.

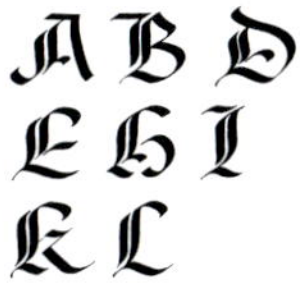

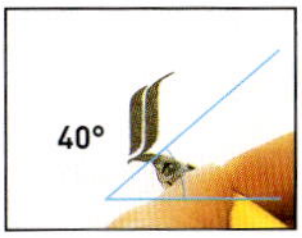

An den Hauptschaft einen kleinen Fuß ansetzen.

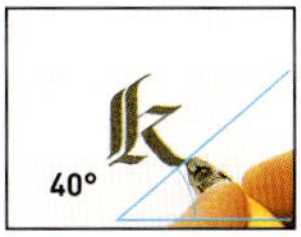

Aus der Schaftmitte im 40°-Winkel nach rechts, horizontal nach links und nach rechts wieder im 40°-Winkel ziehen.

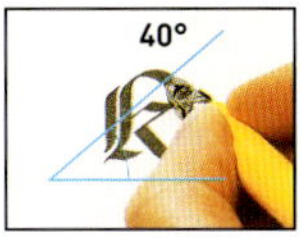

Der Buchstabe bekommt noch eine Kopfverzierung. „B“, „E“, „I“ und „L“ sind ähnlich aufgebaut.

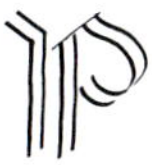

Der rechtwinklige doppelte Schaft kommt bei „N“, „P“ und „R“ vor.

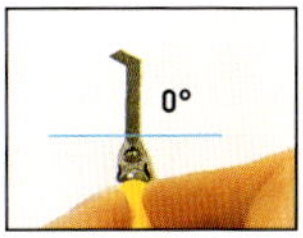

Den kurzen Anstrich nach rechts zeichnen, Feder horizontal drehen und den Schaft gerade nach unten ziehen.

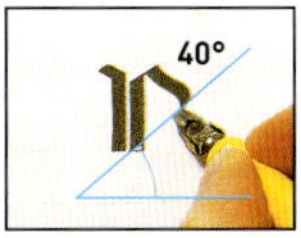

Im 40°-Winkel den rechten Schaft parallel zum ersten ziehen. Am Kopf den breiten Bauch ansetzen.

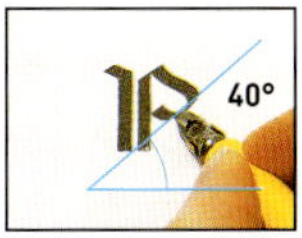

Den Bauch mit einem Endstrich fertigstellen.

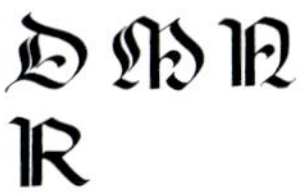

„C“ und „G“ sind die einzigen gerundeten Buchstaben und stehen im Kontrast zur Vertikalbetonung dieser Schrift.

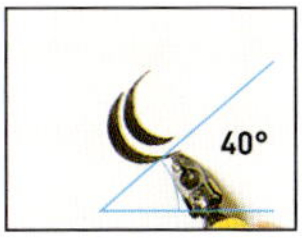

Von der Kopflinie einen Halbkreis ziehen, der zwei Federbreiten über der Grundlinie endet.

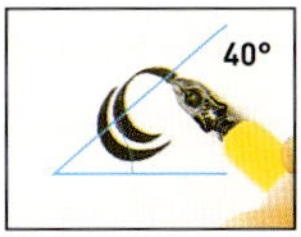

Der parallele Halbkreis beginnt zwei Federbreiten unter der Kopf- und reicht zur Grundlinie.

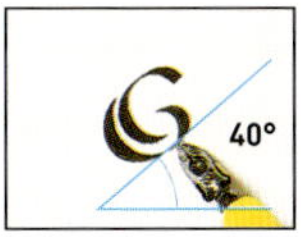

Einen kurzen Kopfstrich an den ersten und den Schweif an den zweiten Strich ansetzen.

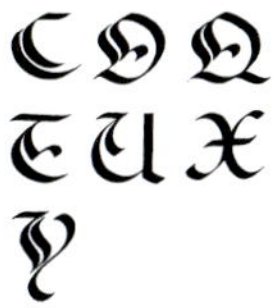

Römische Versalien als Initialen

Dies sind sehr formale Initialen; man verwendet sie vor allem zusammen mit der Humanistischen Minuskel. Man kann sie aber auch für einen hervorgehobenen Satz oder eine Überschrift ohne Kleinbuchstaben verwenden. In der Struktur sind sie der klassischen römischen Form nachempfunden.

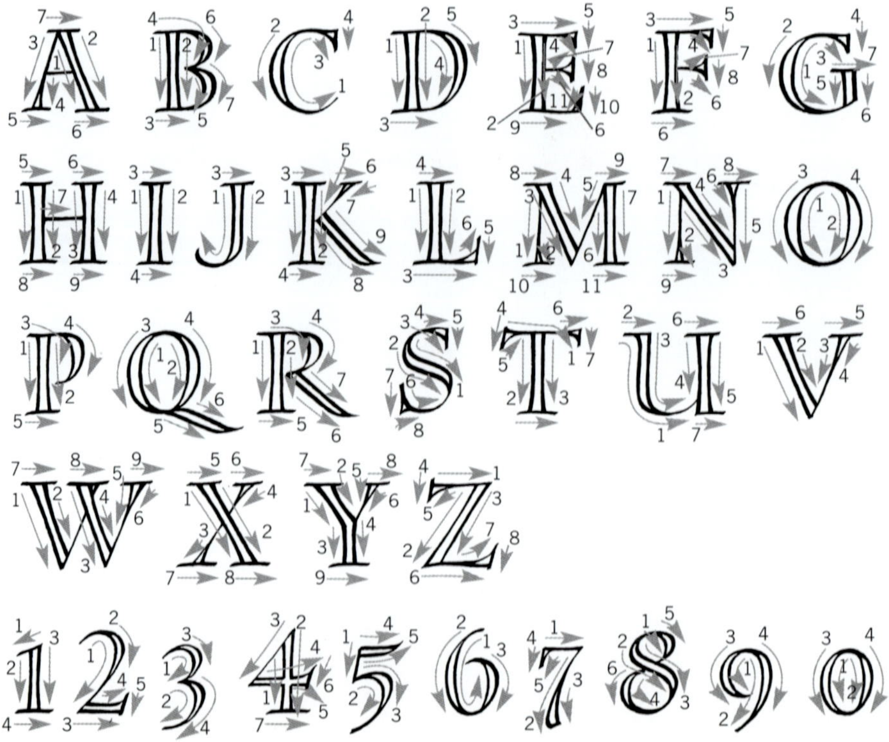

Interessante Details

Die Serifen der Hauptstriche bestehen nur aus einem waagerechten Strich und sind nicht ausgerundet, die dünnen Striche laufen konisch in die Serifen aus.

Durch verschiedene Federwinkel erhält man dicke und dünne Striche. Serifenenden möglichst scharf zeichnen.

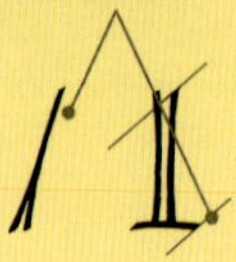

Buchstaben immer mit dem inneren Strich beginnen; danach erst die Linien verstärken.

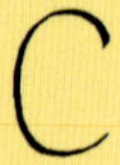

Der Buchstabe kann innen oder außen farbig gestaltet werden.

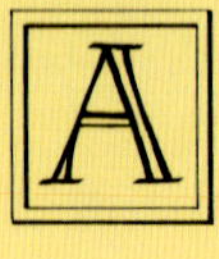

Grundstruktur

Diese Buchstaben orientieren sich eng an der klassischen römischen Form. Der Schaft ist leicht tailliert und verbreitert sich an den Enden. Die Buchstaben werden mit einer schmalen Breitfeder im 35°-Winkel geschrieben. Dünne Striche entsprechen in der Stärke einer Federbreite .

Struktur | **Strichfolge** | **Gruppe**

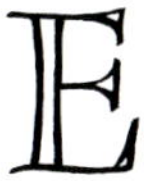

Die Serifen an Doppelstrichen bestehen aus einer Linie. Serifen an einfachen Strichen setzt man mit zwei Linien keilförmig an.

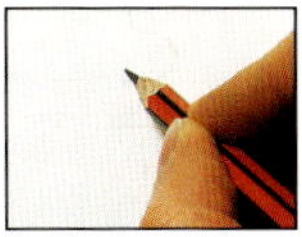

Zeichnen Sie den Buchstaben zuerst sauber mit Bleistift vor.

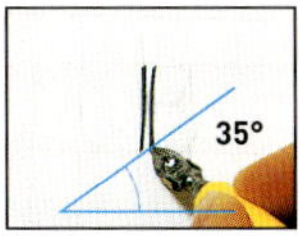

Beginnen Sie mit zwei dünnen, parallelen Strichen für den Schaft.

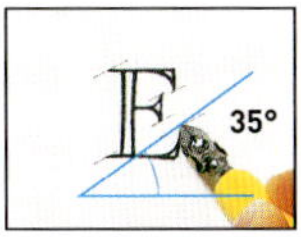

Oben und unten setzen die Serifen direkt am Querbalken an. Der Mittelbalken verbreitert sich nach außen.

A F H

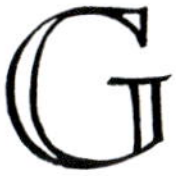

Das „G" basiert auf dem Buchstaben „O".

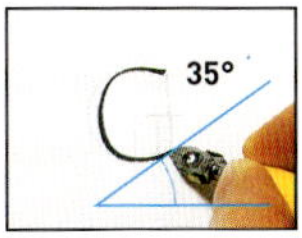

Zuerst den oberen Teil des Halbkreises zeichnen. Absetzen und unteren Teil anfügen.

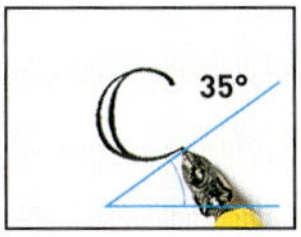

Der zweite Strich wird außen angesetzt.

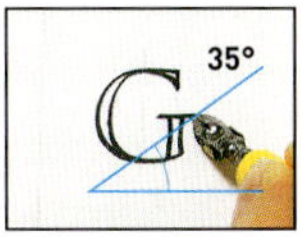

Kopfserife zeichnen. Das „G" erhält noch einen doppelten Schaft mit horizontaler Serife.

C D O
Q

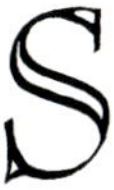

Der obere Innenraum ist immer kleiner als der untere.

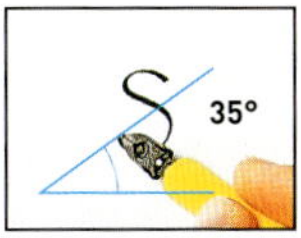

Das „S" ist ein schwieriger Buchstabe. Beginnen Sie in der Mitte.

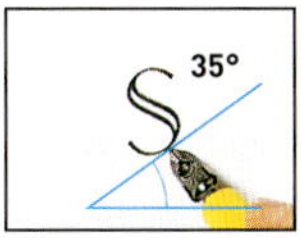

Die Achse bei gerundeten Buchstaben kann geneigt oder senkrecht sein. Achten Sie aber auf Einheitlichkeit.

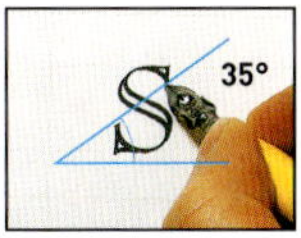

Verstärken Sie die Enden des Striches und setzen Sie die Serifen an.

P

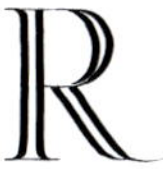

Dieses „R" ist mit horizontal gehaltenem Stift geschrieben, daher die stärkeren Dick-Dünn-Abstufungen.

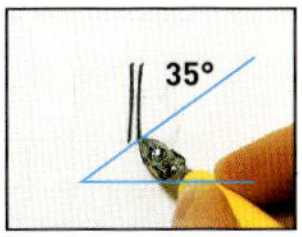

Beginnen Sie mit den dünnen Strichen für den Schaft.

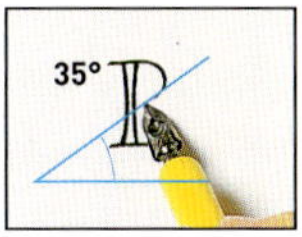

Die horizontale Serife am Kopf führt in den inneren oberen Bauch.

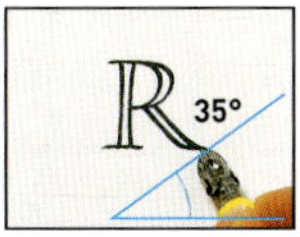

Den äußeren Bauch anfügen, dann Serife am Schaft und den Fuß zeichnen.

B I K L
N T U

Kupferstecher, italienische Schrift

Die „Italienische Schrift“ entstand Mitte des 17. Jahrhunderts; sie hat ihre Wurzeln in den Cancelleresca-Kursivschriften. Wie bei allen Kupferstecherschriften verwendet man eine dünne Spitzfeder. Die unterschiedlichen Strichstärken erhält man durch Druck, nicht durch verschiedene Winkel.

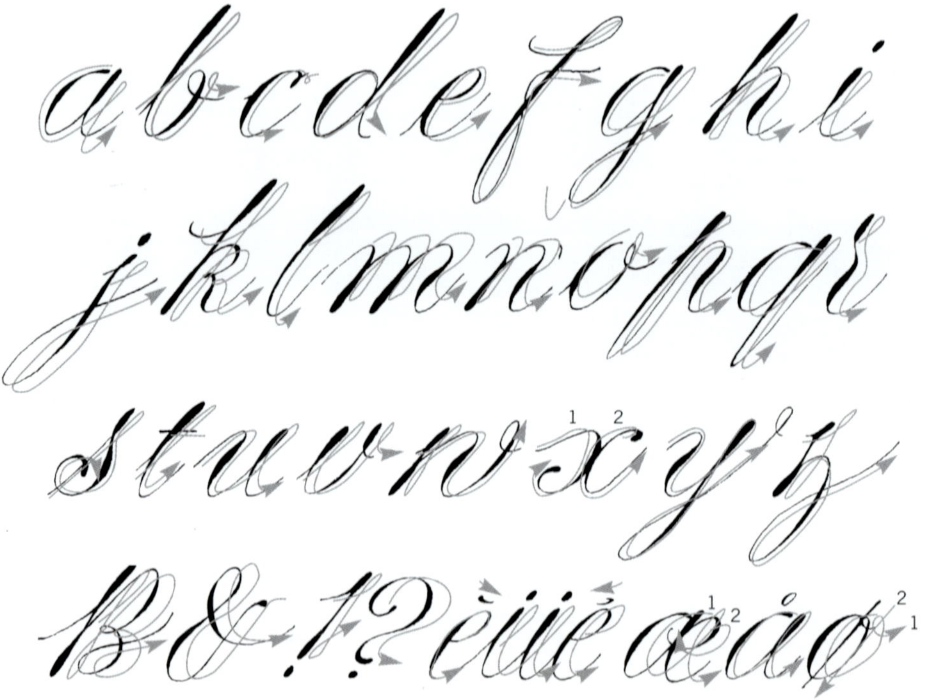

Interessante Details

Die geraden Striche enden in einem deutlichen „Tropfen“, ganz im Gegensatz zur gleichmäßigen Strichstärke der Englischen Schreibschrift. Beachten Sie den extremen Neigungswinkel.

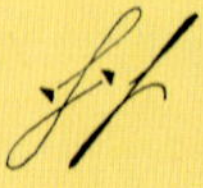

Gerade Striche werden durch Überlappung verstärkt.

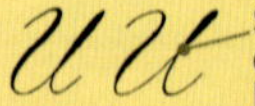

Striche werden hoch oben am Schaft verbunden. Hier ist nicht genug Platz.

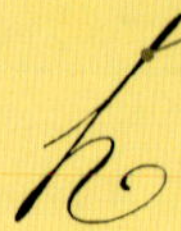

Oberlängen können über die doppelte Höhe hinausgehen. Die Enden sind verschnörkelt.

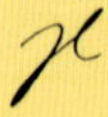

Das halbe „r“ sehen Sie oben im Alphabet. Welches „r“ Sie verwenden, hängt davon ab, ob der Verbindungsstrich von oben oder von unten her kommt.

Grundstruktur

Die Buchstabenform entsteht durch eine flexible, spitze Feder, die mit unterschiedlichem Druck und in einem steilen Winkel geführt wird. Der Neigungswinkel beträgt 40°. Diese Schrift hat sehr starken Kursivcharakter; mehrere Buchstaben hintereinander werden in einem Zug geschrieben.

Struktur	Strichfolge			Gruppe
 Der Buchstabe „a“ ist die Grundlage für die meisten gerundeten Buchstaben.	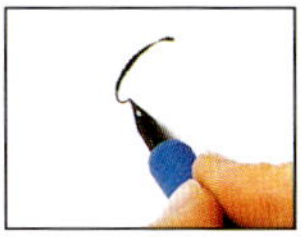 Von oben den Bauch zeichnen, dabei Druck verstärken. Nachlassen und den Schaft nach oben ziehen.	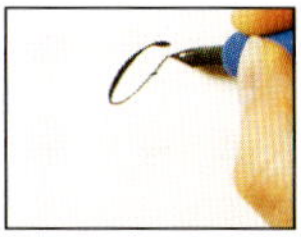 Mit erhöhtem Druck die Schleife ziehen, nach unten hin Druck nachlassen.	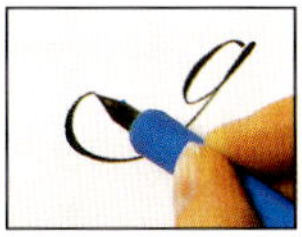 Durch den verstärkten Druck soll die G-Schleife sich mit Tinte füllen.	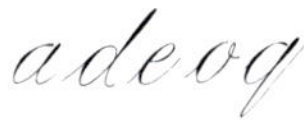
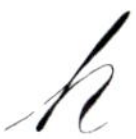 Die Schleifen können auch noch größer sein. Sie müssen aber immer gefüllt, also nicht offen sein.	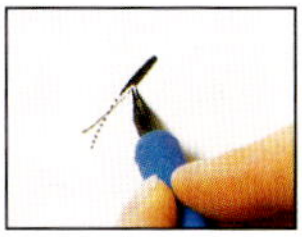 Die Schleife oben am Schaft zeigt nach rechts.	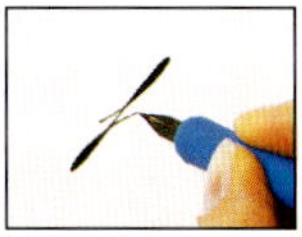 An der Schaftbasis aus einer Linksschleife auf x-Höhe nach oben ziehen.	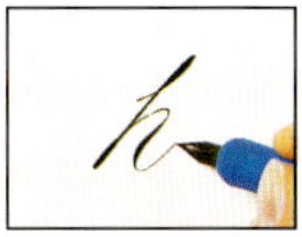 In der Mitte den Druck verstärken, dann in einer Haarlinie auslaufen lassen.	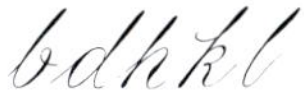
 Wenn „k“ oder „h“ am Wortanfang stehen, zeichnen Sie einen Schnörkel am Anstrich, ansonsten nur einen geraden Schaft.	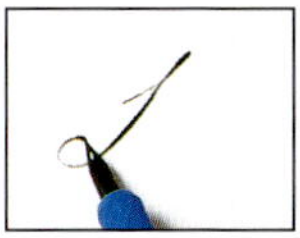 Links mit dem Anstrich beginnen, aus der Schleife den Schaft nach unten ziehen (gerade oder verschnörkelt).	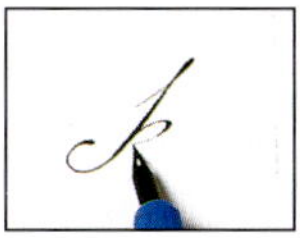 Zeichnen Sie den oberen Bauch. Aus dem geraden Schaft ziehen Sie ihn in einer Bewegung hoch.	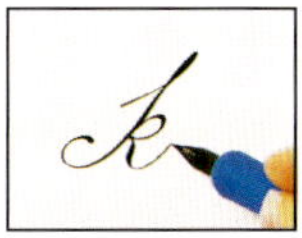 Wenn der obere Bauch den Schaft berührt hat, den Fuß nach unten ziehen.	
 Dieses Zeichen wird nur im Fließtext verwendet. Wenn Sie es dramatischer mögen, nehmen Sie das Beispiel rechts.	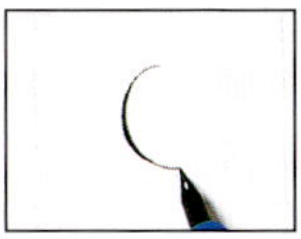 Es gibt immer einen Grund, dieses schöne Schriftzeichen zu verwenden.	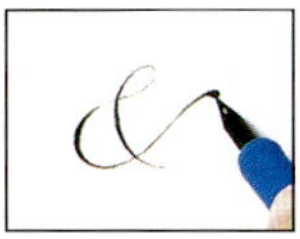 Kreuzen Sie die Striche möglichst rechtwinklig und vermeiden Sie zu enge Schleifen.	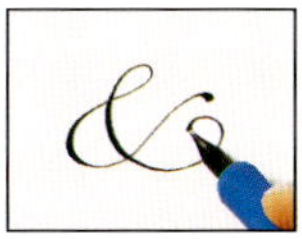 Ziehen Sie die Striche so lang wie möglich, ganz im Kontrast zum restlichen Text.	

Englische Schreibschrift

Zu Beginn des 18. Jahrhundert hatte diese Schrift die Secretary hand als Schreibschrift für Geschäfts- und Alltagstexte abgelöst. Ihr Vorteil lag in der Geschwindigkeit und Klarheit, mit der sie geschrieben werden konnte. Durch die britischen Handelsbeziehungen war sie bald weltweit verbreitet.

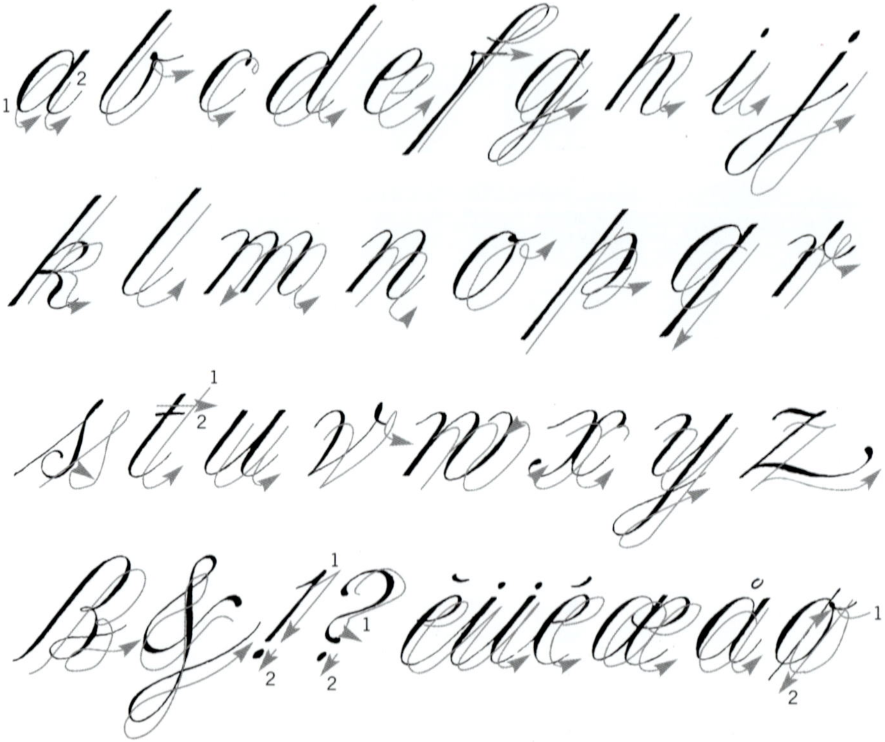

Interessante Details

Die Schäfte dieser Buchstaben sind gerade und können mit weniger spitzer Feder geschrieben werden als die italienische Kupferstecherschrift. Dünnere Striche kann man mit der Federkante zeichnen.

Eine Variante der Schreibschrift mit Schleifen an den Ober- und Unterlängen, wie hier bei „h“ und „f“.

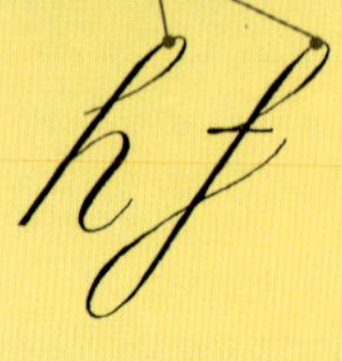

Der Bauch des „p“ kann offen sein wie beim „n“.

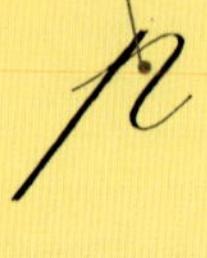

Das „w“ oben wurde oft verwendet, ist für uns heute aber schwer lesbar. Hier ein Vorschlag für eine modernere Variante.

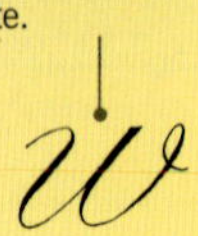

Grundstruktur

Für den Neigungswinkel von 40° sollte das Papier möglichst weit zu Ihrer Rechten liegen; damit erreicht man größere Flexibilität im Handgelenk. Traditionell wurde die Feder im rechten Winkel zur Schreibfläche gehalten, nur die Spitze des kleinen Fingers berührte das Papier.

Struktur	Strichfolge			Gruppe
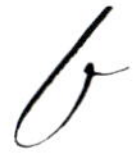 Die Englische Schreibschrift ist mit ihren schlichten Schäften formaler als ihr italienisches Äquivalent.	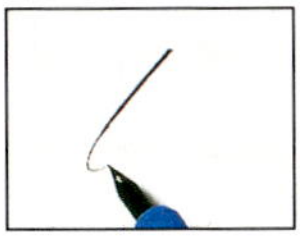 Den Schaft mit starkem Druck beginnen. Nach unten hin Druck nachlassen und die Kurve zeichnen.	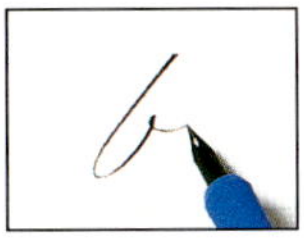 Den Bauch in einem Zug nach oben ziehen, oder absetzen und von oben nach unten ziehen.		a k l p q
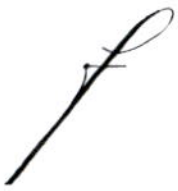 Das „f" ist der einzige Buchstabe, der sowohl Ober- als auch Unterlänge hat.	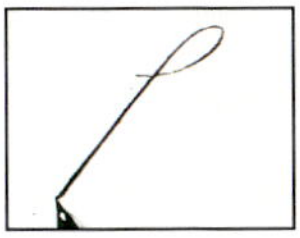 Mit der Schleife nach rechts beginnen; beim Zeichnen des Schafts den Druck nach unten hin verstärken.	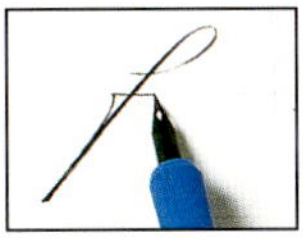 Knapp unterhalb der x-Höhe den Querstrich nach links oben, dann horizontal entlang der x-Höhe ziehen.	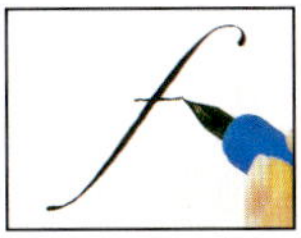 Hier ein alternatives „f" ohne Schleife. Für ein Doppel-"f" können Sie beide Formen nebeneinander setzen.	h p q
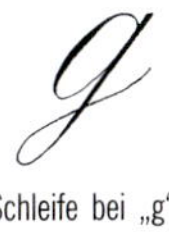 Die Schleife bei „g", „j" und „y" kann verlängert werden, je nachdem, wieviel Platz Sie zwischen den Zeilen haben.	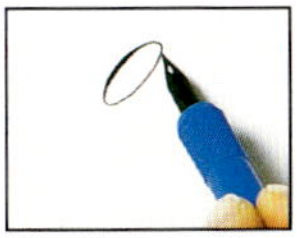 Der erste Strich des „g" ist wie beim „o". In der Mitte des Bauches Druck verstärken.	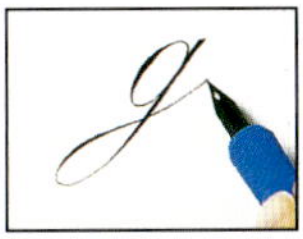 Den rechten Strich mit Druck beginnen, in der Schleife unten nachlassen, nach oben hin wieder verstärken.	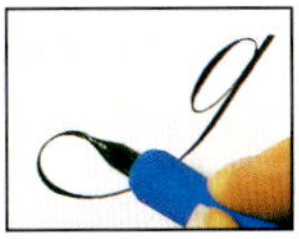 Diese Alternative für den Schweif eignet sich für die unterste Zeile eines Textblocks.	a b c d e j o q
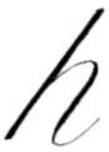 Der formale Charakter der Schrift wird deutlich am „h" mit den parallelen Schäften, wie auch bei „m", „n" und „u".	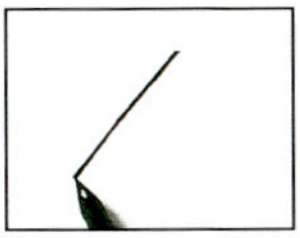 Der erste Strich ist ganz gerade, der Druck auf die Feder ist gleichbleibend.	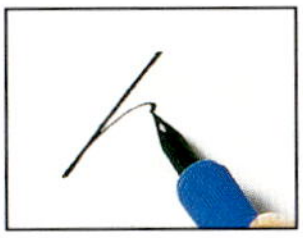 Vom Schaft aus eine Kurve bis zur x-Höhe ziehen.	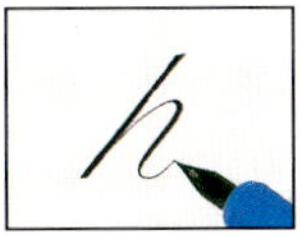 Der äußere Schenkel ist parallel zum Schaft, der Endstrich folgt der Kurve des Bogens.	a b i k l m n r t u w y

Kupferstecherschrift Versalien

Diese Versalien ergänzen die Minuskel der italienischen und englischen Kupferstecherschriften. Im Gegensatz zu den Zier-Versalien passen sie eher in den Textkörper, wo eine dekorative Wirkung nicht erforderlich ist. Wie alle Kupferstecher-Versalien sollten sie möglichst nicht alleine verwendet werden.

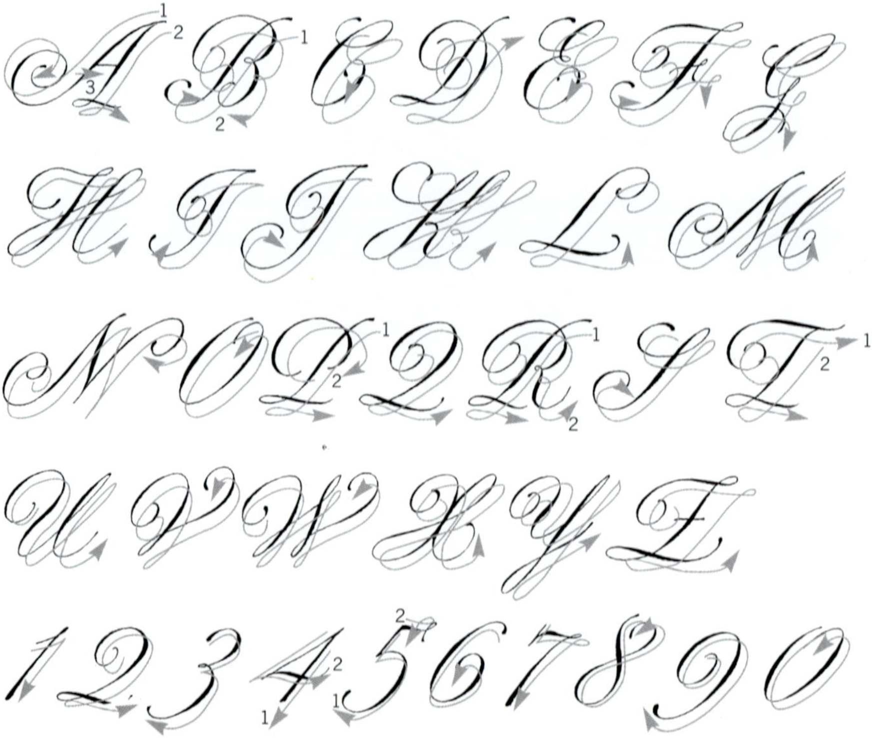

Interessante Details

Bei den Versalien gibt es im Gegensatz zu den Minuskeln keine geraden Linien. Der Schaft besteht aus einer sanft an- und abschwellenden Linie und endet in einer Schleife oder einem Schweif.

Die Buchstaben sollten sich auf natürliche Weise aneinanderfügen. Gleichen Sie die Zwischenräume aus.

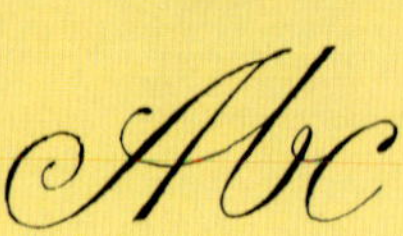

Vermeiden Sie dicke sich kreuzende Linien. Ideal kreuzt ein dicker einen dünnen Strich. Den Kontrast zwischen den gerundeten Versalien und den geraden Strichen der Minuskeln sieht man gut an den beiden „P"s.

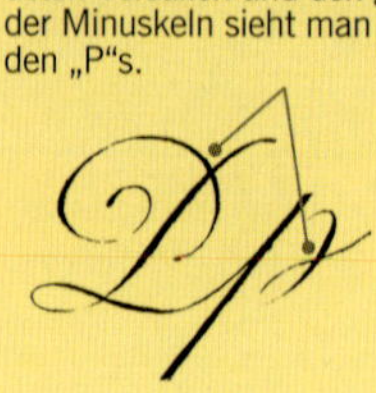

Grundstruktur

Die Buchstaben sind um 40° geneigt. Das An- und Abschwellen der Striche erzeugt man durch unterschiedliche Druckstärke mit der spitzen Feder. Der Schnörkel von „B“, „D“, „P“ und „R“ reicht vom Schaft aus weit nach links.

Struktur | **Strichfolge** | **Gruppe**

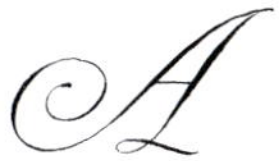

Unter das Papier können Sie ein liniertes Blatt im 40°-Winkel legen, damit sie den exakten Neigungswinkel durchsehen.

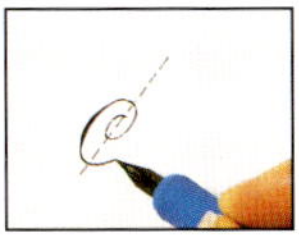

Die Ellipsen sollten den Schwerpunkt hinter dem 40°-Winkel haben. Legen Sie Ihr Papier weit nach rechts.

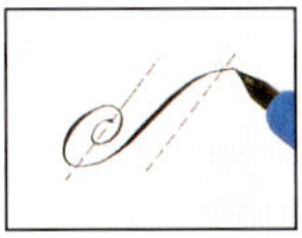

Ziehen Sie den linken Schenkel in einer geschwungenen Bewegung nach oben.

Den rechten Schenkel ansetzen und unten mit einer Schleife abschließen. Zuletzt den Querbalken zeichnen.

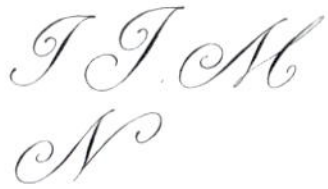

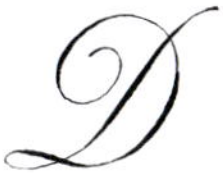

Der Bauch beginnt sehr tief am Schaft. Dies betrifft auch die Buchstaben „B“, „P“ und „R“.

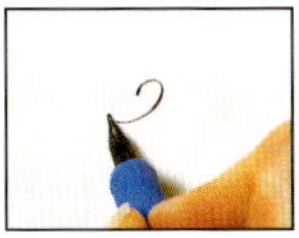

Rechts beginnen, nach unten hin Druck verstärken. Nachlassen und nach links einen Bogen ziehen.

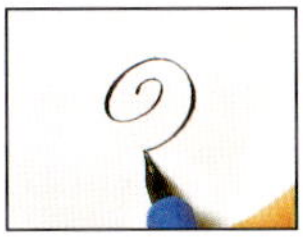

Den Bauch in einer Schleife abschließen. Im Verhältnis zur vorhergehenden Ellipse ist der Bauch klein.

In einer durchgehenden Bewegung zeichnen Sie nun den Schaft.

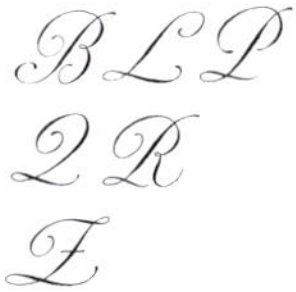

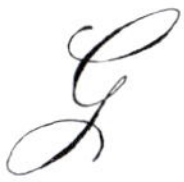

„G“ und „Y“ ragen unten über die Grundlinie hinaus, was für Versalien ungewöhnlich ist.

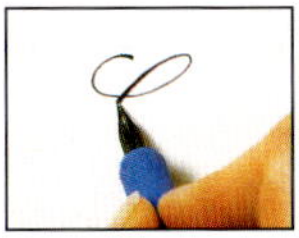

Beginnen Sie mit dem linken Schnörkel. Malen Sie einen großen Bauch und durchkreuzen Sie die Linie.

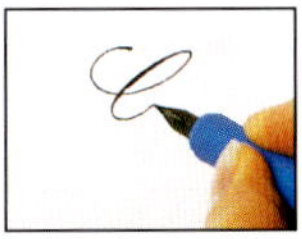

Die untere Hälfte des Bauches wird wieder nach oben geschwungen.

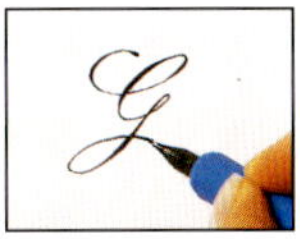

Ziehen Sie die untere Schleife und durchkreuzen Sie die Linie.

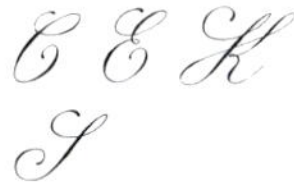

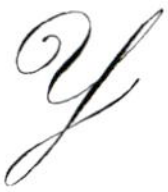

Der offene Bauch des „Y“ endet kurz vor der Grundlinie.

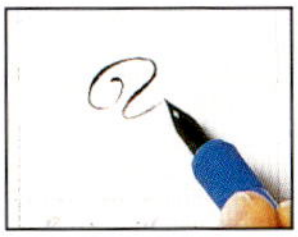

Diese vierte Version des Schnörkels beginnt in der Mitte und steigt zur Kopflinie auf…

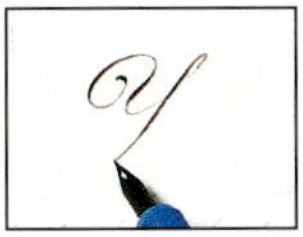

…bevor er nach unten in den Körper mündet.

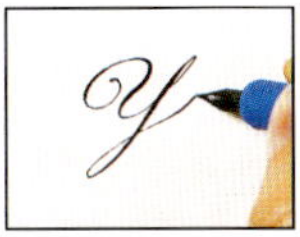

Die engen Schleifen oben und unten am Schaft bilden einen Kontrast zum offenen Schnörkel.

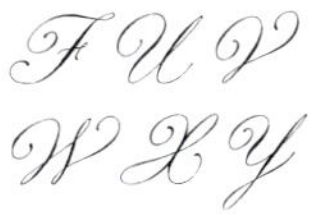

Kupferstecherschrift Zier-Versalien

Im 16. Jahrhundert begann man, Schriften in Kupfer zu stechen und zu drucken. Die Schreiber mit ihren Federkielen konnten im Hinblick auf die Exaktheit der Buchstaben kaum mithalten. Diese Versalien basieren auf einem Vorbild aus dem 17. Jahrhundert, sind in der Breite aber vereinheitlicht.

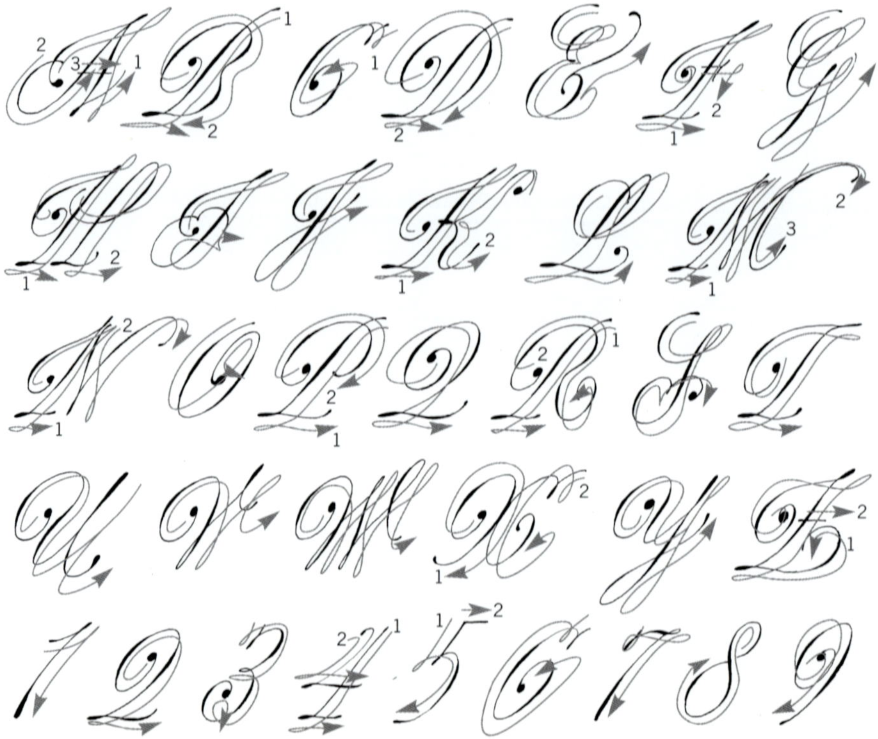

Interessante Details

Der runde Punkt an den Endungen ist ein Blickfang. Auch die breiten Bögen sind ein charakteristisches Merkmal dieser Schrift.

Die Bäuche von „B“ und „R“ sind leicht gewellt und nicht wie gewöhnlich klar abgetrennt.

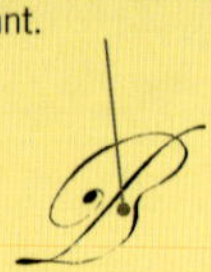

Hier eine Alternative für das „H“; als weitere Abwandlung wäre eine Schleife und ein Fuß denkbar.

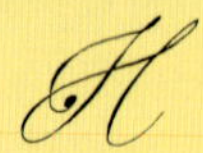

Ein alternatives „Q“; das „Q“ konnte man in den romanischen Sprachen am darauffolgenden „u“ erkennen.

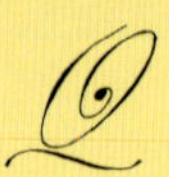

Grundstruktur

Die Buchstaben werden mit einer spitzen Feder und nicht mit der Breitfeder geschrieben. Verschiedene Strichstärken erzeugt man durch unterschiedlichen Druck. Wie bei allen Kupferstecherschriften wird die Feder beim Schreiben möglichst wenig abgesetzt, was durch die Vorwärtsneigung erleichtert wird.

Struktur **Strichfolge** **Gruppe**

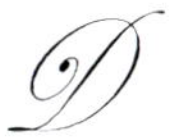

Üben Sie zuerst das „D". Legen Sie für den korrekten Neigungswinkel ein liniertes Blatt im 40°-Winkel unter das Schreibpapier.

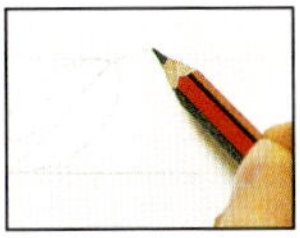

Die Buchstaben sollten zwar spontan geschrieben werden, aber am Anfang ist es besser, sie vorzuzeichnen.

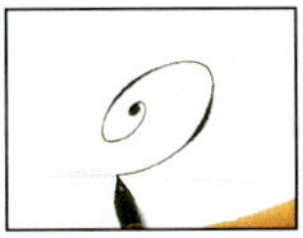

Die breite Rundung des äußeren Bauches sollte idealerweise in einem Strich gezogen werden.

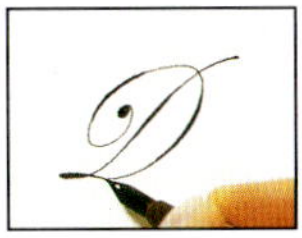

Der Schaft durchkreuzt den Bauch ungefähr in der Mitte zwischen innerem und äußerem Schaft.

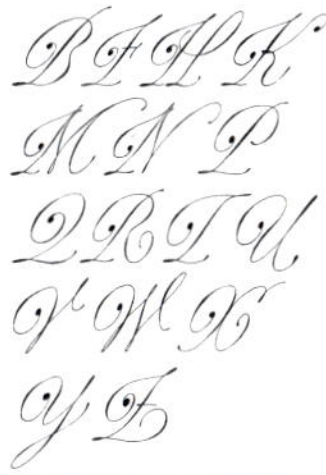

Der Fuß dieser Versalien ist beinahe parallel zur Grundlinie. Die enge Schleife darf gut mit Tinte gefüllt sein.

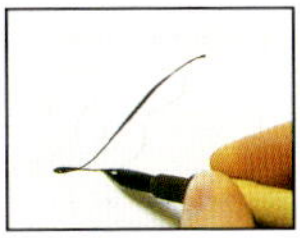

Der Schaft wird als erstes gezeichnet.

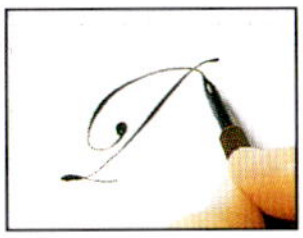

Aus dem Tropfen erst nach unten, dann mit verstärktem Druck nach oben ziehen. Oben Druck nachlassen.

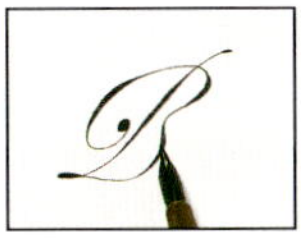

In den äußeren Rundungen der Bäuche wird der Druck verstärkt. In den Fuß münden lassen

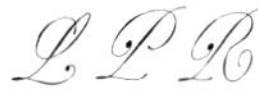

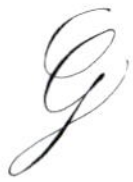

Der Bauch des „G" reicht nicht an die Grundlinie. Der Verbindungsstrich kann an den nächsten Buchstaben anschließen.

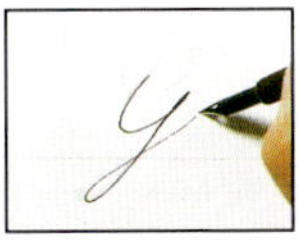

Den Bauch in der Mitte beginnen und die untere Hälfte in einem Strich durchziehen.

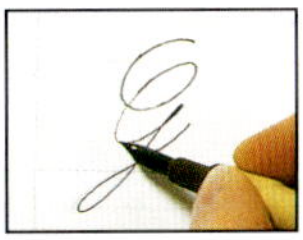

Vom höchsten Punkt aus den oberen Teil des Buchstabens ergänzen.

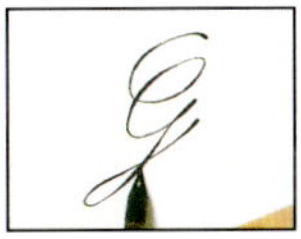

Dieser Buchstabe ist in einem einheitlichen Strich gemalt und erst am Schluss verstärkt.

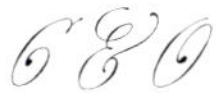

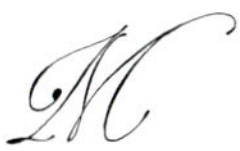

Das „M" ist gewöhnlich ein breiter Buchstabe. Hier ist er genauso breit wie andere Buchstaben.

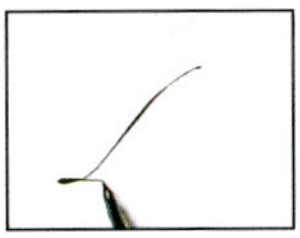

Das linke Bein beginnt wie das „B".

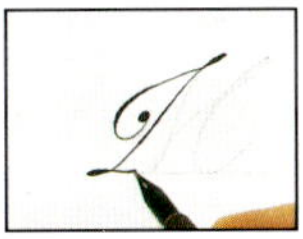

Den Bogen links vom Schaft weit nach unten ziehen.

Der Rest folgt in einem Strich. Die engen Schleifen dürfen sich mit Tinte füllen.

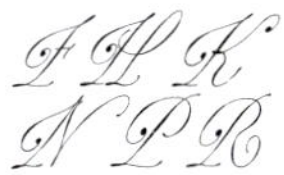

Neuland Minuskel

Diese modernen Kleinbuchstaben ergänzen die Versalien von Rudolf Koch aus dem frühen 20. Jahrhundert. Die einzelnen Striche sind stärker segmentiert als bei den Versalien, um dem halbfetten Charakter der Buchstaben Rechnung zu tragen.

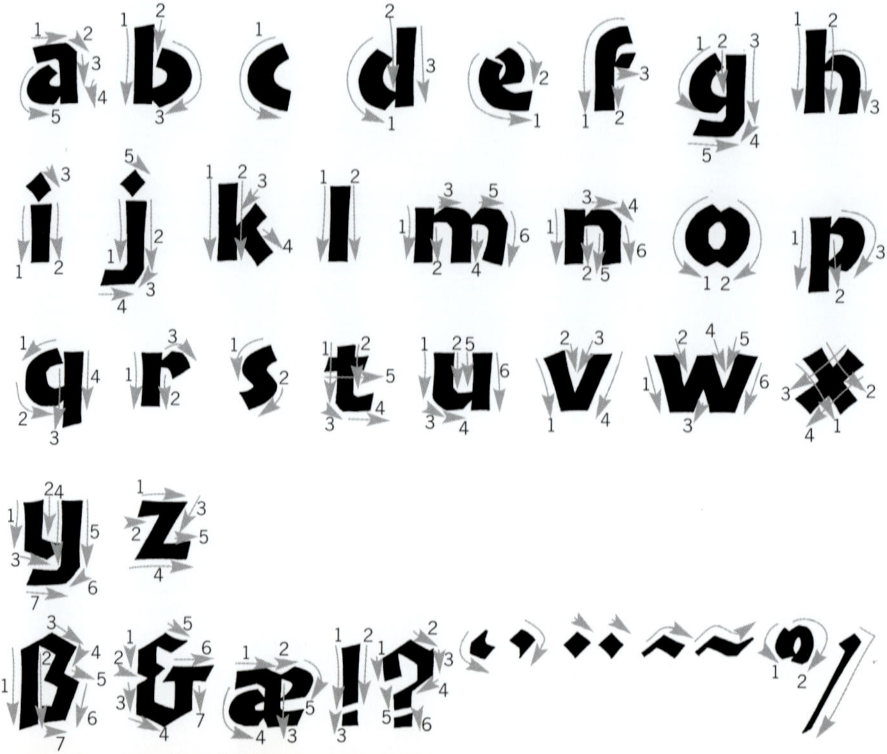

Interessante Details

Buchstaben mit geradem Schaft reichen immer bis zur x-Höhe und sind auf dieser Linie rechtwinklig abgeschnitten. Gerundete Buchstaben durchbrechen die x-Linie im spitzen Winkel.

Die Schäfte sind leicht konkav. Ober- und Unterlängen sind zurückgebildet.

Lassen Sie zwischen den Strichen reichlich Platz.

Hier sehen Sie eine Alternative für das „d“.

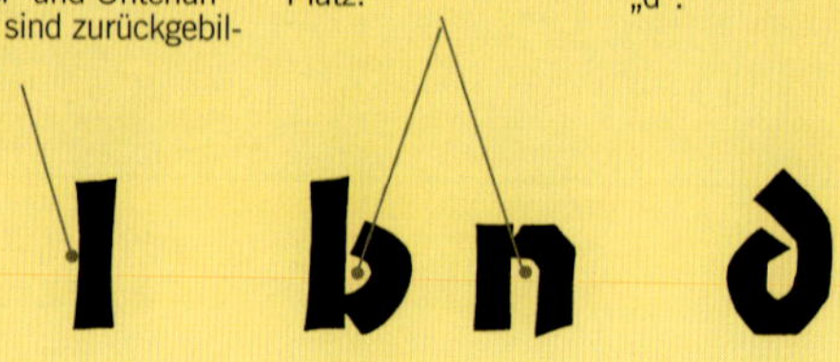

Grundstruktur

Wie die Versalien lassen diese Buchstaben viel Interpretationsspielraum; sie bestehen aus überlappenden Strichen. Man kann die Konturen vorzeichnen und ausfüllen oder Schablonen aus Papier ausschneiden. Letzteres ist besonders bei großen Schriftgrößen geeignet.

Struktur | **Strichfolge** | **Gruppe**

h

Die x-Höhe beträgt ca. 2,5 Federbreiten, die Oberlänge ist ungefähr eine Federbreite hoch.

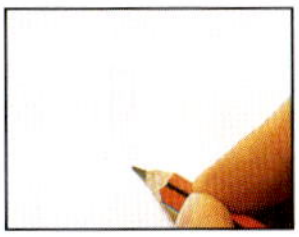

Am einfachsten ist es, wenn Sie die Buchstaben zuerst mit Bleistift vorzeichnen.

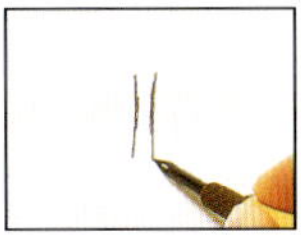

Die Konturen dieses Buchstabens wurden mit der Spitzfeder nachgezeichnet.

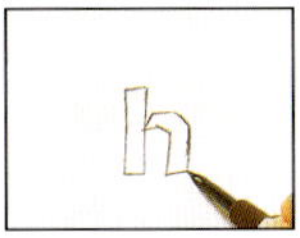

Bei dieser Methode sollte Ihr Original immer groß sein.

b d j k
l m n q
r t u y

s

Die Buchstaben „c", „e", „o" und „s" können ebenfalls ausgemalt werden.

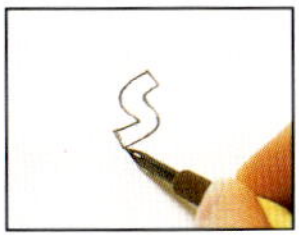

Runde Linien sind generell breiter und durchbrechen die Linie der x-Höhe.

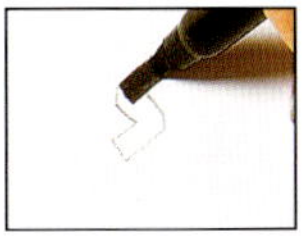

Das „s" besteht aus Segmenten. Die Feder muss dieselbe Breite wir der Strich haben.

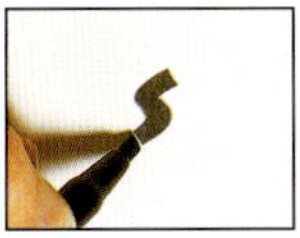

Beachten Sie, dass der Buchstabe immer rechtwinklig abschließt.

a b c e
g o p q

e

Die Buchstaben „c", „g", „o" und „q" ähneln sich in dieser Schrift. Die Rundung schließt am Kopf nicht an den Schaft an.

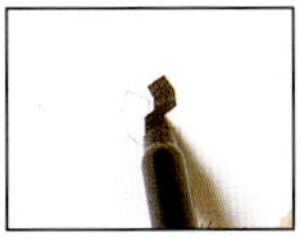

Der Mittelbalken wird mit der Federkante gezeichnet, damit er sich von den halbfetten Teilen besser abhebt. Feder um

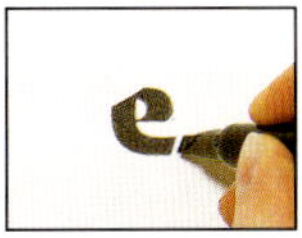

90° drehen, dann die linke Rundung in einem Strich durchziehen.

c g o q

g

Ähnlich wie beim „e" ist der obere Bauch des „g" nicht mit dem Schaft verbunden.

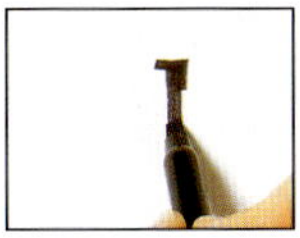

Ziehen Sie einen geraden Schaft in voller Federbreite.

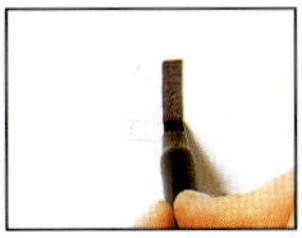

Alternativ einen leicht konkaven Schaft aus zwei Strichen mit der Spitzfeder zeichnen.

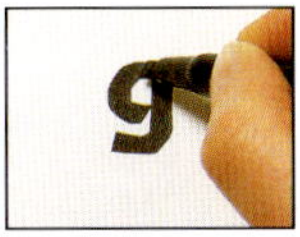

Den Bauch aus drei Segmenten zusammensetzen oder in einem Strich durchziehen.

j p q y

Neuland Versalien

Diese Versalien basieren auf der Schrift, die Rudolf Koch Anfang des 20. Jahrhunderts entworfen hat. Ursprünglich schnitt man sie wohl aus schwarzem Papier aus. Die kräftigen, halbfetten Buchstaben sehen eng nebeneinander gut aus. Sie sind ideal für große Arbeiten und passen auch zu modernen gotischen Minuskeln.

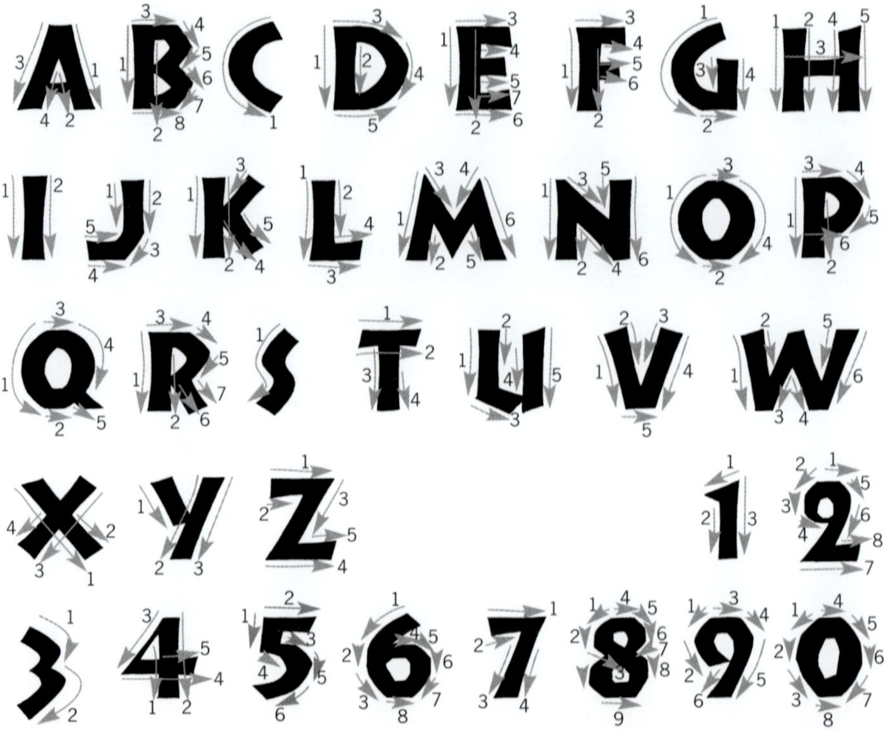

Interessante Details

Die meisten Buchstaben sind an Kopf und Fuß quadratisch abgeschnitten. Wenn Sie eine Breitfeder verwenden, ist der Winkel immer möglichst rechtwinklig zur Strichrichtung.

Schaft und gerade Striche sind konkav.

Die meisten Buchstaben sind gleich hoch, nur bei Neuansätzen ist der Ansatz deutlich höher oder tiefer.

Diese Buchstaben können auf verschiedenste Weise konstruiert werden.

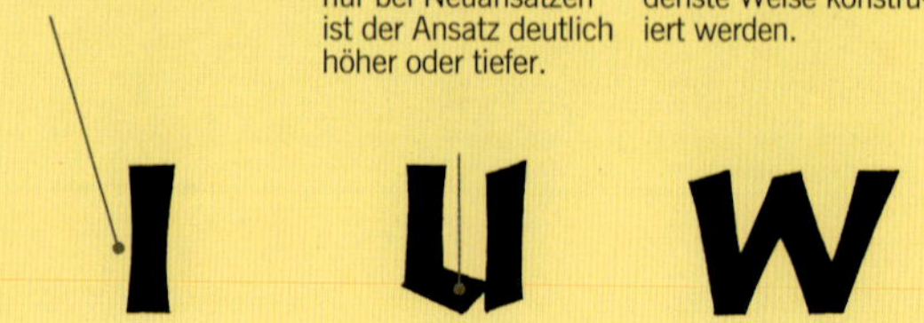

Grundstruktur

Die serifenlosen Buchstaben sind frei gezeichnet, mit konkaven Geraden und Kurven, die sich aus mehreren geraden Segmenten zusammensetzen. Alle Buchstaben haben dasselbe Gewicht, obwohl die Strichstärke variieren kann. Solange diese Regeln befolgt werden, bleibt viel Raum für Interpretationen.

Struktur | **Strichfolgen** | **Gruppe**

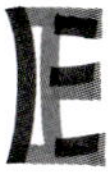

Die Schaftbreite kann zwischen 2,5 und 3,5 Federbreiten variieren.

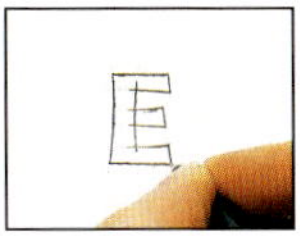

Sie können die Buchstaben direkt mit dem Stift zeichnen oder zuerst mit Bleistift vorzeichnen.

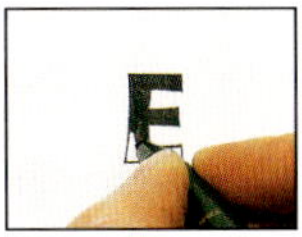

Dann malen Sie die Buchstabenkonturen mit der Spitz- oder Breitfeder aus.

BDFH
IJKP
RSTU

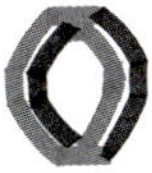

Am „O“ sehen Sie besonders deutlich, dass die Kurven aus mehreren geraden Strichen zusammengesetzt sind.

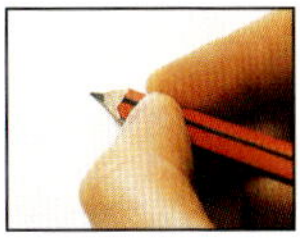

Konturen mit einer dünnen Feder oder mit Bleistift vorzeichnen.

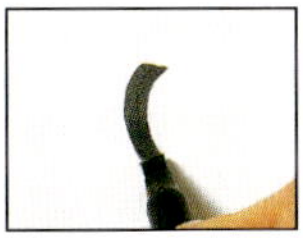

Am Schluss den Buchstaben ausmalen.

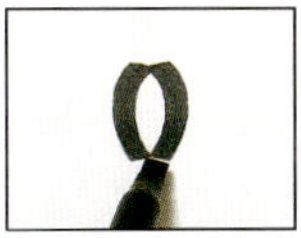

Dieser Buchstabe wurde mit einer Breitfeder in einem einzigen Zug gezeichnet.

CDGQ
R

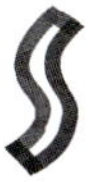

Dieser Buchstabe wurde mit einer Feder in der Breite von etwa 2/3 der Strichbreite gezeichnet.

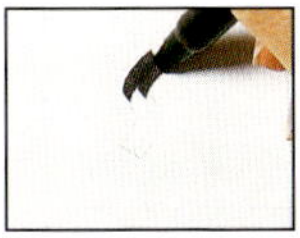

Setzen Sie den Strich aus Segmenten zusammen. Die Feder wird senkrecht zur Strichrichtung gehalten.

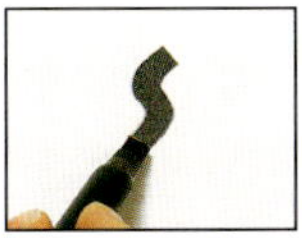

Die gekrümmten Striche enden stets im rechten Winkel zur Strichrichtung.

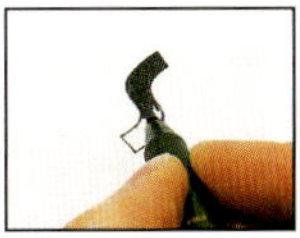

Alternativ können Sie einen Buchstaben vorzeichnen und ausfüllen.

CG

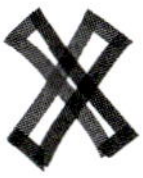

Die geraden Linien, die sich in der Mitte kreuzen, sind deutlich konkav.

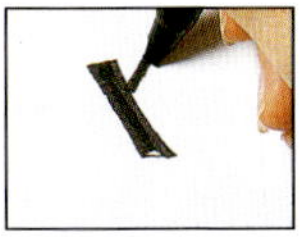

Die rechte Diagonale beginnt im Winkel der Kopf- und Grundlinie.

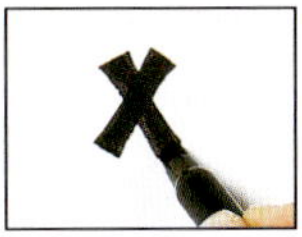

Die Enden der linken Diagonale sind rechtwinklig zum Strich.

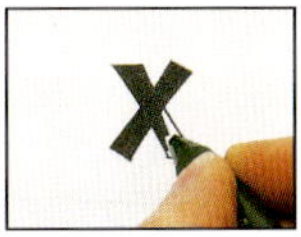

Achten Sie auf die rechtwinkligen Endungen.

AMN
RVW
YZ

Römische Minuskel, Spitzfeder

Diese Kleinbuchstaben ergänzen die Spitzfeder-Versalien. Sie werden aus mehreren kleinen Strichen mit der Spitzfeder zusammengesetzt. Ihre Form – etwas komprimierter als die Versalien – erinnert an die Humanistische Minuskel.

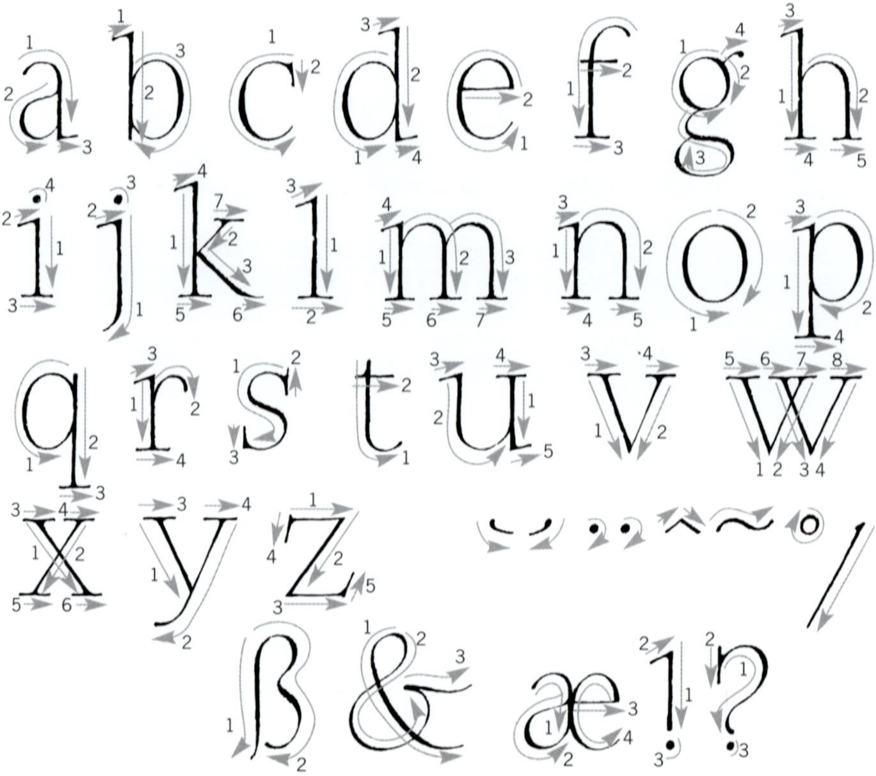

Interessante Details

Die Kopfserifen sind geneigt, entsprechen in der Form aber den anderen Serifen. Sie sind nicht keilförmig und enden in einem sehr kleinen Tropfen.

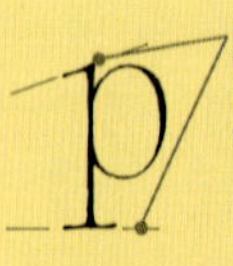

Beachten Sie die unterschiedlichen Winkel der beiden Serifen.

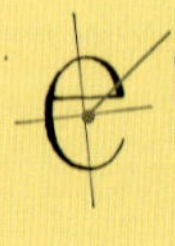

Die Achse der gerundeten Buchstaben ist leicht nach hinten geneigt.

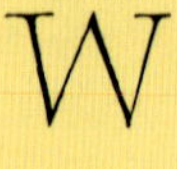

Es gibt zwei Varianten für den Buchstaben „w".

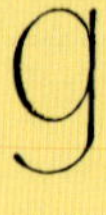

Alternative eingeschossige Form des „g". (Sollte bei kursiver Schrift verwendet werden.)

Grundstruktur

Die Buchstaben werden am besten mit dem Bleistift vorgezeichnet, bevor man sie mit der Spitzfeder nachzieht. Das Design lässt sich zwar ohne formale Strukturen relativ frei gestalten, doch sollte beim Schreiben der Buchstaben sorgfältig geplant und nichts dem Zufall überlassen werden.

Struktur	**Strichfolge**			**Gruppe**
a Der Bauch beginnt ungefähr in der Mitte des Schafts. Der Innenraum sollte nicht zu klein sein.	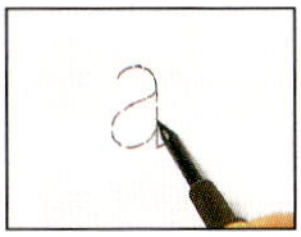 Bauen Sie den Buchstaben schrittweise auf. Zuerst mit dem Bleistift vorzeichnen, dann mit Tusche nachziehen.	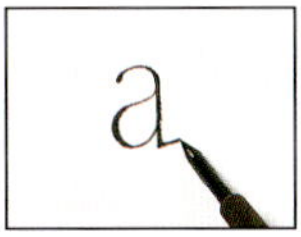 Striche verstärken, dabei genau auf die Verteilung von dicken und dünnen Linien achten.	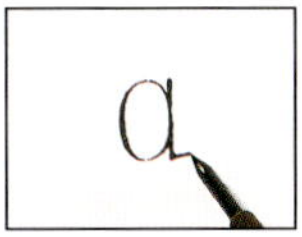 Eine Alternative für das „a“: eingeschossig mit geradem Schaft.	f g
m Die Breite des „n“ orientiert sich an der Breite des „o“ und der Serifenform des „i“.	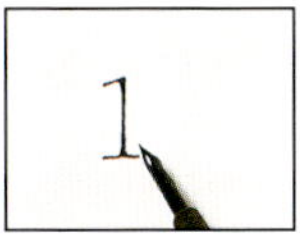 Der erste Strich ist genauso wie beim „p“, nur kürzer, und ergibt ein „i“.	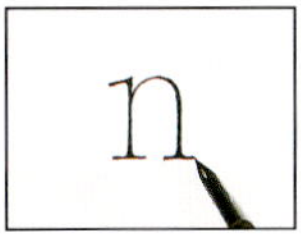 Der Bogen ist beinahe ein Halbkreis. Die Breite ist bei den meisten anderen Buchstaben gleich.	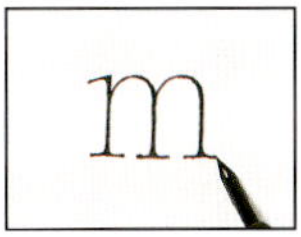 Ein zweiter Bogen macht das „n“ zum „m“. Beachten Sie die winzige Filette zwischen Schaft und Serife.	h i j k l n r t u
p Achten Sie besonders auf den Innenraum des Bauches. Er sollte möglichst bei allen Buchstaben gleich aussehen.	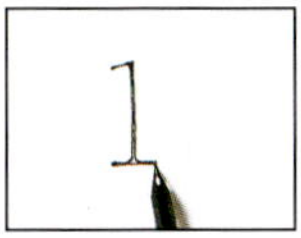 Die obere Serife ist leicht geneigt, was an die Keilserifen früherer Schriften erinnert.	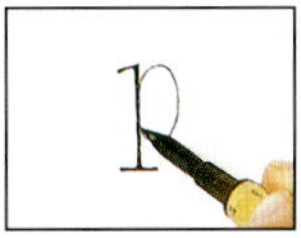 Der Bauch des „p“ (und „b“, „d“ und „q“) ist direkt vom „o“ abgeleitet, das hier als Vorbild dient.		b c d g o q s
w Der Winkel des „v“ bestimmt den Neigungswinkel der Buchstaben „w“, „x“, „y“ und „z“.	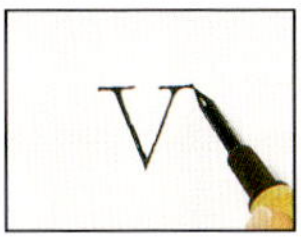 Zuerst das „v“ zeichnen. Die Serifen sind horizontal.	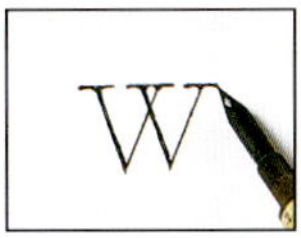 Dieses „w“ besteht aus zwei „v“s. Die Mittelserifen sind verbunden.	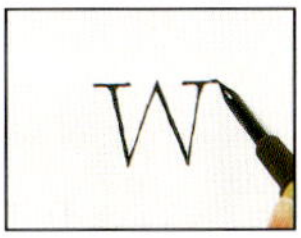 Eine Alternative für das „w.“ Die äußeren Schenkel sind steiler.	v x y z

Römische Versalien, Spitzfeder

Diese Buchstaben sind aus mehreren Strichen mit der Spitzfeder zusammengesetzt. Da sie keinerlei Kursivcharakter haben, sind sie eigentlich keine wirkliche Handschrift; ihre Eleganz jedoch macht sie für Kalligraphen attraktiv. Die Buchstaben sind zwar leichtgewichtig, doch die Schattierungen richten sich nach den Originalformen ihres römischen Vorbilds.

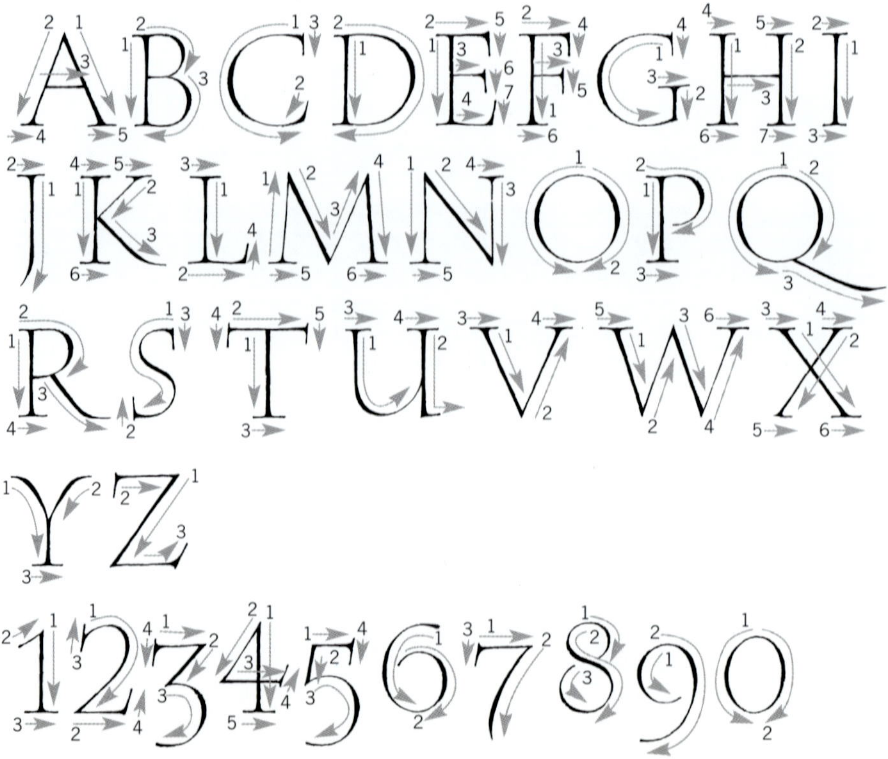

Interessante Details

Die Serifen sind verlängert, und bei genauem Hinsehen erkennt man den kleinen Tropfen am Ende. Die Buchstaben sind großräumig und nicht komprimiert.

Die Buchstaben lassen sich auch ohne formale Strukturregeln gut schreiben. Solange die Schattierungen korrekt sind, können Sie die Formen frei gestalten.

Die Form dieses alternativen „U" wirkt etwas weniger formal.

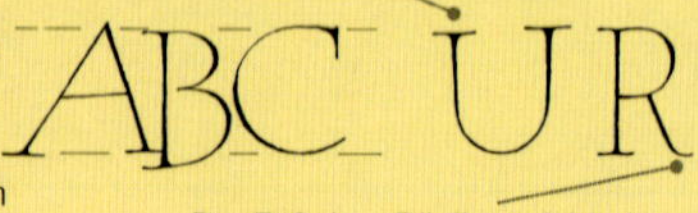

Der Fuß des „R" dient nicht als Stütze, sondern fließt in sanfter Linie vom Bauch weg.

Diese Buchstaben eignen sich nicht für das spontane Schreiben. Zeichnen Sie zuerst alles mit Bleistift vor.

Grundstruktur

Die Proportionen bleiben eng am klassischen Original mit seinen verschiedenen Buchstabenbreiten: „E“ und „S“ sind schmal, „C“, „G,“ „O“ und „Q“ sind beinahe kreisförmig. Bauen Sie die Buchstaben Schritt für Schritt aus kleinen Strichen mit der Spitzfeder auf, am besten auf Papier mit Oberflächenstruktur.

Struktur | **Strichfolge** | **Gruppe**

A

Je vorsichtiger Ihre Striche, desto besser. Noch leichter geht es, wenn die Papierstruktur die Striche bremst.

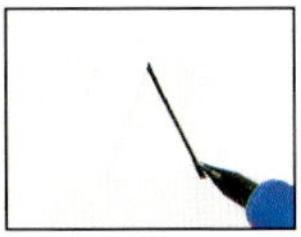

Zeichnen Sie die Buchstaben sorgfältig mit Bleistift vor. Überlassen Sie nichts dem Zufall.

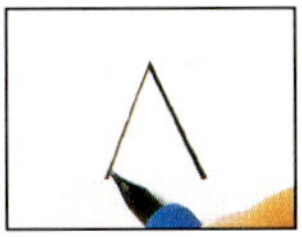

Der linke Schenkel ist – getreu dem historischen Vorbild – schmäler als der rechte.

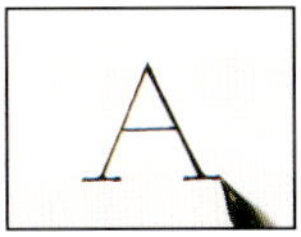

Gestalten Sie die Serifen großzügig. Achten Sie auf die kleine Filette zwischen Schaft und Serife.

M N V
W X Z

R

Der Bauch des „P“ darf etwas kleiner sein als beim „R“.

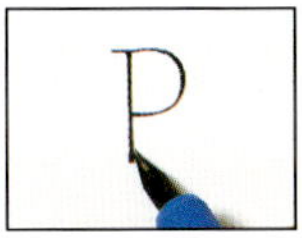

Der erste Strich ist bei fast allen Buchstaben mit senkrechtem Schaft gleich.

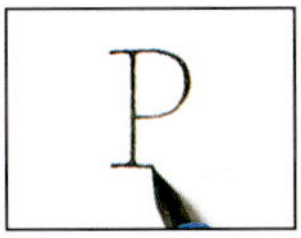

Der Bauch des „P“ berührt den Schaft.

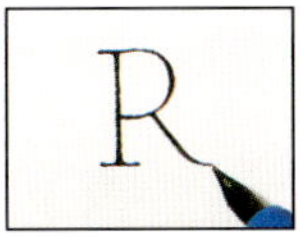

Ziehen Sie den Fuß entlang einer imaginären Diagonalachse, die am oberen Serifenende beginnt.

C G O
Q U

S

Der obere Bogen des „S“ ist immer etwas kleiner als der untere, damit der Buchstabe einen leichtgewichtigen Charakter erhält.

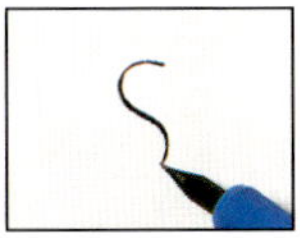

Der Mittelstrich des „S“ schwingt in einer sanften Kurve nach vorne.

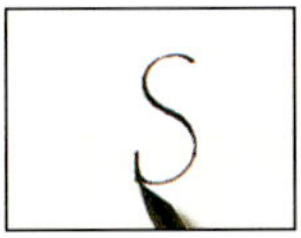

Ziehen Sie den unteren Bogen, heben Sie den Stift ab und zeichnen Sie die Serife.

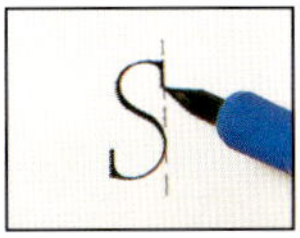

Die obere Serife ragt nicht über den unteren Bogen hinaus.

B

W

Hier sehen Sie eine Alternative zum „W“ auf der gegenüberliegenden Seite.

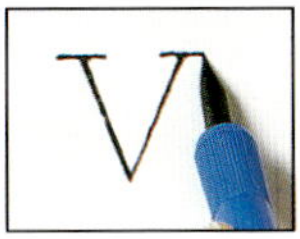

Zeichnen Sie zuerst ein „V“.

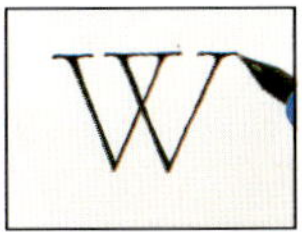

Das zweite „V“ danebensetzen, die horizontalen Serifen verbinden.

A M N
V W

Offene Römische Versalien

Diese römische Kapitalschrift basiert auf der Handschrift des berühmten isländischen Kalligraphen Gunnlaugur Briem. Zugrundegelegtes Prinzip ist hier der klassische Buchstabe aus den römischen Inschriften mit seinen regelmäßigen Proportionen und dem Wechselspiel von dick und dünn.

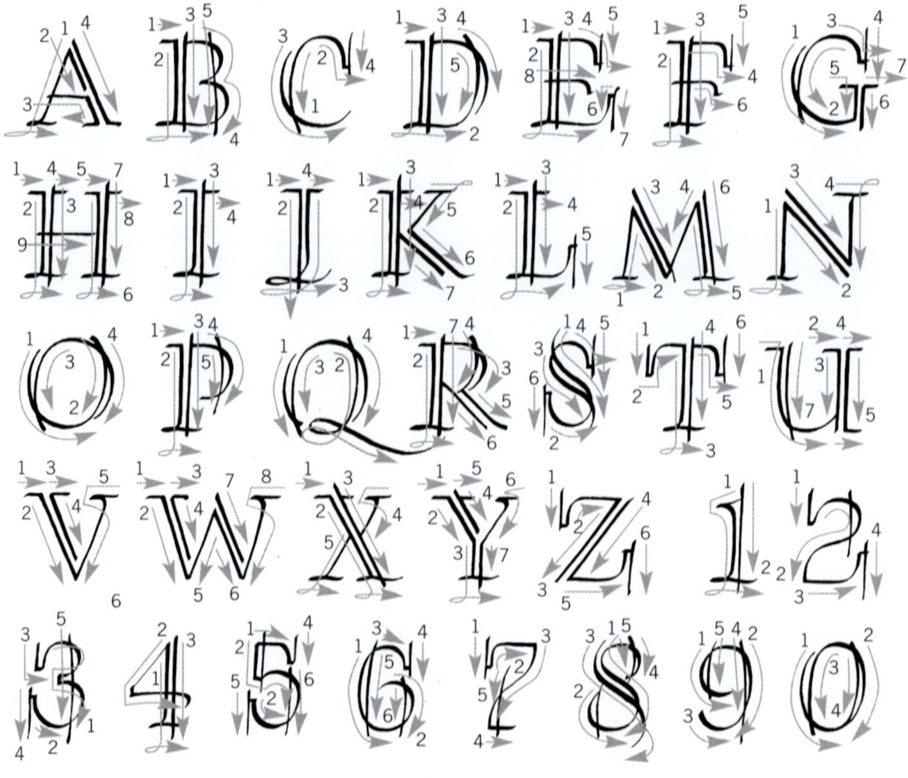

Interessante Details

Der formale Charakter der römischen Buchstaben wird durchbrochen, indem ein Teil von Schaft und Rundung jeweils über das eigentliche Ende des Buchstabens hinausragen darf.

Die unvollendeten Striche bieten Ansatzpunkte für Schnörkel und Schleifen.

Eine Alternative für den Abschluss der Diagonale. Dies ist auch bei „A“ und „M“ möglich.

Variante für das „R“. Die Rundung berührt den Schaft in der Mitte nicht.

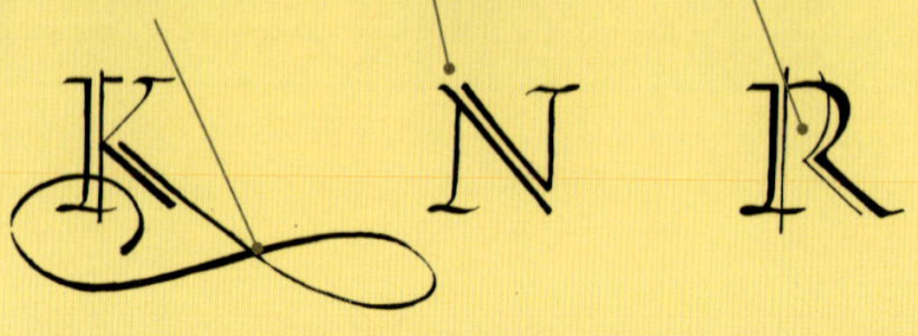

Grundstruktur

Die dünnen Teile dieser römischen Buchstaben bestehen nur aus einer Linie, die fetteren bestehen aus zwei separaten Strichen und nicht aus einem Doppelstrich. Die schmale Feder wird in einem festen Winkel gehalten, wobei die einzelnen Striche in der Stärke leicht variieren können.

Struktur	**Strichfolge**			**Gruppe**
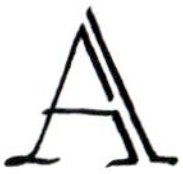 Bevor Sie die Buchstaben schreiben, planen Sie ihre Ausführung sorgfältig, arbeiten sie z.B. zuerst mit dem Bleistift.	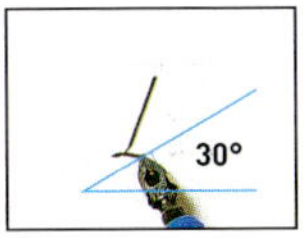 Beginnen Sie mit dem linken Schenkel. Beachten Sie, dass die Serife leicht gewölbt ist.	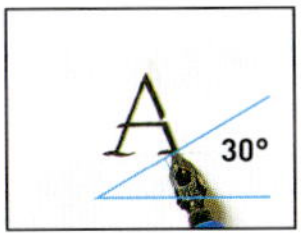 Ziehen Sie die rechte Diagonale bis kurz vor den Querstrich. Querstrich, untere Diagonale und Serife anfügen.	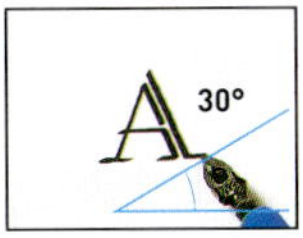 Vervollständigen Sie die rechte Diagonale mit einem Parallelstrich und fügen Sie rechts die Serife an.	MNV W
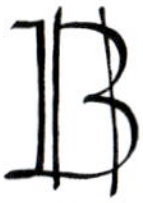 Beachten Sie, wie die horizontalen Serifen überstehen und wie die Bäuche durch einen senkrechten Strick dicker wirken.	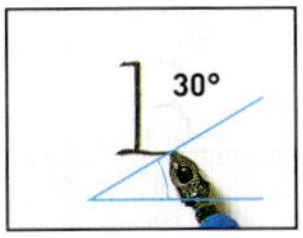 Mit der oberen Serife und dem Schaft beginnen, dann nach links für den Fuß und wieder zurück, nach rechts ziehen.	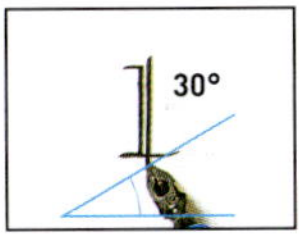 Der innere Schaft beginnt oberhalb und endet unterhalb von Kopf- und Grundlinie.	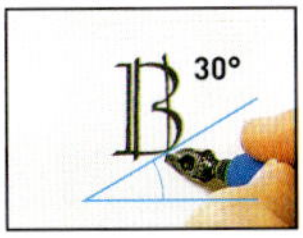 Malen Sie den oberen und unteren Bauch in einem Zug. Zum Schluss ziehen Sie den senkrechten Strich.	DEFH IJKP RU
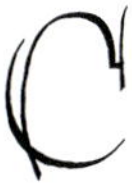 Die Serifen werden anders gezeichnet, wenn sie senkrecht angesetzt werden.	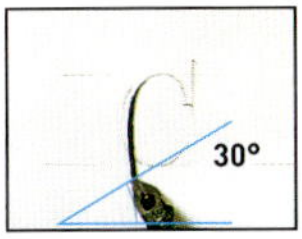 Ziehen Sie eine leicht geschwungene Kurve von der Kopf- bis zur Grundlinie.	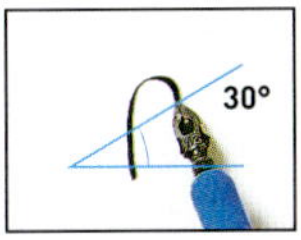 Richtung wechseln und den Innenteil der oberen Rundung anfügen.	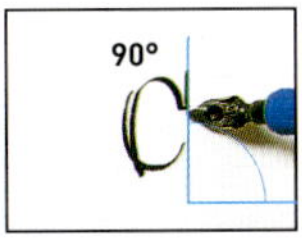 Links vom ersten Strich die äußere Rundung anfügen, bis in den Fuß durchziehen. Mit der Kopfserife abschließen.	COQ
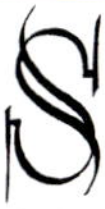 Dieser Buchstabe ist ziemlich schwierig zu schreiben. Sorgfältige Vorbereitung zahlt sich aus.	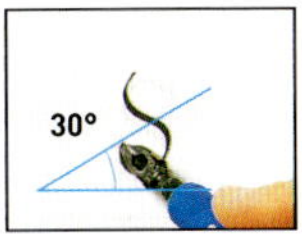 Beginnen Sie mit dem oberen Haken und ziehen ihn bis zur unteren Serife durch.	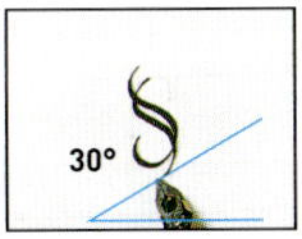 Der untere Haken reicht bis unter die Grundlinie.	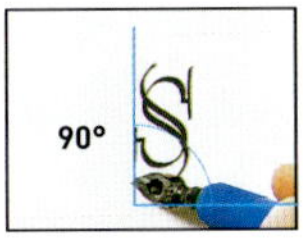 Zum Schluss mit einem senkrechten Strich die Serifen zeichnen.	FHIU Y

Brush script, breite Minuskel 1

Diese Buchstaben basieren auf der Schrift, die der amerikanische Kalligraph Arthur Baker entworfen hat. Sie eignen sich besonders für kleinere Texte. Sobald Sie den Duktus beherrschen, können Sie mit diesen Buchstabenformen ausdrucksvolle Kalligraphien zaubern.

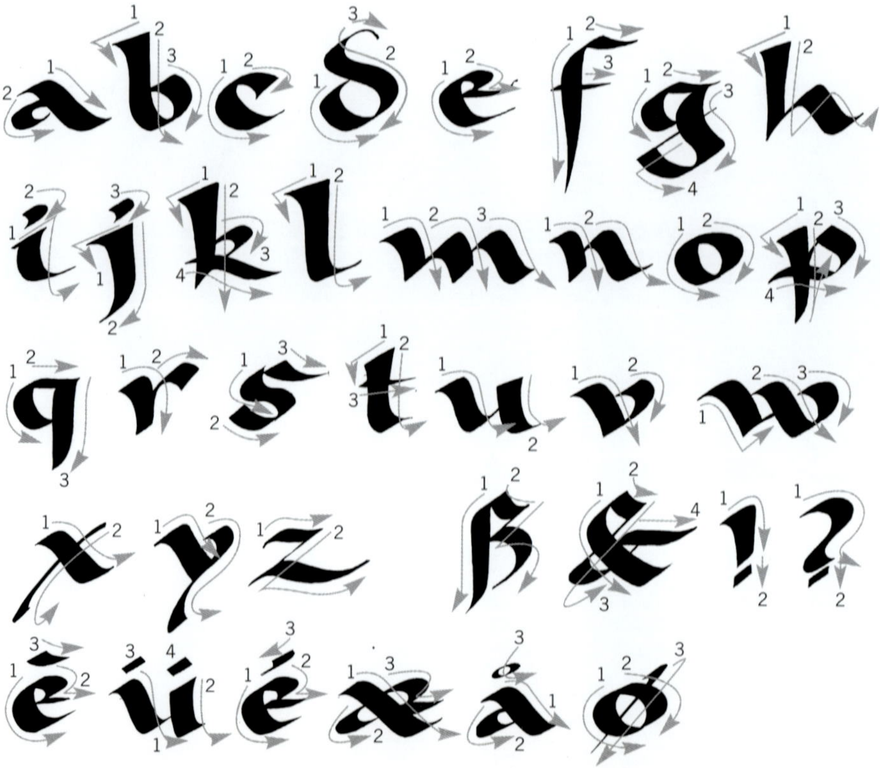

Interessante Details

Um diese massiven, fetten Buchstaben mit einem Strich von etwa zwei Pinselbreiten zu zeichnen, muss die Buchstabenform sehr breit angelegt werden.

Ober- und Unterlängen dürfen auch verlängert werden, wenn es Ihrem Designkonzept entspricht.

Buchstaben können verbunden werden: Sie müssen sich nicht an eine konstante x-Höhe halten.

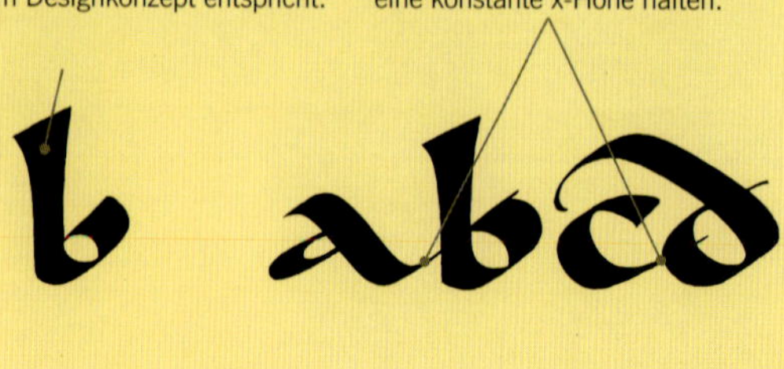

Grundstruktur

Das Alphabet wurde zwar mit dem Pinsel geschrieben, Sie können aber auch eine breite Eintauchfeder verwenden. Auf jeden Fall ist das Drehen von Pinsel oder Feder während der Strichführung ein charakteristisches Merkmal dieser Buchstaben. Der weite Fluss von „h“, „m“ und „n“ ist ebenfalls wichtig.

Struktur **Strichfolge** **Gruppe**

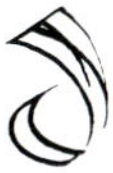

Hier eine Alternative zum „d“gegenüber. Die Oberlänge ist nach links geneigt, behält aber die breite Serife.

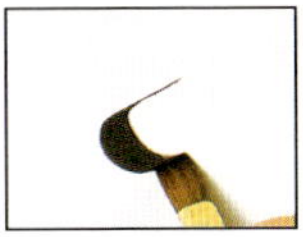

Mit dem Pinselrand den Anstrich nach links ziehen. Daraus eine schwungvolle Kurve bis zur Grundlinie malen.

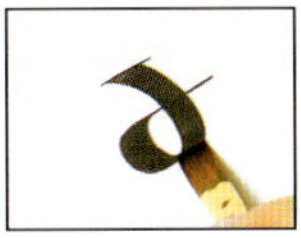

Mit dem Pinsel im 45°-Winkel den Anstrich für den Schaft ziehen.

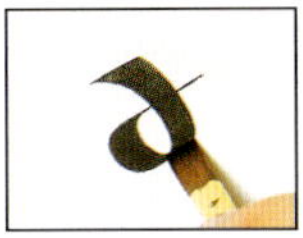

Am Schluss an den ersten Strich anschließen, um den Bauch zu vollenden.

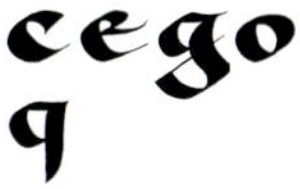

Die Winkelveränderung sieht man besonders gut am ersten Strich des „m“, genauso wie bei „h“und „n“.

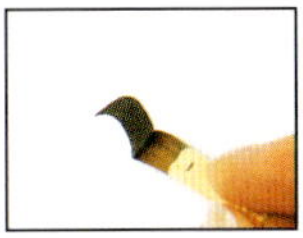

Zeichnen Sie den Schaft mit dem Pinsel im 45°-Winkel und gehen Sie daraus wieder nach oben.

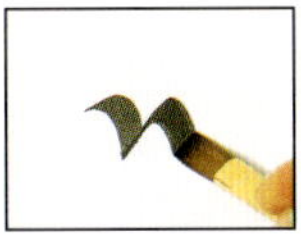

Von der x-Höhe aus den nächsten Schaft wie beim „h“ nach unten ziehen.

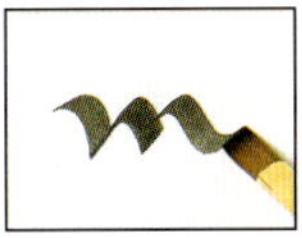

Wieder zurück, dann nach rechts außen auslaufen lassen.

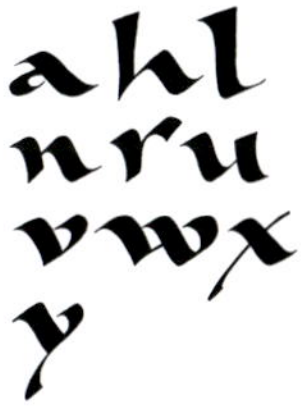

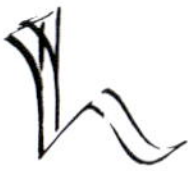

Die Illustration des „h“ zeigt, wie die breite Oberlänge geformt wird: sie beginnt mit einem dünnen Abwärtsstrich.

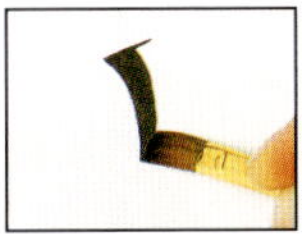

Im 30°-Winkel mit dem Pinselrand den kurzen Anstrich zeichnen, dann im 45°-Winkel nach unten ziehen.

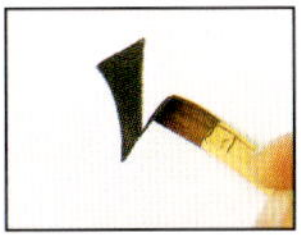

Im 45°-Winkel bleiben und mit dem Pinselrand nach oben rechts ziehen.

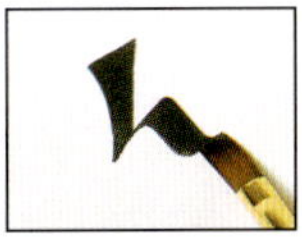

Am Schluss den breiten geschwungenen Fuß ansetzen, der mit einer kurzen Aufwärtsbewegung endet.

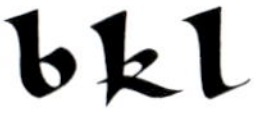

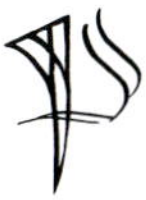

Das „p“ ist der komplexeste Buchstabe in dieser Schrift.

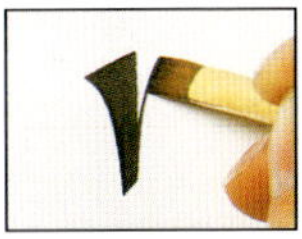

Den Schaft zur Grundlinie ziehen, dann mit dem Pinselrand wieder nach oben ziehen.

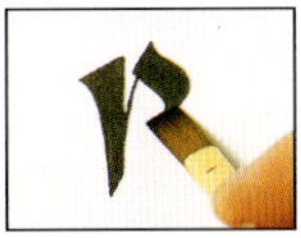

Im 45°-Winkel den Bauch zeichnen, unten den Pinsel drehen.

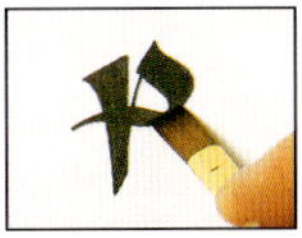

Zum Schluss mit dem Querbalken den Bauch mit dem Schaft verbinden.

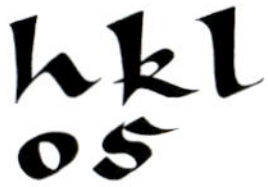

Brush script, breite Minuskel 2

Viele Pinselfans behaupten, dass sich die Linienführung mit einem Pinsel viel besser kontrollieren lässt als mit Feder oder Stift. Vielleicht können Sie sich nach dem Erlernen dieser Schrift ein eigenes Urteil bilden.

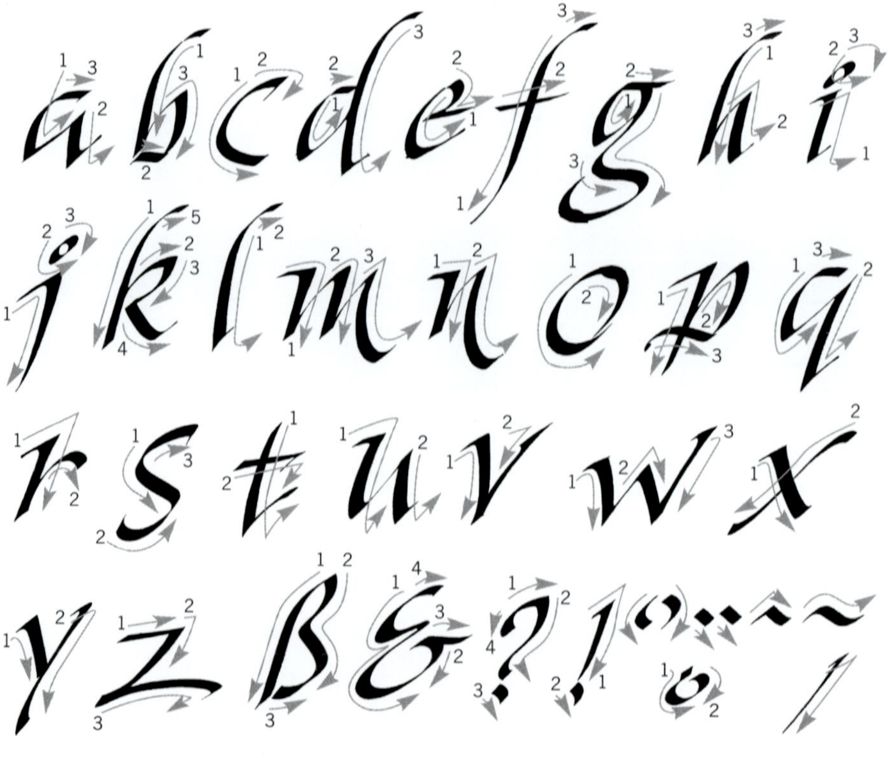

Interessante Details

Die dünnen, winkligen Verbindungslinien werden mit dem Pinselrand gezeichnet.

Der Duktus dieser Buchstaben ist zwar ähnlich, aber die Bögen sind runder und der Pinsel wurde waagerechter gehalten.

Für den informellen Gebrauch können Serifen, Anstriche, Abstriche und Schaftwinkel auf verschiedene Weise interpretiert werden.

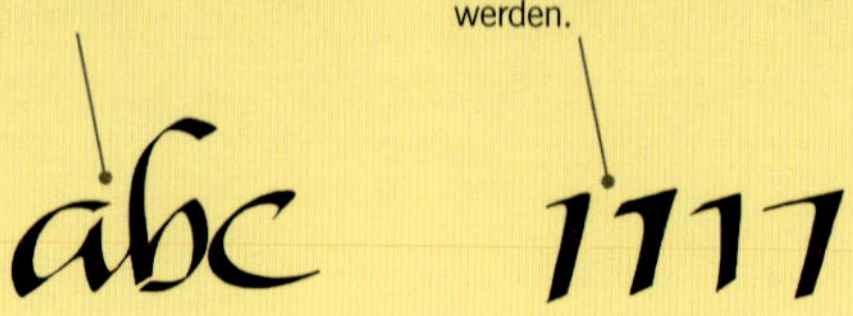

Grundstruktur

Diese Buchstaben werden mit einem breiten Flachpinsel gezeichnet. Für diese Schrift muss der Pinsel in gutem Zustand sein, die Kante darf die Form nicht verlieren. Mit Gouache werden Sie wegen der dickeren Konsistenz ein besseres Ergebnis erzielen als mit Tusche.

Struktur | **Strichfolge** | **Gruppe**

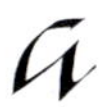

Der Winkel zwischen Bauch und Schaft beträgt ca. 35°; in diesem Winkel wird auch der Pinsel gehalten.

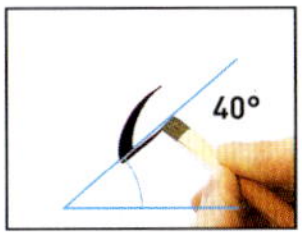

Der Pinsel sollte gut gefüllt sein. Beenden Sie den ersten Strich mit der Pinselspitze.

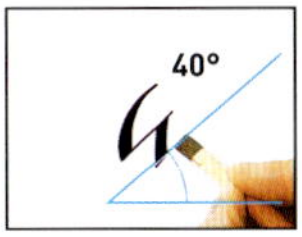

Den Schaft nach unten ziehen, dann nach oben in den Endstrich.

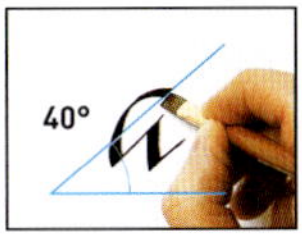

Zuletzt den Kopfstrich zeichnen, der nicht mit dem Schaft verbunden wird.

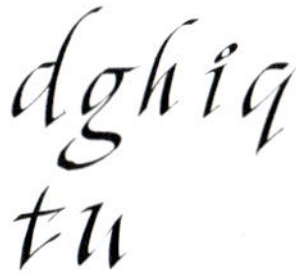

Zwischen Schaft und unterem Bauch darf eine kleine Lücke bleiben, genauso wie bei „q“ und „g“.

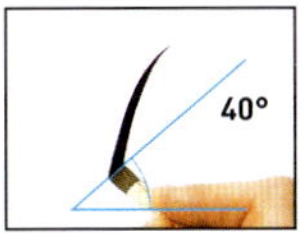

Mit der Pinselspitze beginnen, leicht drehen und Druck nach unten hin verstärken.

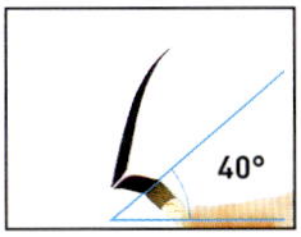

Dann den unteren Teil des Bauches ansetzen.

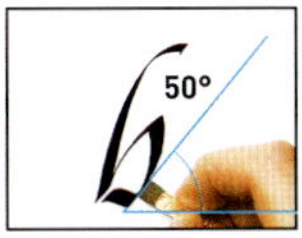

Von der Schaftbasis nach oben schwingen und den Bauch mit einem steilen Abwärtsstrich beenden.

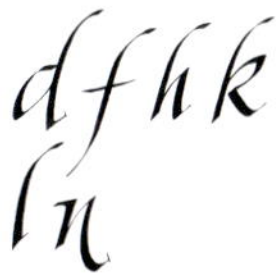

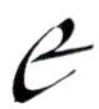

Hier eine Alternative für das „e“. Die Schritt-für-Schritt-Anleitung entspricht dem Buchstaben „c“.

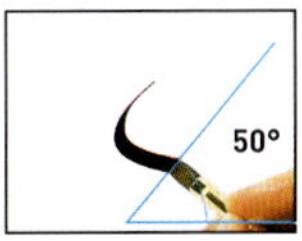

Das „c“ könnte wie das „a“ beginnen, aber die Alternativformen bringen Abwechslung.

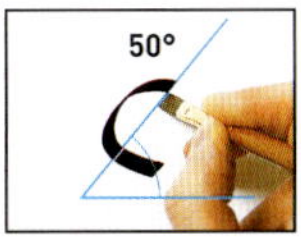

Gehen Sie zurück zur Kopflinie und setzen Sie den Kopfstrich an.

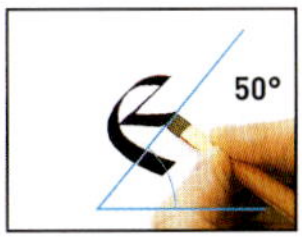

Zum Schluss wird der Querbalken gezogen.

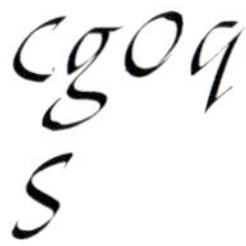

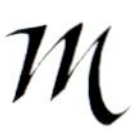

An „m“ und „n“ erkennt man gut die Auf-und Ab-Bewegung dieser Schrift. Die Striche gelten auch für das „h“.

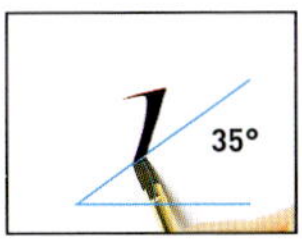

Aus der Haarlinie nach unten den Schaft ziehen. Die Serifenfilette kann angefügt werden.

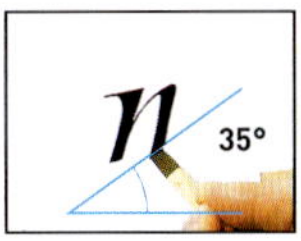

Kurve nach oben malen, daraus den senkrechten Schaft ziehen.

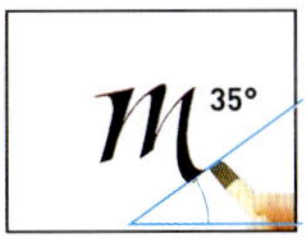

Wieder nach oben zum rechten Schenkel ziehen. Er ist größer und geschwungener.

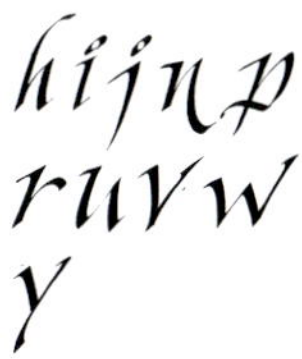

Brush script, breite Versalien

Diese breiten Versalien sind relativ wenig formal, werden aber durch eine nicht allzu strenge Linienhöhe begrenzt. Die Buchstaben sind sehr voll und breit und werden aus zwei separaten Strichen gezeichnet.

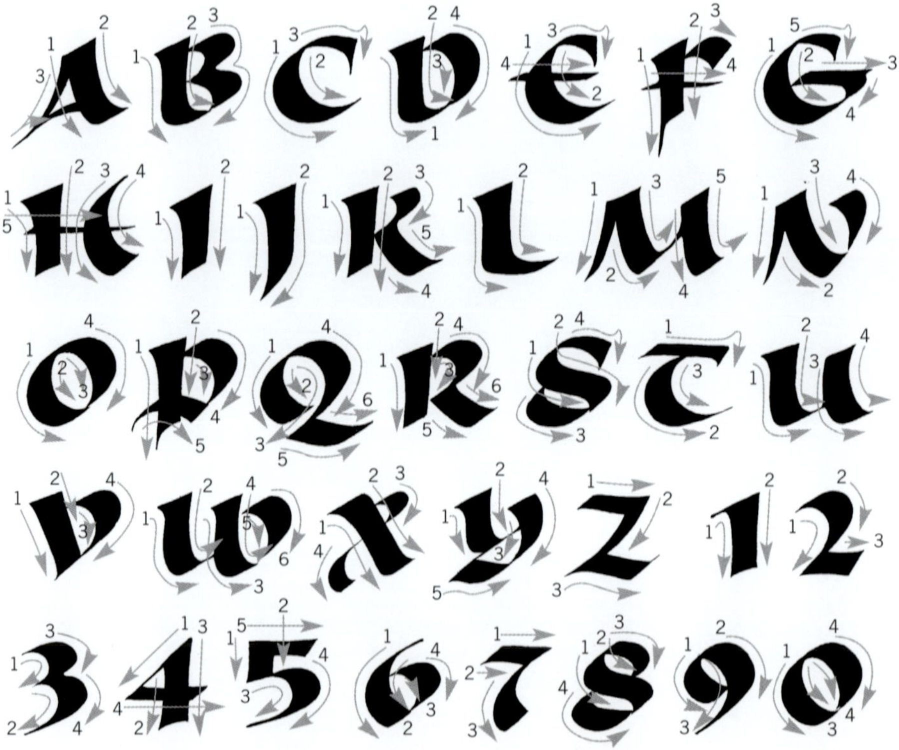

Interessante Details

Bei Buchstaben mit geradem Schaft zeigt die Serife nach links. Die rechte Seite ist gerade und spitz zulaufend.

Der erste Strich bildet die Serife und geht dann in den Schaft über. Der zweite Strich ist vertikal.

Die Serife kann durch Pinseldrehung erzeugt werden.

Hier ein formaleres „M". Wenn Sie mit dem Duktus vertraut sind, können Sie eigene Variationen entwerfen.

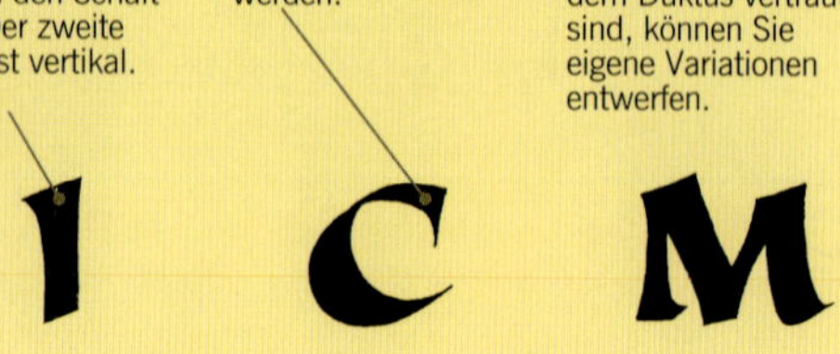

Grundstruktur

Die Buchstaben werden mit einem breiten Flachpinsel oder aus zwei Strichen mit einem schmaleren Pinsel gezeichnet. Vorteil des schmaleren Pinsel ist, dass Schäfte und Rundungen doppelt gezogen werden, was andere Kurven und Winkel ergibt. Der Pinsel sollte in gutem Zustand sein und die Form halten.

Struktur	Strichfolge			Gruppe
 Der erste Strich des"A" ist frei gezeichnet und geht unter die Grundlinie hinaus. Dies können Sie bei „M" und „N" wiederholen.	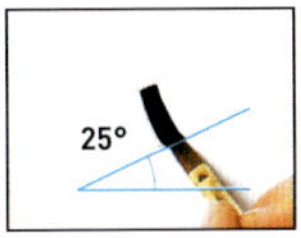 Beginnen Sie mit einem einfachen Strich, der nach rechts unten schwingt.	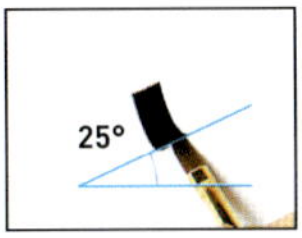 Verbreitern Sie den Strich zusätzlich.	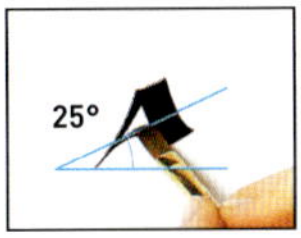 Pinsel auf die Kante drehen und linken Schenkel und Querstrich zeichnen.	H N T U
 Vermeiden Sie zu kleine Innenräume – eine typische Gefahr bei dieser Schrift. Ziehen Sie den Bauch weit weg vom Schaft.	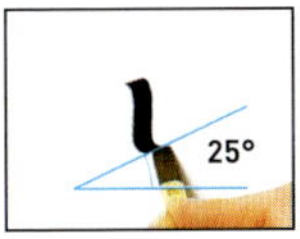 Aus dem kurzen Anstrich links den Schaft ziehen und die Kurve für den unteren Bauch zeichnen.	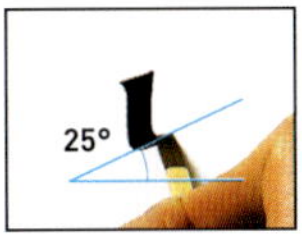 Parallel zum ersten Strich einen zweiten ziehen, um den Schaft zu verbreitern.	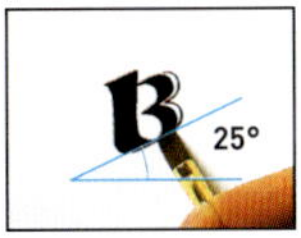 Nun oberen und unteren Bauch in einem Strich durchziehen. Außen den Strich verstärken.	D F H I J K L P R U V W
 Die obere Serife ist eine der elegantesten Bewegungen in der Pinsel-Kalligraphie. Erinnern Sie sich an die Trajanische Inschrift.	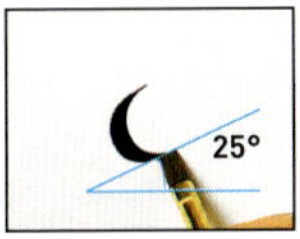 Mit dem Pinsel im 25°-Winkel einen Halbkreis zeichnen.	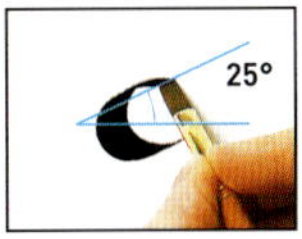 Innen einen zweiten Halbkreis anfügen.	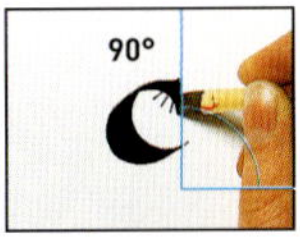 Entlang der Kopflinie mit dem Pinsel im 30°-Winkel beginnen, gegen Ende den Pinsel vertikal drehen.	E G O Q T
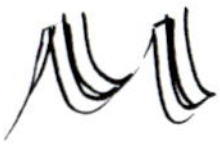 Trotz der Ungezwungenheit dieser Schrift folgt die Verteilung von dick und dünn dem Beispiel der klassischen Inschriften.	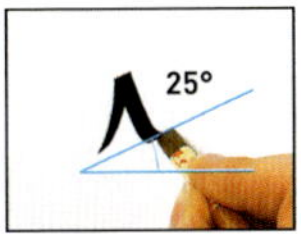 Nach einer kurzen Abwärtsbewegung nach links wieder zurückgehen und die innere Diagonale ziehen.	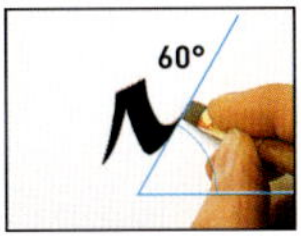 Mit einer zweiten Diagonale verstärken, dünnen Verbindungsstrich zum rechten Schenkel anfügen.	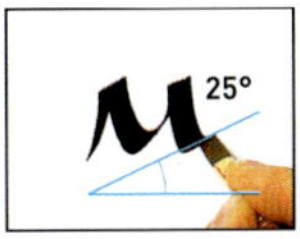 Den Buchstaben mit einem doppelten Strich fertigstellen.	N

Casual Brush Script

Diese Pinselschrift ist der Trockentransfer-Schrift Nevison Casual nachempfunden, die in den 1950er Jahren oft in der Werbung auftauchte. Die Buchstabenform wird geprägt duch die Pinsel und Farben, die man für ihre Herstellung benötigt.

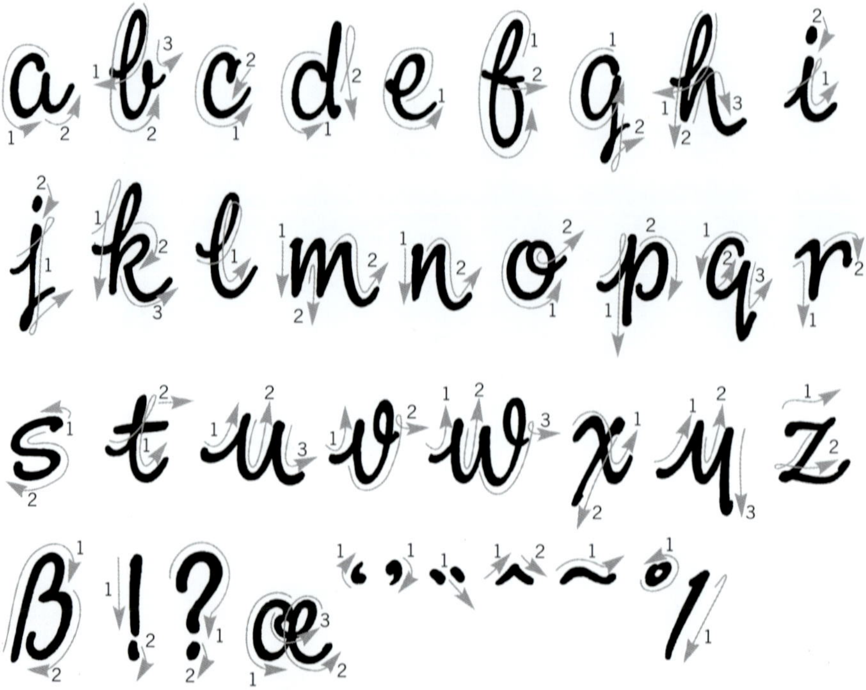

Interessante Details

Die Buchstaben simulieren eine natürliche Handschrift, verfeinert durch die neuen Schreibmaterialien. Die Viskosität der Farben wird als Effekt eingesetzt. Doppelschaftige Buchstaben sind eng, während gerundete Buchstaben breite Innenräume zeigen.

Beachten Sie die unterschiedlichen Breiten der geraden und gerundeten Buchstaben.

Die Ligaturen müssen sich auf logische Weise mit den folgenden Buchstaben verbinden.

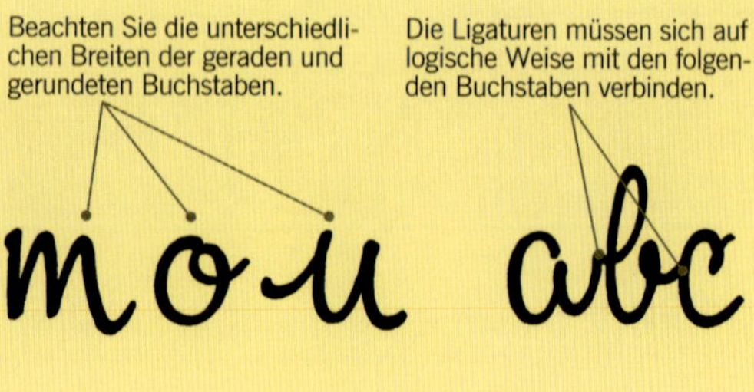

Grundstruktur

Diese Buchstaben, die in einer Linie durchgezogen werden, sollten Sie zuerst mit dem Filzstift vorzeichnen, bis Sie mit der Form zufrieden sind. Die Buchstaben wirken am besten, wenn sie in einer durchgängigen Bewegung verbunden werden. Für ein effektvolles Ergebnis muss die Farbe die richtige Konsistenz haben.

Struktur	**Strichfolge**			**Gruppe**
a Der Bauch ist tiefer als der rechte Fuß – diese Variation bringt Dynamik in die Schrift.	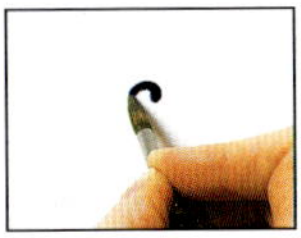 Gouachefarbe zu sahneartiger Konsistenz anrühren, dann die erste Perle malen.	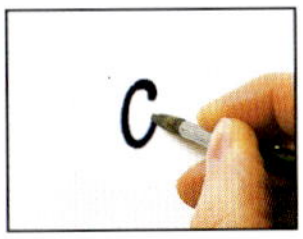 Daraus in einer durchgehenden Bewegung den Bauch zeichnen, Pinsel dabei fast senkrecht halten.	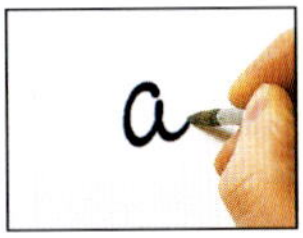 Mit dem Abstrich an den nächsten Buchstaben anbinden.	c d e g o s
b Die Höhe der An- und Abstriche kann variieren, je nach Position der angrenzenden Buchstaben.	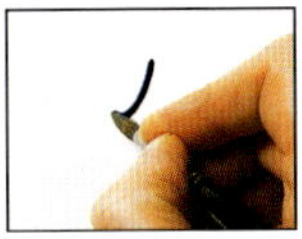 Die Oberlänge des „b" ist eine großzügig geschwungene Schleife.	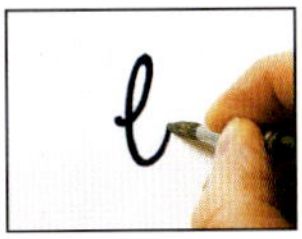 Aus der Schleife den gerundeten Bauch nach oben ziehen.	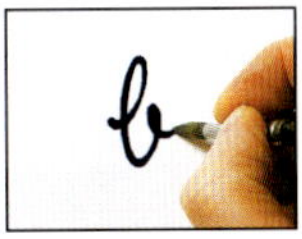 Fügen Sie die Ligatur zum nächsten Buchstaben an.	f i j l p t
h Die Schleife der Oberlänge ist weiträumig, der Fuß ist tiefer als der Schaft, was dynamisch wirkt.	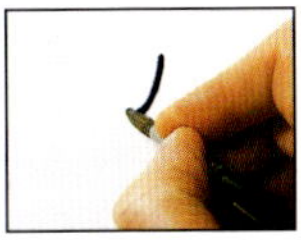 Das „h" beginnt wie das „b" mit einer geschwungen Schleife für die Oberlänge.	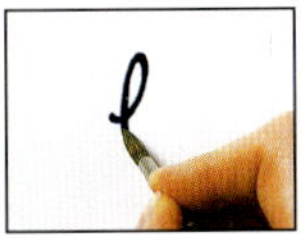 Aus der engen Schleife den geraden Schaft nach unten ziehen.	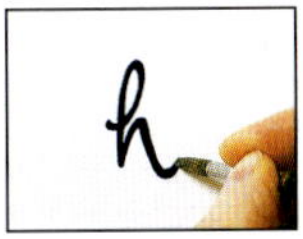 Nach oben und gleich wieder nach unten schwingen.	k x y
m Die senkrechten Striche sind komprimierter als die gerundeten.	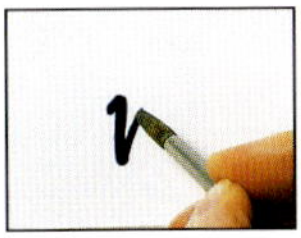 Beginnen Sie mit der Perle. Dann den Pinsel nach unten und wieder nach oben führen.	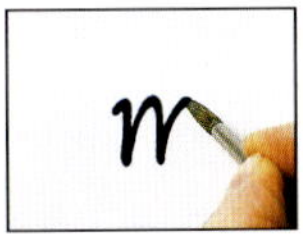 Einen Bogen zum mittleren Schaft ziehen, daraus wieder nach oben gehen.	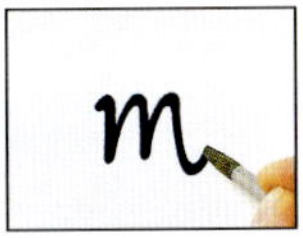 Mit demselben Schwung den letzten Bogen zeichnen.	n r u v w z

Casual Brush Script Versalien

Diese Versalien ergänzen die Minuskel der Casual-Schrift, die ursprünglich für den Trockentransfer entworfen wurde. Mischen Sie Gouache-Farbe zu einer cremigen Konsistenz und tragen Sie die Farbe mit einem Rundpinsel auf.

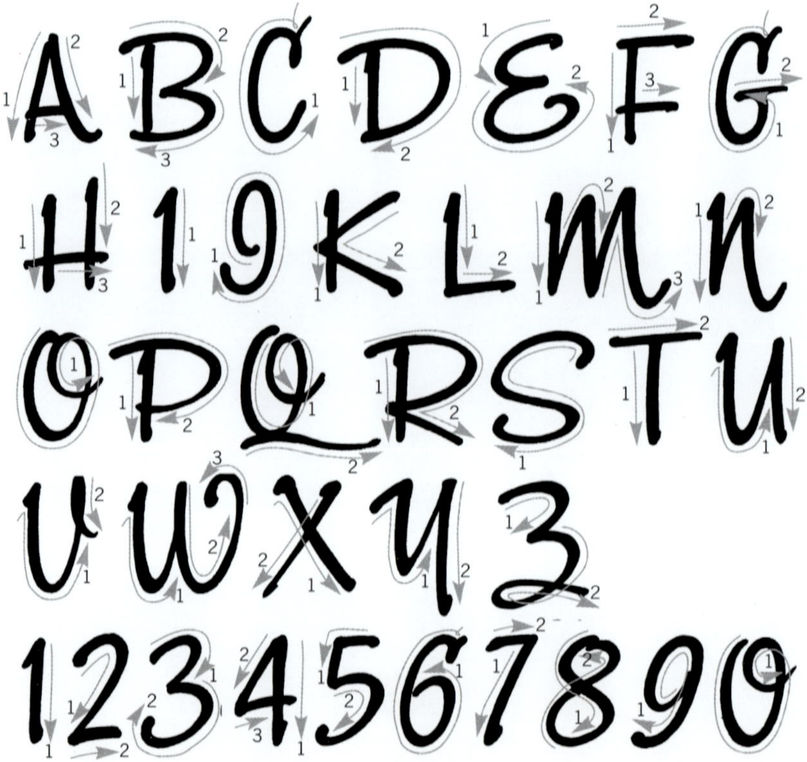

Interessante Details

Diese Buchstaben werden mit Farbe und Pinsel geschrieben. Die Technik unterscheidet sich stark vom Schreiben mit der Feder. Üben sie die Handbewegungen zuerst mit dem Filzstift (und viel Papier).

Beachten Sie die unterschiedlichen Buchstabenbreiten.

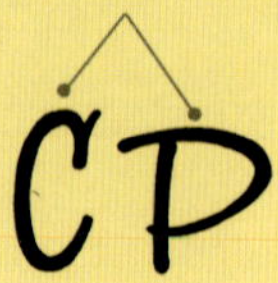

Alternativen für „Q“ und „E“. Beachten Sie den niedrigen Querstrich beim „E“, der auch bei „F“ und „H“ zu finden ist.

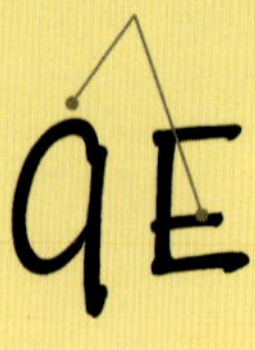

Grundstruktur

Diese Pinselschriftversalien sind nicht streng durch die Kopflinie begrenzt. die Buchstabenbreiten variieren stark; Buchstaben mit einem oder mehreren geraden Schäften sind eng, ebenso manche gerundete Buchstaben wie „C", „G", „O" und „Q". Versalien und Minuskeln werden manchmal verbunden.

Struktur | **Strichfolge** | **Gruppe**

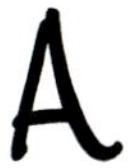

Der linke Schenkel ist beinahe gerade und bildet einen Kontrast zum rund auslaufenden rechten Schenkel.

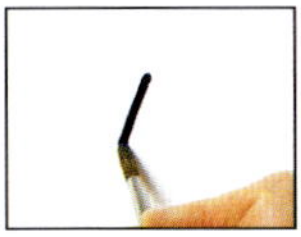

Mit reichlich Farbe auf dem Pinsel ziehen Sie die linke Diagonale in einem durchgehenden Strich.

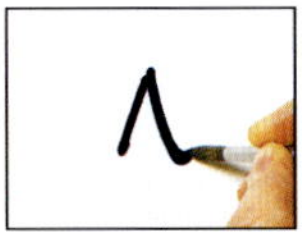

Dann die rechte Diagonale anfügen und in einem Verbindungsstrich auslaufen lassen.

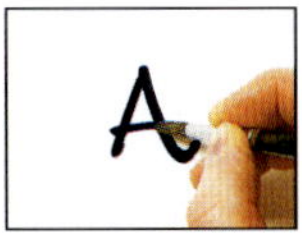

Zuletzt den Querstrich zeichnen, der vor dem linken Schenkel beginnt.

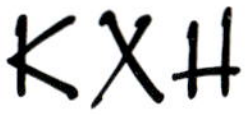

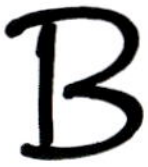

Charakteristisch für diese Schrift ist die Variation in der Buchstabenbreite. Das „B" ist besonders breit.

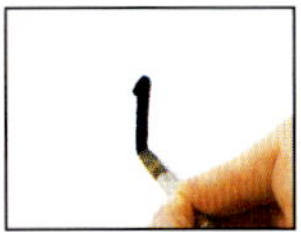

Beginnen Sie unter der Kopflinie mit einer Aufwärtsbewegung und ziehen Sie dann den Schaft nach unten.

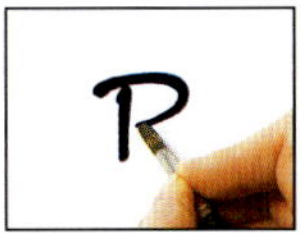

Für den oberen Bauch einen großzügigen Bogen über den Schaft setzen.

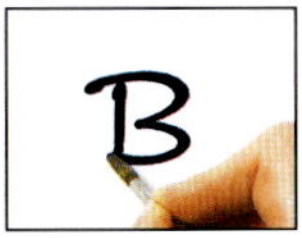

Gehen Sie direkt in den unteren Bauch über. Der obere Bauch ist größer als der untere.

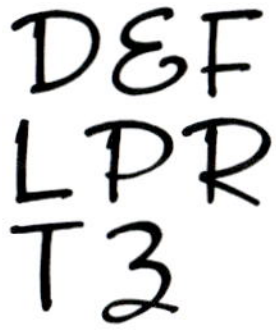

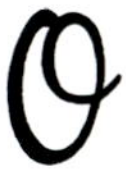

Beachten Sie, wie eng das „O" im Vergleich zum „B" ist.

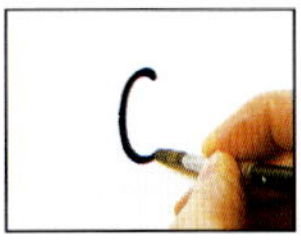

Mit einer kräftigen Abwärtsbewegung die erste Hälfte des Ovals zeichnen.

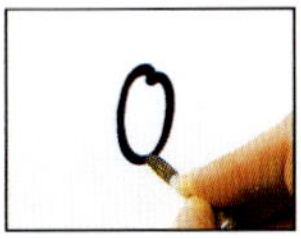

Die rechte Hälfte des Bauches kann als separater Strich von oben angefügt werden.

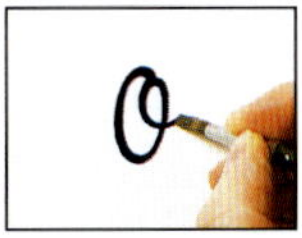

Absetzen und eine Verbindungsschleife ansetzen. Daran kann der nächste Buchstabe angefügt werden.

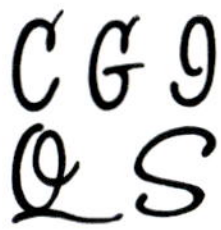

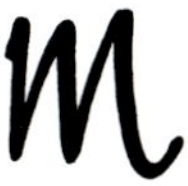

Die Bewegungen für diesen Buchstaben sind steif und eckig.

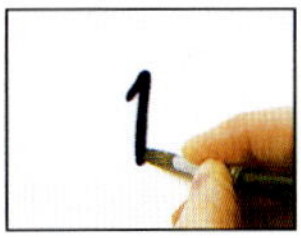

Serife nach oben ziehen, dann den Abwärtsstrich anfügen.

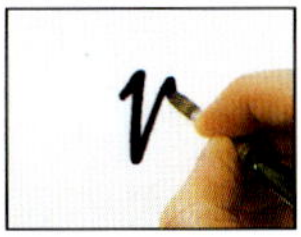

Versuchen Sie, die Auf-und-Ab-Bewegung nicht zu unterbrechen.

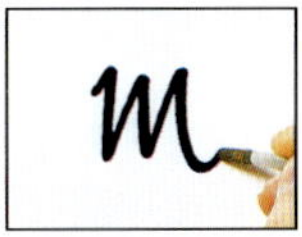

Der letzte Schenkel endet in einem geschwungenen Abstrich.

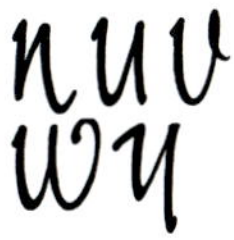

Brush script, formale Minuskel

Viele Pinselschriften haben ihren Ursprung in der Werbeindustrie. Diese Entwicklung begann in den 1940ern in den USA und setzte sich bald in Europa fort. Bei Kalligraphen sind diese Schriften aufgrund der vielfältigen Gestaltungsmöglichkeiten sehr beliebt.

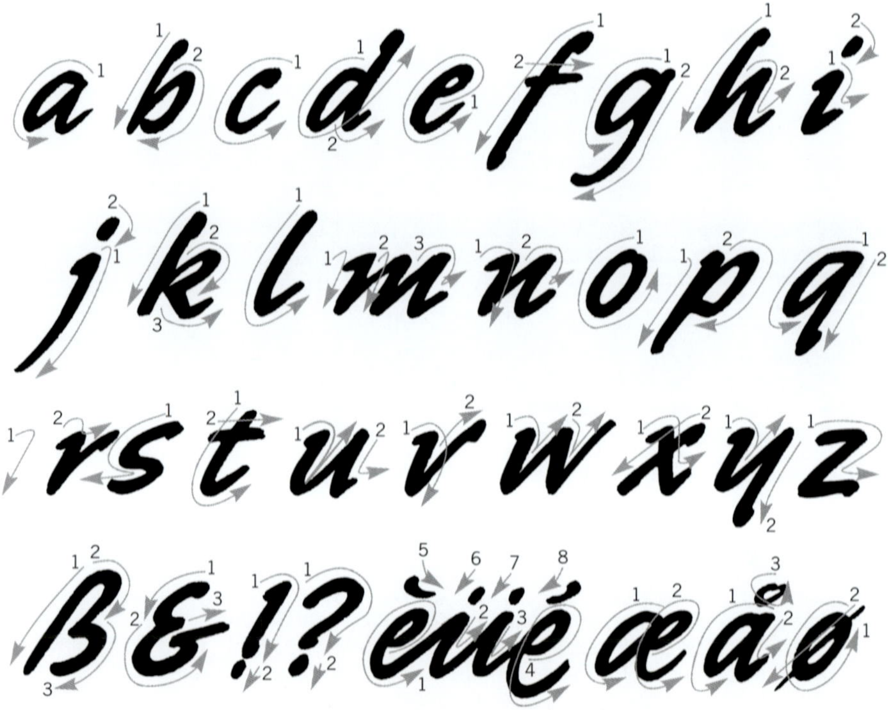

Interessante Details

Wie meistens in der Kalligraphie bestimmt das Werkzeug maßgeblich die Buchstabenform. Hier wurde ein leicht gerundeter Zobelpinsel und sehr feuchte Farbe verwendet.

Bei einer formalen Schrift weicht der Buchstabe kaum von der Grundform ab und wird im Allgemeinen durch die Grundlinie begrenzt.

Die Hauptstriche sind leicht gebogen, die Achse der Buchstaben ist stark nach vorne geneigt.

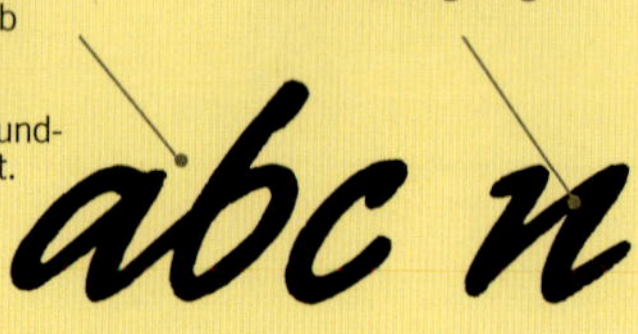

Grundstruktur

Dies ist zwar eine formale Pinselschrift, doch sollte sie spontan und schwungvoll in ihren Bewegungen wirken. Es ist durchaus akzeptabel, sie mit einem „trockenen“ Pinsel zu schreiben; in diesem Beispiel jedoch wurde ein Pinsel mit sehr feuchter Farbe verwendet.

Struktur | **Strichfolge** | **Gruppe**

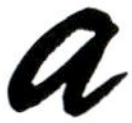

Der kurze Kopfstrich ist ein separater Strich, der den Bauch mit dem Schaft verbindet.

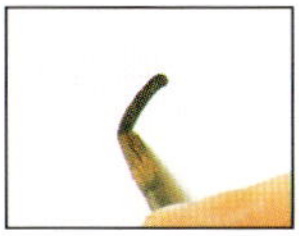

Beginnen Sie mit einem Tropfen Farbe und ziehen Sie daraus den Bauch nach unten.

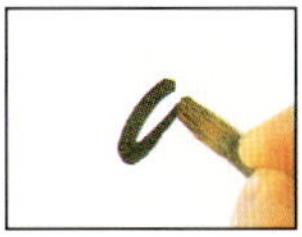

Nun nach oben den Verbindungsstrich ziehen.

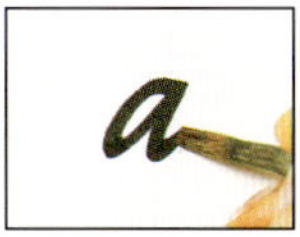

Ziehen Sie den Kopfstrich und gehen daraus direkt hinunter in den Schaft, der in einem Haken endet.

Gruppe: b d e g o p q s

Der vordere rechte Haken des „r“ kann verlängert oder verkürzt werden, je nachdem, wieviel Platz zur Verfügung steht.

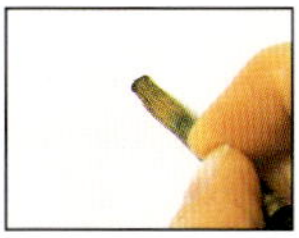

Der erste Strich zeigt nach rechts oben.

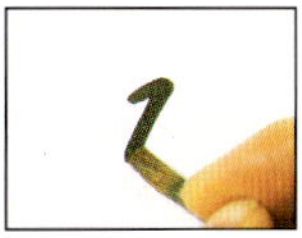

Gerade Buchstaben beginnen außerhalb des Schafts, der aus dem Anstrich schräg nach unten gezogen wird.

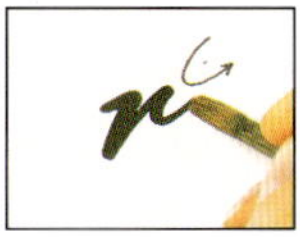

Nahe am Schaft wieder nach oben ziehen. Mit einem Haken abschließen, der als Ligatur dient.

Gruppe: j l m n p v w x y

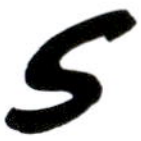

Die obere Hälfte des „s“ wird in der Praxis oft sehr stark betont.

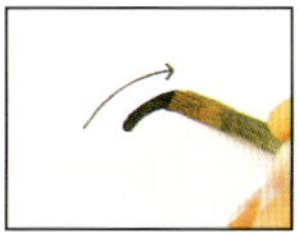

Das „S“ beginnt mit einem kräftigen Aufwärtsstrich aus der Mitte.

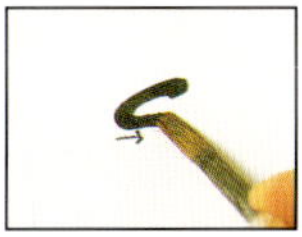

Den kurzen, beinahe horizontalen Mittelstrich unter den ersten Strich setzen.

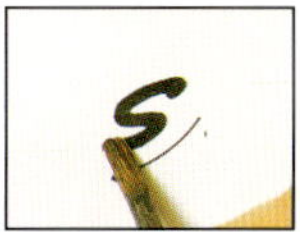

Unteren Schweif nach links ziehen. Es ist üblich, den oberen Teil kleiner als den unteren zu zeichnen.

Gruppe: c x

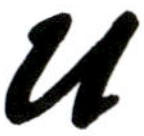

Beachten Sie, dass die Striche leicht gewölbt und gekrümmt sind. Dadurch wird zusätzliche Spannung erzeugt.

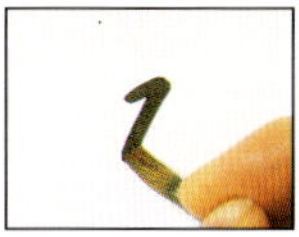

Beginnen Sie den Schaft mit einem kräftigen Strich.

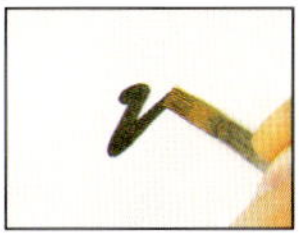

Den Verbindungsstrich abrupt nach oben ziehen.

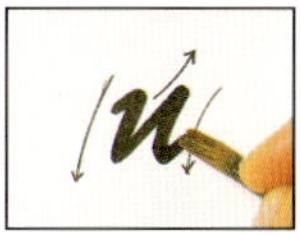

Schließlich den zweiten Schaft direkt ansetzen.

Gruppe: f h i j k l m r t u v w y

Brush script, formale Versalien

Die Versalien sind von Natur aus weniger kursiv als die zugehörigen Minuskeln und stärker durch horizontale Striche geprägt. Der Spannungsreichtum der Minuskel wiederholt sich hier in der Aufwärtsbewegung der Horizontalstriche. Auch ist der Schaft der Versalien stärker gekrümmt als bei den Kleinbuchstaben. Die Versalien sind auch alleine sehr wirkungsvoll.

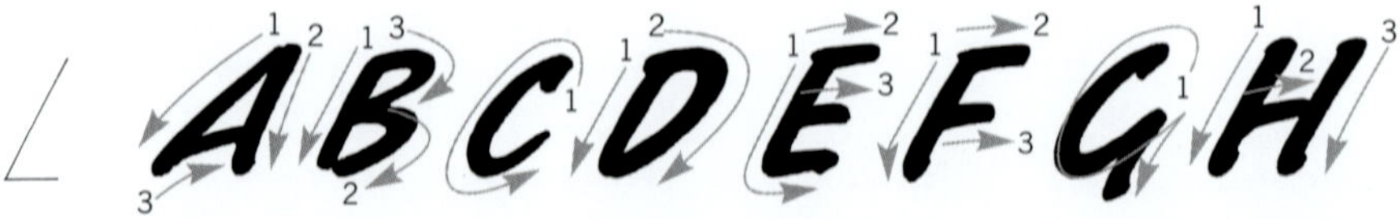

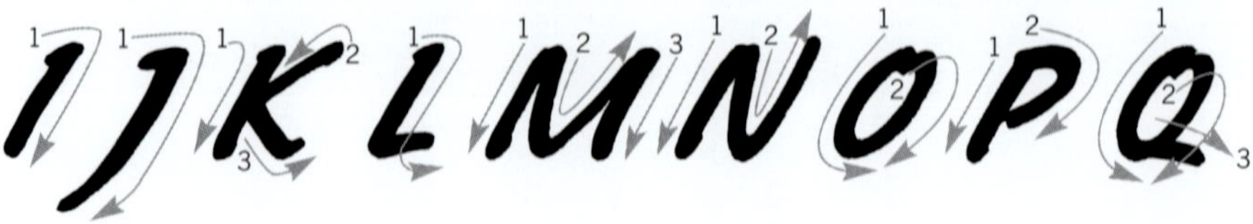

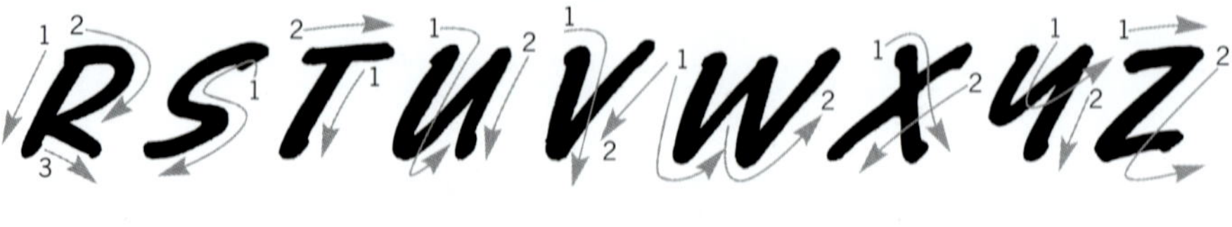

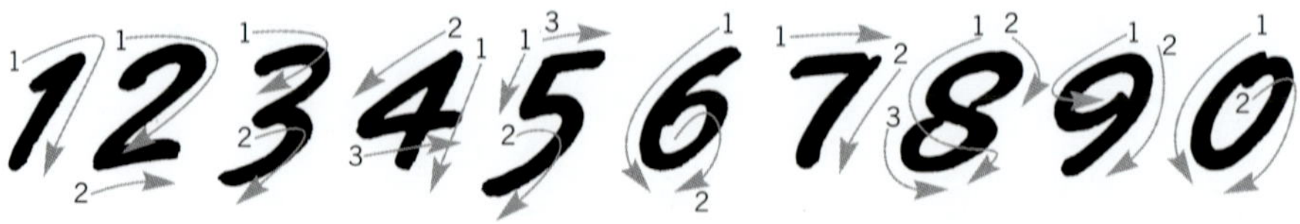

Interessante Details

Generell sollten die Versalien nicht mehr als ein Drittel breiter sein als die Minuskel, sie dürfen aber niedriger als die Oberlängen sein.

Dieses „R“ und das „S“ entsprechen der allgemein üblichen Form einer Standard-Versalie.

Verglichen mit den Versalien links wirken diese Buchstaben viel spannungsreicher. Durch die Vergrößerung des oberen Buchstabenkörpers wird Dynamik erzeugt.

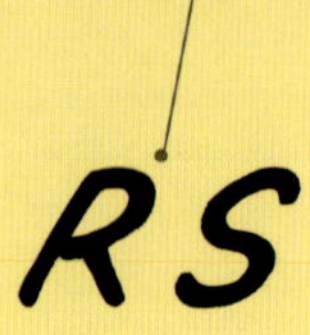

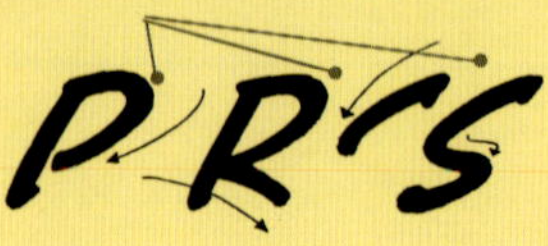

Grundstruktur

Bei diesen Versalien sind die Rundungen kreisförmiger als bei der Minuskel, das akzentuierte Auf-und-Ab wird zu einer fließenden Bewegung. Dies wird besonders deutlich beim Vergleich von großem und kleinem „M“. Die Buchstaben wurden mit kräftiger, dickflüssiger Farbe gezeichnet.

Struktur	**Strichfolge**			**Gruppe**
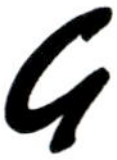 Der Ansatzpunkt für den Pinsel liegt innerhalb der Rundung bei gerundeten und links außen bei geraden Striche.	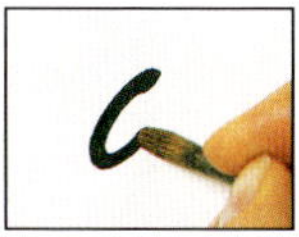 Mit viel Farbe ansetzen; die Farbe mit dem Pinsel zu einer gebogenen Linie ziehen.	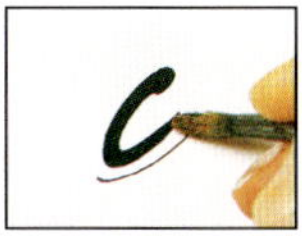 Druck auf den Pinsel nachlassen, damit der Strich nach oben hin dünner wird.	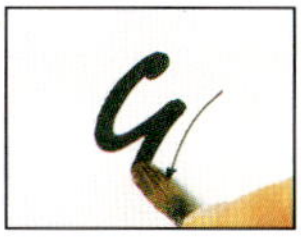 Den Strich in die leicht gekrümmte Schleife übergehen lassen.	O Q S
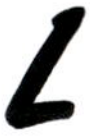 Die aufwärts gewölbten inneren Striche sind charakterisch für diese Schrift.	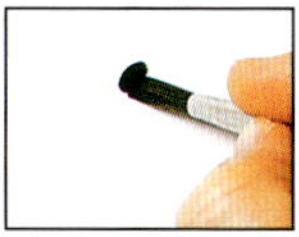 Der erste Strich beginnt mit einer kleinen Kurve.	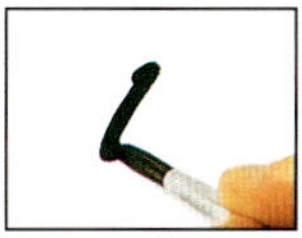 Vom Kopf aus einen leicht gekrümmten Schaft nach unten ziehen.	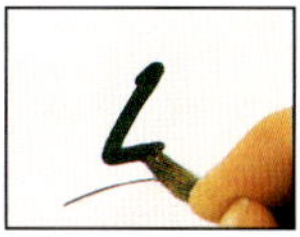 Dann den Pinsel scharf nach außen und oben bewegen.	A K N U Y
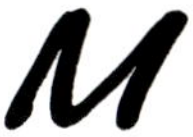 Beachten Sie den kleinen „Tropfen“ auf der linken Seite des geraden Schafts.	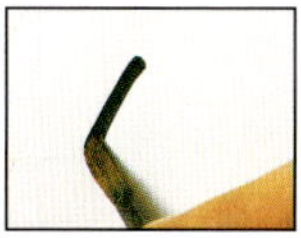 Beginnen Sie den schrägen Schaft mit einer kleinen Aufwärtsbewegung von links.	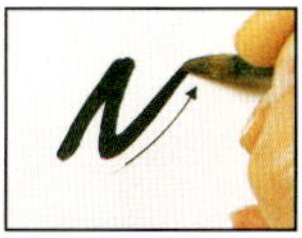 Schaft und Schenkel sind gewölbt; der Aufwärtsstrich kann auch neu angesetzt werden.	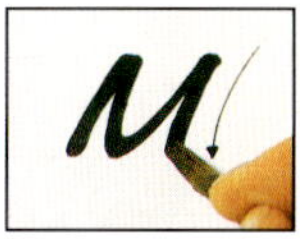 Die vertikalen Striche sind nach oben gewölbt wie beim Buchstaben „L“.	B D E F H I J P R T W Y
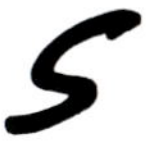 Durch den charakteristischen langen Kopfstrich gerät der mittlere Strich tief nach unten; er bekommt nur einen kurzen Anstrich.	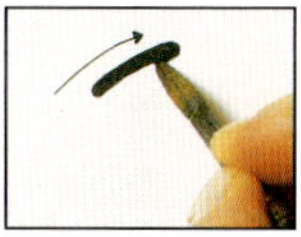 Das „S“ beginnt mit einem kräftigen Strich, der unterhalb der Mitte ansetzt.	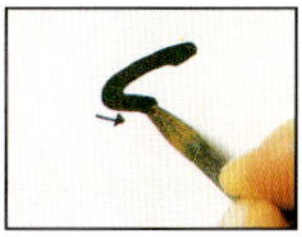 Nun noch ein kleiner Mittelstrich…	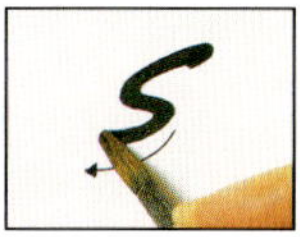 …, der sich umdreht und aggressiv zurückschwingt.	C G

Ashley script

Dies ist eine der ersten „freien Pinselschriften" aus den 1930er Jahren, entworfen von Ashley Havinden. Sie entstand angeblich bei dem Versuch, spät nachts unter großem Zeitdruck ein Design in Garamond-Kursive zu vollenden. Die Merkmale der Garamond sind in der Minuskel jedenfalls gut zu erkennen.

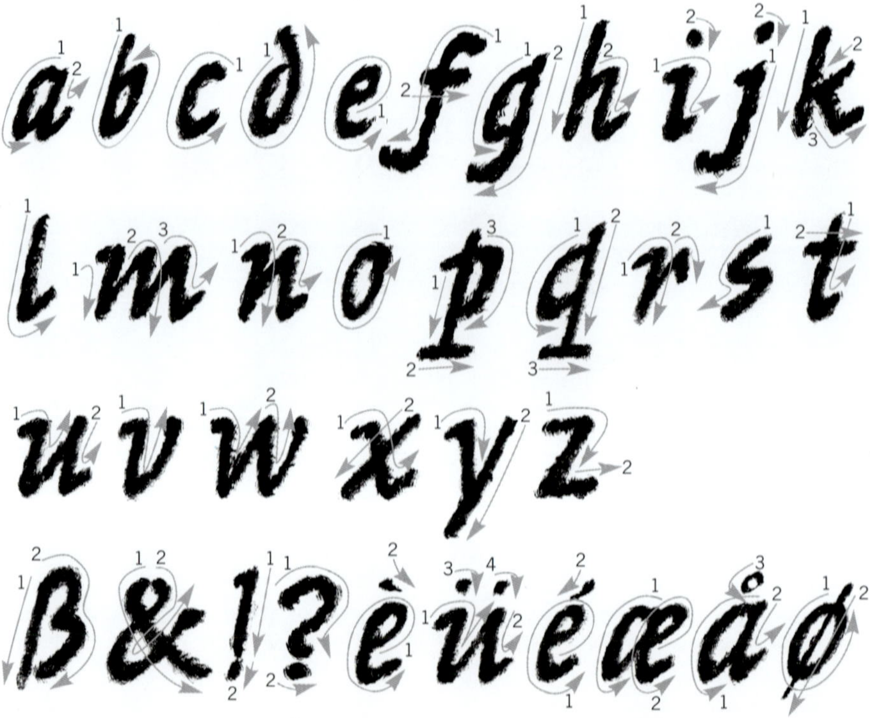

Interessante Details

Man hat den Eindruck, dass diese Buchstaben mit einem sehr alten, kaputten Pinsel geschrieben wurde. Man verwendet zum Schreiben einen sehr trockenen Pinsel.

Der Neigungswinkel der Buchstaben variiert, wodurch die Schrift sehr spontan wirkt. Dieser Eindruck wird durch den unregelmäßigen Grundlinienabschluss verstärkt.

Diese Buchstaben wurden mit einem sehr trockenen Pinsel und mit runden Bewegungen geschrieben.

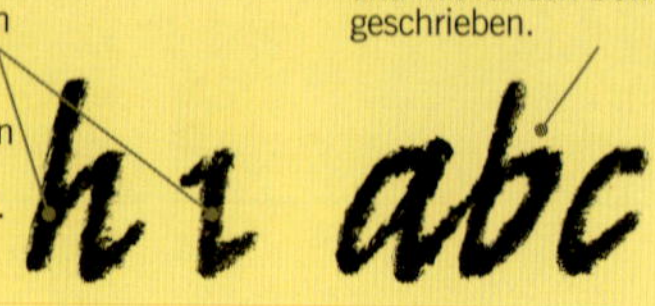

Grundstruktur

Die Buchstaben in dieser Anleitung wurden mit demselben Pinsel, aber mit reichlich flüssiger Farbe gezeichnet. Tauchen Sie den Pinsel gut in Farbe, damit jeder Strich bequem in einer Bewegung gezogen werden kann. Bei dieser Schrift ist es wesentlich, dass sie spontan und nicht bemüht wirkt.

Struktur **Strichfolge** **Gruppe**

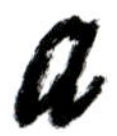

Der Innenraum des „a" ist wie bei den anderen gerundeten Buchstaben auf ein Minimum reduziert.

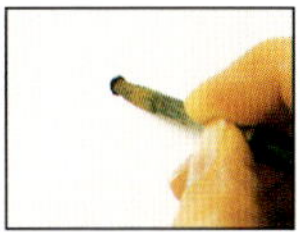

Mit viel Farbe oben am Bauch ansetzen; überlegen Sie sich zuvor, wohin der Strich führen wird.

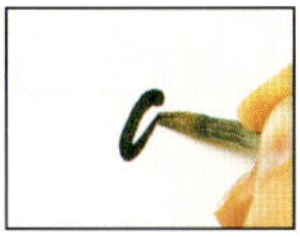

Dann in einer raschen Bewegung den Bauch zeichnen.

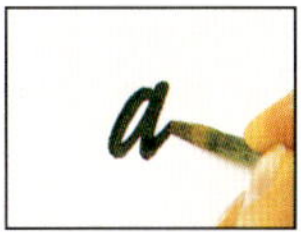

Mit gut gefülltem Pinsel den Schaft zeichnen, der am Fuß mit einem Aufwärtshaken endet.

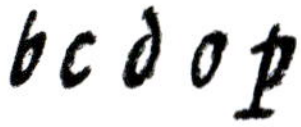

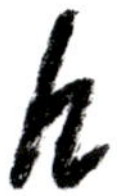

Bei Buchstaben mit geraden Seiten ist der Duktus eckiger, mit Betonung der Auf-und-Ab-Bewegung.

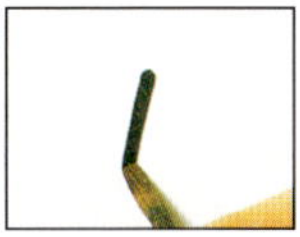

Der Schaft mit Oberlänge ist ganz gerade.

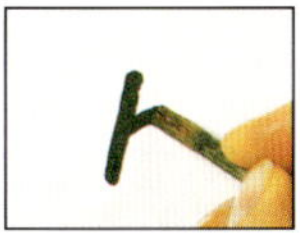

Der Bogen beginnt ungefähr in der Mitte und bewegt sich im spitzen Winkel nach außen.

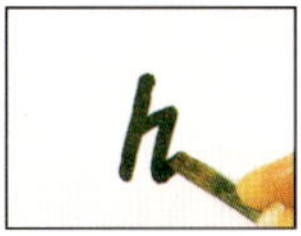

Der rechte Schenkel ist fast parallel zum Schaft, und der Verbindungsstrich setzt abrupt an.

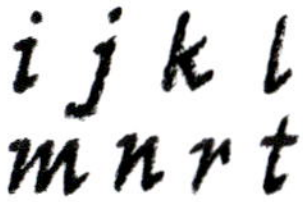

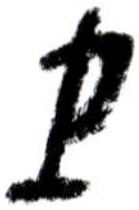

Bei „p" und „q" erkennt man den Ursprung in der Garamond: der breite Fuß bildet die Serife unten am Schaft.

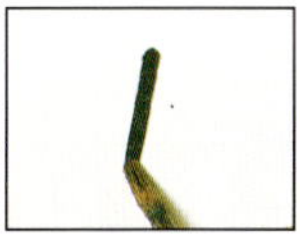

Ziehen Sie den Schaft mit Unterlänge wie beim „h", aber beginnend auf der x-Höhe.

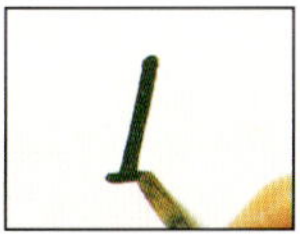

Der Fuß von „p" und „q" ist eine betonte horizontale „Platte".

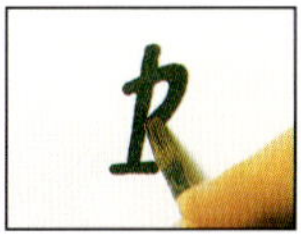

Der Bauch des „p" ist gerundet, der Buchstabe sieht beinahe aus wie ein umgedrehtes „b".

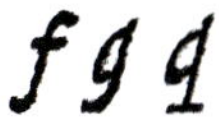

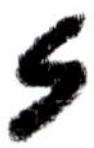

Der Mittelstrich des „s" ist horizontal. Dies ist wichtig für den richtigen Ansatz von Kopf- und Fußstrich.

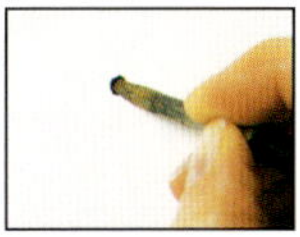

Der erste kurze Strich für das „s" bewegt sich ungefähr im 45°-Winkel.

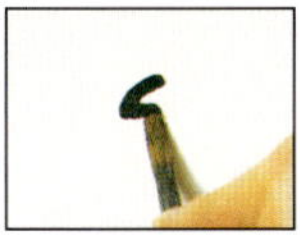

Der horizontale Mittelstrich ist ebenfalls kurz und liegt auf mittlerer Höhe.

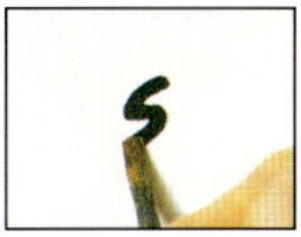

Der dritte Strich folgt dem Winkel des ersten, ist aber etwas länger.

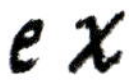

Ashley script Versalien

Ashley Havinden entwarf diese Buchstaben in den 1930er Jahren als Ergänzung für die Minuskel. Im Gegensatz zu den Kleinbuchstaben fehlt die Anlehnung an die Garamond-Kursive bei den Versalien ganz.

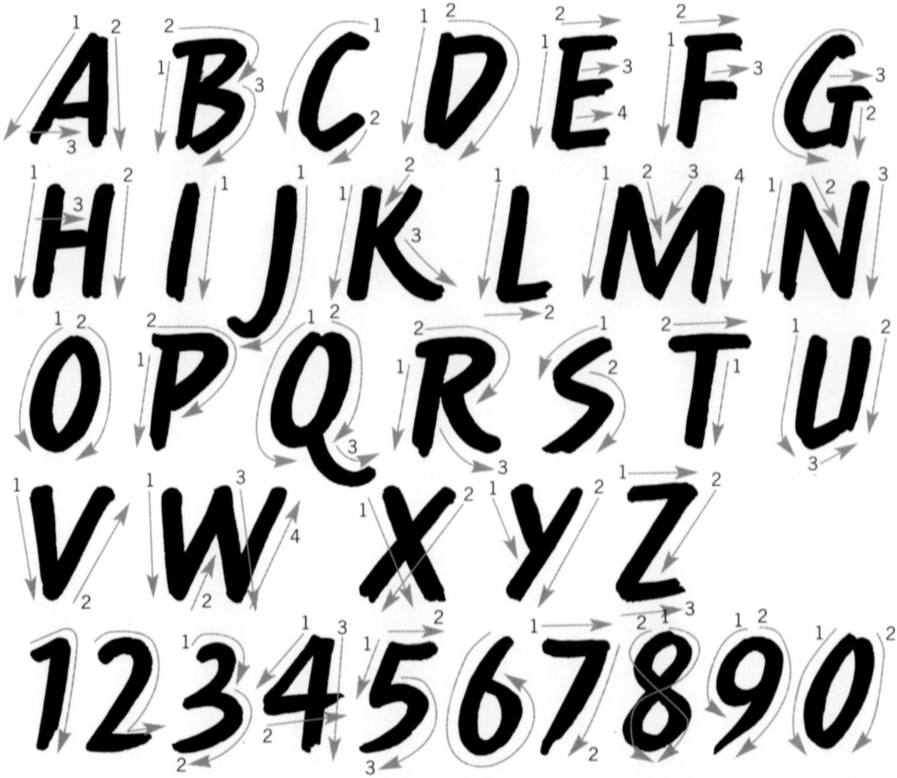

Interessante Details

Diese Versalien sind keine eigenständige Schrift, sondern eine adäquate Ergänzung der Minuskel. Sie sollten daher ausschließlich mit ihr zusammen verwendet werden.

Beachten Sie den geschwungenen Schweif.

Dieses alternative „O“ ist mit seiner interessanten offenen Kopflinie dem „Q“ nachempfunden.

Diese Variante des „D“ entspricht in der Form den Buchstaben „B“, „P“ und „R“.

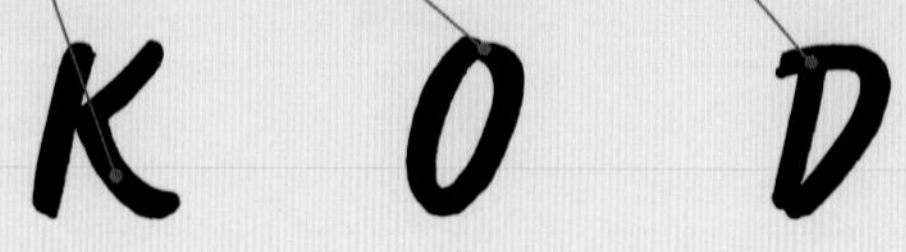

Grundstruktur

Die Versalien wirken etwas grobschlächtig und sind deutlich weniger subtil als die Minuskel. Die Schäfte sind gerade, mit leicht konkaver Tendenz. Die Querstriche von „K“, „Q“ und „R“ sind etwas nach oben gebogen.

Struktur	Strichfolge			Gruppe
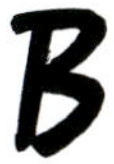 Das „B“ ist für den Anfang besonders gut geeignet.	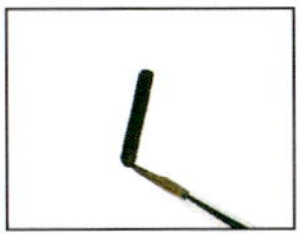 Zeichnen Sie den geraden, leicht vorwärts geneigten Schaft.	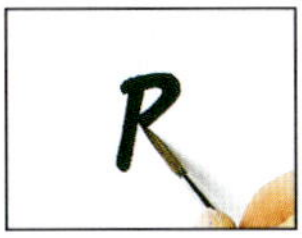 Der Bauch beginnt links vom Schaft und ist an der Kopflinie beinahe waagerecht.	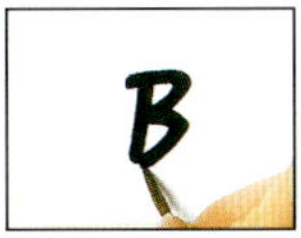 Der untere Bauch hat dieselbe Form wie der obere, ist aber ein wenig breiter.	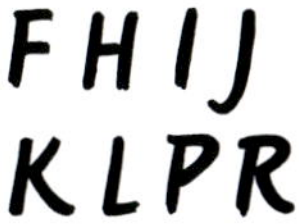
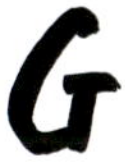 Der eckige Schaft mit dem Querbalken bildet einen Kontrast zur sanften Kurve des Bauches.	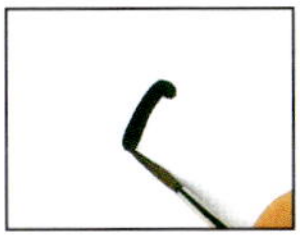 Das „G“ beginnt mit einem Tropfen, aus dem die äußere Rundung gezogen wird.	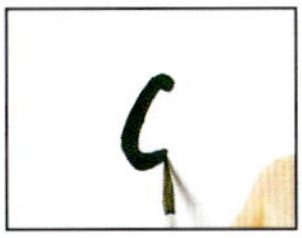 Nun den unteren Teil des Bauches anfügen.	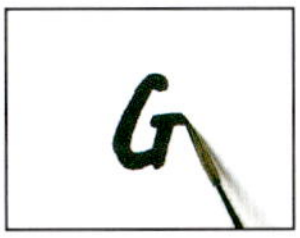 Schaft und Querbalken sind gerade und stehen rechtwinklig aufeinander.	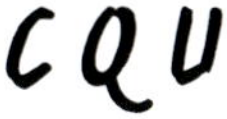
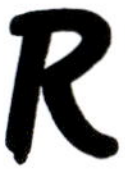 Dieser Buchstabe hat viele Gemeinsamkeiten mit dem „B“.	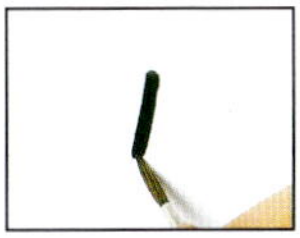 Der erste Strich ist gerade und senkrecht, wie beim „B“.	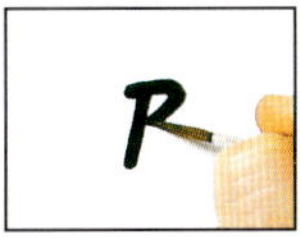 Der zweite Strich entspricht ebenfalls dem des „B“ und ergibt ein „P“.	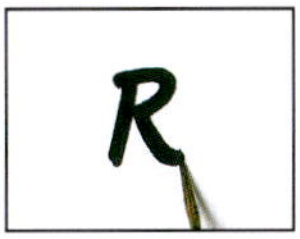 Nun den Schweif anfügen, dabei auf die sanfte Kurve achten.	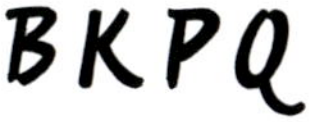
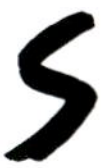 Der etwas grobschlächtige Charakter dieser Schrift wird besonders am „S“ deutlich.	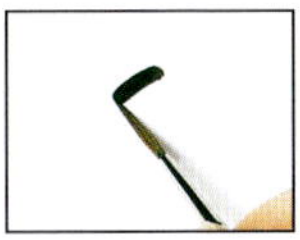 Das „S“ mit einem Schwung nach links unten ungefähr im Winkel von 45° beginnen.	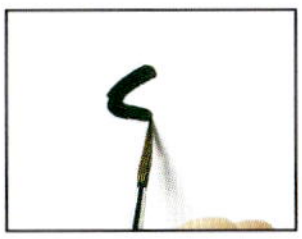 Der Mittelstrich ist kurz und beinahe horizontal.	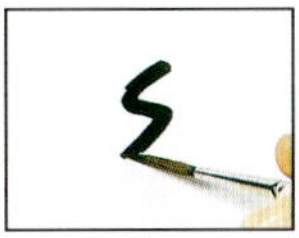 Der letzte Strich entspricht in Winkel und Richtung dem ersten.	

Bold script Minuskel

Diese Buchstaben sind der Schrift „Choc“ frei nachempfunden, die Roger Excoffon in den frühen 1950er Jahren entworfen hat. Es ist wahrscheinlich leichter, die Buchstaben aus mehreren Strichen zusammenzusetzen, als sie in einem durchgehenden Strich zu schreiben.

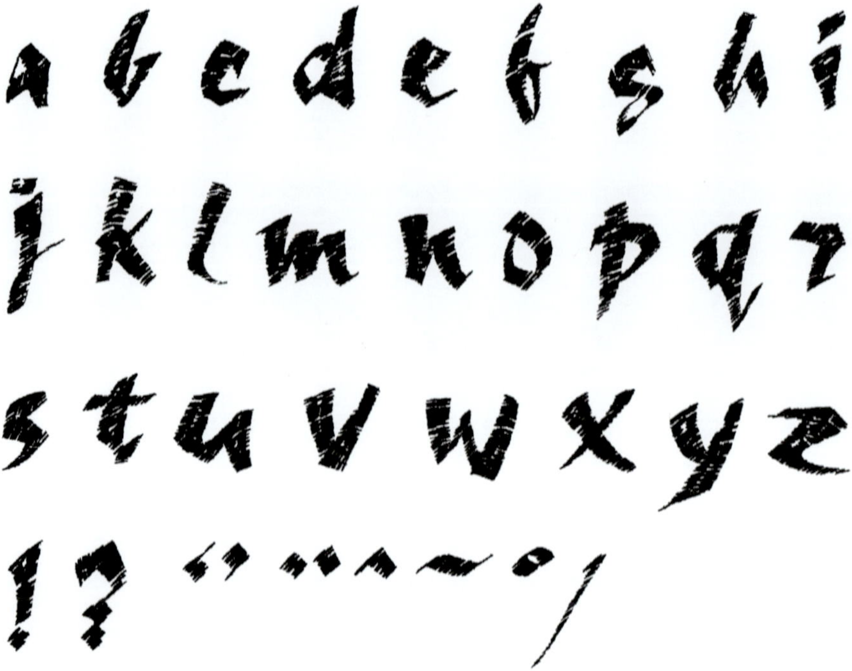

Interessante Details

Die Buchstaben sollten am besten aneinander angeschlossen werden, um ein charakteristisches Schriftbild zu erzeugen.

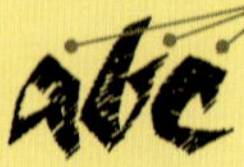

Man muss sich nicht unbedingt streng an die Buchstabenformen halten; sie können durchaus variiert werden.

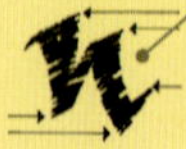

Beachten Sie die Höhenunterschiede bei mehrschaftigen Buchstaben – das bringt Bewegung in das Schriftbild.

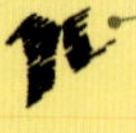

Dieses vollständige „r“ ist eine Alternative zum halben „r“ oben.

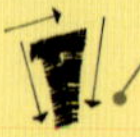

Der Stift bewegt sich in der Strichrichtung zögernd nach unten.

Grundstruktur

Typisch für diese anarchische Schrift ist der halbfette Charakter und die relativ konstante x-Höhe. Sie wurde auf saugfähigem Papier mit einem Kalligraphie-Filzstift geschrieben. Dafür werden die vorgezeichneten Konturen mit einer Reihe von zögernden Linien strichabwärts ausgefüllt.

Struktur	**Strichfolge**			**Gruppe**
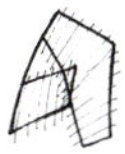 Bewegen Sie den Stift in kurzen, abgehackten Bewegungen in der Strichrichtung.	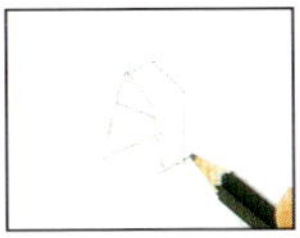 Zuerst die Konturen des Buchstabens mit Bleistift vorzeichnen.	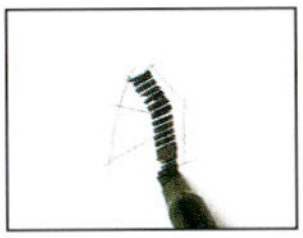 Am Kopf des rechten Schenkels beginnen. Füllen Sie die Konturen mit kurzen, diagonalen Strichen aus.	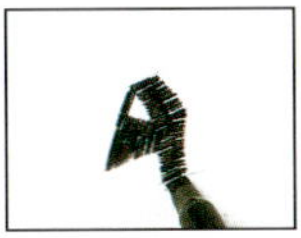 Den ersten Strich auf der rechten Seite verbreitern. Mit fast senkrechtem Stift den Bauch zeichnen.	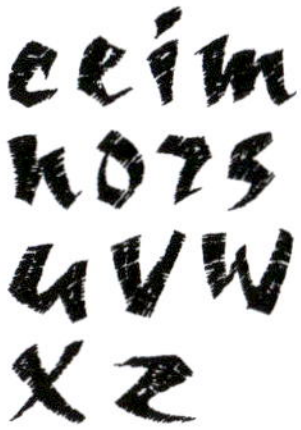
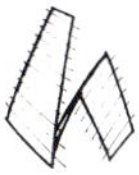 Das „h“ bewegt sich nach vorne, der Schaft hat einen betonten Neigungswinkel.	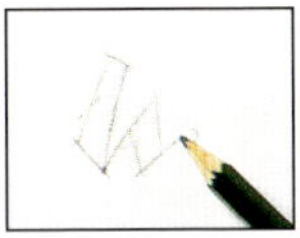 Zuerst den Umriss zeichnen.	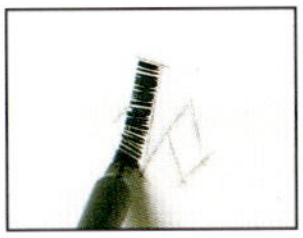 Stift im rechten Winkel zum Strich halten. Absetzen und auf der rechten Seite den Strich verbreitern.	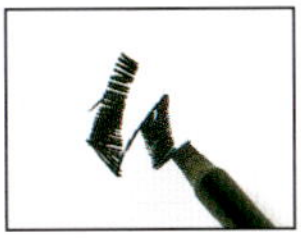 Zum rechten Schenkel Stift nach oben ziehen. Im selben Winkel den rechten Schenkel zeichnen und verstärken.	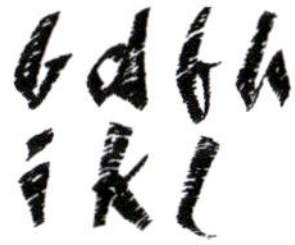
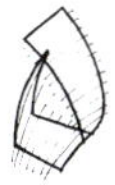 Der breite Kopfstrich erhält mit einer zweiten Reihe paralleler Striche zusätzliches Gewicht.	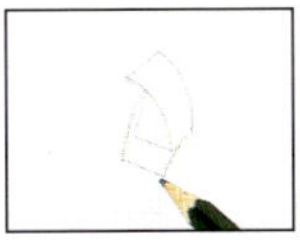 Zeichnen Sie die Konturen vor.	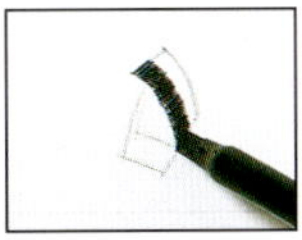 Der Kopfstrich ist sehr breit. Absetzen und rechts eine zweite Federbreite anfügen.	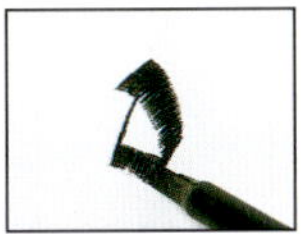 Der magere Schaft wird mit der Federkante gezogen und bietet einen Kontrast. Am Schluss den Bauch vollenden.	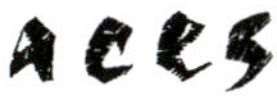
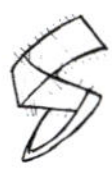 Der obere Teil des Körpers darf nicht über die x-Höhe ragen, der Fuß sollte scharf definiert sein.	 Zeichnen Sie die Konturen vor.	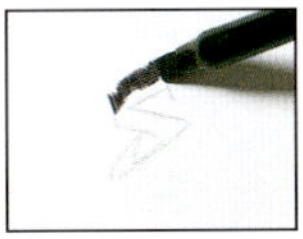 Zuerst den doppelten Aufwärtsstrich zeichnen, danach den Mittelstrich.	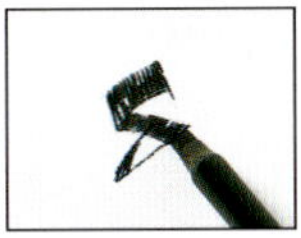 Danach kommt der Abwärtsstrich und zuletzt die beiden dünnen Verbindungsstriche unter der Grundlinie.	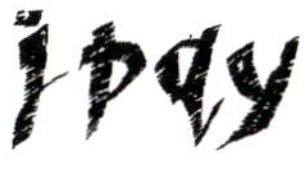

Bold script Versalien

Diese Versalien gehören zur Bold script Minuskel. Sie stammen ebenfalls aus den 1950er Jahren und sind einem Schriftdesign von Roger Excoffon nachempfunden. Aus praktischen Gründen zeichnet man diese Buchstaben besser aus zusammengesetzte Einzelstrichen als in einem Zug.

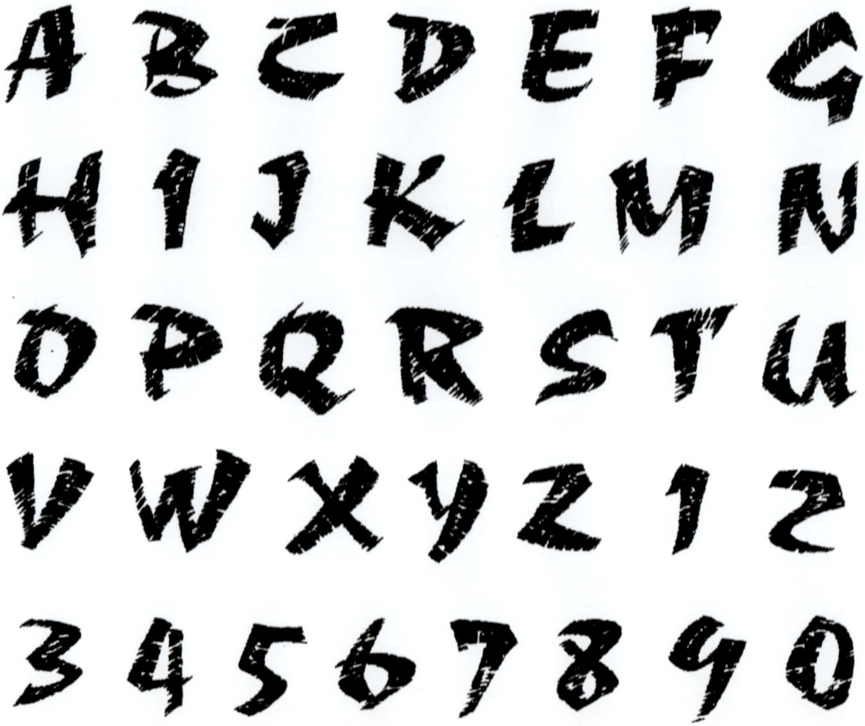

Interessante Details

Die Versalien können zwar als eigenständige Schrift verwendet werden, aber sie wirken besser zusammen mit der Minuskel.

Der zögernde Strich erzielt zwar einen dramatischeren Effekt, aber man kann die Buchstaben auch ganz ausmalen.

Der Stift bewegt sich sukzessive entlang der Strichrichtung.

Der Raum zwischen den Buchstaben prägt ebenfalls das Schriftbild – denken Sie beim Entwurf daran.

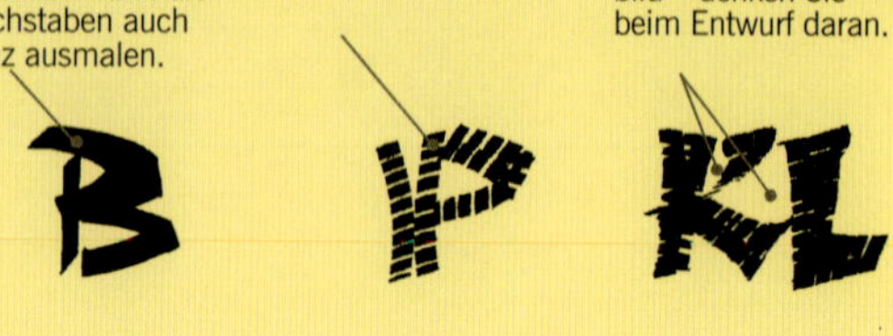

Grundstruktur

Die Versalien sind etwas weniger anarchisch als die Minuskel – Gewicht und Höhe der Buchstaben sind relativ einheitlich. Man kann sie entweder mit Filzstift oder mit Tusche zeichnen. Die goldene Regel für freie Schriften: die Striche, die an der Kopflinie beginnen, sind stets die breitesten.

Struktur | **Strichfolge** | **Gruppe**

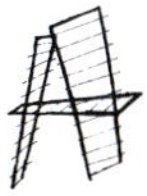

Jeder Buchstabe ist sorgfältig strukturiert, zeichnen Sie die Buchstaben (und Wörter) immer vor.

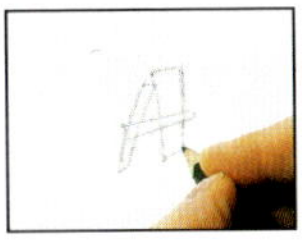

Konturen vorzeichnen.

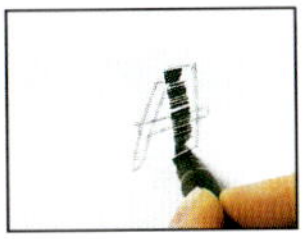

Für den rechten Schenkel des „A" den Stift in kurzen Bewegungen zögernd nach unten bewegen.

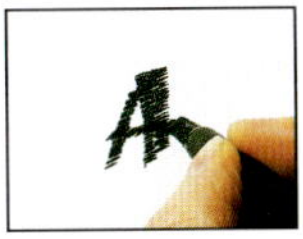

Den Strich rechts verbreitern. Für den linken Schenkel und den Querbalken Stift im 40°-Winkel halten.

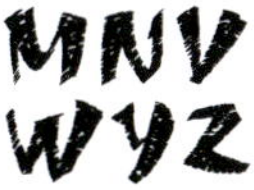

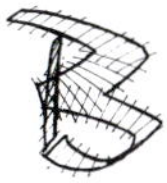

Die Linien verbreitern sich immer an einem Ende. Dadurch wirkt der Buchstabe viel freier.

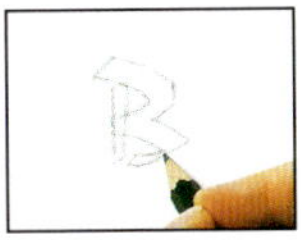

Konturen vorzeichnen.

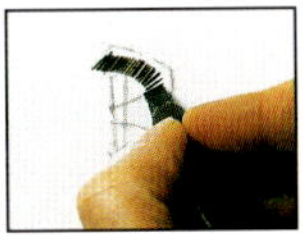

Der obere Bauch beginnt mit einem gebogenen Strich. Der Schaft wird mit der Federkante gezogen.

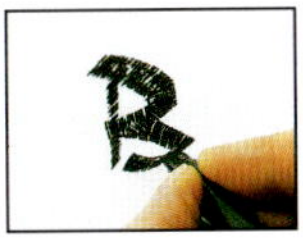

Der untere Bauch ist breiter und komprimierter als der obere. Nicht mit dem Schaft verbinden.

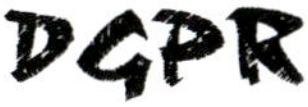

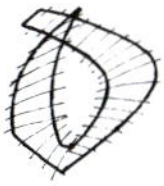

Das „O" besteht aus zwei sich überlappenden Bögen.

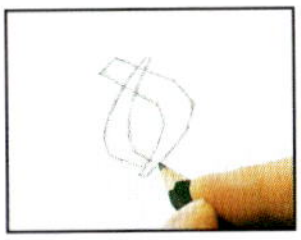

Konturen vorzeichnen.

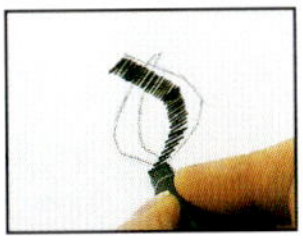

Das „O" beginnt mit einem breiten Schwung nach rechts außen, der scharf nach unten zur Grundlinie abbiegt.

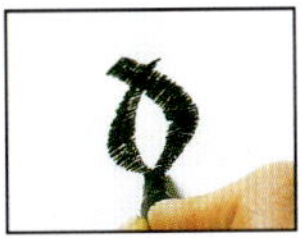

Absetzen und die linke Bauchhälfte mit einer Spitze beginnen, dann eine bauchige Kurve nach unten zeichnen.

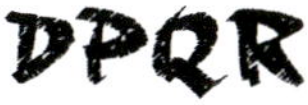

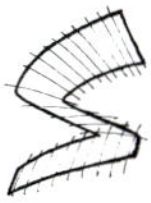

Das „S" ist oben viel breiter als unten.

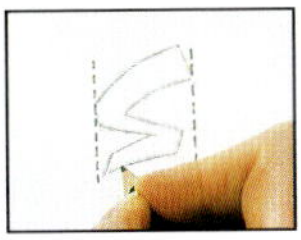

Konturen vorzeichnen.

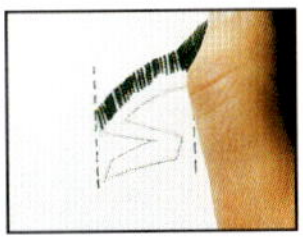

Zuerst einen breiten Schwung von der Mitte bis zur Kopflinie nach oben ziehen.

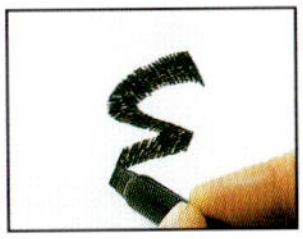

Zur Mitte zurückgehen, einen engen Mittelstrich und einen etwas breiteren Fußstrich zeichnen.

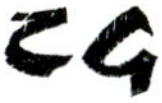

Pen script, halbfette Minuskel

Diese Schrift ist ideal für die ersten Schritte in der Kalligraphie, denn die Buchstaben sind breit und klar. Doch je einfacher die Buchstabenform ist, desto mehr Dekorations- und Variationmöglichkeiten gibt es, solange die Lesbarkeit gewährleistet bleibt. Die Schrift ist daher auch für Fortgeschrittene gut geeignet.

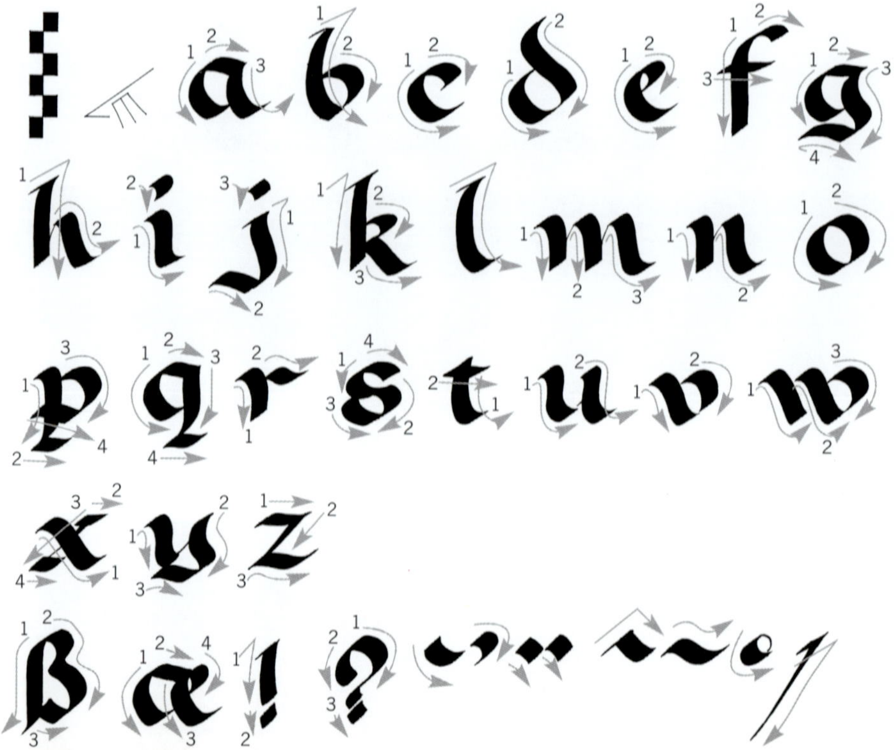

Interessante Details

Die Buchstaben sind mit einer minimalen Anzahl von Strichen geschrieben. Sie können auch mit Wörtern aus mageren Buchstaben kombiniert werden.

Durch eine Drehung des Stifts erhalten Sie diesen geraden Schaft anstelle des gebogenen Strichs.

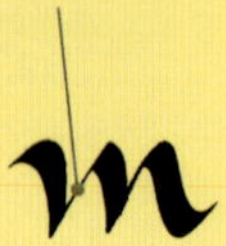

Als Alternative kann die Keilserife verwendet werden, allerdings nur einheitlich bei allen Buchstaben.

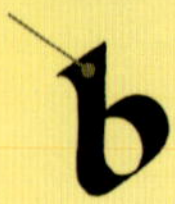

Diese Buchstaben sind mit Wasser geschrieben. Darauf wurde farbige Tinte getropft, die ineinander verläuft.

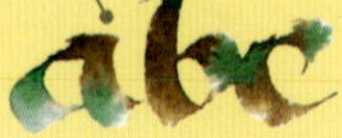

Grundstruktur

Die x-Höhe dieser halbfetten Buchstaben beträgt nur drei Federbreiten. Ober- und Unterlängen werden auf ein Minimum reduziert. Die Buchstaben sind gerundet und mit der kleinstmöglichen Anzahl von Strichen gezeichnet. Durch enge Buchstaben- und Wortabstände erhält man eine dichte Textstruktur.

Struktur **Strichfolge** **Gruppe**

Dieses eingeschossige „a“ ist ähnlich geformt wie „c“, „e“ und „o“.

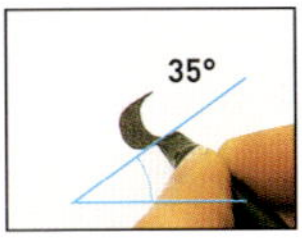

Das „a“ mit dem Stift im 35°-Winkel beginnen und einen Halbkreis ziehen, der in einer Spitze endet.

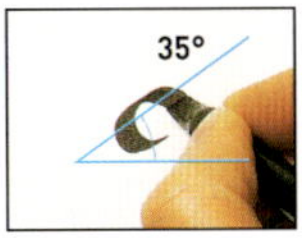

Im selben Winkel einen kurzen runden Kopfstrich anfügen.

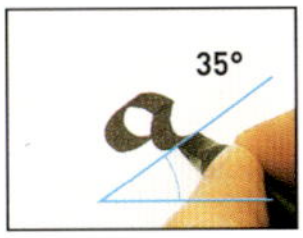

Direkt aus dem zweiten Strich den Schaft in einer geschwungenen Linie zeichnen, der in einer Spitze ausläuft.

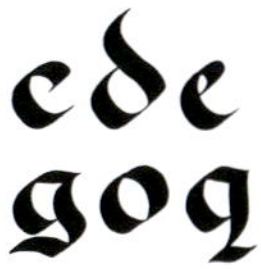

Die Strichserife an der Oberlänge ist charakteristisch für diese Schrift. Den Bauch möglichst offen lassen.

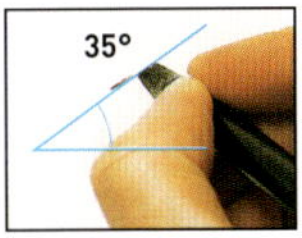

Das „b“ beginnt entweder mit einer Keil- oder einer Strichserife , die in den gebogenen Schaft führt.

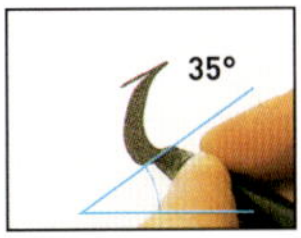

Den Schaft in einer durchgehenden Kurve ziehen, die Feder zum Ende hin flacher halten.

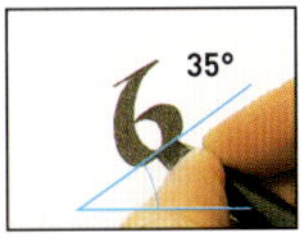

Den Bauch in einem Halbkreis zeichnen, der an der Basis an den Schaft anschließt.

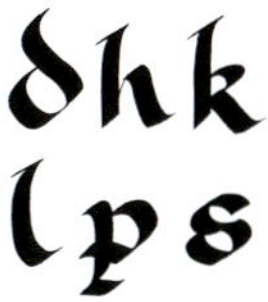

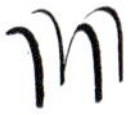

Beachten Sie die Verwandtschaft von „i“, „m“ und „n“. Der letzte Strich entspricht dem „i“, ist aber aufrechter.

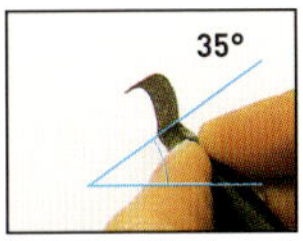

Für den ersten Strich von „m“, „n“ und „r“ kurvig in den Schaft schwingen, aber am Fuß nicht ausdrehen.

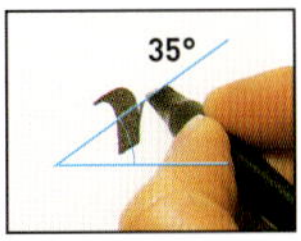

Dann von der Basis nach oben schwingen...

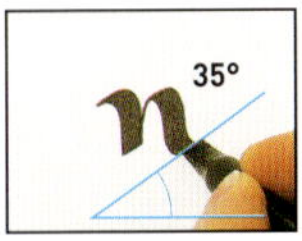

...und für den rechten Schaft wieder nach unten, dann den Fuß ausdrehen.

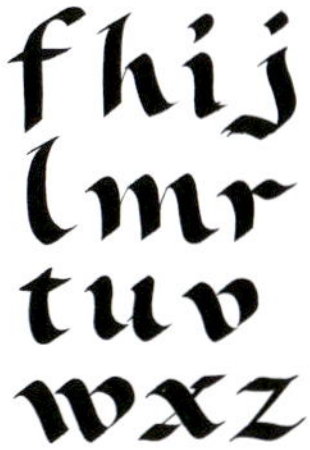

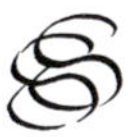

Das „s“ besteht aus zwei spiegelverkehrten Schleifen.

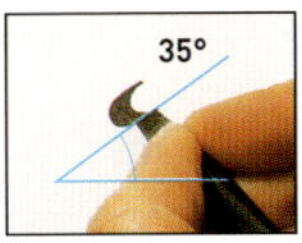

Für die linke Seite einen kleinen Halbkreis von der Kopflinie zur Mitte ziehen.

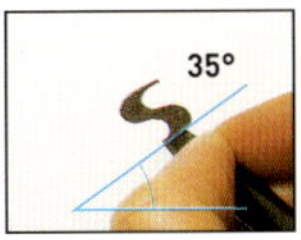

Die Mittellinie des „s“ besteht aus zwei Teilen, da die x-Höhe sehr niedrig ist.

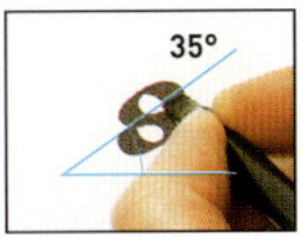

Kopf- und Fußlinie ansetzen, sodass ein beinahe 8-förmiger Buchstabe entsteht.

Pen script, halbfette Versalien

Diese Versalien wurden zur Ergänzung der Minuskel entworfen. Wegen ihrer vereinfachten Buchstabenform kann man sie aber auch als eigenständige Schrift verwenden. Dank ihrer klaren, einfachen Formen sind diese Versalien ebenso wie die Minuskel ideal für den Anfänger der Kalligraphie.

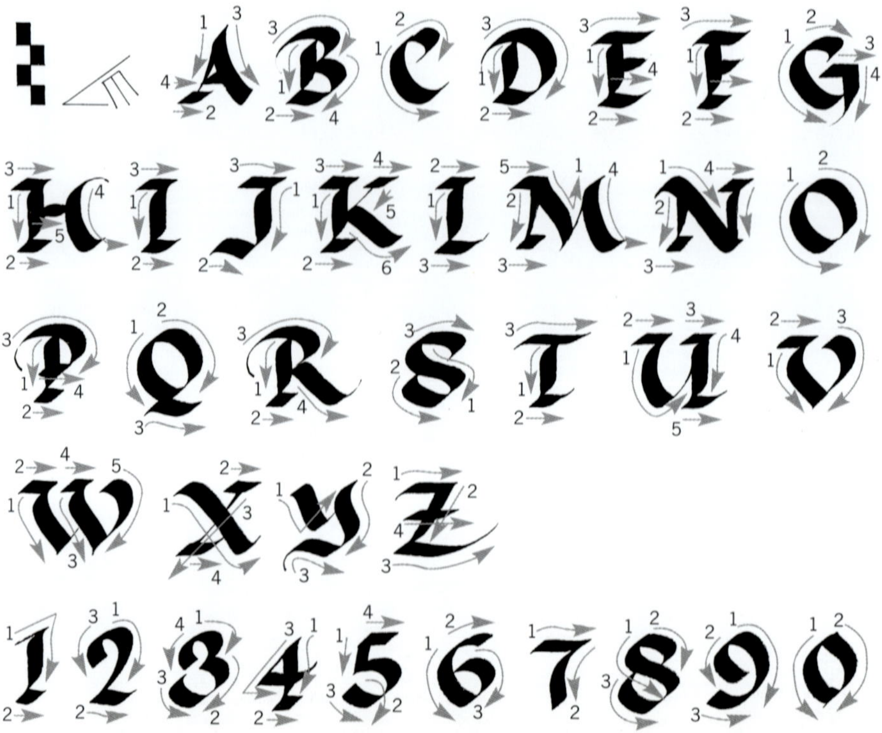

Interessante Details

Diese Buchstaben wurden mit einem Kalligraphie-Filzstift gezeichnet – ein ideales Werkzeug zum Üben von Buchstabenformen, bevor man auf Tusche und Farbe übergeht.

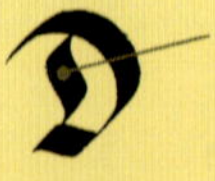

Der gebogene Schaft ist eine Alternative zum geraden Schaft. Entscheiden Sie sich aber für eine Form.

Der Kopf des „M" kann auch ohne Serife in der Form des „N" gezeichnet werden.

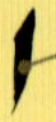

Die ersten Striche von „M" und „N" sind mager: drehen Sie dafür die Feder.

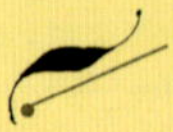

Wenn genug Platz vorhanden ist, können horizontale Striche verziert werden.

Grundstruktur

Die Buchstaben haben eine Körperhöhe von nur vier Federbreiten und haben daher halbfetten Charakter. Die kurzen Schäfte tragen breite horizontale Serifen und Querbalken. Durch ihre einfache Struktur können diese Buchstaben mit sehr wenigen Strichen gezeichnet werden.

Struktur | **Strichfolge** | **Gruppe**

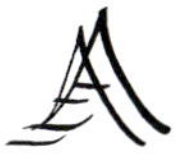

Die Endung dieses Buchstabentyps kann mit einem dünnen Aufwärtsstrich oder in einer Diagonale gestaltet werden.

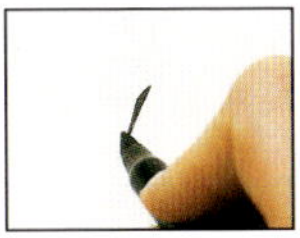

Der linke Schenkel des „A“ ist ein magerer Strich. Dafür drehen Sie den Stift beinahe in die Senkrechte.

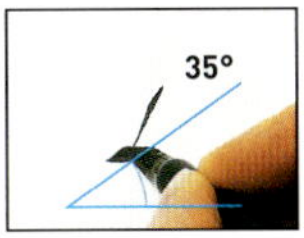

Drehen Sie den Stift wieder auf 35° und setzen Sie eine breite Serife an.

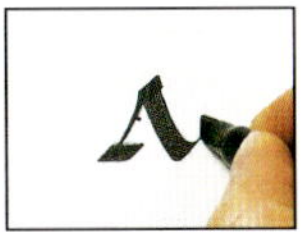

Im selben Winkel den rechten Schenkel ziehen und mit der Federkante nach oben abschließen. Querstrich anfügen.

Gruppe: H K R V W X

In dieser Schrift gibt es sowohl Kopf- als auch Fußstriche, weshalb die Schäfte relativ kurz gehalten werden.

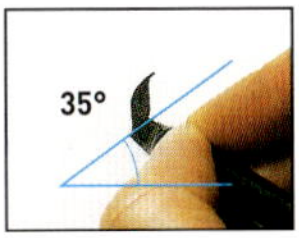

Mit dem Stift im 35°-Winkel den kurzen Schaft des „B“ mittig zwischen Kopf- und Grundlinie setzen.

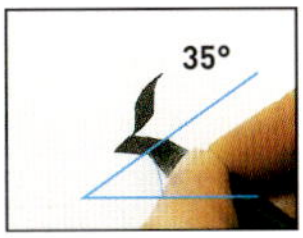

Die Basis des unteren Bauches anfügen, die sich leicht nach unten bewegt.

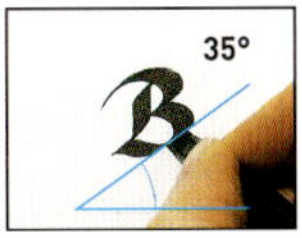

Nun den oberen Bauch zeichnen, danach in einem breiteren Schwung den unteren Bauch vollenden.

Gruppe: D E F I J K L P R T

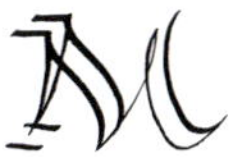

Der geschwungene rechte Schenkel bei „M“ und „H“ steht im Kontrast zu den breiten Serifen.

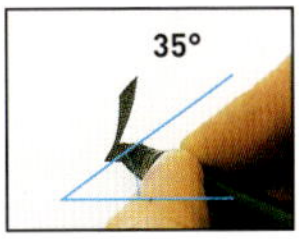

Der erste Strich des „M“ ist ähnlich wie beim „A“, nur aufrechter.

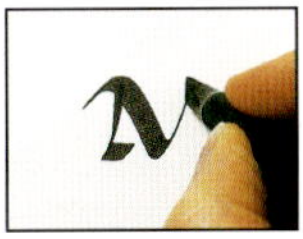

Diagonal nach unten zur Grundlinie schwingen, dann wieder nach oben zur Kopflinie.

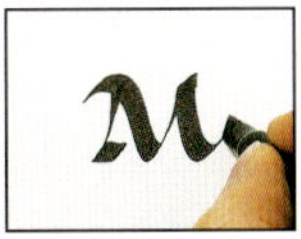

Der letzte Schenkel ähnelt ebenfalls dem des“A“, ist aber aufrechter.

Gruppe: C G H K R W X Y

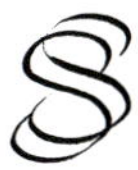

Das „S“ gerät häufig zu hoch. Beginnen Sie daher in der Mitte.

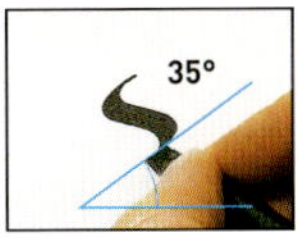

Kurz unterhalb der Kopflinie anfangen und einen breiten diagonalen Strich ziehen.

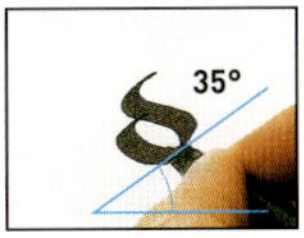

Der untere Bogen kann die Diagonale berühren, wodurch eine 8-Form entsteht.

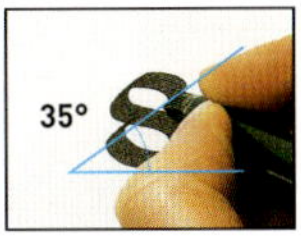

Am Schluss den oberen Strich anfügen, der ebenfalls die Diagonale berühren darf.

Gruppe: C G O Q

Pen script, halbfette kursive Minuskel

Diese Kursivform bildet zusammen mit der Halbfetten und den Versalien eine „Schriftenfamilie“. Wie die anderen Schriften dieser Familie sind diese Buchstaben einfach und unprätentiös. Sie ist eine gute Ergänzung der Palette des Kalligraphen und dient vor allem zum Hervorheben von Satzteilen.

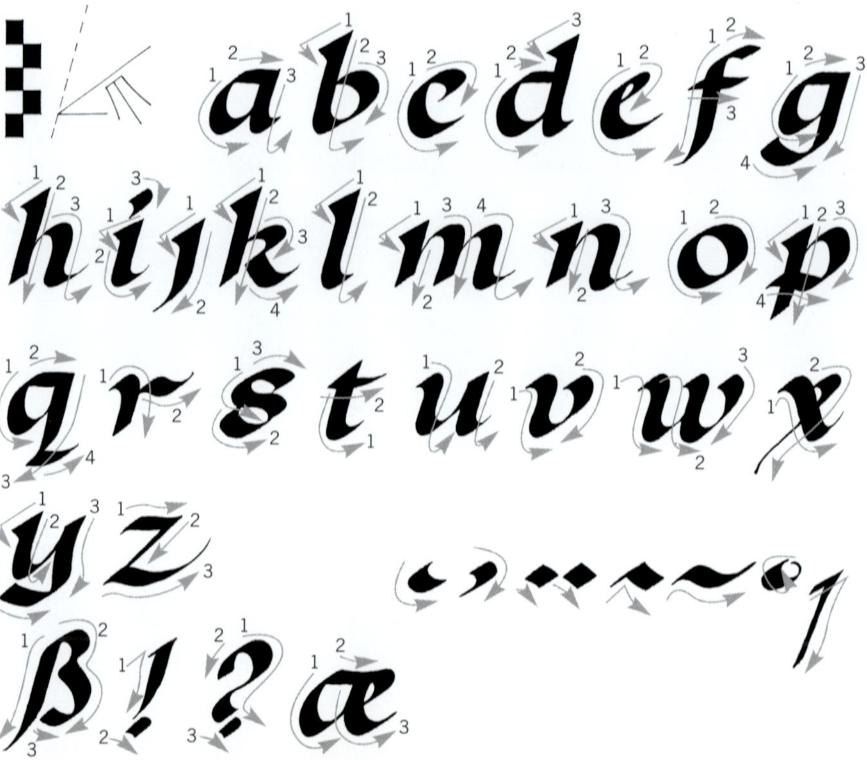

Interessante Details

Obwohl diese Schrift zur selben Familie gehört wie die Halbfette, hat sie ihre eigenen Besonderheiten und bietet dem Kalligraphen daher einige Abwechslungsmöglichkeiten.

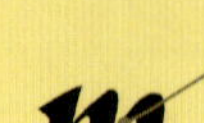

Hier sehen Sie drei Alternativen für die Anstriche. Die verschiedenen Formen aber nicht mischen.

Die Feder wird für den Aufwärtsschwung in den nächsten Strich gedreht.

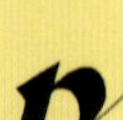

Bei diesem alternativen „s“ ist der Mittelstrich in zwei Striche „gebrochen“.

Diese Variante des „p“ hat eine Serife wie das „q“.

Grundstruktur

Die x-Höhe dieser Buchstaben beträgt nur drei Federbreiten. Ober- und Unterlängen werden möglichst klein gehalten. Die parallelen Schäfte werden im gleichen Federwinkel gezeichnet, dadurch entsteht ein gleichmäßiges Schriftbild. In der Kombination sollte die Kursive magerer wirken als die gerade Halbfette.

Struktur | **Strichfolge** | **Gruppe**

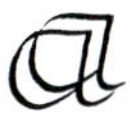

Der Bauch sollte recht breit sein. So erhält man einen größeren Innenraum.

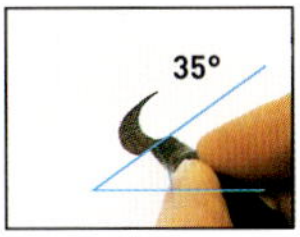

Im 35°-Winkel das „a" mit einem großzügigen Bogen beginnen, der die Grundlinie sanft berührt.

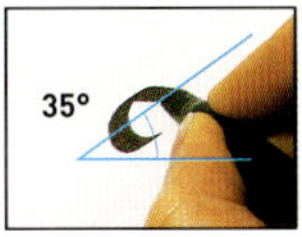

Der Kopfstrich ist ziemlich breit und ragt über das untere Ende des Bauches hinaus.

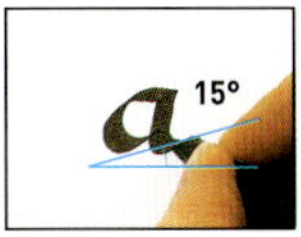

Der Schaft ist ca. 15° von der Senkrechte nach vorne geneigt und endet in einem aufwärts gedrehten Fuß.

c d e g
o q

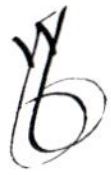

Dieser Buchstabe hat eine keilförmige Serife. Dies ist eine Alternative zu den Serifen auf der Seite 204.

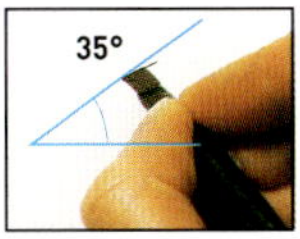

Den kurzen Strich für die Keilserife nach rechts unten ziehen. Absetzen, die Kopflinie zum Schaft zeichnen.

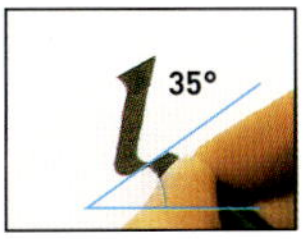

Mit angewinkeltem Stift ganz oben ansetzen und den Schaft direkt an die Serife binden. Dann den Fuß zeichnen.

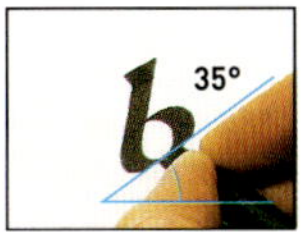

Der Bauch ist das Spiegelbild des ersten Striches für den Buchstaben „a".

d f h i
j k l o
p

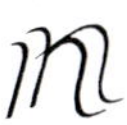

Der Raum zwischen den Parallelen soll optisch genauso groß wirken wie der Innenraum des „a".

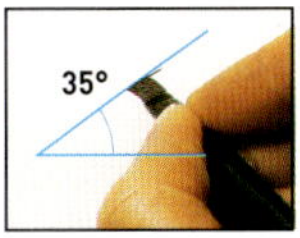

Für das „n" eine Keilserife zeichnen und daraus den Schaft nach unten ziehen.

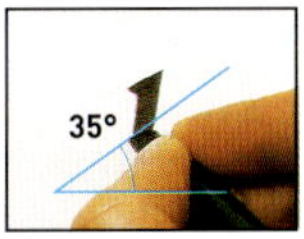

Den Fuß nicht ausdrehen, sondern rechtwinklig abschließen.

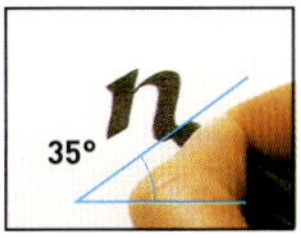

Zum rechten Schaft nach außen hochschwingen, dann hinunterziehen und den Fuß ausdrehen.

h i j k
m p u
v w x
y

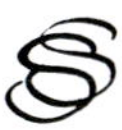

Der Mittelstrich des „s" ist nach unten geneigt. Der Buchstabe wirkt wegen des halbfetten Charakters horizontal.

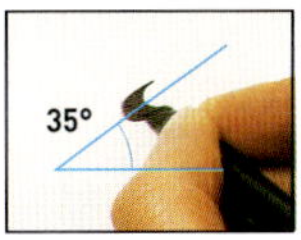

Für die linke Hälfte des Mittelstrichs einen Haken von der Kopflinie zur Mitte zeichnen.

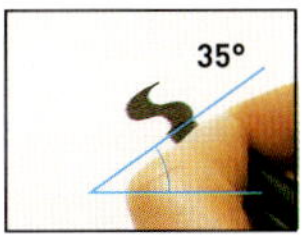

Einen spiegelverkehrten Abwärtshaken von der Mitte nach unten ziehen.

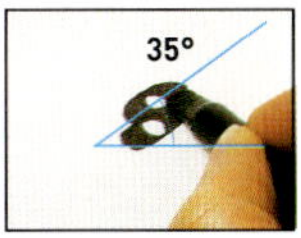

Zuletzt den Kopf und den unteren Strich anfügen.

c

Pen script, halbfette kursive Versalien

Diese Versalien ergänzen die halbfette kursive Minuskel, sind allerdings stärker kursiv im Character. Man kann die Versalien durchaus als eigenständige Schrift verwenden. Zusammen mit den geraden Buchstaben bilden sie eine „Schriftfamilie", deren Elemente kombiniert werden können.

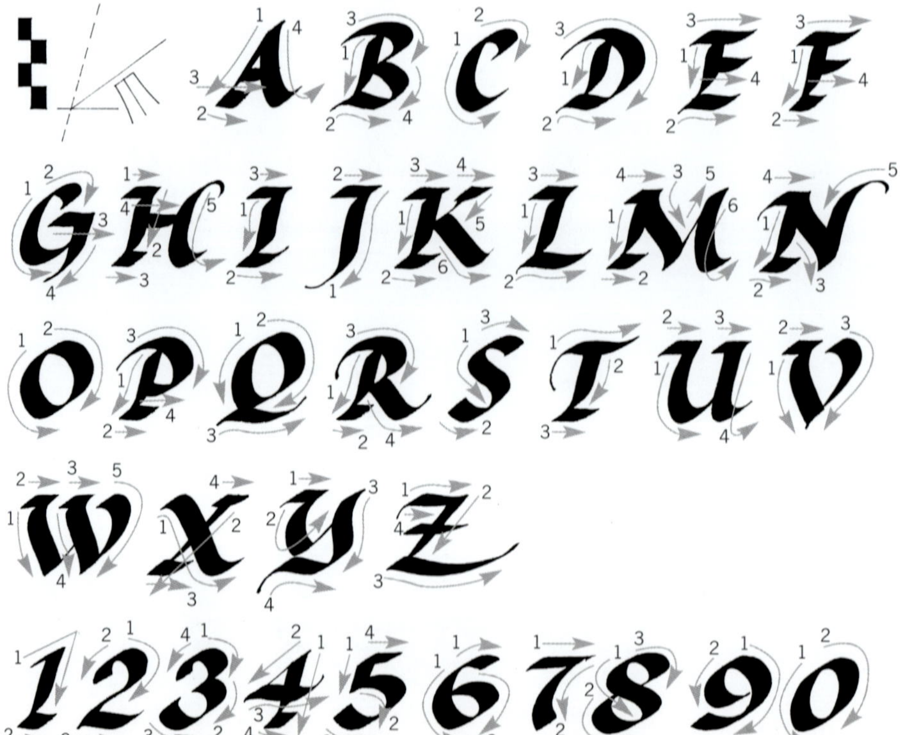

Interessante Details

Wenn Sie den Stift im selben Winkel halten wie bei der geraden Halbfetten, werden die Schäfte dünner und die Diagonalen dicker.

Alternativen für „M" und „N" – der diagonale Strich endet an der Basis des „N" mit einem Fuß.

Ein alternativer Anstrich für das „B". Dies ist auch möglich bei „D", „N", „P" und „R".

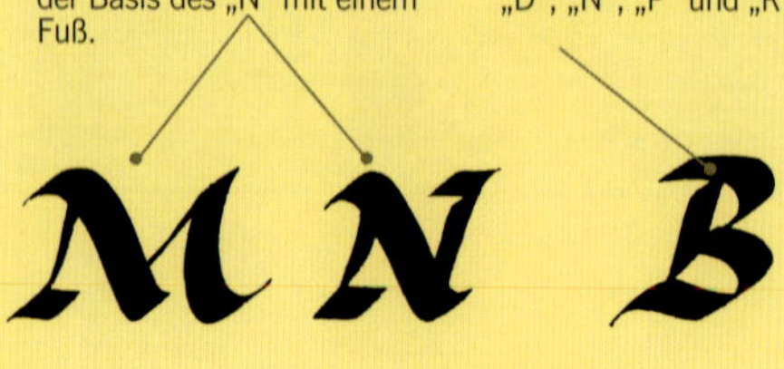

Grundstruktur

Durch die relativ einfache Struktur dieser Buchstaben bieten sich bei weitem mehr Gestaltungsmöglichkeiten als bei dekorativeren Schriften. Die Vorwärtsneigung der Kursive erleichtert dem Auge das Lesen ohne Unterbrechungen. Dies wird erleichtert, wenn der Neigungswinkel konstant durchgehalten wird.

Struktur | **Strichfolge** | **Gruppe**

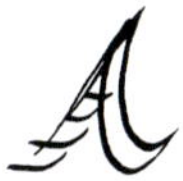

Der Innenraum oben beim „A" und „R" ist das Ergebnis eines halbfetten und eines kursiven Strichs.

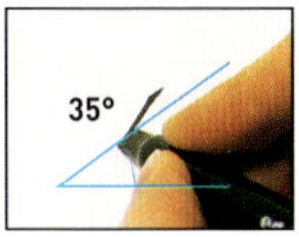

Die linke Diagonale des „A" ist ein dünner Strich. Halten Sie den Stift dafür beinahe senkrecht.

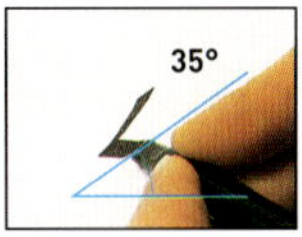

Drehen Sie den Stift zurück in den 35°-Winkel und fügen Sie die Serife an.

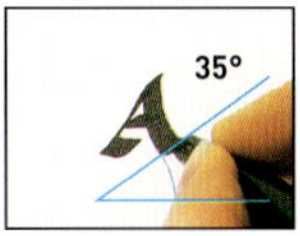

Rechte Diagonale ziehen. Querbalken anfügen, am Schluss den kleinen Aufwärtsstrich am Fuß zeichnen.

Gruppe: F M N X

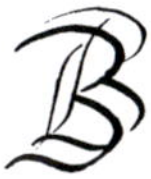

Der Schaft dieses „B" ist magerer als der rechte Schenkel des „A". Dies wird durch die extrabreiten Bäuche ausgeglichen.

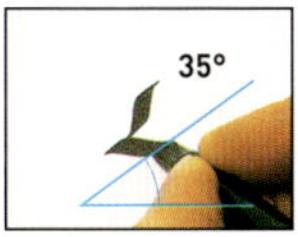

Im 35°-Winkel einen kurzen vertikalen Schaft zeichnen. Grundstrich für den unteren Bauch anfügen.

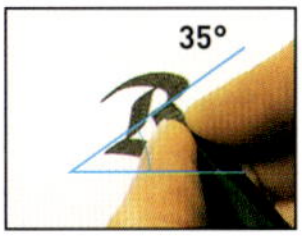

Den oberen Bauch mit einem weiten Schwung ansetzen.

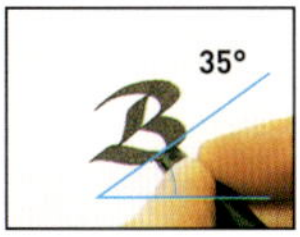

Danach den unteren, breiteren Bauch anfügen und mit dem Grundstrich unten verbinden.

Gruppe: D O P R

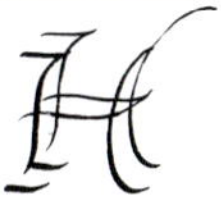

Das „H" bekommt entweder eine kurze oder eine lange Kopfserife.

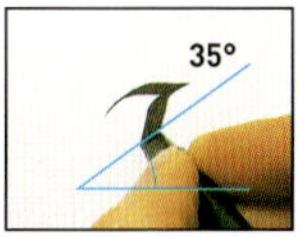

Die obere Serife zeichnen und direkt den Schaft gehen, der kurz vor der Grundlinie endet.

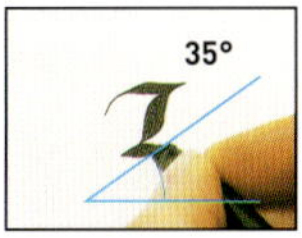

Den Strich mit einer Fußserife abschließen.

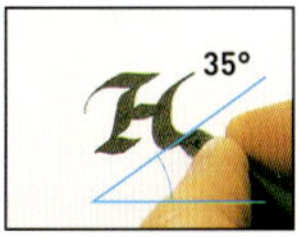

Der rechte Schaft ist ähnlich wie beim „A", nur aufrechter. Querbalken und Häkchen am Fuß anfügen.

Gruppe: E F I J K M N T U V W Y

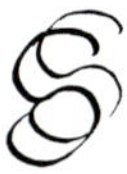

Für das „S" gibt es zwei Möglichkeiten – entweder eng, wie auf der gegenüberliegenden Seite, oder breit.

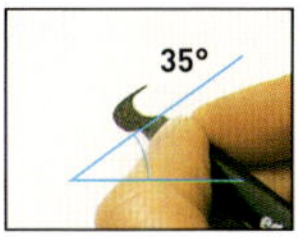

Für das breitere „S" einen kleinen oberen Haken von der Kopflinie aus ziehen.

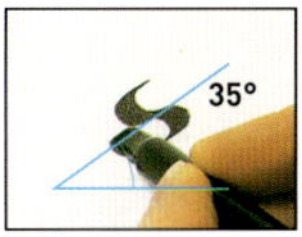

Der zweite kleine Halbkreis reicht fast bis an die Grundlinie. Den Fußstrich links beginnen.

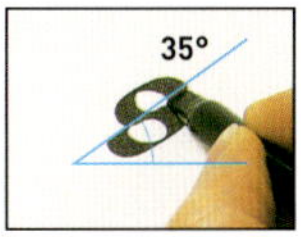

Zum Schluss noch den Kopfstrich anfügen.

Gruppe: C G O Q

Diva Minuskel

Dies ist eine freie, ungezwungene Schrift, deren informeller Charakter durch die Endungen noch betont wird. Größe und Gewicht dieser einfachen Buchstabenformen können variiert werden – je weniger formal das Design, desto besser wirkt die Schrift. Die Buchstaben sind mit ruckartigen Bewegungen geschrieben.

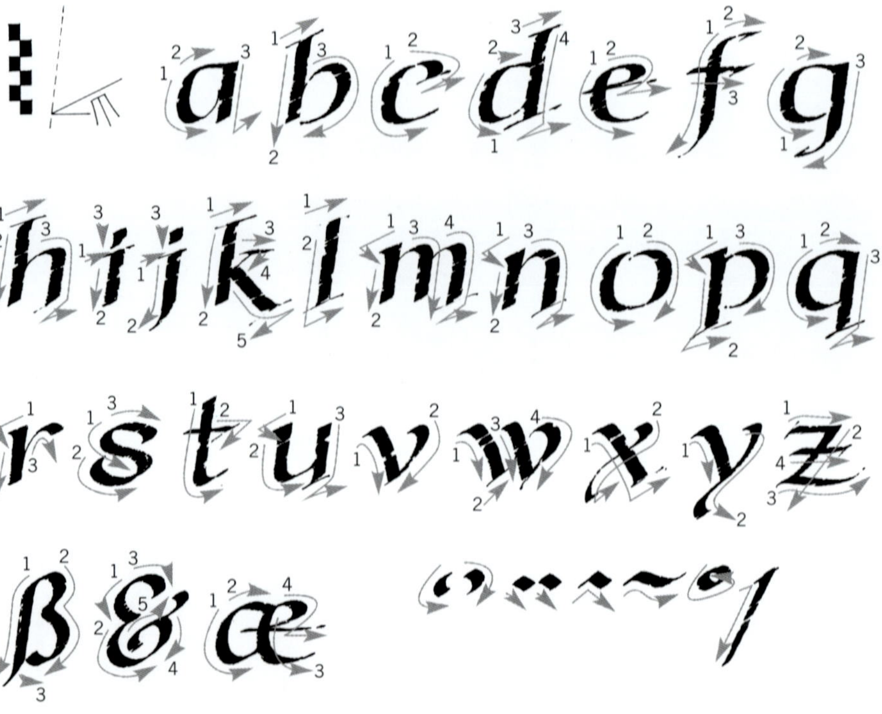

Interessante Details

Bei freien Schriften gibt es verschiedene Schreibgeschwindigkeiten: Bäuche und Schäfte werden eher langsam, verzierte Endungen sehr schnell gezeichnet.

Ein alternatives „g“: die Verbindungslinie kann noch verlängert werden.

Oberlängen können mehrere x-Höhen lang sein. Die Bäuche dürfen verbunden werden.

Der verlängerte Querbalken des „t“ ist am Wortende besonders wirkungsvoll.

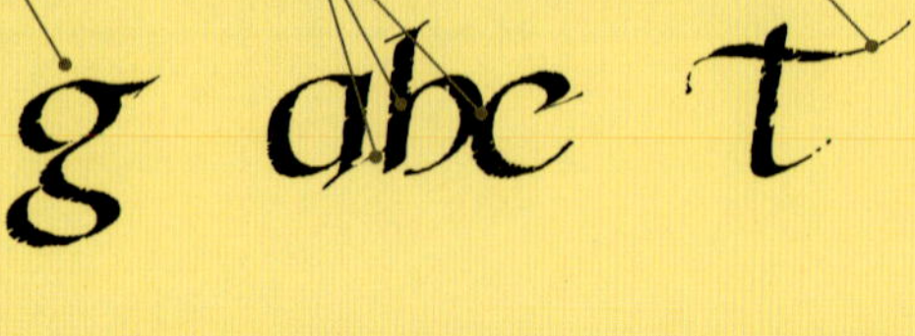

Grundstruktur

Diese Schrift ist relativ breit; sie wird mit dem Stift im flachen Winkel von 25° mit einer Vorwärtsneigung von 8° geschrieben, dadurch sind die Schäfte breit und die Horizontalen schmal. Druck und Geschwindigkeit sollten beim Schreiben variieren; für ein optimales Ergebnis muss sich die Hand frei bewegen können.

Struktur	Strichfolge			Gruppe
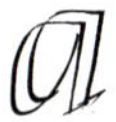 Die Schrift wirkt „quadratisch" durch die flache Kurve des Bauchs. Dies sollte bei gerundeten Buchstaben einheitlich sein.	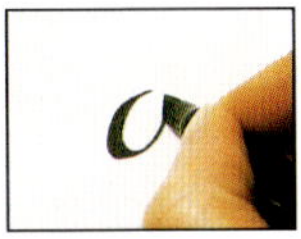 Beginnen Sie unter der Kopflinie und ziehen Sie den breiten Bauch, der in einer Aufwärtskurve endet.	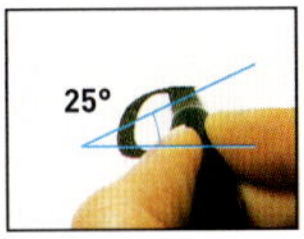 Absetzen und den horizontalen Kopfstrich anfügen.	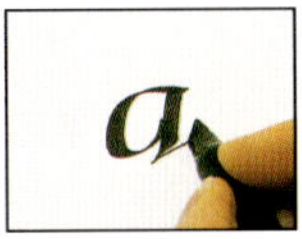 Direkt in den Schaft übergehen und den Fuß mit einem schnell gezeichneten Häkchen beenden.	ceg oq
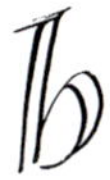 Die Serife oben an Schaft (und bei anderen Buchstaben auch am Fuß) wird mit der Federkante im 25°-Winkel gezeichnet.	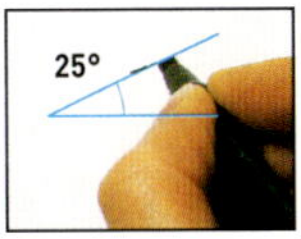 Den Schaft mit einem diagonalen Anstrich nach rechts oben beginnen.	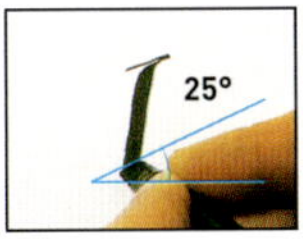 Den Schaft aus der Mitte der kurzen Diagonallinie ziehen.	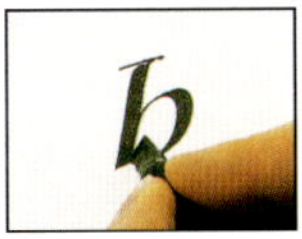 Vom Fuß aus nach oben den großzügigen, breiten Bauch zeichnen.	dfh ijklt
 Die keilförmige Serife, die auch bei „n", „p", „r" und „u" vorkommt, kann auch bei „i" und „j" angefügt werden.	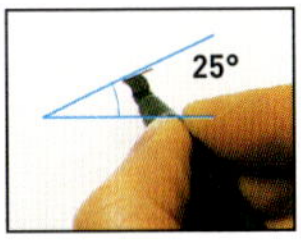 Sie können auch mit einer formaleren Keilserife beginnen. Nach links und zurück zum Schaft ziehen.	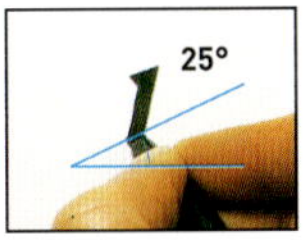 Dann nach unten den Schaft zeichnen.	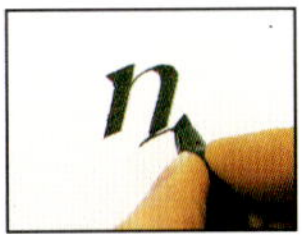 Den Bogen wie beim „b" beginnen, dann senkrecht nach unten ziehen und mit einem Häkchen abschließen.	hijm ru
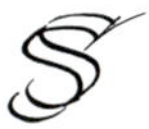 Die Vorwärtsneigung ist beim „s" schwieriger zu erzielen als bei geraden Buchstaben.	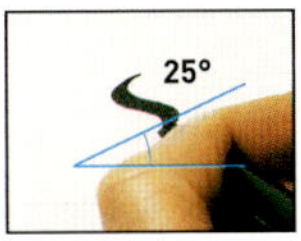 Für das „s"mit der Mittellinie beginnen, die relativ breit und horizontal sein sollte.	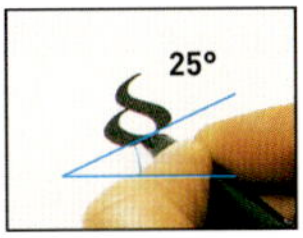 Der untere Haken ragt über die Mittellinie heraus. So entsteht die Vorwärtsneigung.	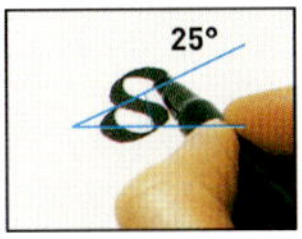 Absetzen und oberen Haken zeichnen, der ebenfalls über die Mitte hinausragt.	r

Diva Versalien

Diese freien, ungezwungenen Versalien mit ihren originellen Endungen ergänzen die Diva-Minuskel. Hier sind sie in der Proportion zur Minuskel abgebildet, aber es lohnt sich, mit verschiedenen Größenverhältnissen zu experimentieren. Die Versalien wirken auch ohne die Minuskel sehr gut.

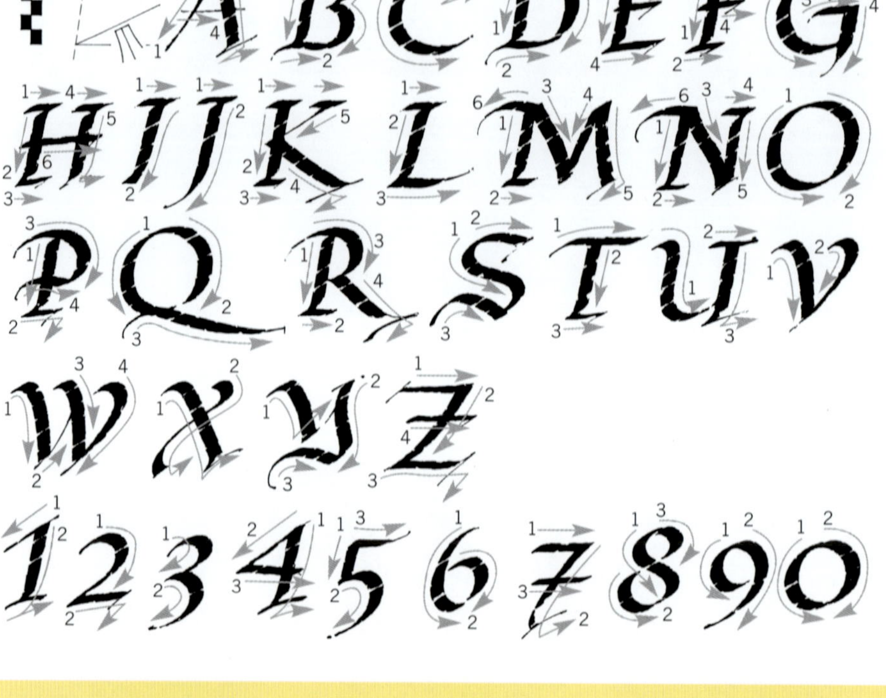

Interessante Details

Einige Buchstaben beginnen mit einem dynamischen Aufwärtsstrich, andere eher bedächtig. Die Striche sind mit kurzen, abgehackten Bewegungen gezeichnet.

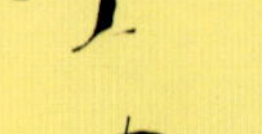

Das „T“ mit seinem hohen Querstrich ist ideal in Kombination mit der Minuskel.

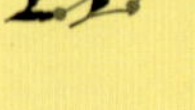

Zwei Endungen für den Schaft: formal mit Serife oder unkonventionell mit Aufwärtsstrich.

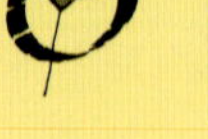

Das Volumen des Innenraums kann durch Striche und Rauten reduziert werden.

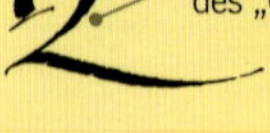

Eine alternative Form des „Q“.

Grundstruktur

Diese Schrift ist vom Charakter her relativ breit und wird mit der Feder im flachen Winkel geschrieben. Unterschiedliche Druckstärke und Geschwindigkeit beim Schreiben der einzelnen Buchstabenteile sorgen dafür, dass das Schriftbild spontan und flüssig wirkt.

Struktur **Strichfolge** **Gruppe**

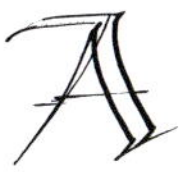

Der linke Schenkel wird mit der Federkante ungefähr im 60°-Winkel gezeichnet.

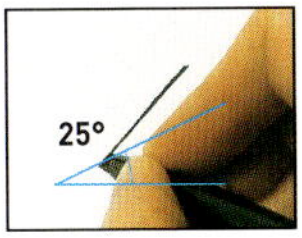

Das „A“ mit einem schnellen diagonalen Strich nach links beginnen.

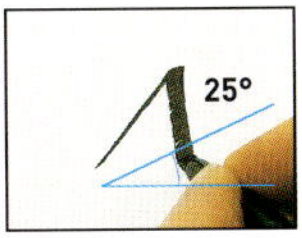

Danach folgt der rechte diagonale Schenkel, der am Fuß mit einem kurzen Aufwärtsstrich beendet wird.

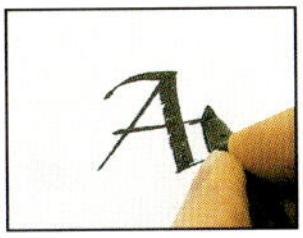

Querbalken und Kopfverzierung anfügen.

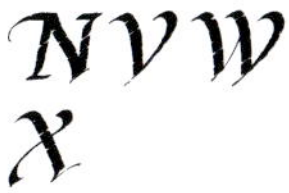

Am Buchstaben „C“ kann man den breitenbetonten Charakter besonders gut feststellen.

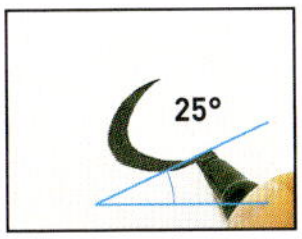

Mit dem Stift im 25°-Winkel einen breiten Bogen entlang der Grundlinie ziehen.

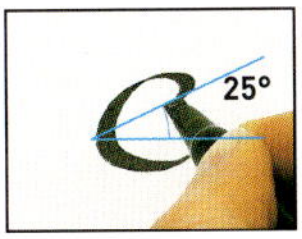

Absetzen und an der Kopflinie ebenfalls einen breiten Bogen zeichnen und nach innen einbiegen.

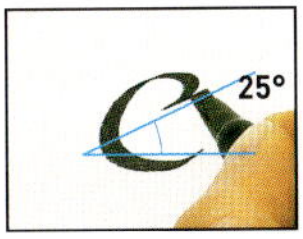

Der Strich wird mit einem Aufwärtsstrich im 25°-Winkel abgeschlossen.

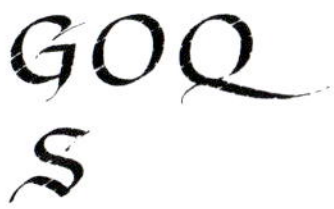

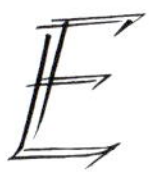

Dieses alternative „E“ ist am oberen Querbalken mit einer Schleife verziert. Genauso kann man auch das „F“ gestalten.

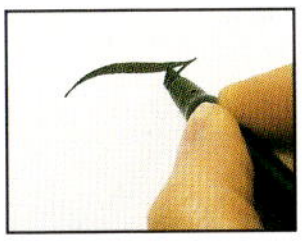

Zuerst den verlängerten Querbalken zeichnen, der mit einem Abwärtsstrich abschließt.

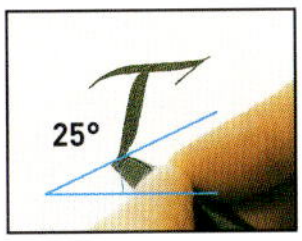

Der zweite Strich ist der Schaft, der kurz vor der Grundlinie eine kleine Linkskrümmung bekommt.

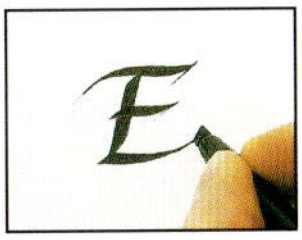

Nun folgt der mittlere und der untere Querbalken. Beide schließen mit einem Aufwärtsstrich ab.

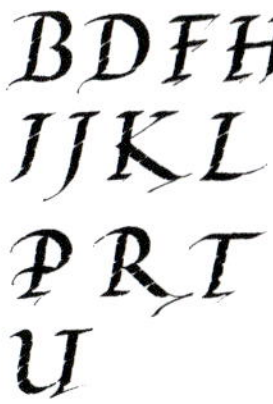

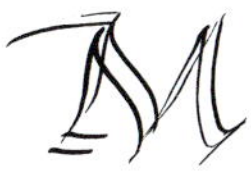

Der zweite Strich ist eine Schleife oder eine Verlängerung des Schenkels; achten Sie aber auf Einheitlichkeit.

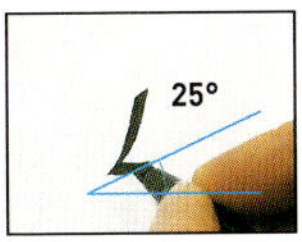

Der erste Strich des „M“ wird mit aufrechtem Stift gezeichnet. Fuß anfügen.

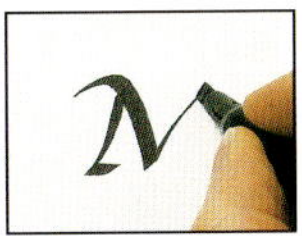

Der zweite Strich entspricht der rechten Diagonale des „A“, oder er wird verlängert wie hier.

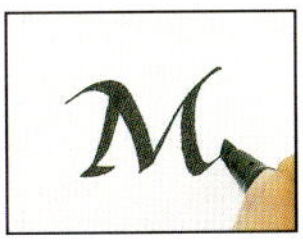

Dritter und vierter Strich können in einem oder in zwei Strichen gezeichnet werden.

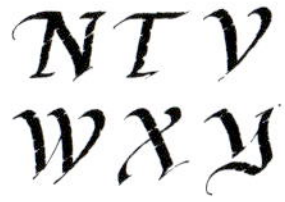

Strukturierte kursive Minuskel

Diese Schrift ist der von Friedrich Peter entworfenen kalligraphischen Druckschrift Vivaldi nachempfunden. Sie war ursprünglich für den Trockentransfer konzipiert, doch eignet sie sich auch hervorragend für das Schreiben mit der Feder. Charakteristisch sind die Verbindungsstriche bei „a", „d", „g", „q" und „u", die den Schaft nur leicht berühren.

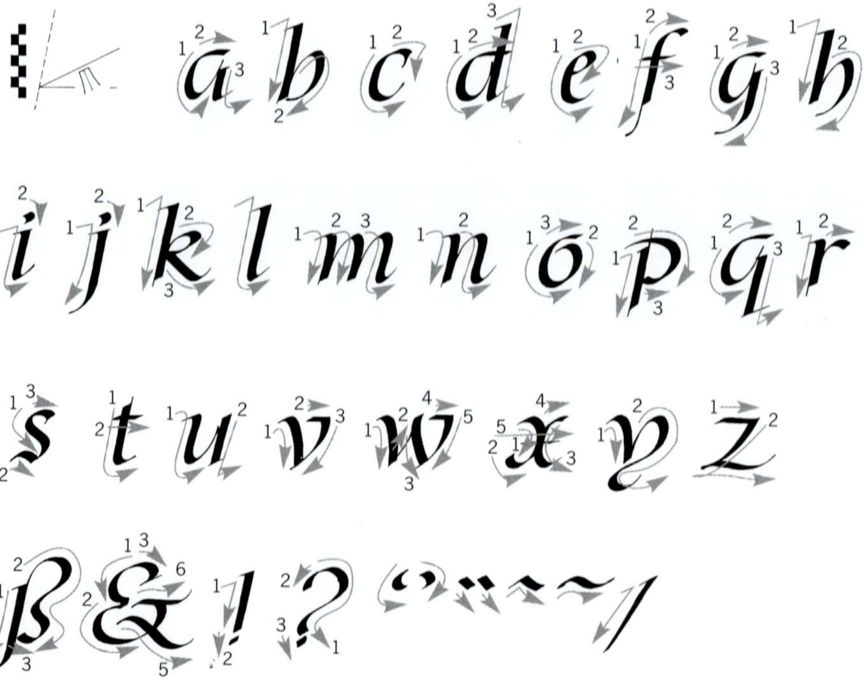

Interessante Details

Jeder Buchstabe hat scharfe Konturen und eine klare Struktur. Man könnte diese Schrift als Schnittstelle zwischen Kalligraphie und Druckbuchstabendesign betrachten.

Die Verbindungsstriche sind im selben Neigungswinkel gezeichnet, wie hier bei „a" und „n".

Diese Alternative für das „d" bietet sich an, um statisch wirkende Wörter aufzulockern.

Dieses alternative „l" hat eine Henkel-Serife.

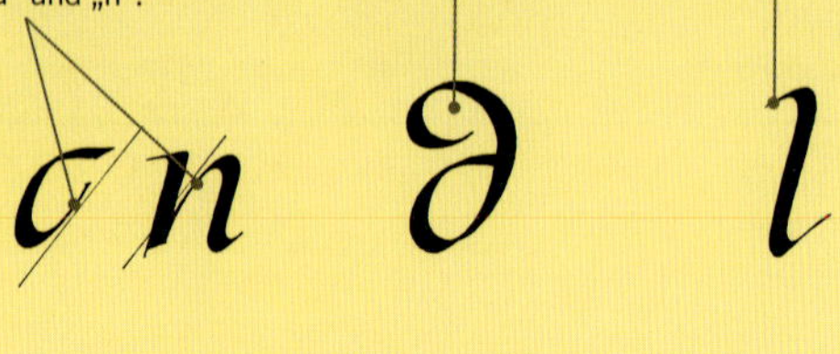

Grundstruktur

Die geraden Serifen am Kopf haben keine Filetten, die Fußserifen sind eher hakenförmig. Die Schäfte sind gerade und enden zumeist mit einem Strich nach links. Der Schaft von „a“, „g“ und „q“ beginnt ungefähr auf halber x-Höhe. Ober- und Unterlängen sind relativ kurz.

Struktur **Strichfolge** **Gruppe**

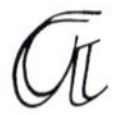

Charakteristisch für diese Schrift sind die oben offenen Schäfte. Dies ist auch bei „g“ und „q“ der Fall.

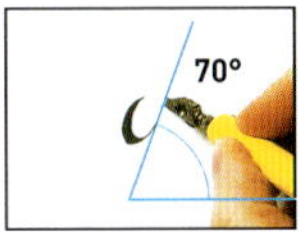

Der linke Bauch des „a“ ist nicht sehr rund: Breite entsteht durch den lang gezogenen Verbindungsstrich.

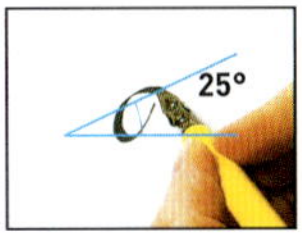

Der breite horizontale Kopfstrich endet auf Höhe des Verbindungsstrichs.

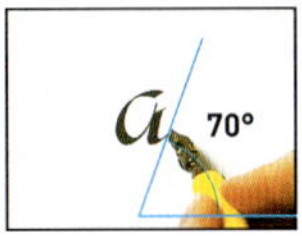

Der Schaft beginnt ungefähr in der Mitte und berührt den Verbindungsstrich nur leicht.

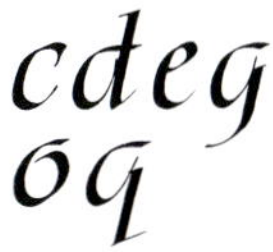

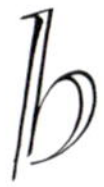

Die Haarlinie unten am Schaft wird mit der Federkante gezogen.

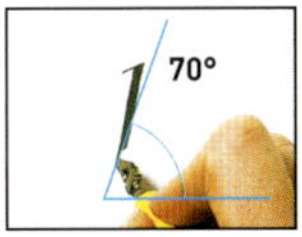

Zuerst die obere Haarlinie zeichnen, dann den Schaft nach unten ziehen. Am Ende untere Haarlinie anfügen.

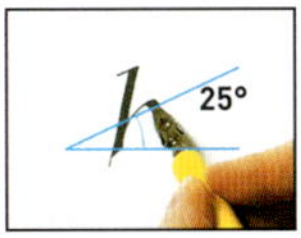

Von der Basis des Schafts den Bogen weit nach oben und außen ziehen.

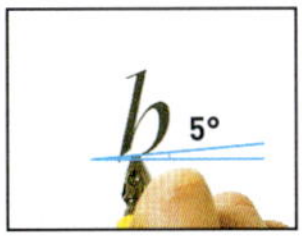

An der Basis den Bauch wieder zum Schaft zurückführen.

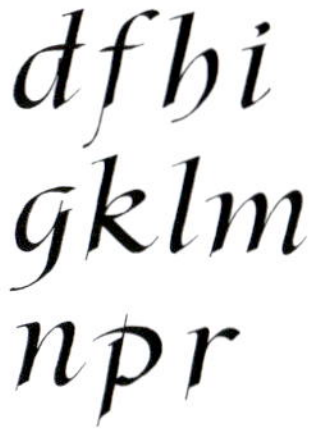

Die Sinnlichkeit dieser Schrift kommt in den fließenden Formen des „y“ besonders zur Geltung. Beachten Sie die Drehung des Schweifs.

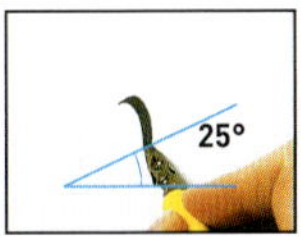

Die Buchstaben „v“, „w“ und „y“ beginnen alle mit einem großzügigen Schwung.

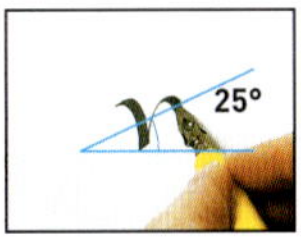

Für „v“ und den letzten Strich des „w“ eine breite Serife zeichnen, ohne den Winkel zu verändern.

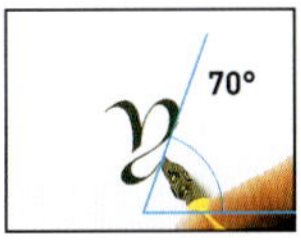

Das „y“ ist der exotischste dieser Kleinbuchstaben. Bauch und Unterlänge werden in einem Strich gezogen.

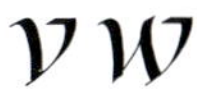

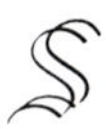

Das „s“ ist relativ schmal und weniger eckig als die meisten anderen Buchstaben.

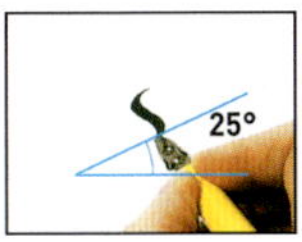

Das „s“ beginnt mit dem relativ senkrecht stehenden Mittelstrich.

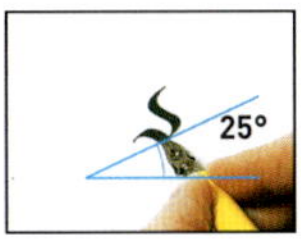

Den geschwungenen Fuß mit einer deutlichen Kurve anfügen.

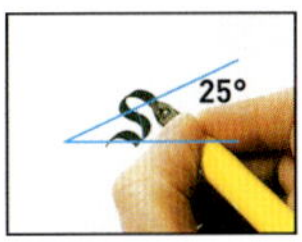

Zum Schluss den nach unten geneigten Kopfstrich ansetzen.

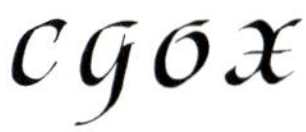

Strukturierte kursive Versalien

Der extravagante Charakter dieser Schrift drückt sich besonders in den Versalien aus. Wie die meisten anderen exotischen Großbuchstaben sind sie für sich allein genommen weniger effektiv und brauchen die Minuskel als Kontrast, damit die Striche einander nicht erdrücken.

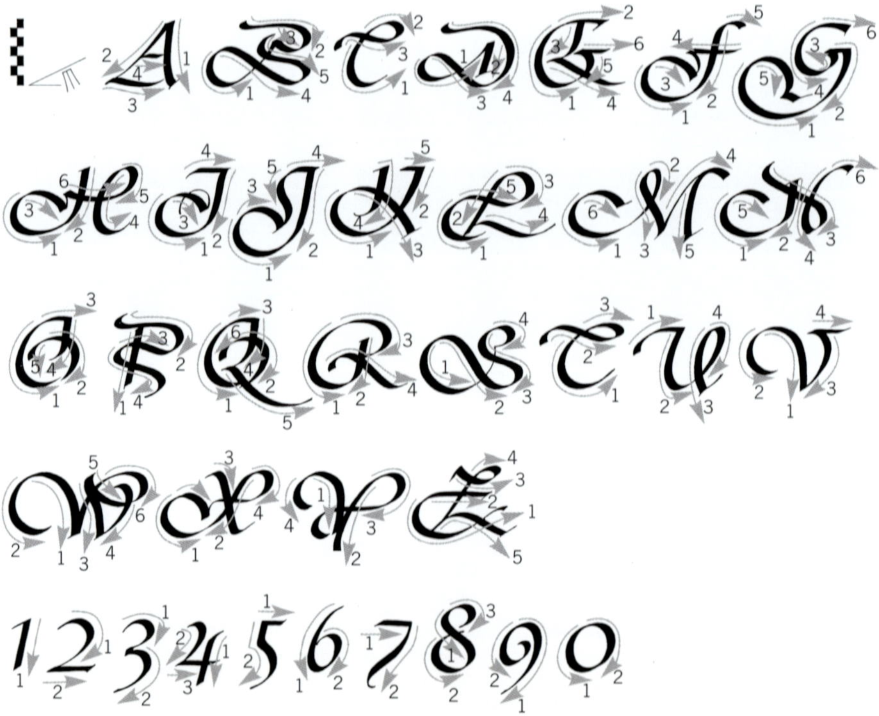

Interessante Details

Versuchen Sie nicht, das gesamte Alphabet auf einmal zu zeichnen – konzentrieren Sie sich am Anfang auf einen oder zwei Buchstaben.

Beachten Sie Rundung des Bauches am Schaftanschluss.

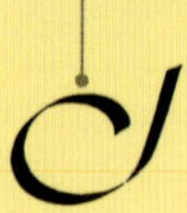

Man kann die Schrift auch mit einer Spaltfeder schreiben.

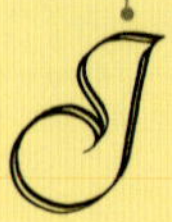

Wie bei den meisten verzierten Schriften ist die Lesbarkeit oft beeinträchtigt. Dies vermeidet man, indem man die Versalien im Kontext mit der Minuskel verwendet, wodurch die Wortstruktur klarer wird.

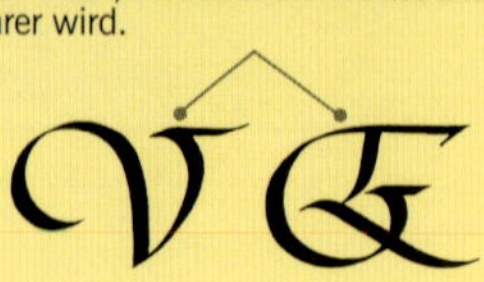

Grundstruktur

Kurven und Verzierungen dieser Schrift sind voll ausgerundet, die Buchstaben erscheinen stark in die Breite gezogen. Die wenigen geraden Schäfte sind kurz und verbinden sich direkt mit den Verzierungen.

Struktur | **Strichfolge** | **Gruppe**

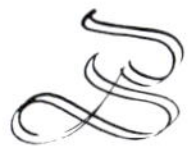

Das „B“ ist ein guter Buchstabe zum Üben. Wenn Sie mit seinem Aufbau vertraut sind, werden Ihnen die anderen leichter fallen. Beachten Sie die breiten Schleifen an der Grundlinie; die Verzierungen an der Kopflinie sind weitaus weniger betont. Trotz ihrer augenfälligen Komplexität sind für diese Buchstaben nur wenige Striche nötig.

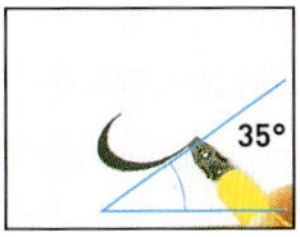

Am besten beginnt man jeden Buchstaben ganz links und zieht die Striche nach rechts.

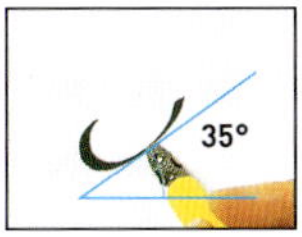

Den kurzen Schaft in einer Abwärtsbewegung ziehen. Mit dem ersten Strich verbinden.

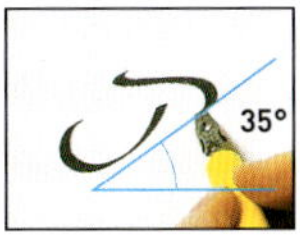

Der lange Strich an der Kopflinie endet weit rechts vom Schaft.

Nun den Kopfstrich mit dem Schaft verbinden.

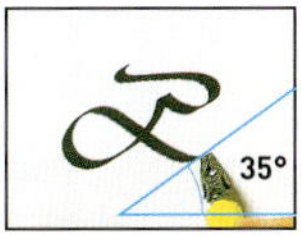

Zum Anfang des ersten Strichs zurückgehen und für den unteren Bauch den Schaft durchqueren.

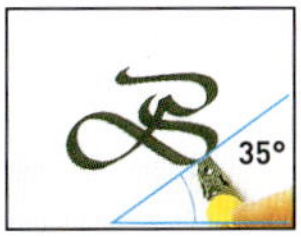

Aus der Mitte des Schafts heraus den letzten Strich zeichnen, um den Bauch zu schließen.

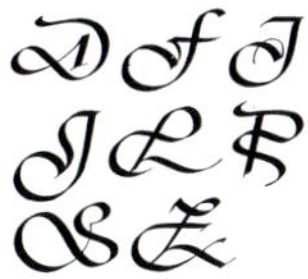

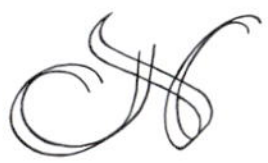

Die breite Diagonale kreuzt den linken Schaft in einem schrägen Winkel.

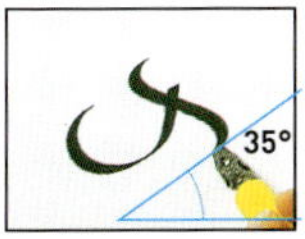

Die beiden ersten Striche des „B“ wiederholen. Den diagonalen Strich von der Kopflinie aus ansetzen.

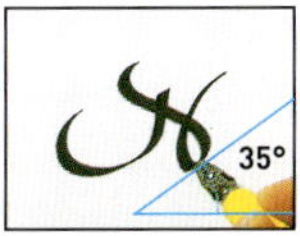

Von der Kopflinie aus den rechten Schaft ziehen, der sich an der Basis mit der Diagonale verbindet.

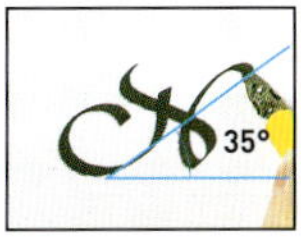

Zuletzt rechts die Verzierung anfügen.

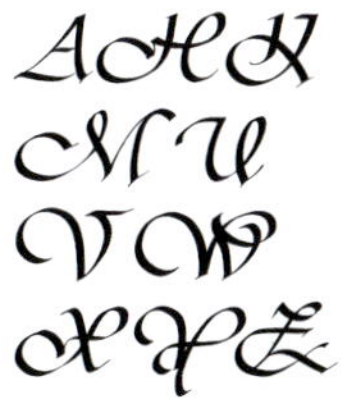

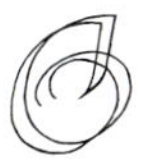

Mittlerer Schaft und rechter Bauch enden auf gleicher Höhe, werden aber nicht verbunden.

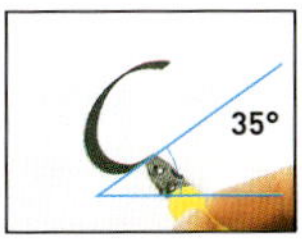

Das „O“ muss gut gerundet sein.

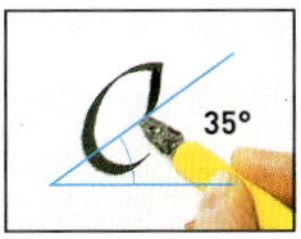

Der Schaft zeigt nach unten und ist leicht nach links gedreht.

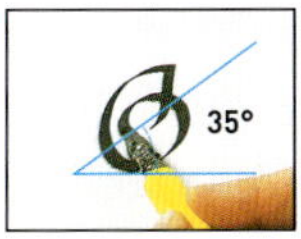

Der rechte Bauch ist sehr klein und kreuzt den kurzen Schaft.

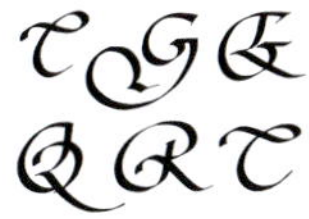

Diagonale Minuskel

Dies ist eine moderne, strukturierte Schrift mit starker Betonung auf der Diagonalen. Aufgelockert wird sie durch die unkonventionellen Haarlinien, deren Kurven nach Erreichen des Schafts noch ein Stückchen weiter geführt werden.

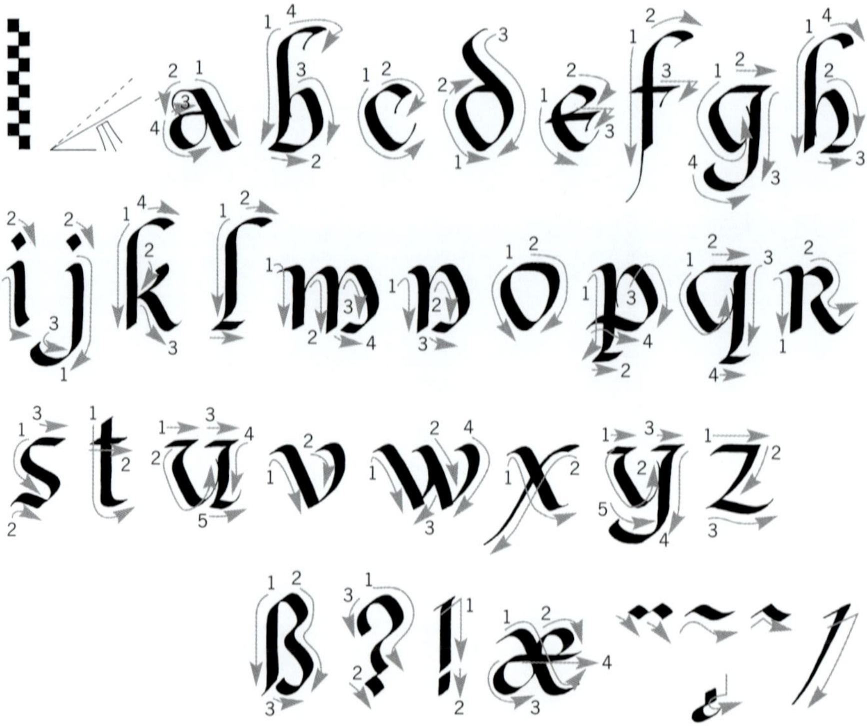

Interessante Details

Die Oberlängen haben doppelte x-Höhe; die Unterlängen sind kürzer. Gerade Schäfte können am Fuß mit Haarlinien verlängert werden.

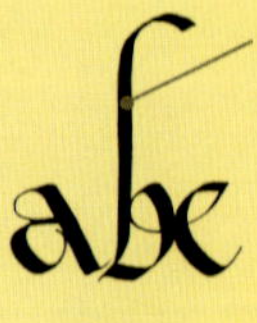

Die Oberlänge kann für dekorative Effekte abgewandelt werden.

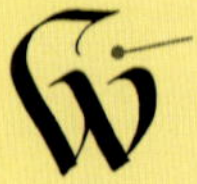

Dieses alternative „w“ trägt Merkmale der Secretary hand.

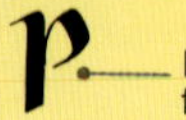

Hier eine Alternative für das „r“.

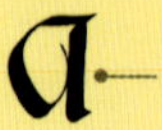

Dies ist ein alternatives eingeschossiges „a“.

Grundstruktur

Der Schreibwinkel ist manchmal sehr flach, so wie beim Kopf des „a“, aber meistens wird der Stift im 35 – 40°-Winkel gehalten, da bei jeder Gelegenheit die diagonale Abwärtsbewegung betont wird. Die Buchstaben sind daher relativ formal.

Struktur **Strichfolge** **Gruppe**

Das „a“ gibt den Winkel für die anderen Buchstaben vor.

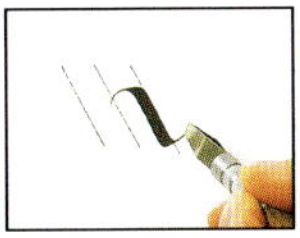

Die Diagonale für den Schaft neigt sich im 60°-Winkel. Die Endung wird mit der Federkante gezeichnet.

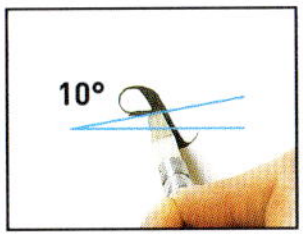

Die runde Haarlinie bis zur Mitte verlängern und die Horizontale oben am Bauch zeichnen.

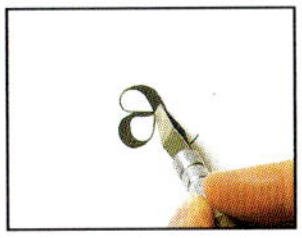

Absetzen und Bauch malen, mit einer Haarlinie an die Mitte des Schafts anschließen.

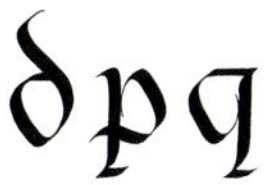

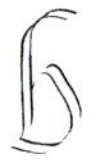

Der vorgeneigte Schnörkel der Oberlänge kann mit einem Abwärtsstrich beendet werden.

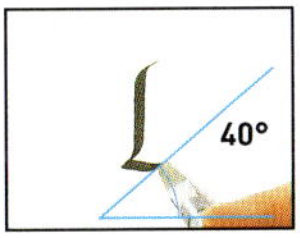

Den Schaft von rechts oben nach links unten ziehen. Die Unterseite des Bauches ist horizontal.

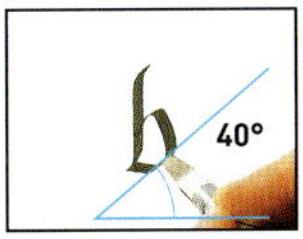

Den Bauch an der Seite im 60°-Winkel zeichnen und nur mit einer Haarlinie mit dem Schaft verbinden.

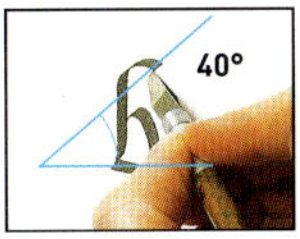

Am Ende den nach vorne weisenden Schnörkel anfügen.

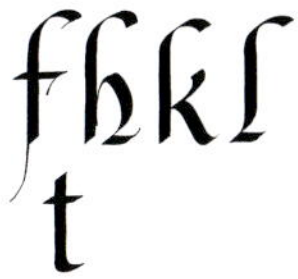

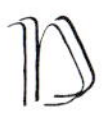

Der erste Strich von „h“, „k“, „m“, „n“ und „r“ ist nicht gedreht und endet im Stiftwinkel von 40°.

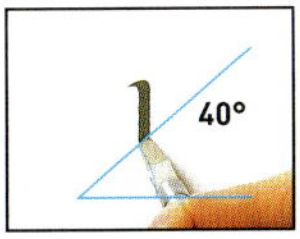

Das „n“ (und „i“, „j“, „m“ und „r“) beginnt mit einer kleinen Serife im 30°-Winkel; Schaft im 40°-Winkel ziehen.

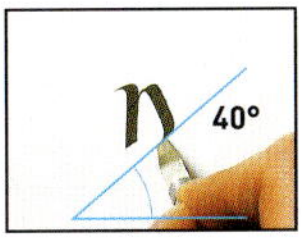

Der rechte Schaft von „h“, „m“ und „n“ ist abgewinkelt. Der Fuß ist anders als auf der gegenüberliegenden Seite.

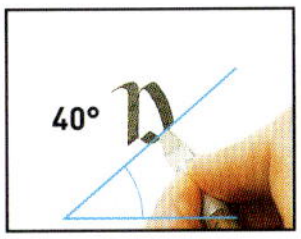

Zum Schluss den Strich mit einem eingedrehten Fuß abschließen.

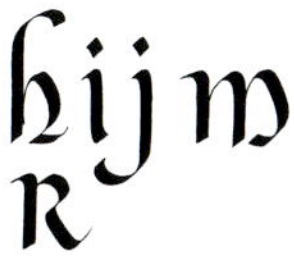

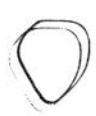

Das dreieckige „o“ ahmt die Diagonale des „a“ nach.

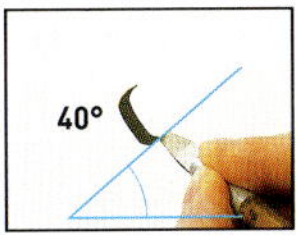

Der linke Bogen des „o“ ist ebenfalls diagonal.

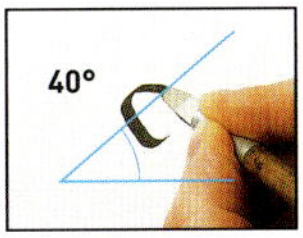

Der Kopfstrich des „o“ bewegt sich horizontal entlang der x-Höhe.

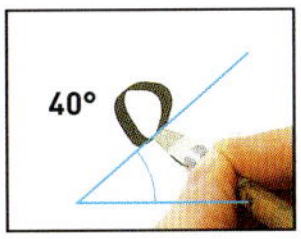

Der rechte Bogen schließt spitz auslaufend an den linken an.

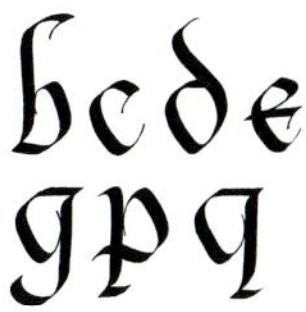

Diagonale Versalien

Diese moderne Versalienschrift ergänzt die Diagonale Minuskel. Wie ihr Name bereits vermuten lässt, sind diese Buchstaben auf elegante Weise von Diagonallinien geprägt.

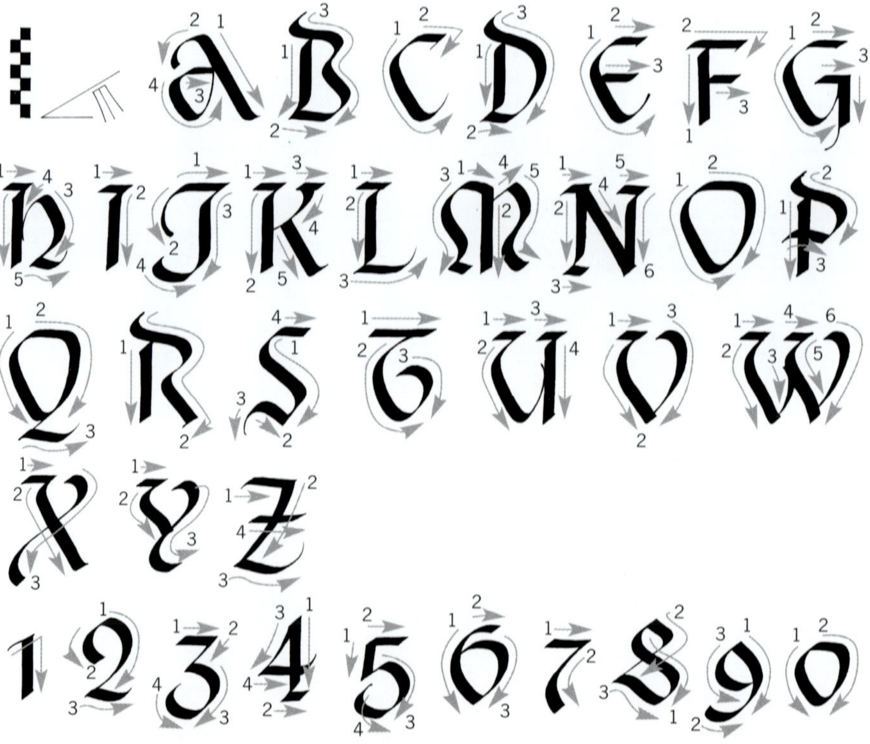

Interessante Details

Die Diagonalbetonung ist hier weniger auffällig als bei der Minuskel.

Hier eine Alternative zur langobardischen Form von „M“ und „T“.

Diese Alternative zur Unzial-Form des „A“ ist dennoch diagonal betont.

Diese abgerundete Form des „B“ ist auch bei „D“, „P“ und „R“ möglich.

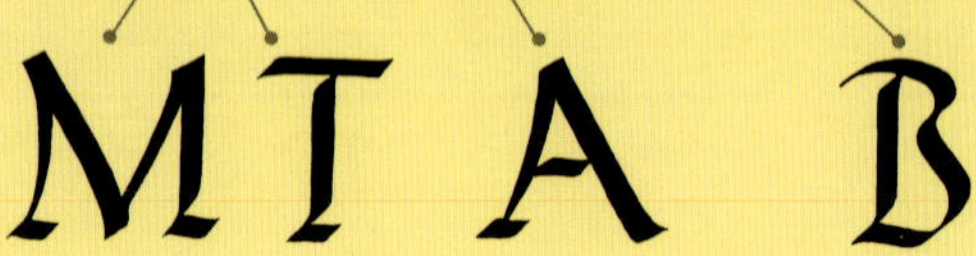

Grundstruktur

Der Buchstabe ist sieben Federbreiten hoch, im Vergleich zu fünf Federbreiten bei der Minuskel, und damit kleiner als die Oberlängen. Die Serifen sind stark horizontalbetont, besonders oben an der Körperhöhe. Die Haarlinie unten am „g" kann auch bei anderen Buchstaben mit geradem Schaft angefügt werden.

Struktur | **Strichfolge** | **Gruppe**

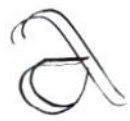

Die Diagonalneigung des Schafts beim"A" ist charakteristisch und gibt den Winkel für die anderen Buchstaben vor.

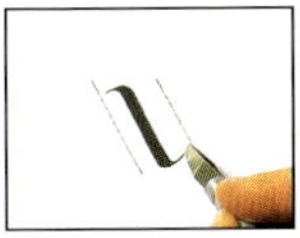

Halten Sie die Diagonalen konsequent im 60°-Winkel. Den Fuß mit einem Aufwärtsstrich beenden.

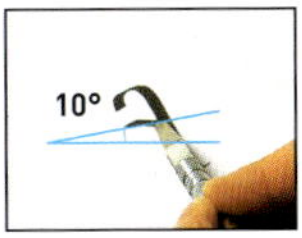

Nun einen kurzen horizontalen Strich etwas oberhalb des Mittelpunkts ziehen.

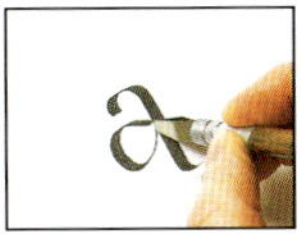

Den runden Bauch anfügen. Mit der Federkante den runden Verbindungsstrich zum Schaft zeichnen.

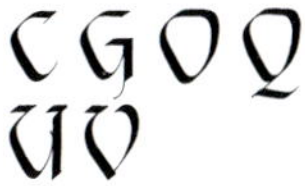

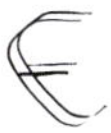

Der Schaft endet in einer Kurve in der Art der Kleinbuchstaben.

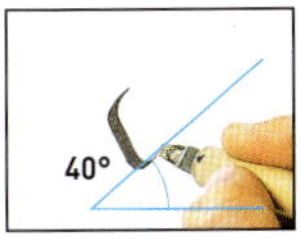

Die Neigung des Schafts möglichst genau im Winkel des „A" zeichnen. Der Strich beginnt mit einer Kurve.

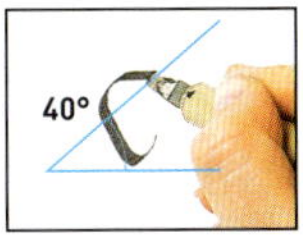

Absetzen und den horizontalen Strich entlang der Kopflinie ziehen, mit einem Abwärtsstrich beenden.

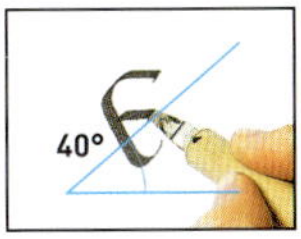

Auf mittlerer Höhe einen kurzen horizontalen Querbalken zeichnen.

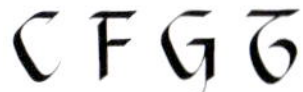

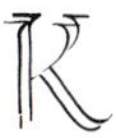

Der Schaft endet in einer diagonal eingeleiteten Serife. Dies wiederholt sich bei „F", „H", „I", „P" und „R".

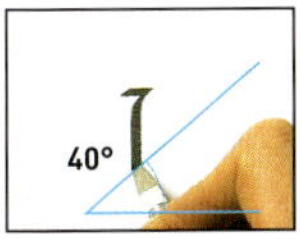

Aus der kurzen horizontalen Serife den geraden Schaft im 40°-Winkel ziehen.

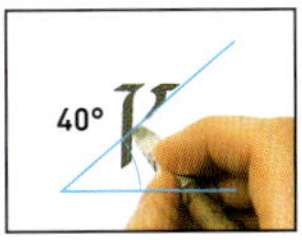

Absetzen und die zweite horizontale Serife zeichnen. In einer Kurve zum Schaft zurückschwingen.

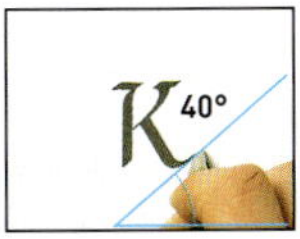

Der zweite diagonale Schenkel beginnt rechts vom Schaft.

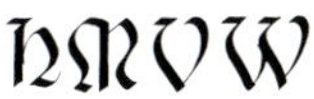

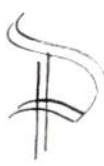

Der obere Bauch geht in einer Kurve vom Schaft weg, anstatt ihn einzuschließen, ebenso bei „B", „D" und „R".

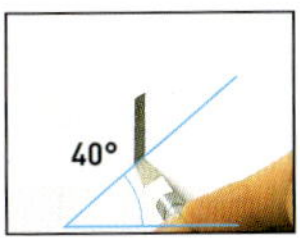

Mit dem Stift im 40°-Winkel einen geraden Schaft unterhalb der Kopflinie ziehen.

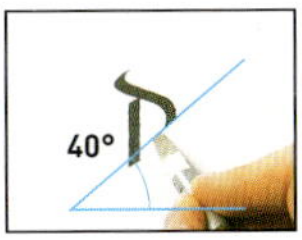

Von oberhalb der Kopflinie den breiten Abwärtsschwung bis über die Mitte hinausführen.

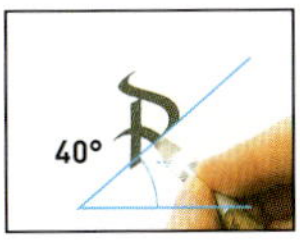

Links vom Schaft beginnen und den Bauch mit einem kurzen gebogenen Strich vollenden.

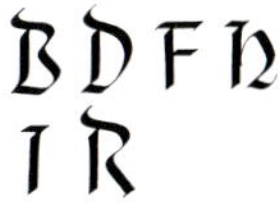

Elegant script Minuskel

Diese Buchstaben basieren auf der Schrift, die der deutsche Kalligraph Karlgeorg Hoefer in den 1960ern entworfen hat. Die breiten Buchstaben werden wie bei einer Schreibschrift verbunden. Die Schrift ist gut geeignet für Texte, die unter einer größeren Überschrift stehen, oder für Bildunterschriften bei Illustrationen.

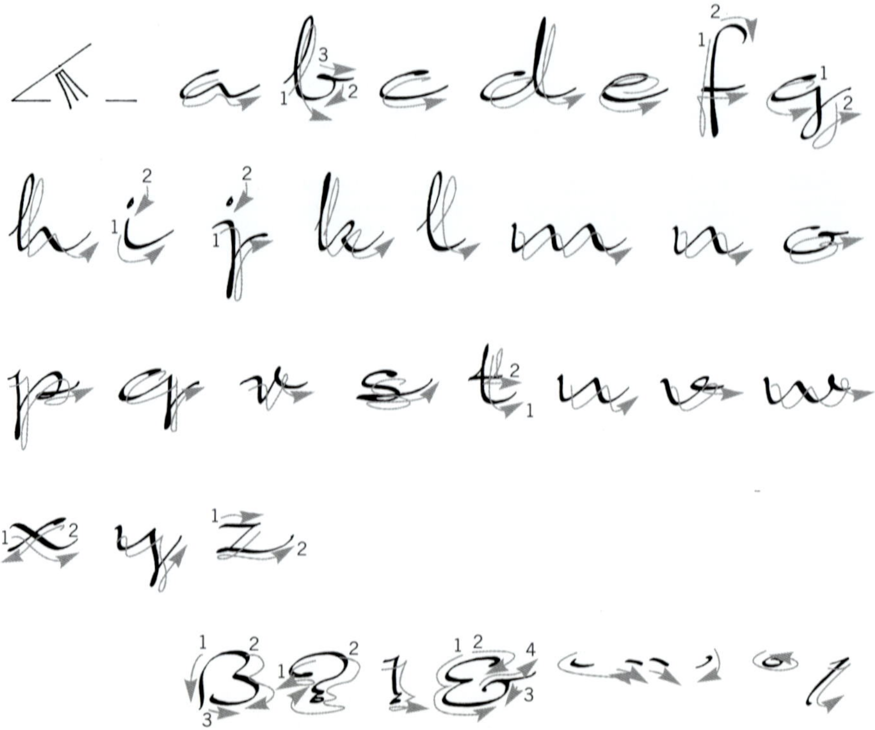

Interessante Details

Beim Schreiben dieser Buchstaben sollte man die Feder möglichst wenig absetzen, da es sich um eine Schreibschrift handelt. Die Schleifen der Oberlängen können offen oder geschlossen sein.

Die Buchstaben werden verbunden. Diese drei lassen sich in einem Zug schreiben.

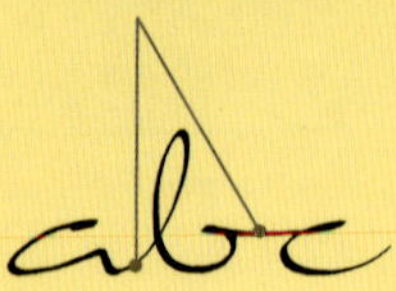

Beachten Sie die ovalen Bögen und den konstanten Neigungswinkel.

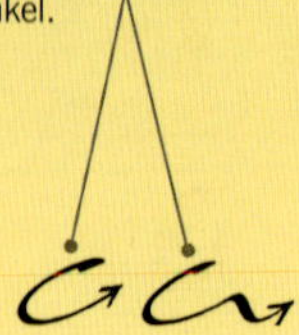

Es bleibt Ihrem Geschmack überlassen, ob sie sich für offene oder geschlossene Oberlängen entscheiden.

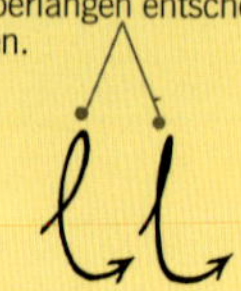

Grundstruktur

Diese Buchstaben wurden mit einer schmalen Breitfeder geschrieben, wodurch Strichstärkenunterschiede entstehen. Sie können aber auch eine Rundfeder verwenden. Entscheiden Sie sich für offene oder geschlossene Oberlängen. Beachten Sie vor allem das Verhältnis von Höhe und Breite der Buchstaben.

Struktur | **Strichfolge** | **Gruppe**

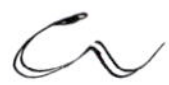

Durch den extremen Neigungswinkel des Schafts wird der vorwärts eilende Effekt der Buchstaben verstärkt.

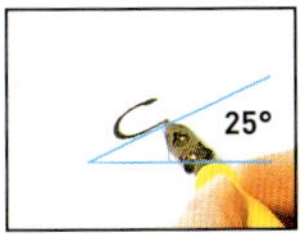

Der Bauch des „a" beginnt oben mit einer kleinen Schleife, an die der breite Bogen angehängt wird.

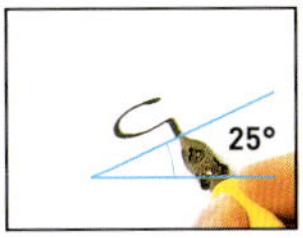

Den Schaft auf mittlerer Höhe beginnen und in einem steilen Winkel hinunter zur Grundlinie ziehen.

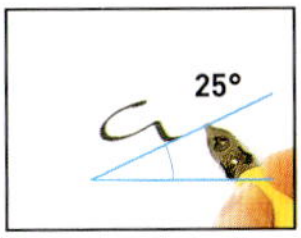

Entlang der Grundlinie noch ein Stück fortführen.

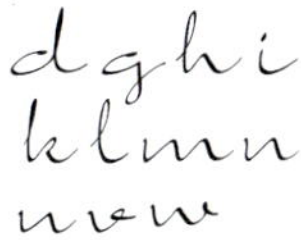

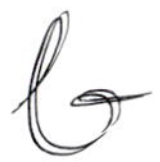

Das „b", „h" und „i" haben hier offene Schleifen, „d" und „k" geschlossene. Die Höhe der Oberlängen kann je nach Text und verfügbarem Platz variieren.

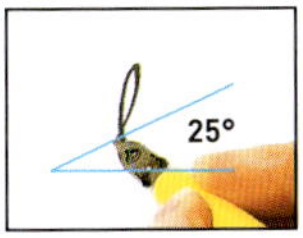

Das „b" beginnt mit dem Aufwärtsstrich für die Schleife.

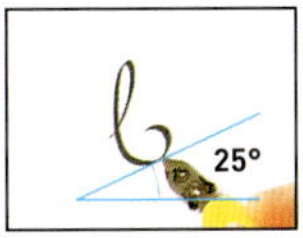

Bis zur Grundlinie schwingen und nach vorne ziehen; der Buchstabe wirkt zurückgeneigt.

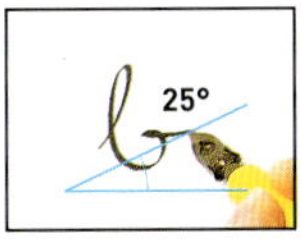

Auf der x-Höhe eine kleine Schleife ansetzen, um den nächsten Buchstaben anzubinden.

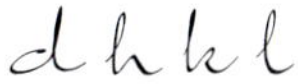

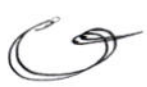

Das „o" beginnt ähnlich wie das „a", wird an der Grundlinie jedoch weiter auseinandergezogen.

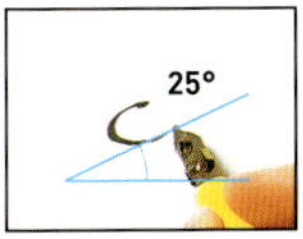

Beginnen Sie das „o" mit einem sehr breiten, offenen Bauch.

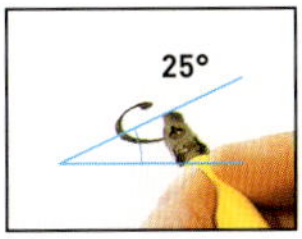

Rechts bis zu mittlerer Höhe ziehen, aber den Bauch nicht schließen.

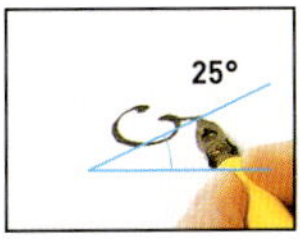

Nun noch die sehr enge Schleife für den Verbindungsstrich anfügen.

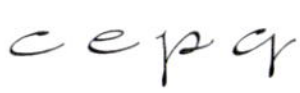

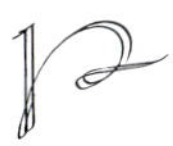

Wie bei allen Buchstaben dieser Schrift kann der Verbindungsstrich zum nächsten Buchstaben frei gestaltet werden.

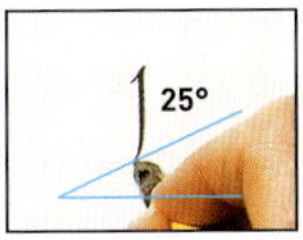

Das „p" beginnt links mit einem kleinen Strich nach oben zum Schaft.

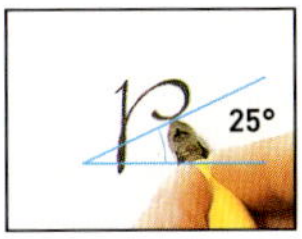

Der nächste Strich ist eine Schleife, die durch den Schaft bis zur x-Höhe gezogen wird.

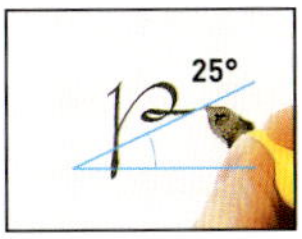

Zum Schluss am Bauch eine Schleife ziehen und den Verbindungsstrich anfügen.

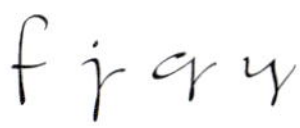

Elegant script Versalien

Diese Versalien begleiten die Elegant Minuskel und basieren auf dem Design von Karlgeorg Hoefer aus den 1960er Jahren. Die Buchstaben werden wie bei einer Schreibschrift verbunden. Die Schrift ist besonders geeignet für Texte, die unter einer größeren Überschrift stehen, oder für Bildunterschriften bei Illustrationen.

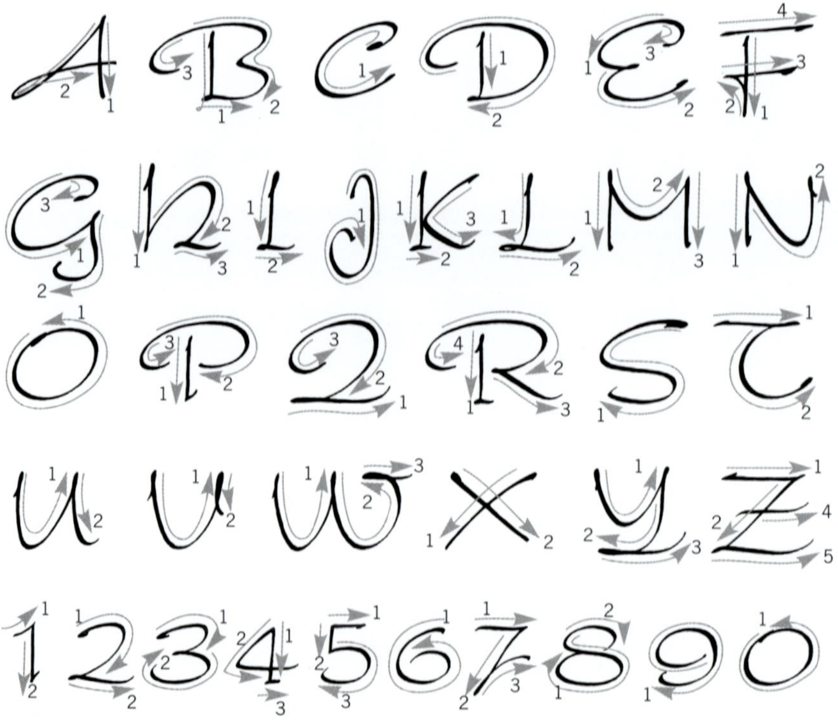

Interessante Details

Generell sind die Versalien weniger breit als die Minuskeln; beim Schreiben sollte man aber ebenfalls möglichst selten den Stift absetzen. Die senkrecht stehenden Schäfte bilden einen schönen Kontrast zu den vorgeneigten Ovalen.

Die Verzierung bewegt sich vom Schaft aus nach vorne und hat dieselbe Achse wie das „O".

Probieren Sie auch diese alternativen Formen von „H" und „T" aus.

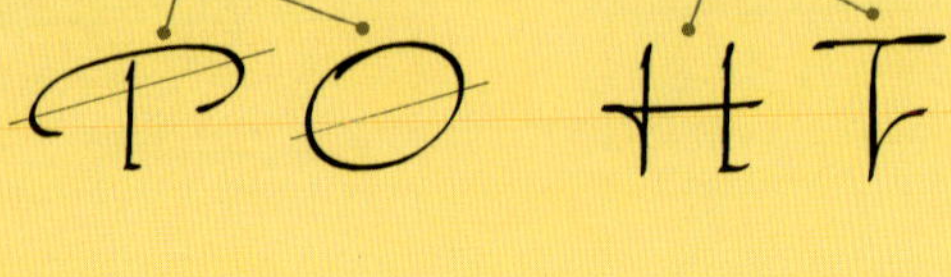

Grundstruktur

Diese Buchstaben wurden mit einer schmalen Breitfeder geschrieben. Nehmen Sie für die dezenten Strichstärkenunterschiede die schmalste Feder, die Sie finden können. Diese breite Schrift wird mit dem Stift im flachen Winkel und möglichst ohne häufiges Absetzen geschrieben.

Struktur | **Strichfolge** | **Gruppe**

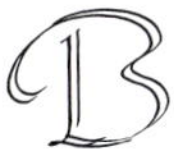

Die Bäuche der gerundeten Striche liegen in beträchtlicher Entfernung zum Schaft.

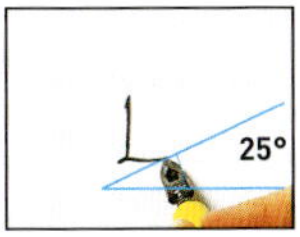

Aus dem kleinen Aufwärtsstrich den geraden Schaft ziehen, danach horizontal an der Grundlinie weiterführen.

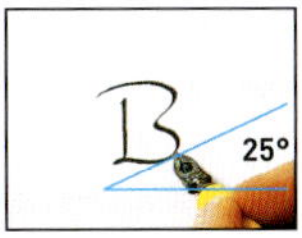

Die beiden Bäuche in einer Abwärtsbewegung durchziehen und mit dem Ende des ersten Strichs verbinden.

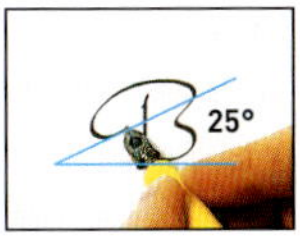

An den Ansatz des ersten Strichs eine flache Kurve ansetzen.

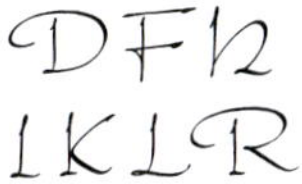

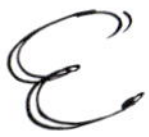

Das „E“ ist im Gegensatz zu allen anderen Buchstaben deutlich nach hinten geneigt.

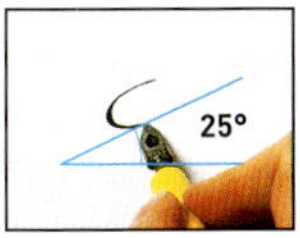

Das „E“ beginnt mit einem breiten Schwung; dabei auf die nach unten geneigte Achse der Ellipse achten.

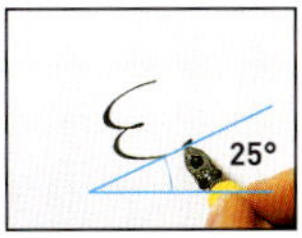

Die kleinere Ellipse wird darunter gesetzt, und zwar deutlich weiter rechts als die erste.

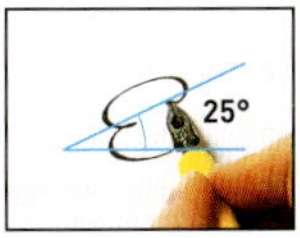

Zum Schluss die obere Ellipse mit einem kleinen Halbkreis abschließen.

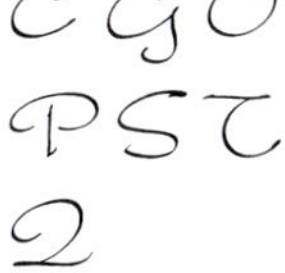

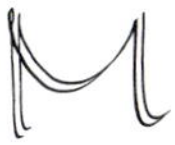

Der Scheitelpunkt des M geht nicht unter den Mittelpunkt hinaus. Der rechte Schenkel ist kürzer als der linke.

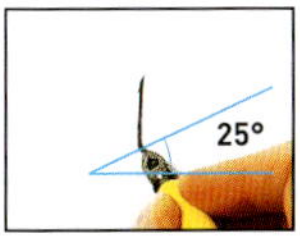

An der Kopflinie eine kleine Schleife ziehen. Den geraden Schaft mit einem Häkchen nach rechts abschließen.

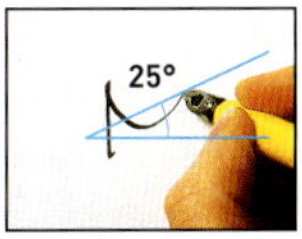

Am Kopf ansetzen und den großen Bogen für die Schenkel zeichnen.

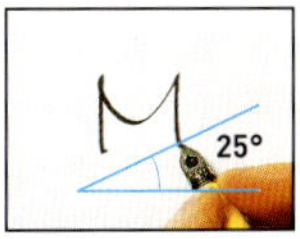

Daraus den rechten Schaft ziehen, der etwas oberhalb der Grundlinie endet.

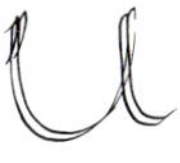

Das „U“ ist breit – der linke Strich beschreibt eine hübsche Kurve, bevor er nach oben in den rechten Schaft mündet.

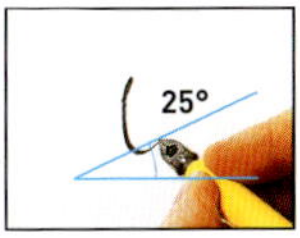

Aus einer kleinen Schleife die sanfte Kurve nach unten schwingen.

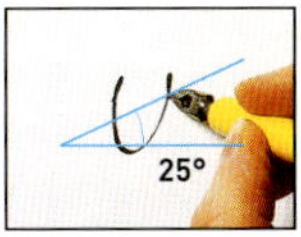

Oben an der Kopflinie eine weitere Schleife anfügen.

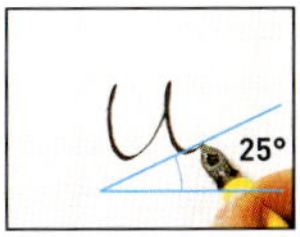

Die letzte Kurve liegt etwas oberhalb der Grundlinie.

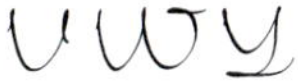

Running brush script Minuskel

Diese Schrift ist der klassischen Schrift von Roger Excoffon aus den 1950er Jahren frei nachempfunden. Charakteristisch für diese Schrift ist ihr natürlicher Duktus, der geprägt ist durch den harmonischen Zusammenklang von Pinselschwung, Farbkonsistenz und Papierbeschaffenheit.

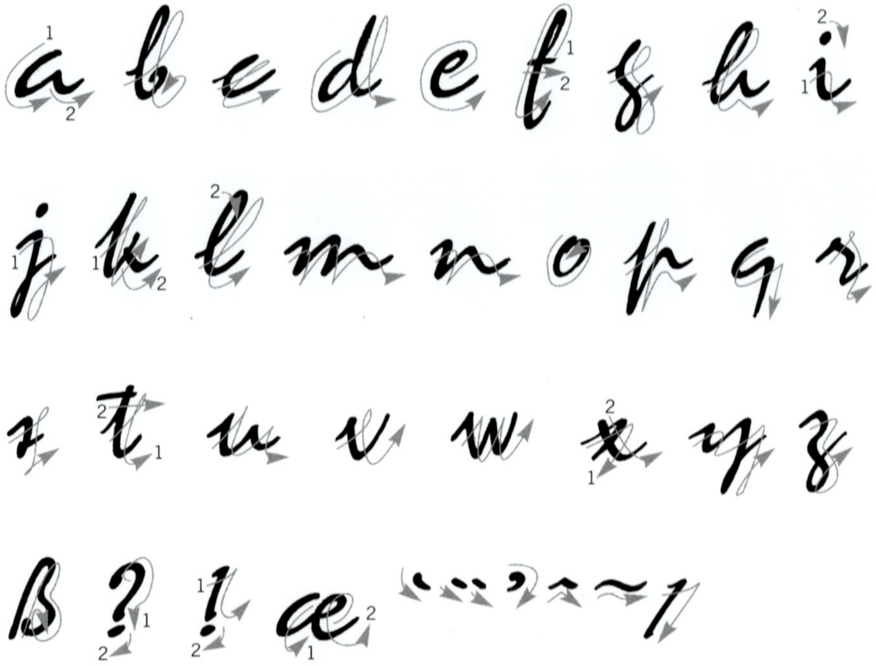

Interessante Details

Die Buchstaben sind vorwärts geneigt. Dadurch entsteht ein fließendes Schriftbild, das durch die Verbindungslinien noch gefördert wird.

Die Buchstaben bewegen sich relativ frei, bleiben aber immer verbunden.

Verbindungslinien sind immer mittig. Das „n" wirkt mit seinen verschiedenen Längen dynamisch.

Der hohe Querstrich des „t" ist geradezu einzigartig.

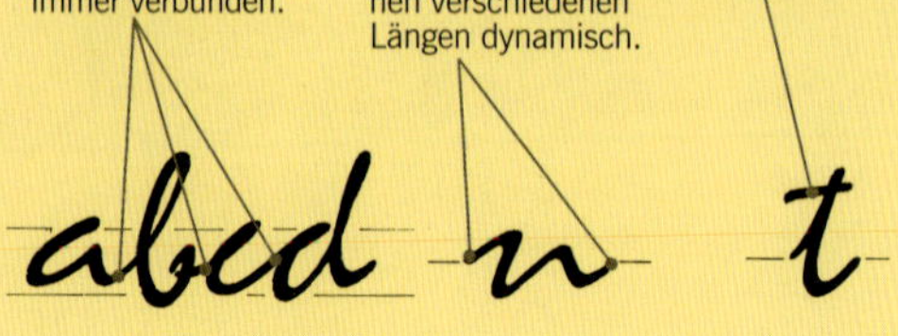

Grundstruktur

Die Konsistenz der Farbe und die Qualität des Pinsels sind für ein gutes Ergebnis entscheidend. Dickflüssig angerührte Gouache-Farbe ist ideal. Nehmen Sie keinen neuen, spitzen Pinsel; am besten ist ein älterer Pinsel mit abgenutzter, gerundeter Spitze. Üben Sie mit dem Pinsel in aufrechter Position.

Struktur | **Strichfolge** | **Gruppe**

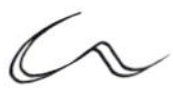

Durch den Ansatz des ersten Strichs und den Winkel des Schafts entsteht ein nach hinten geneigter Buchstabe.

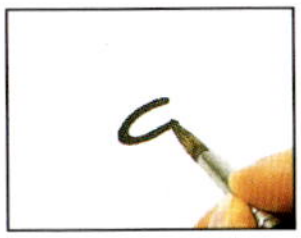

Mit gut gefülltem Pinsel einen breiten Bogen bis zur Mitte der x-Höhe ziehen.

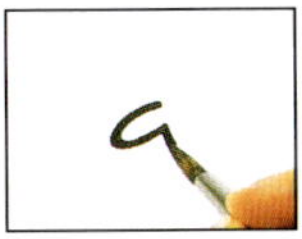

Dann einen sehr kurzen Schaft anfügen.

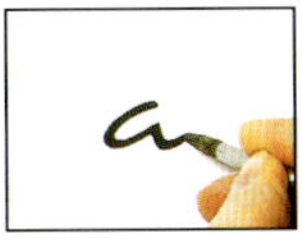

Der Schaft berührt die Grundlinie nicht und schwingt zuerst nach rechts, dann steil nach oben.

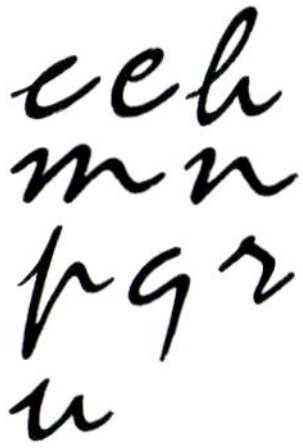

Der Bauch des „b“ ist offen, im Gegensatz zu „d“ und „k“. Dies können Sie jedoch nach eigenen Vorstellungen handhaben.

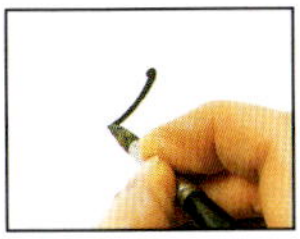

Den Bauch des „b“ aus der Mitte beginnen und nach oben ziehen.

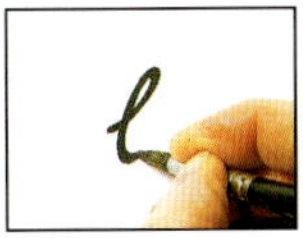

Danach in einer sanften Kurve bis zur Grundlinie ziehen.

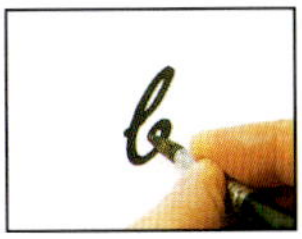

Mit einer wesentlich engeren Schleife den Bauch fertigstellen.

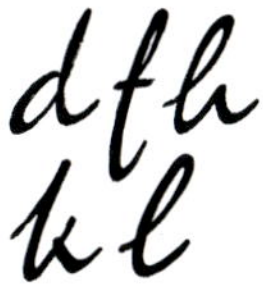

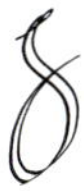

Das „g“ hat eine interessante antike Form.

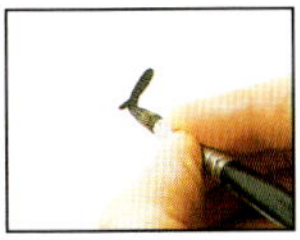

Beginnen Sie mit einer geschlossenen Schleife.

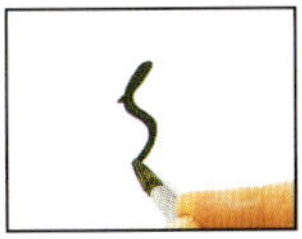

Nach rechts und dann hinunter in den Schweif schwingen.

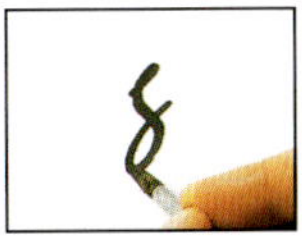

Die Schleife durch den Körper des Buchstabens nach oben ziehen.

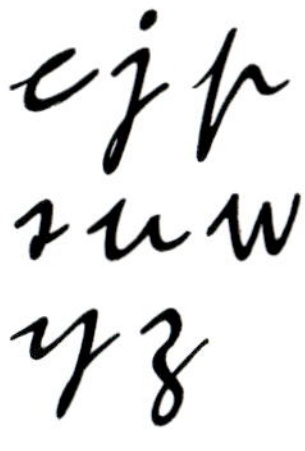

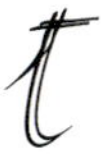

Das „t“ hat einen überlangen Schaft, der beträchtlich über die x-Höhe hinausgeht.

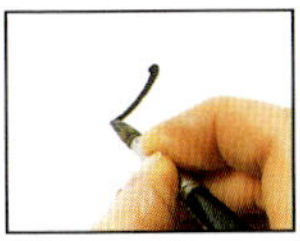

Das „t“ mit einem Strich vom Kopf der Oberlänge aus nach unten links beginnen.

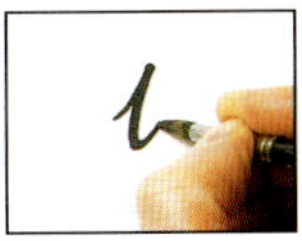

Der Schaft kreuzt den ersten Strich und endet in einer engen Kurve nach oben.

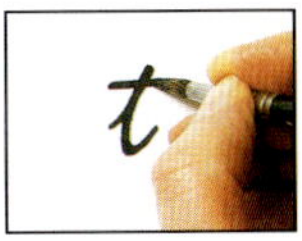

Den Querstrich hoch oben an der Oberlänge anfügen.

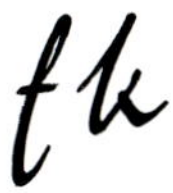

Running brush script Versalien

Diese frei gestalteten Versalien ergänzen die Minuskel der Schrift von Roger Excoffon aus den 1950ern. Die Buchstabenformen sind diktiert von den verwendeten Materialien, im Gegensatz zu vielen Schriften, bei denen die Materialien – Tusche und Feder – eine vorgegebene Form erfüllen müssen.

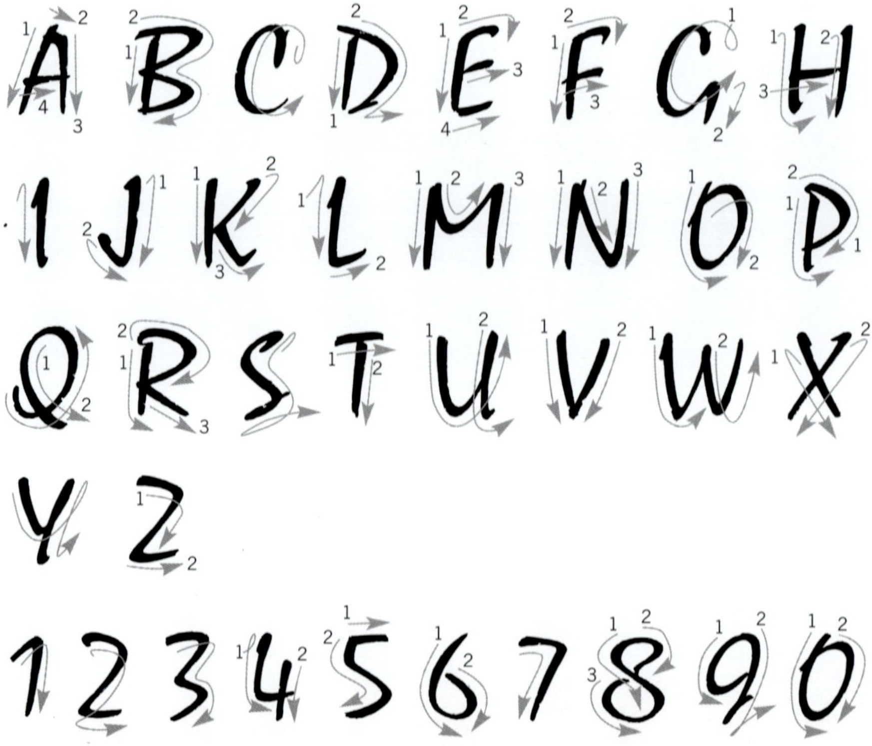

Interessante Details

Obwohl die Buchstaben so weit wie möglich durchgängig geschrieben werden (wie beim „G"), gibt es auch Buchstaben mit klar abgesetzten Strichen, wie das „D".

Die Kurve der leicht gerundeten Schäfte wird vom Handballen bestimmt.

Gebogene Striche sind steil abfallend, der untere Teil der Kurven ist jedoch ziemlich rund.

Achten Sie auf die Breitenverhältnisse der Buchstaben: breites „R" und enges „W".

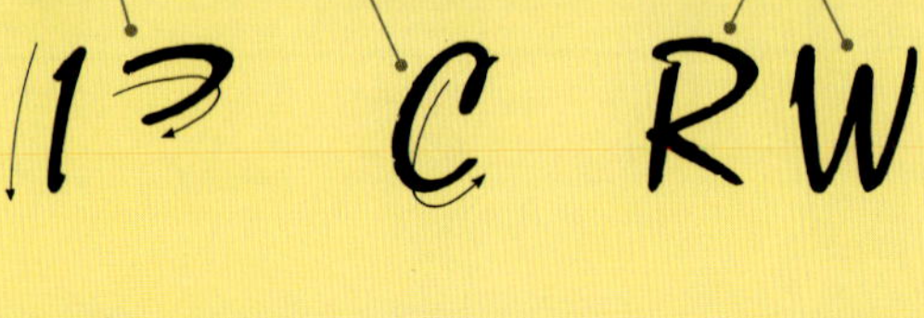

Grundstruktur

Wie bei der Minuskel kommt es hier auf die Qualität des Pinsels und die Konsistenz der Farbe an. Der Pinsel sollte eine abgerundete Spitze haben; verwenden Sie zu einer cremigen Mischung angerührter Gouache-Farben.

Struktur	**Strichfolge**			**Gruppe**
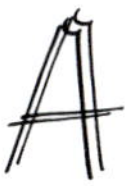 Die Versalien dieser Schrift stehen etwas aufrechter als die Minuskel.	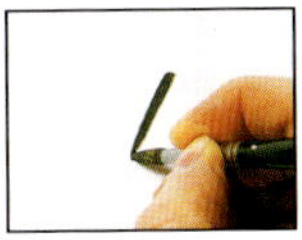 Der linke Schenkel des „A“ ist nur ganz leicht geneigt.	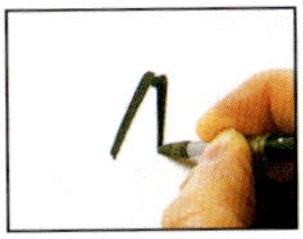 Der rechte Schenkel beginnt am Kopf mit einem kleinen Tropfen und steht beinahe vertikal.	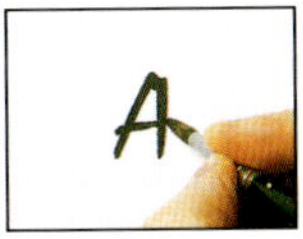 Den Buchstaben mit einem Querbalken fertigstellen.	NTVW Y
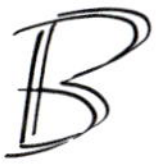 Das „B“ ist typisch für viele frei gezeichnete Pinselschriften: der untere Bauch ist kleiner als der obere.	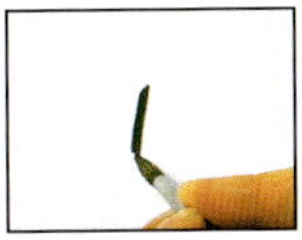 Zeichnen Sie den Schaft, der leicht nach rechts geneigt ist.	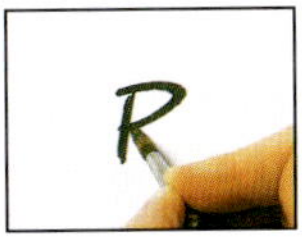 Der obere Bauch hat einen breiten, aufwärts gerichteten Bauch.	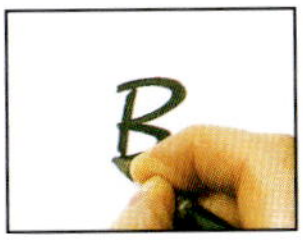 Der untere Bauch ist kleiner und zeigt nach unten.	DEFGH IJKLO
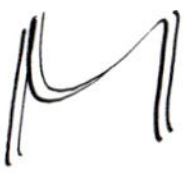 Der erste Teil des inneren „v“ verläuft fast parallel zum Schaft, bevor er nach rechts ausschwingt.	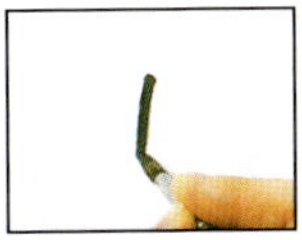 Das „M“ beginnt mit einem einfachen Schaft.	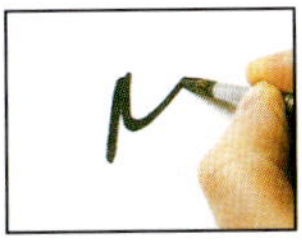 Einen kräftigen Strich nach unten zeichnen, dann weit nach rechts ziehen.	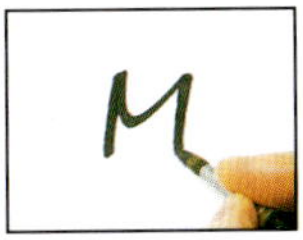 Zum Schluss den etwas kürzeren rechten Schenkel anfügen.	WY
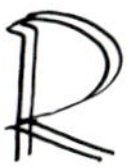 Der Kopf des „R“ hat eine originelle Form.	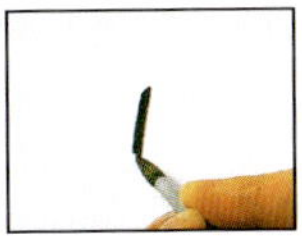 Der erste Strich für das „R“ ist derselbe wie für „M“.	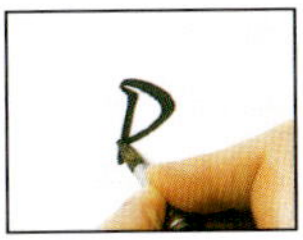 Aus dem Schaft nach links oben heraus den breiten, runden Bauch ansetzen.	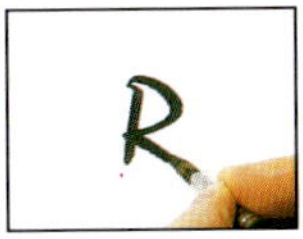 Der Bauch durchkreuzt den Schaft und endet in einem kurzen Fuß.	PS

Linienzugfeder Minuskel 1

Die Buchstabenformen dieser Schrift sind zweitrangig im Vergleich zur Schreibtechnik. Wenn Sie die sinnliche Strichführung der Linienzugfeder in der Kalligraphie erst einmal beherrschen, können sie damit Ihren eigenen Gestaltungswünschen freien Lauf lassen.

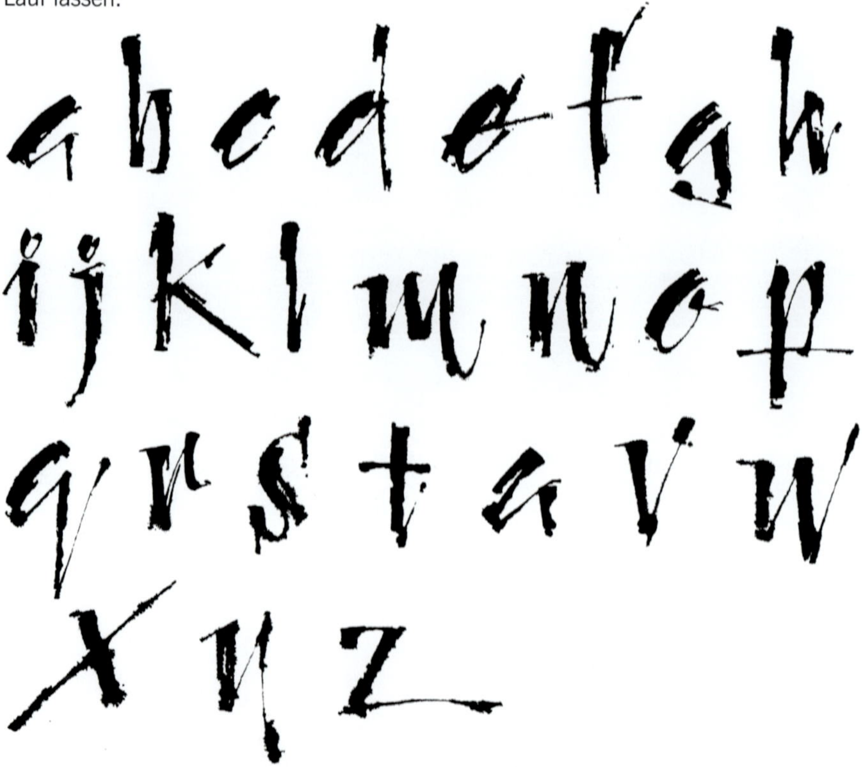

Interessante Details

Die betonte Diagonale verbindet die meisten Buchstaben und schafft eine Gemeinsamkeit zwischen den ansonsten frei geschriebenen Buchstaben.

Dieses „Abc“ entspricht im Wesentlichen dem oben, die Hand wurde beim Schreiben aber nicht auf dem Papier abgestützt.

Die Diagonalen sind bei diesem „Abc“ noch stärker betont. Auf weichem Papier geschrieben entsteht ein anderer Effekt.

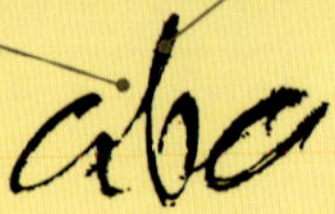

Man kann die Buchstaben mit Wasser schreiben und bunte Farben darauftropfen.

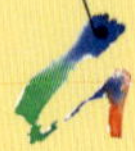

Grundstruktur

Die Linienzugfeder wurde eigentlich nicht für die Kalligraphie entwickelt. Man erhält mit ihr eine ganze Bandbreite verschiedener Strichstärken, in Abhängigkeit von dem Winkel, in dem man sie hält: von sehr feinen Linien bei aufrechter Haltung bis hin zu sehr breiten Linien bei seitlich geneigter Haltung.

Struktur **Strichfolge** **Gruppe**

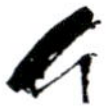

Die Farbe mit der Feder von einem gut gefüllten Pinsel aufnehmen. Feder nicht eintauchen.

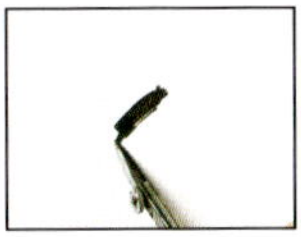

Feder seitlich halten und einen breiten diagonalen Strich nach unten ziehen.

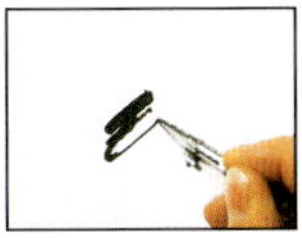

Die Feder auf die Spitze drehen und einen schnellen Strich nach oben machen.

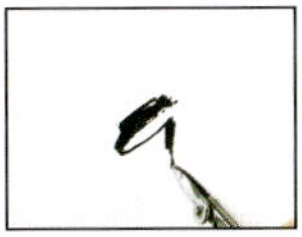

Der Schaft wird in mittlerer Strichstärke nach unten gezogen.

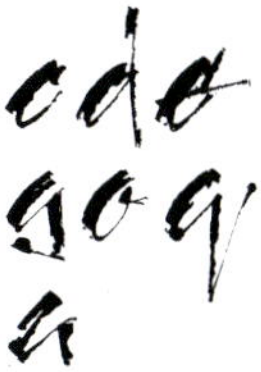

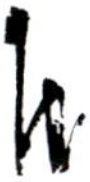

Trotz der freien Buchstabenformen ist diese Schrift sehr eckig, was man am „h“ besonders deutlich sehen kann.

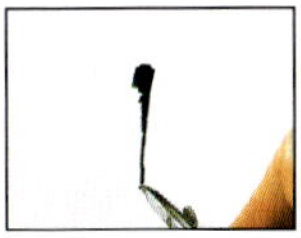

Die Feder fast senkrecht halten und von der Basis des Schafts aus nach oben und außen ziehen.

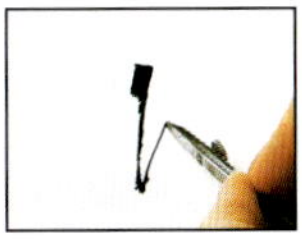

Feder seitlich drehen und den breiten rechten Schenkel zeichnen. Unten die Feder auf die Spitze stellen.

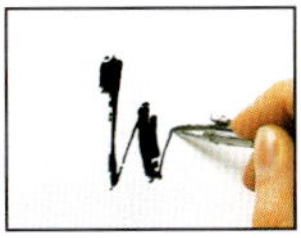

Der letzte Strich wird von oben nach unten gezeichnet und trägt als Endung einen kleinen Tropfen.

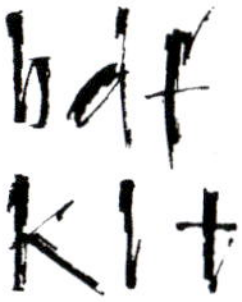

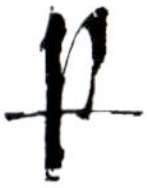

Der horizontale Strich an der Basis wird schnell gezogen, ebenso bei „e“, „f“, „v“, „w“, „x“ und „y“.

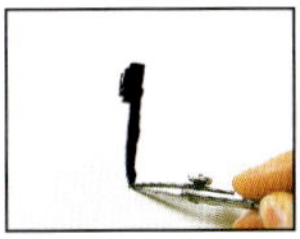

Der Buchstabe beginnt ebenfalls mit einem Tropfen, hat aber einen breiteren Schaft.

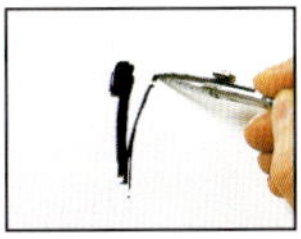

Danach rasch nach oben ziehen…

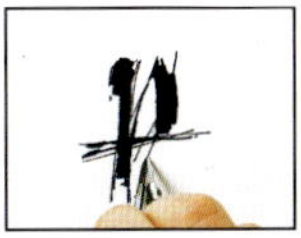

…und mit seitlich gedrehter Feder den Bauch zeichnen. Absetzen und den Strich an der Grundlinie ziehen.

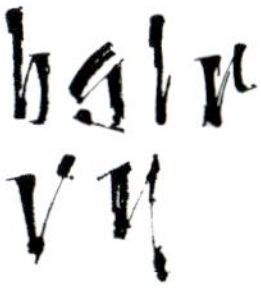

Die beiden Serifen verleihen dem „s“ Gewicht. Dadurch wirkt der Buchstabe sehr gerade.

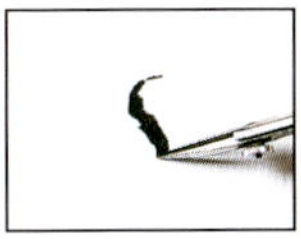

Das „s“ mit der Federspitze beginnen. Die Feder für die Mittellinie seitlich drehen.

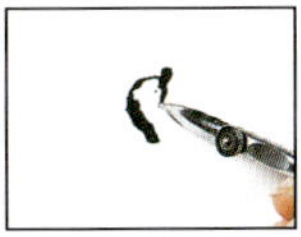

Absetzen, mit der Federkante die breite Serife am Kopf zeichnen…

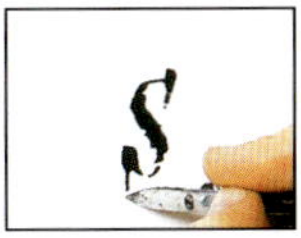

…und den Buchstaben mit einer weiteren Serife an der Grundlinie fertigstellen.

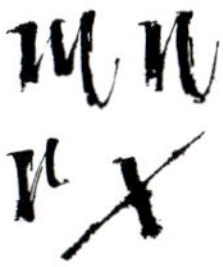

Linienzugfeder Minuskel 2

Bei dieser Schrift geht es hautsächlich um die Technik, da die Form der Buchstaben selbst sich aus dem Werkzeug und dem Schreibmaterial ableitet. Auf die doch recht ungewöhnliche Idee, eine Linienzugfeder als Mittel für ausdrucksstarke Kalligraphie zu benutzen, kam in den 1960ern der deutsche Kalligraph Friedrich Poppl.

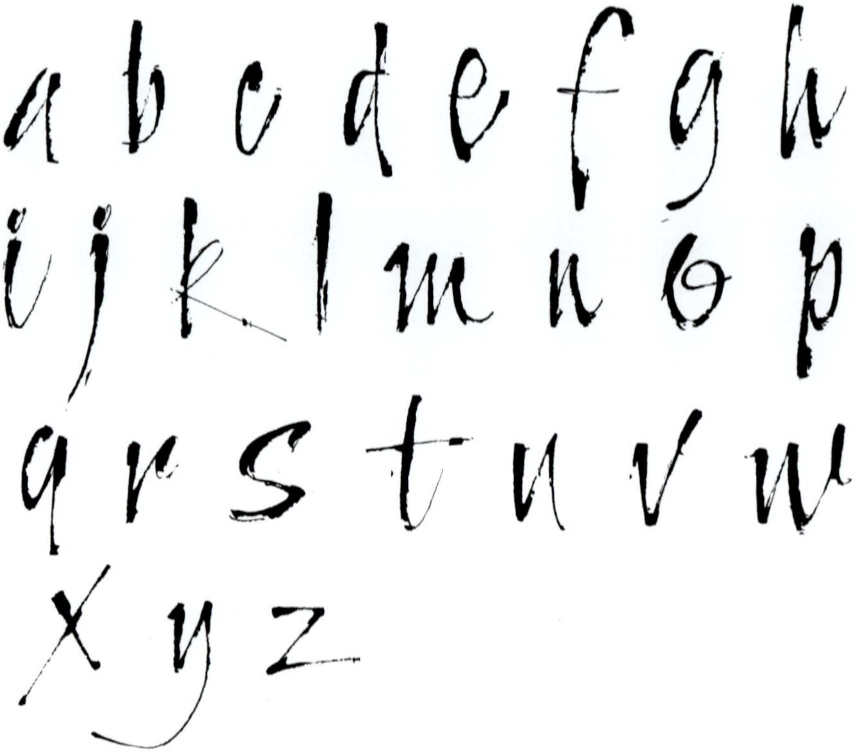

Interessante Details

Die Oberflächenstruktur des Papiers und die Art, wie die Tinte auf dem Papier fließt und weitergezogen wird, beeinflussen diese Schrift ganz wesentlich.

Die Buchstaben oben haben einen eckigen Duktus. Versuchen Sie nun den Stift zu halten, ohne die Hand abzustützen, und bewegen Sie das Handgelenk in kreisenden Bewegungen. Dadurch erhalten Sie rundere Formen.

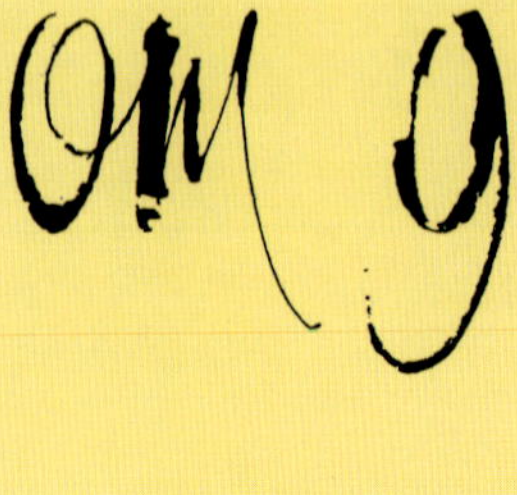

Grundstruktur

Bei der Linienzugfeder, einem Instrument aus dem technischen Zeichnen, werden alle Federteile verwendet – von der feinen Spitze für die Haarlinien bis zur breiten Kante für die dickeren Striche. Die Tinte wird für zusätzliche Striche aus dem Tropfen des ersten Ansatzes gezogen.

Struktur	**Strichfolge**			**Gruppe**
 Die Farbe mit der Feder von einem gut gefüllten Pinsel aufnehmen. Feder nicht eintauchen.	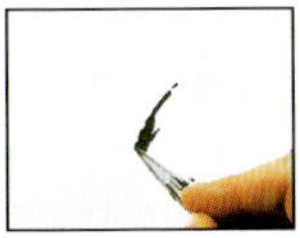 Mit leicht abgewinkelter Feder beginnen, den Winkel nach unten hin vergrößern, damit der Strich breiter wird.	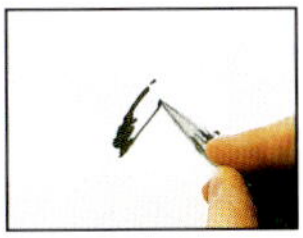 Mit der Federspitze einen raschen Strich nach oben ziehen.	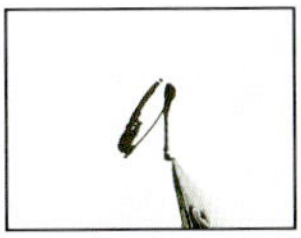 Am Kopf langsamer werden. Aus der Rückwärtsschleife den kurzen dünnen Strich für den Schaft ziehen.	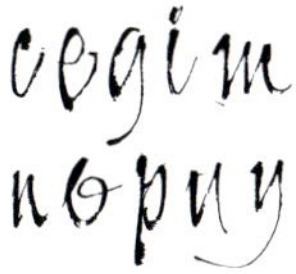
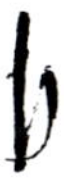 Die Schrift ist eine Mischung aus zögernden breiten und schnell gezeichneten feinen Strichen.	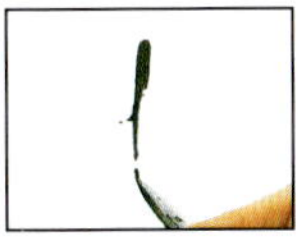 Die Feder auf die Kante drehen und die Schleife ziehen, dann den Schaft in einer Spitze auslaufen lassen.	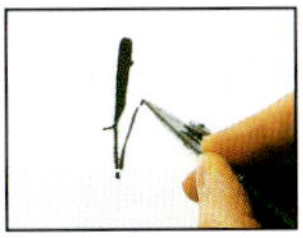 Mit der Federspitze aus dem Schaft heraus seitlich nach oben ziehen.	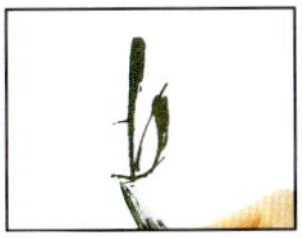 Feder seitlich drehen, den Bauch mit einem engen runden Strich schließen; der Schweif steht links über.	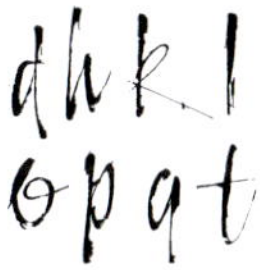
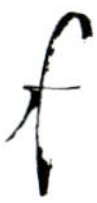 Für den langen gerundeten Schaft den Handballen als „Zirkel" benutzen.	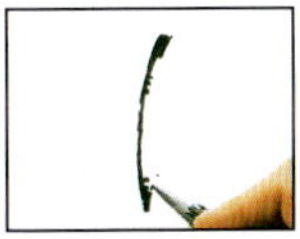 Den gerundeten Schaft von der Ober- bis zur Unterlänge ziehen, mit einem kurzen Aufwärtsstrich abschließen.	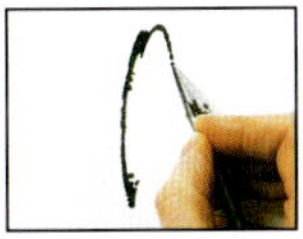 Oben am Kopf ansetzen und den Bogen nach vorne ziehen.	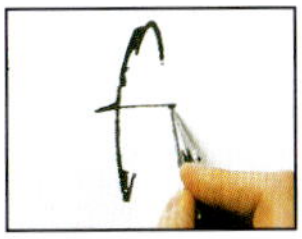 Zum Schluss schnell den Querstrich zeichnen, der auch den folgenden Buchstaben durchkreuzt.	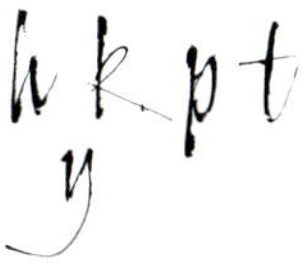
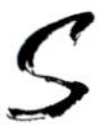 Der obere Teil des „s" ist um einiges größer als der untere.	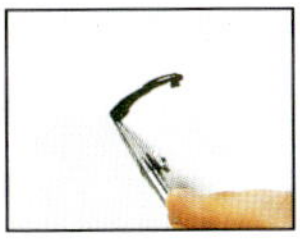 Der obere Bogen bewegt sich aus der Mitte nach rechts.	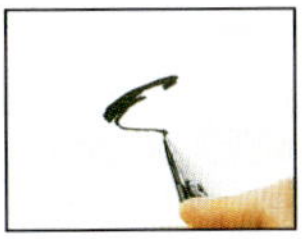 Mit der Federspitze einen kurzen Mittelstrich zeichnen.	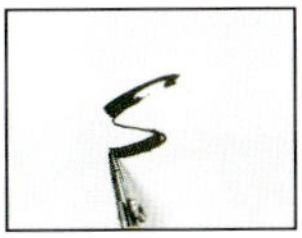 Mit der Federkante die untere Rundung anfügen.	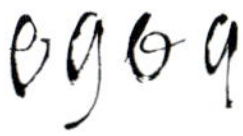

Linienzugfeder Versalien

Diese an sich formale Schrift wirkt sehr spannungsgeladen durch die gebrochene, halbfette und unvollendete Buchstabenform. Im Kontrast hierzu stehen die sehr feinen Haarlinien, die den Buchstaben konturieren und umrahmen.

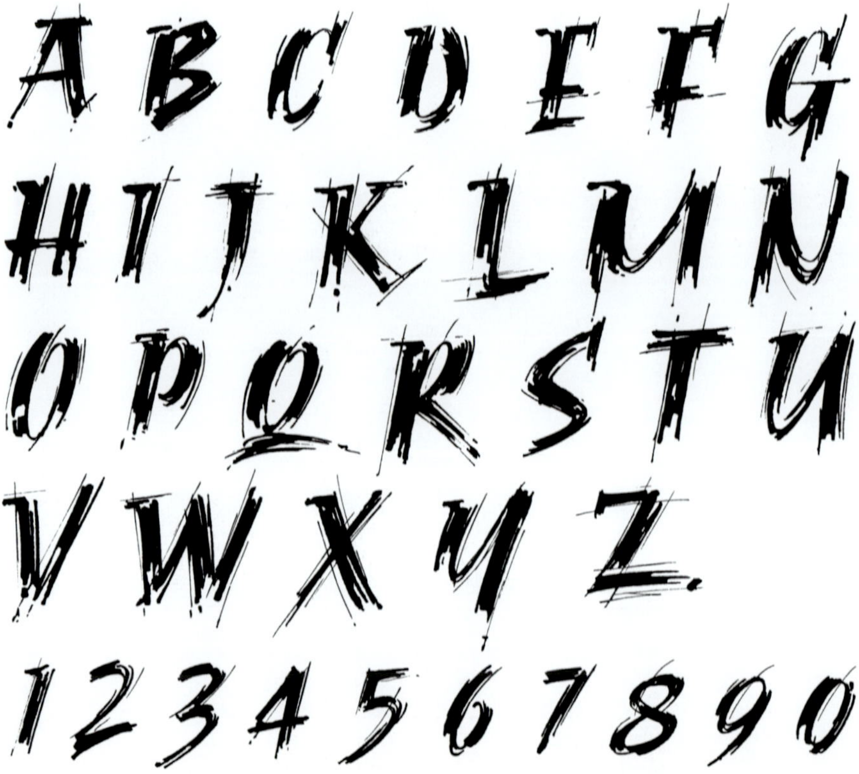

Interessante Details

Charakteristisch für diese Schrift ist die Betonung auf dem Gewicht und dem Kontrast zwischen den extremen Strichstärkenunterschieden innerhalb der Buchstaben.

Den Kontrast zwischen diesen beiden Strichstärken sollten Sie in etwa anstreben.

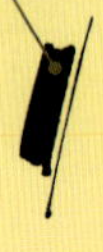

Der innere Strich von „M“ und „N“ fängt steil an und bricht unvermittelt nach rechts weg.

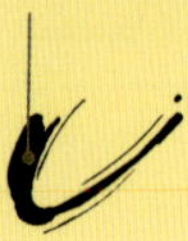

Mit dem Innenteil des breiten Strichs beginnen und den Buchstaben schrittweise aufbauen. Haarlinien erst zum Schluss anfügen.

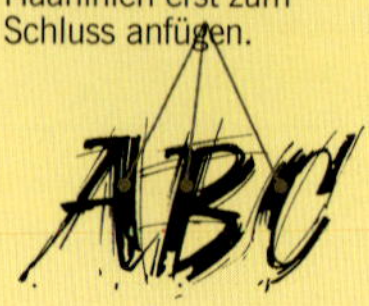

Grundstruktur

Die Buchstabenformen sind geprägt von den verschiedenen Bestandteilen der Linienzugfeder: breite Striche zieht man mit der Seite der Feder, die Haarlinien hingegen werden in einer schnellen Bewegung gezogen, bei der die Federspitze das Papier nur ganz leicht berührt.

Struktur	**Strichfolge**			**Gruppe**
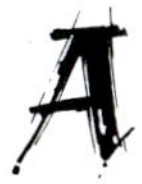 Achten Sie auf das Ungleichgewicht der beiden Schenkel des „A“.	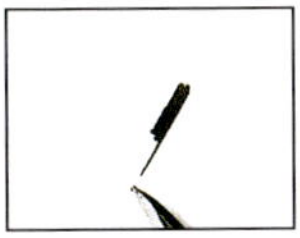 Den linken Schenkel mit einem breiten Strich beginnen.	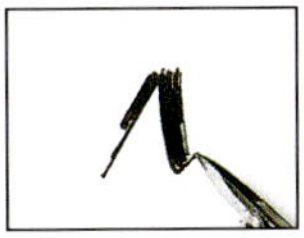 Der rechte Schenkel hat ungefähr das doppelte Gewicht wie der erste.	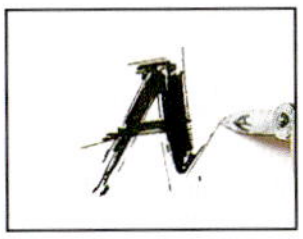 Querbalken ziehen und zum Schluss die Haarlinien anfügen.	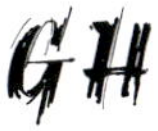
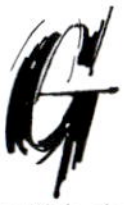 Der Querstrich des „G“ verbindet sich mit dem Bauch.	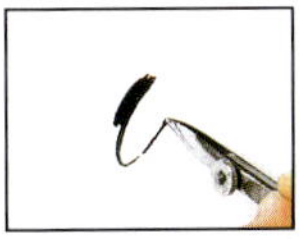 Der untere Bogen des Buchstabens sollte sauber und rund sein.	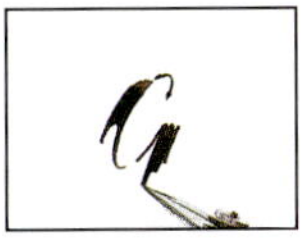 Oben einen kleineren Bogen ansetzen, dann den Schaft nach unten ziehen.	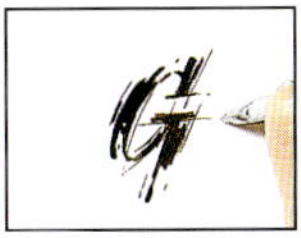 Zum Schluss die Serife und Haarlinien anfügen.	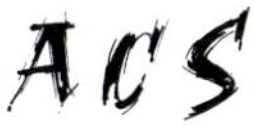
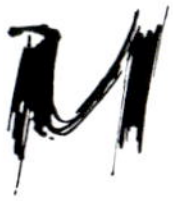 Die Spannung dieser Schrift kommt beim „M“ besonders gut zur Geltung.	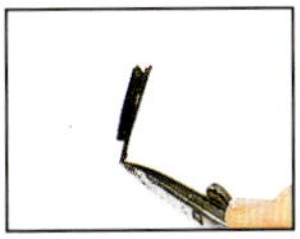 Beginnen Sie mit einem relativ breiten linken Schenkel.	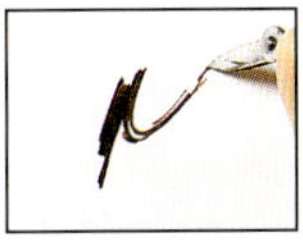 Den inneren Strich steil nach unten ziehen, dann abrupt nach rechts führen.	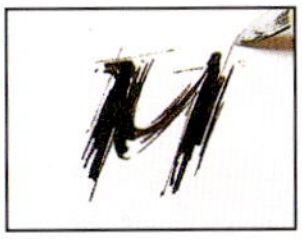 Den rechten breiten Schenkel nach unten ziehen, dann die Haarlinien zeichnen.	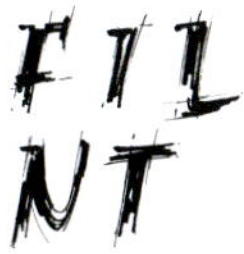
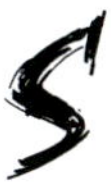 Beim Zeichnen der Haarlinien fliegt die Feder nur ganz leicht über das Papier.	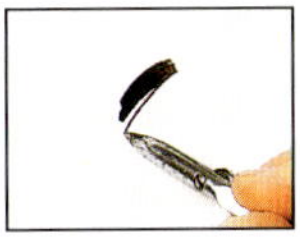 Der erste Strich für das „S“ ist relativ senkrecht.	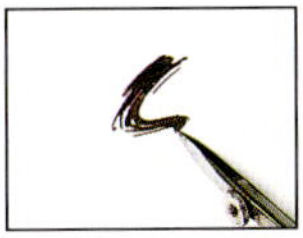 Der Mittelstrich ist kurz und beinahe horizontal.	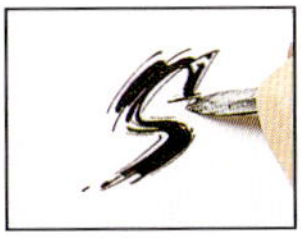 Den unteren Bogen und zum Schluss Serife und Haarlinien anfügen.	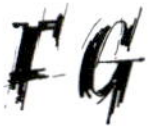

Jugendstil Minuskel

Dieses Alphabet basiert auf der Schrift, die der Architekt Peter Behrens um 1900 entworfen hat. Die Buchstaben waren zwar für den Druck bestimmt, sind aber einer Handschrift nachempfunden, bei der die Feder konstant im 40°-Winkel gehalten wird, wodurch nur wenige Striche nötig sind.

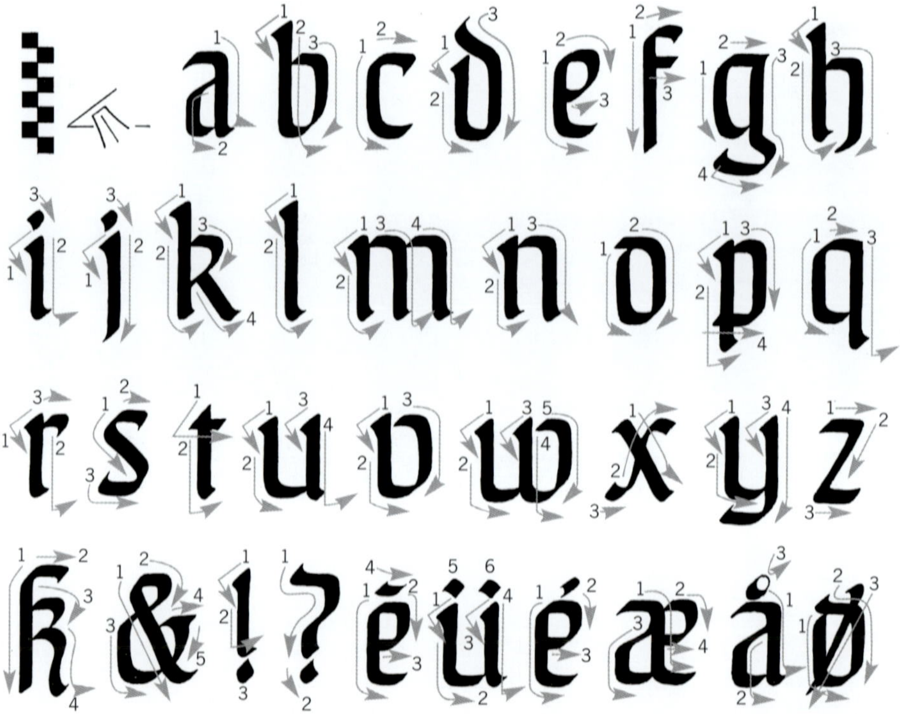

Interessante Details

Das Charakteristische dieses Jugendstil-Alphabets ist eher in den Versalien zu finden. Die Kleinbuchstaben haben also vielmehr ergänzende Funktion.

Die starke Vertikal- und Horizontalbetonung ist besonders gut am Schaft und an den Querstrichen zu erkennen, die ungefähr dieselbe Strichstärke haben.

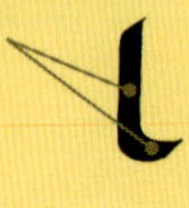

Die Serife ist eine kleine 45°-Bewegung vom Schaft nach außen, die im selben Winkel zurückgeführt wird.

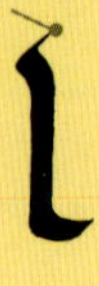

Zeichnen Sie den Schaft nah an der Kopflinie, damit die Krümmung nicht zu schmal wird.

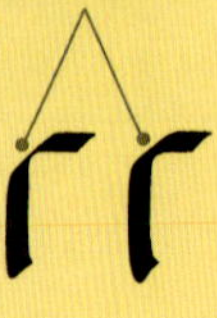

Grundstruktur

Dieses Alphabet zeigt eine starke Horizontal-/Vertikalbetonung, gekrümmte Linien sind auf ein Minimum reduziert. Der Federwinkel bleibt konstant, nur bei Diagonalen wird der Winkel verändert, um den Buchstaben gleichmäßig zu gestalten.

Struktur | **Strichfolge** | **Gruppe**

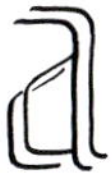

Die Feder wird für die diagonalen Striche von „a“ und „z“ in die Horizontale gedreht.

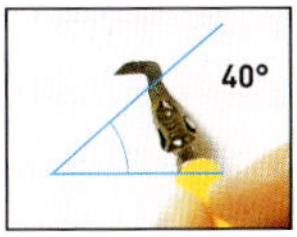

Bewegem Sie die Feder horizontal im 40°-Winkel.

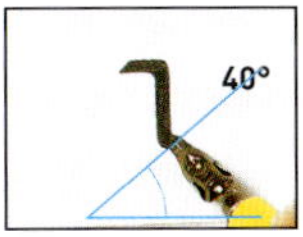

Feder drehen und für den Schaft senkrecht gerade nach unten bewegen. Für den Fuß wieder drehen.

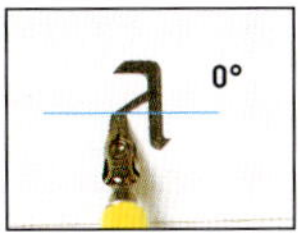

Drehen Sie die Feder in die Horizontale und ziehen Sie den diagonalen Strich des „a“.

Gruppe: i l m n t u

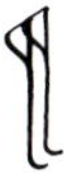

Dieser Buchstabe ist die Basis für viele Striche dieser Schrift, besonders im Hinblick auf die keilförmige Serife.

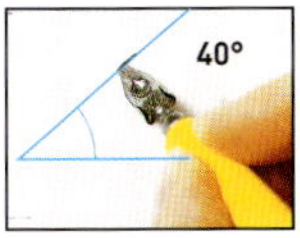

Bewegen Sie die Feder kurz im 45°-Winkel abwärts und gehen sie direkt zum Schaft zurück.

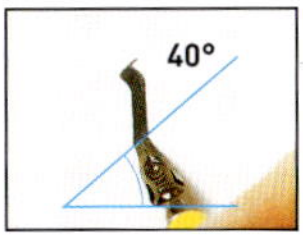

Ergänzen Sie den vertikalen Abwärtsstrich.

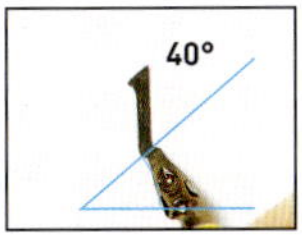

An den Anfang gehen, Serife vervollständigen und an der Basis einen kleinen Fuß ansetzen.

Gruppe: b f j k r v w y

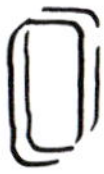

Hier eine Variante des „o“ ohne Horizontalbetonung. Die formale Struktur von Kurven und Geraden ist ein Merkmal dieser Schrift.

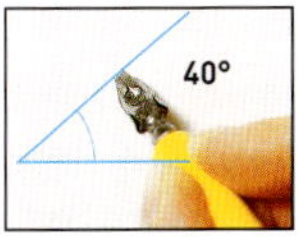

Halten Sie die Feder in einem Winkel von 40° zum Papier.

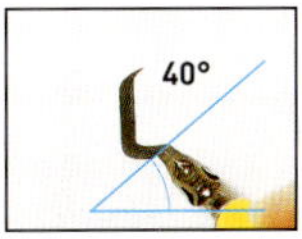

Nach dem Anstrich nach links den Schaft gerade nach unten und ohne Kurve wieder nach rechts ziehen.

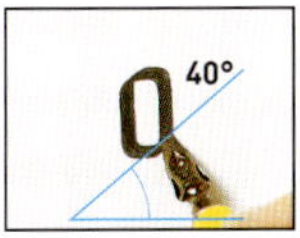

Auf der rechten Seite darauf achten, dass die Ecken nicht zu dünn werden.

Gruppe: a c d e g h k p q

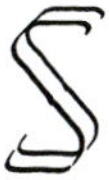

Der Stift bewegt sich im 40°-Winkel in voller Federbreite nach unten. Dies ist auch beim „x“ der Fall.

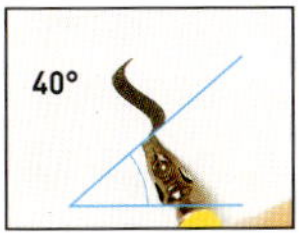

Beginnen Sie die gerade Diagonale mit einem kurzen Anstrich.

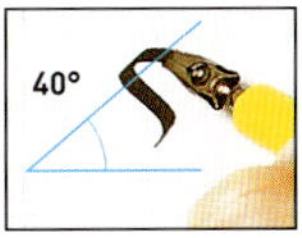

Der nach unten gedrehte Strich an der Kopflinie geht nicht über die Diagonale hinaus.

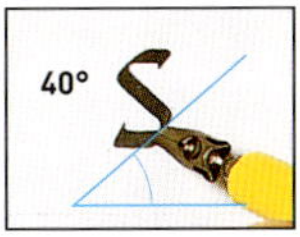

Wiederholen Sie den Strich am Fuß und beginnen sie diesmal mit der Linksdrehung.

Gruppe: c x y

Jugendstil Versalien

Peter Behrens entwickelte diese Versalien um 1900 als Ergänzung der Minuskel. Es handelte sich dabei ursprünglich um eine Druckschrift. Die Buchstaben hier sind aber mit der Feder gezeichnet. Wie bei vielen Jugendstilschriften wurde alles versucht, um mit traditionellen Buchstabenformen zu brechen.

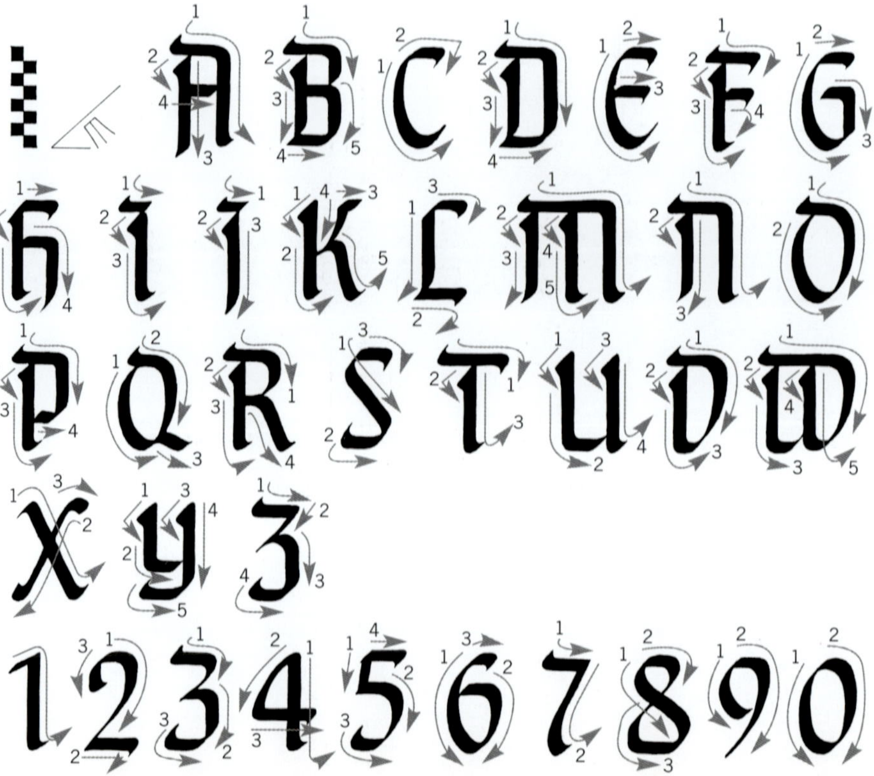

Interessante Details

Bei diesen Versalien ist die Horizontale sehr stark betont. Dieser Effekt wird durch die breiten Kopfbalken der Buchstaben erzeugt, die über den Schäften thronen.

Der horizontale Balken beginnt mit einem Schwung oberhalb der Kopflinie.

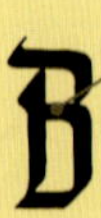

Typisch für den Jugendstil ist die hohe Taille. Man kann sie auch noch höher setzen.

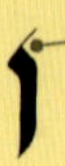

Serife und Schaft können in einem Strich durchgezogen werden.

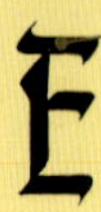

Dieses alternative „E“ hat einen horizontalen Kopfbalken.

Grundstruktur

Die formale, eckige Struktur eines Druckbuchstabens ist ein wesentliches Merkmal dieser Schrift; der horizontale Balken an der Kopflinie stellt eine exotische Innovation dar. Die Versalien können alleine oder zusammen mit den Kleinbuchstaben verwendet werden.

Struktur | **Strichfolge** | **Gruppe**

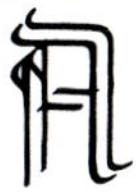

Das „A" trägt charakteristische Merkmale vieler anderer Buchstaben, z.B. die horizontale Kopflinie über dem Schaft.

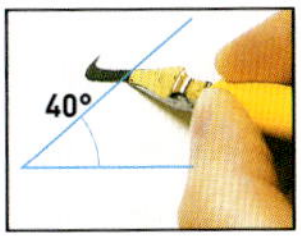

Der Balken an der Kopflinie beginnt mit einem kurzen Anstrich.

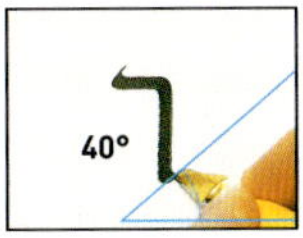

Mit einer möglichst engen Kurve im rechten Winkel den Schaft nach unten ziehen.

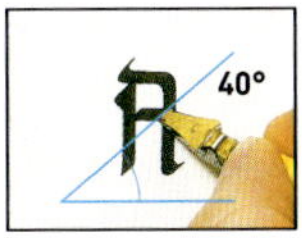

Der linke Schenkel beginnt mit einer Drehung. Absetzen, den Schenkel und den Querstrich in der Mitte zeichnen.

B D F H I
J K L M
N P R T
U V W

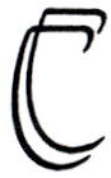

Die sanfte Kurve auf der rechten Seite von „E", „G", „O" und „Q" steht im Kontrast zur rigiden Geradlinigkeit anderer Buchstaben.

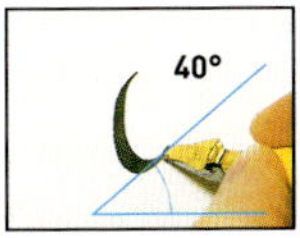

Obwohl dieser Strich eine Kurve hat, darf die Feder dabei nicht zu weit nach außen schwingen.

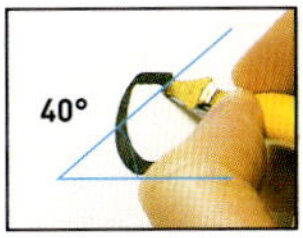

Der Kopfstrich ist gerade und am Ende nach unten eingedreht.

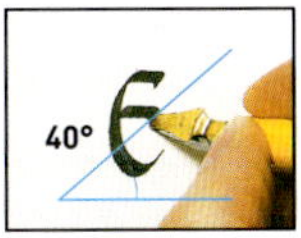

Den letzten Strich etwas oberhalb der Mitte wiederholen.

E G O Q

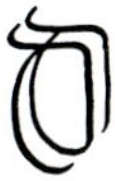

Diese Schrift ist relativ komprimiert. Die Innenräume der gerundeten Buchstaben dürfen nicht zu breit werden.

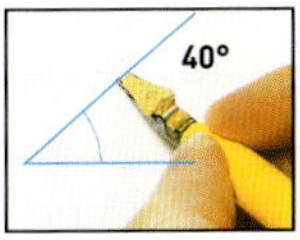

Den Stift im 40°-Winkel halten. Hier wurde eine abgeschrägte Feder verwenden.

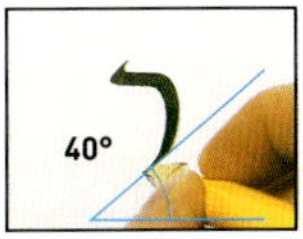

Eine enge Kurve und einen steil abfallenden Bauch zeichnen. Dieser kann fast gerade sein.

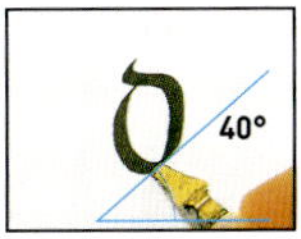

Linke Bauchhälfte anfügen, darauf achten, dass der Innenraum schmal bleibt.

G Q V W

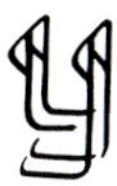

Ein charakteristisches Merkmal der Jugendstilschrift sind die sehr hoch oder sehr tief ansetzenden Querstriche.

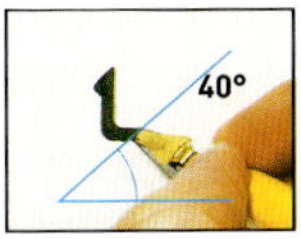

Mit einer Drehung beginnen, dann den abgerundeten rechten Winkel zeichnen.

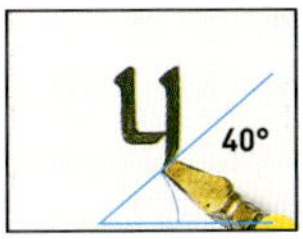

Ersten Strich wiederholen, aber bis zur Grundlinie gerade nach unten ziehen.

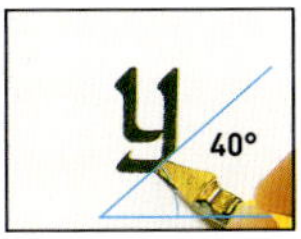

Unter dem Querstrich entlang der Grundlinie den Fuß ziehen und mit dem Schaft verbinden.

H U

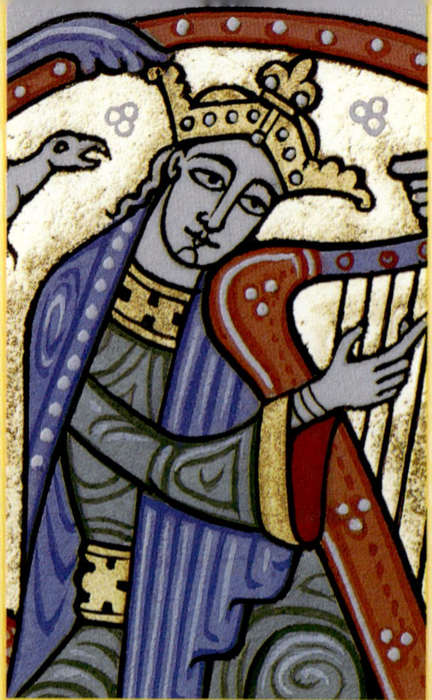

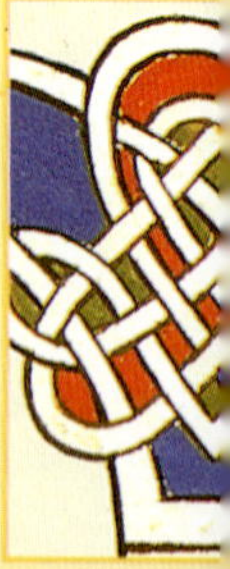

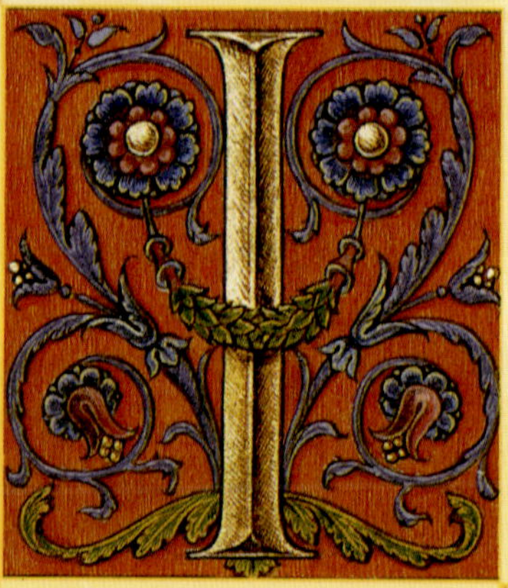

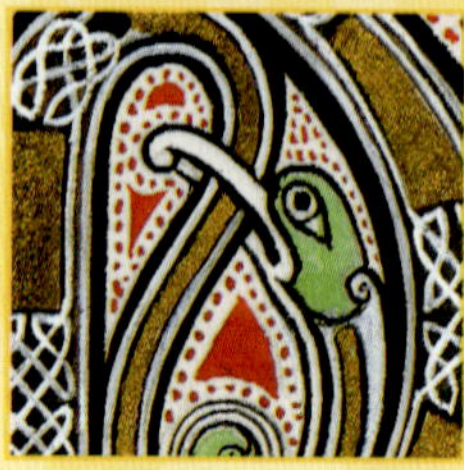

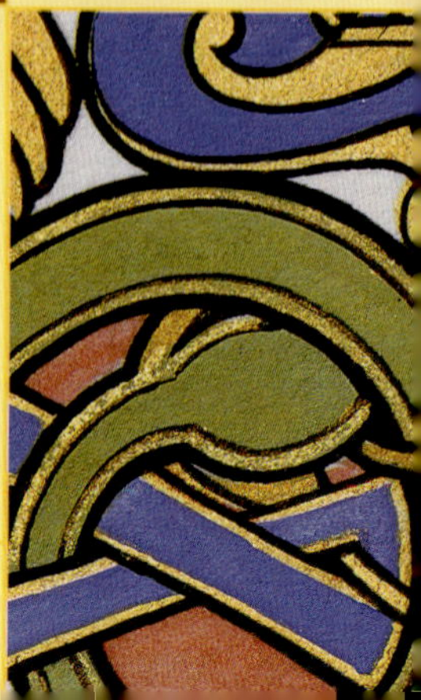

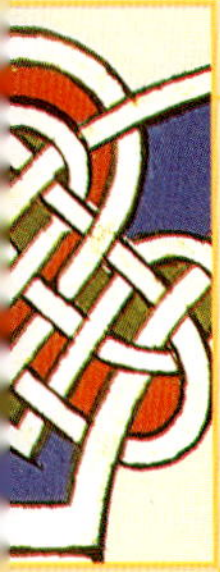

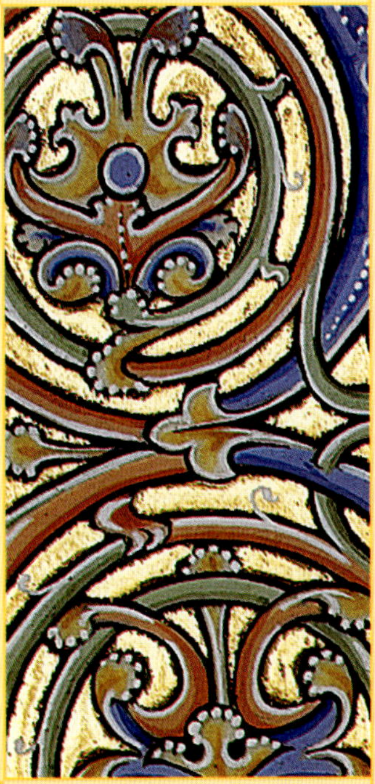

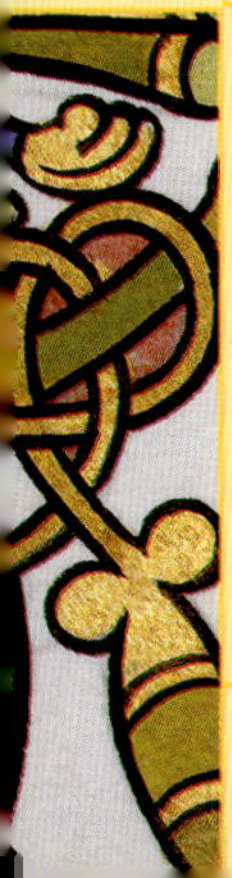

Illumination und Verzierung

Illumination ist die kunstvolle Dekoration von Handschriften mit Gold oder anderen Edelmetallen und leuchtenden Farben. Ornamentierte und verzierte Manuskripte haben eine lange Tradition, die eng mit der kunstvollen Gestaltung religiöser Schriften verknüpft ist. Hierfür gibt es aus einem Zeitraum von 1500 Jahren unzählige, in ihrer Schönheit höchst beeindruckende Beispiele aus Europa und dem Mittleren Osten. Auf den nächsten Seiten zeigen wir Ihnen, wie auch Sie Ihre Werke auf Hochglanz bringen können.

Dekorieren mit Gold

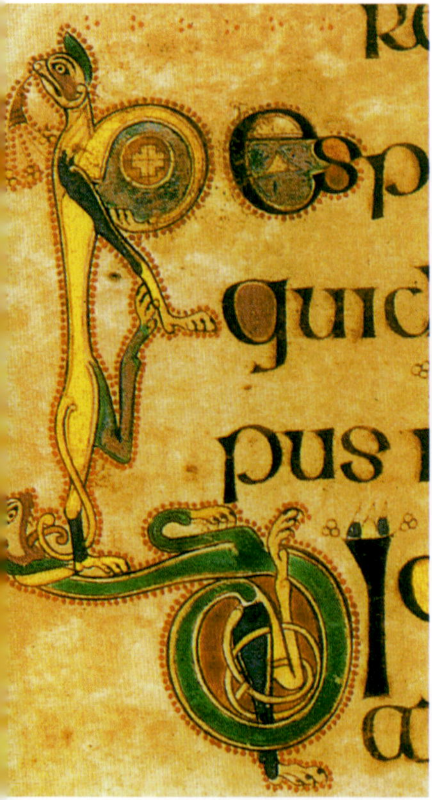

Die verzierten Buchstaben „L“ und „D“ bestehen aus zwei stilisierten Löwen in Gelb und Grün. Illustration aus dem Book of Kells.

Illumination ist die Verzierung von Büchern oder Manuskripten mit Edelmetallen, vor allem Gold und Silber. Früher dekorierte man Handschriften, um den Text interessanter und verständlicher zu machen, so wie man Texte heutzutage mit Fotos und Illustrationen auflockert. Durch die Verzierungen konnten sich die Leser – zumeist Priester oder Missionare – im Text besser zurechtfinden. Für den Künstler wiederum war es eine Ehre, seine Kreativität in den Dienst von Gottes Wort zu stellen.

Frühe Manuskripte waren in durchgängigen Zeilen geschrieben, der Text war kaum bis gar nicht durch Satzzeichen untergliedert. Lediglich Zeilenumbrüche oder Punkte erleichterten das Lesen. Schließlich führte man zur besseren Übersichtlichkeit Verse oder Absätze ein, die mit einem etwas größeren, oft rot gefärbten Buchstaben begannen.

Nach der Einführung von Minuskeln verwendete man größere Anfangsbuchstaben, basierend auf den Buchstaben der römischen Inschriften, um den Beginn eines Verses oder Absatzes zu markieren. Bald schon gestalteten die Künstler Farbe und Aussehen der größeren Buchstaben immer extravaganter. Diese nennt man Initialen, und in historischen Manuskripten finden sich einige eindrucksvolle Beispiele für die kunstvolle Verzierung von Seitenrändern und Buchstaben. Die Farben auf diesen Seiten wurden wahrscheinlich mit Hilfe von Eiweiß oder Gummiharz aufgetragen.

Gold war das ideale Material, um der Malerei und Kalligraphie üppigen Glanz zu verleihen, denn es wird nicht stumpf und behält seinen Glanz über Jahrhunderte. Zwar war es teuer, doch man konnte es zu sehr dünnen Plättchen schlagen und somit sparsam, aber höchst wirkungsvoll verwenden. Frühe englische Manuskripte wie die Evangeliaren von Lindisfarne waren auf den Titelseiten nur mit sehr geringen Mengen Gold verziert.

Gold auftragen

Gold kann auf verschiedene Weise aufgetragen werden, aber man braucht immer einen Klebstoff, damit es auf dem Untergrund haftet. Traditionell verwendeten die Illuminatoren wohl Materialien wie Ammoniakgummi, Gesso oder geklärtes Eiweiß.

Aus echtem Gold, zu feinem Puder zermahlen und gemischt mit Gummi arabicum, erhält man eine Malfarbe. Diese nennt man „Muschelgold“, weil sie früher in Muschelschalen aufbewahrt wurde. Sie kann mit destilliertem Wasser angefeuchtet und wie eine gewöhnliche Farbe aufgetragen werden. Nach dem Trocknen bringt man sie mit einem Achat-Polierstein vorsichtig zum Glänzen. Heute gibt es im Fachhandel Muschelgold in kleinen Töpfchen. Doch Sie können auch echten Goldstaub kaufen und diesen auf die traditionelle Weise mit flüssigem Gummi arabicum mischen.

Es gibt außerdem verschiedene metallische Pulver, die aussehen wie Goldstaub, aber weitaus günstiger sind. Sie werden auf Papier oder Vellum in derselben Weise aufgetragen: Mischen Sie das Pulver mit flüssigem Gummi arabicum, wenn nicht bereits ein Trockenleim (Dextrin, ein Stärkeprodukt) beifügt ist. In vielen Manuskripten aus dem zehnten Jahrhundert (zum Beispiel in der Bilderhandschrift von St. Aethelwold) findet man wunderschöne, mit Muschelgold verzierte Versalien.

Muschelgold (und Metallpulver gemischt mit Gummi arabicum) kann mit der Feder aufgetragen werden. Es ist auch ideal, um den Hintergrund oder größere Flächen zu bemalen.

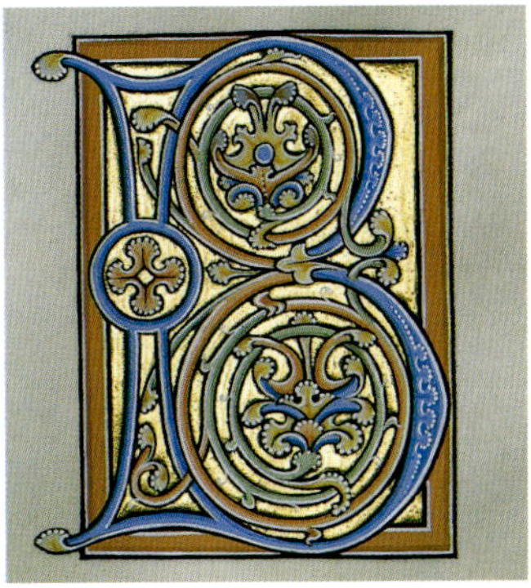

Initial „B“ aus dem Bestiarium von Guillaume le Clerc; frühes 13. Jahrhundert. Adaptiert von Tim Noad mit PVA und Blattgold.

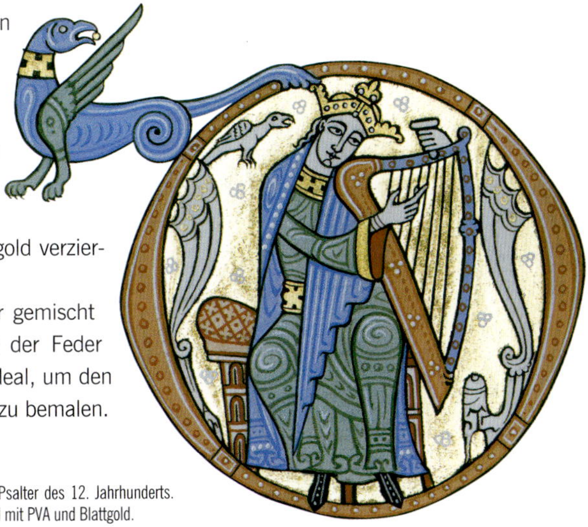

Initial „D“ aus einem Psalter des 12. Jahrhunderts. Adaptiert von Tim Noad mit PVA und Blattgold.

Blattgold

Blattgold ist in zwei Formen erhältlich: Transfergold und loses Blattgold. Man kauft es in kleinen Büchern zu 25 Blättern, das Gold ist zwischen die Stoffblätter eingelegt, je nach Sorte lose (Patentgold) oder fest anhaftend (Transfergold). Das Gold sollte mindestens 23 Karat haben und wird in verschiedenen Dicken angeboten: einfach oder doppelt (oder extra dick).

Anfänger können mit einfachem Transfergold beginnen und danach doppeltes verwenden: da Gold an Gold haftet, ist es einfacher, zuerst eine dünne Schicht aufzutragen und danach eine dickere, am besten Transfergold (doppelt). Transfergold gibt einen strahlenderen Glanz, ist aber schwieriger zu handhaben. Sie können auch andere Edelmetalle wie Silber verwenden, aber Silber wird eventuell stumpf, wenn es der Luft ausgesetzt ist. Palladium und Platin sind ebenfalls Alternativen, allerdings ziemlich teuer.

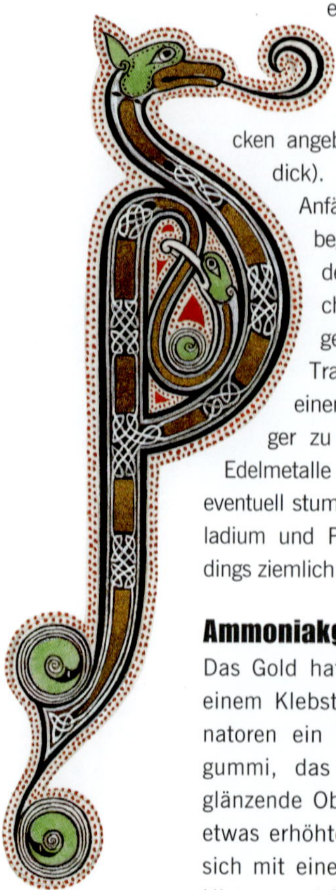

Initial „P" am Anfang des Vorworts von St. Jeremias zu den vier Evangelien aus dem Evangeliar von Lindisfarne, geschrieben zwischen 698 und 721 n. Chr.

Ammoniakgummi

Das Gold haftet auf Papier oder Vellum nur mit einem Klebstoff. Traditionell verwendeten Illuminatoren ein klebriges Harz namens Ammoniakgummi, das nach dem Vergolden eine glatte, glänzende Oberfläche bietet, oder Gesso, das ein etwas erhöhtes „Kissen" bildet. Das Gummi lässt sich mit einem großen Pinsel für einen goldenen Hintergrund flächig auftragen, aber auch mit einer Feder für Schriftzüge oder mit einem Pinsel für filigrane Zeichnungen oder Muster. Das getrocknete Gummi durch Anhauchen wieder anfeuchten und das Gold darauf pressen. Wenn es überall mit Gold überzogen und vollständig getrocknet ist (nach ca. 30 Minuten), polieren Sie das vergoldete Design mit einem Stück Seidenstoff.

Ammoniakgummi-Leim

Ammoniakgummi-Leim kann man fertig kaufen, doch es macht Spaß und ist nicht schwer, ihn aus seinem natürlichen Rohstoff selbst herzustellen. Getrocknetes Gummi sieht aus wie Müsli, ist aber durch Zweige und Steinchen stark verunreinigt.

1. Unreinheiten entfernen, einige Gummistücke zerkleinern und in ein kleines Gefäß geben.
2. Die Gummistückchen mit destilliertem Wasser bedecken und mindestens 12 Stunden oder über Nacht stehen lassen. Das Gefäß enthält nun eine milchige Substanz, etwa wie Sahne.
3. Inhalt umrühren und durch ein feines Sieb in ein Gefäß derselben Größe umfüllen, die Klümpchen dabei nicht durch das Sieb drücken. Die Flüssigkeit im zweiten Gefäß ist der Leim. Einen Tropfen rote Wasser- oder Lebensmittelfarbe zufügen, damit Sie sehen können, wo Sie damit gemalt oder geschrieben haben. Die Flüssigkeit kann in einem verschlossenen Gefäß im Kühlschrank ca. 6-9 Monate aufbewahrt werden.
4. Wenn der Leim fertig ist, mit einem alten Pinsel dünn auf die Hintergrundflächen auftragen, die Sie vergolden möchten.

Farbe und Gold auftragen

Wenn das Gummi getrocknet ist, was bis zu einer Stunde dauern kann, können Sie anfangen. Beachten Sie bei der Arbeitsplanung, dass zuerst alle Schriften fertig sein müssen, denn hier können Ihnen noch die meisten Fehler passieren. Danach erst tragen Sie das Gold auf und schließlich als Letztes die Farbe. Der Grund für diese Reihenfolge liegt darin, dass die Farbe Gummi enthält und Gold an Gummi haftet.

1. Das zu dekorierende Papier oder Vellum auf eine kühle Oberfläche legen – Glas ist ideal. Dies erleichtert Ihnen das Vergolden. Halten Sie Ihr Blattgold und Glassin- oder Pergamin-Papier bereit.
2. Durch eine Papierrolle zwei Mal kräftig auf das Gummi ausatmen, um es leicht anzufeuchten (siehe S. 250).
3. Das Blattgold auf den Leim legen und mit den Fingern kräftig andrücken. Vorgang so oft wiederholen, bis alle gewünschten Stellen mit Gold bedeckt sind.
4. Nach dem Trocknen (ca. nach 30 Minuten) mit einem Stück Seidenstoff polieren.

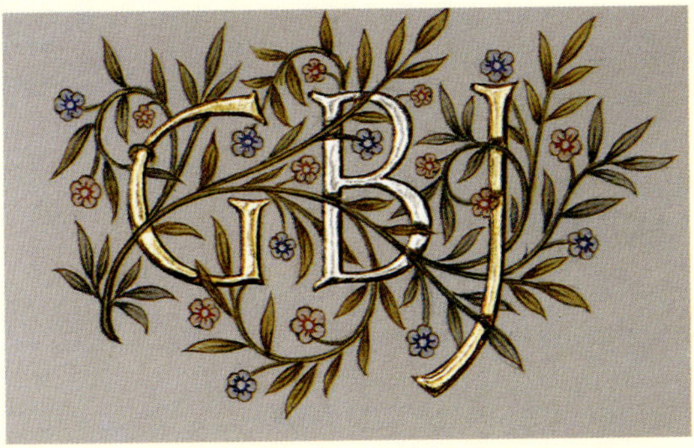

Dieses Design ist inspiriert von mittelalterlichen Illuminationen und der dekorativen Kunst des William Morris. Gold und Silber sind hier kontrastreich nebeneinander gestellt.

Gesso

Gesso kann auf Papier und Vellum verwendet werden und bildet ein leicht erhöhtes Kissen, auf dem das Gold aufgetragen wird. Das Gesso wird mit dem Pinsel oder mit der Feder auf das Papier gebracht. Wenn man es anhaucht, wird die Oberfläche klebrig, und das Gold bleibt sehr gut haften.

Für die Herstellung von Gesso brauchen Sie:

- 8 Teile gelöschten und zermahlenen Gips
- 3 Teile Bleikarbonat (bitte beachten Sie, dass diese Substanz giftig ist, also vorsichtig damit umgehen)
- 1 Teil Zucker
- 1 Teil Fischleim
- etwas rote Lebensmittel- oder Wasserfarbe
- destilliertes Wasser zum Vermischen

Gelöschten Gips kann man kaufen, er lässt sich aber auch leicht selbst herstellen. Bewahren Sie ihn in einem luftdichten Behälter auf und zerreiben oder zermahlen Sie bei Bedarf eine kleine Menge, so wird er Ihnen jahrelang reichen. Sie brauchen einen großen Eimer, einen Plastik- oder Holzlöffel und 500 g fein gemahlenen Gips. Füllen Sie den Eimer mit Wasser und streuen Sie den Gips unter Rühren hinein. Rühren Sie eine Stunde lang immer wieder um, damit der Gips nicht hart wird. Über Nacht stehen lassen. Das Wasser abgießen, ohne den Gips auszuschütten, dann den Eimer wieder bis oben mit Wasser füllen und 10 Minuten lang rühren. Danach 24 Stunden ruhen lassen. Wasser abgießen, frisches Wasser auffüllen und zehn Minuten rühren. Wiederholen Sie diese Prozedur eine Woche lang jeden Tag, dann zwei Wochen lang jeden zweiten Tag. Am Schluss den gelöschten Gips in ein Baumwolltuch geben, gut abtropfen und in eine flache Plastikschüssel (nicht Metall) füllen. Trocknen lassen. Wenn der Gips fast trocken ist, in handliche rechteckige Stücke schneiden und diese in einem luftdichten Behälter aufbewahren.

Dieser Buchstabe ist reich verziert und vergoldet. Die Hochglanzeffekte in den beiden mittleren Panelen kontrastieren gut mit den kräftigen Farben an den Enden.

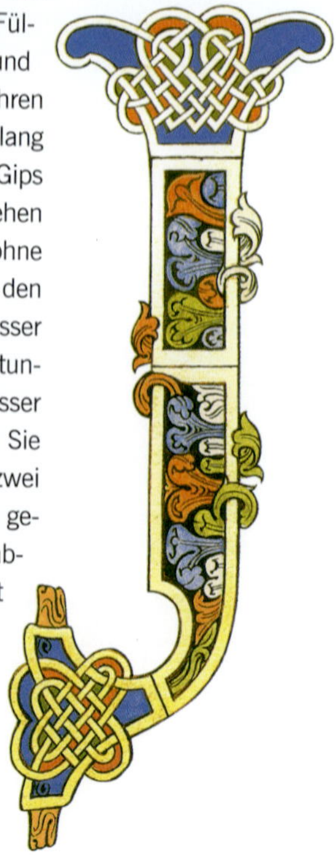

Gesso herstellen

Die trockenen Zutaten in einen Mörser geben und mit einem Stößel mindestens 15 Minuten lang gut zermahlen. Fischleim und destilliertes Wasser zufügen und alles zu einer dicken Paste verarbeiten. Mit einem kleinen Löffel etwa 25 mm große Kleckse auf eine Frischhaltefolie setzen und die „Plätzchen“ trocknen lassen. Sie lassen sich in einem luftdichten Behälter jahrelang im Kühlschrank aufbewahren.

Bleikarbonat ist giftig. Hände und alle benutzten Utensilien also am Schluss gründlich waschen. Verwenden Sie Mörser und Stößel danach nicht mehr für Nahrungsmittel.

Gesso aufbereiten

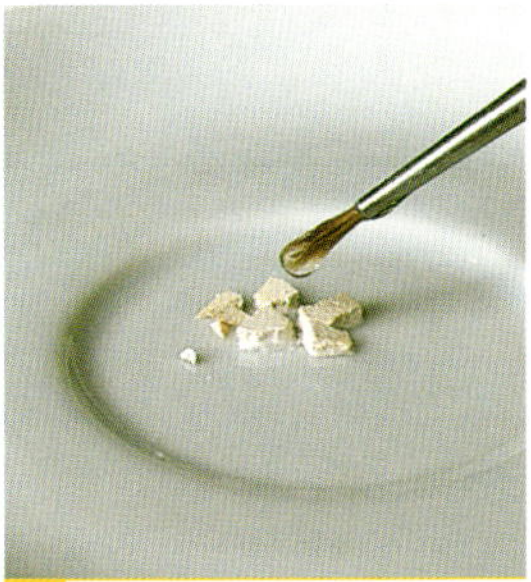

1 Ein Stück Gesso in ein kleines Glasgefäß zerkrümeln. Danach Hände waschen, denn es enthält Bleikarbonat. Verwenden Sie das Gefäß nur noch für Vergoldungsmaterial. Das Glas mit einer Hälfte auf einen Stift stellen, damit es schräg steht, und mit einer Pipette zwei Tropfen destilliertes Wasser auf das Gesso geben.

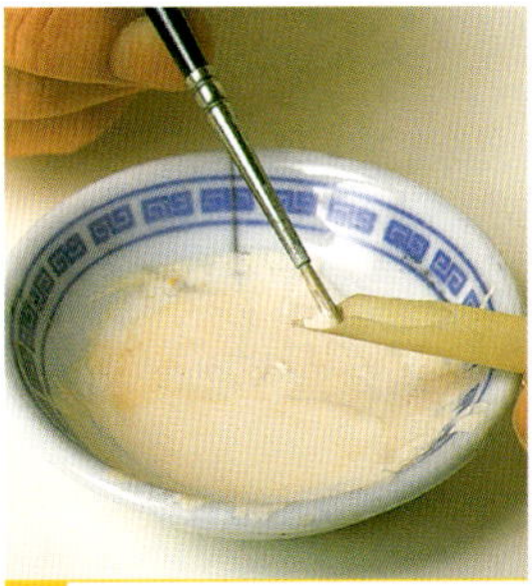

2 Das Glas schräg stehen lassen, damit das Wasser das Gesso bedeckt, und die Mischung 1-2 Stunden ziehen lassen (es muss eine cremige Paste entstehen). Wenn die Paste zu dickflüssig ist, mit einem Glasstab vorsichtig umrühren. Tropfenweise mehr Wasser zufügen. Sobald das Gesso die gewünschte Konsistenz hat, können Sie es verwenden.

Blattgold auf Gesso auftragen

Sie brauchen:

- Gesso (ein halbes „Plätzchen“)
- ein kleines Glasgefäß
- destilliertes Wasser und Pipette
- Glasstab
- Papierrolle
- Blattgold: Patentgold (einfach) und Transfergold (extra dick oder doppelt)
- Papier oder Vellum
- eine dünne Feder
- feine Pinsel No. 1, 0 und 00
- Skalpell oder Cuttermesser, runde Klinge
- Schere
- Glassin- oder Pergaminpapier
- Polierer
- großer, weicher Pinsel
- Gouache- und Wasserfarben

1. Polierer
2. Großer, weicher Pinsel
3. Polierer
4. Skalpell oder Cuttermesser
5. Papierrolle
6. Loses Blattgold
7. Transfergold
8. Glassin- oder Siliconpapier

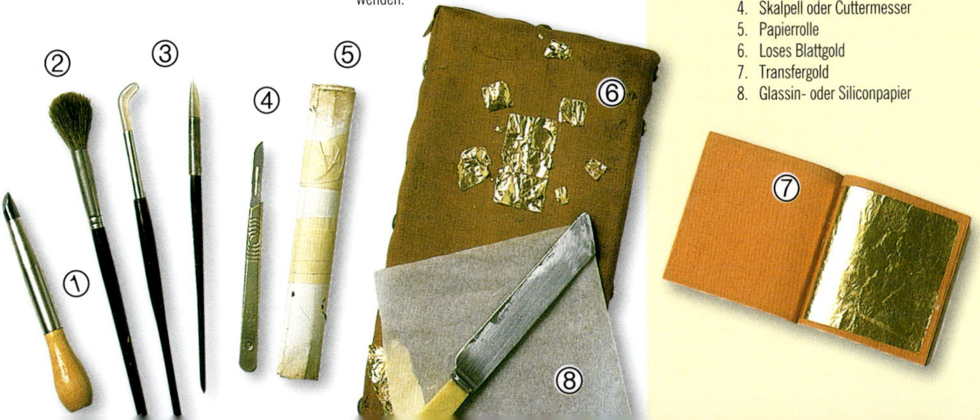

Blattgold auf Gesso auftragen

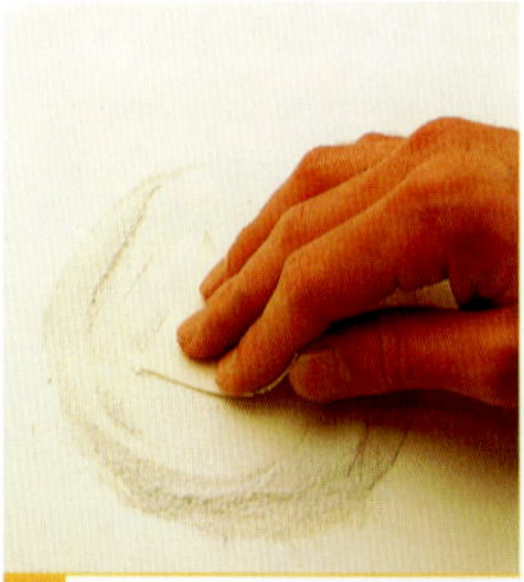

1 Wenn Sie Vellum verwenden, die Oberfläche leicht mit Sandpapier aufrauen.

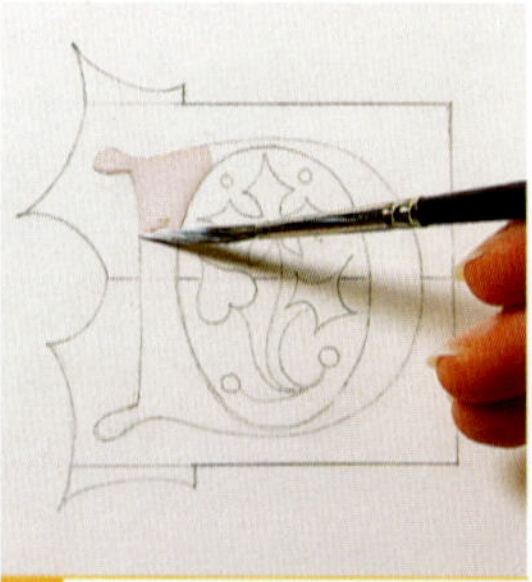

2 Das Papier/Vellum auf einer festen glatten Oberfläche befestigen – Glas ist am besten. Den Entwurf auf das Papier zeichnen und mit einem dünnen Pinsel das Gesso auftragen. (Bevor Sie den Pinsel in das Gesso tauchen, zuerst in destilliertes Wasser halten und überschüssiges Wasser ausdrücken. So gelangt keine Luft in das Gesso. Sollten sich dennoch Blasen bilden, entfernen Sie diese, indem Sie einen Tropfen Nelkenöl hinzufügen.)

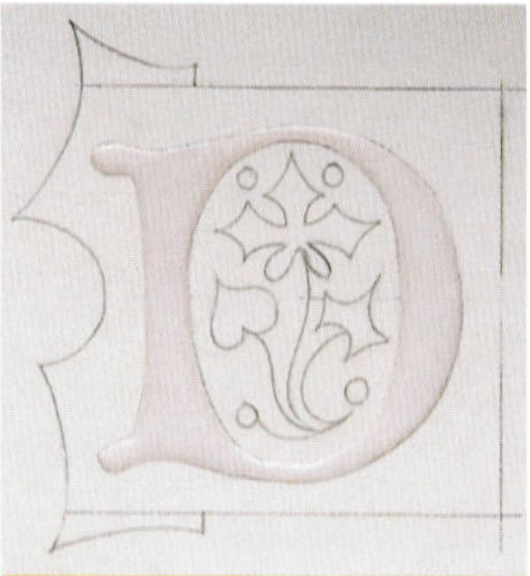

3 Das Gesso mit dem Pinsel über die Oberfläche mehr ziehen als streichen, damit keine Rillen entstehen. Arbeiten Sie schnell und methodisch.

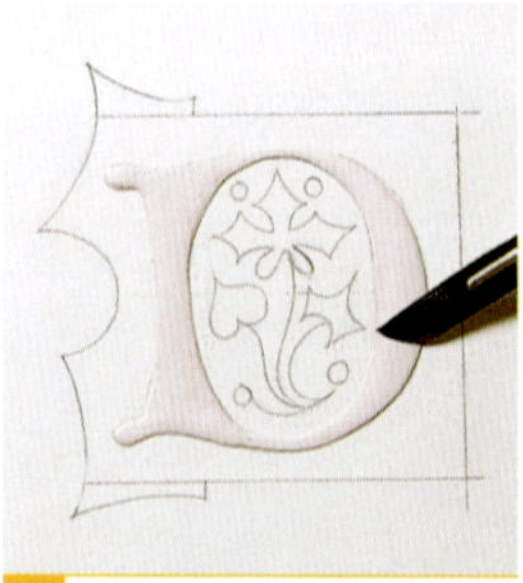

4 Das Gesso über Nacht trocknen lassen. Danach Unebenheiten suchen und diese mit einer scharfen Klinge abschaben. (Legen Sie am besten eine alte Zeitung unter, um die Späne aufzufangen und wegzuwerfen.) Je glatter die Oberfläche des Gesso, desto schöner wird die Vergoldung. Für einen perfekten Abschluss das Gesso mit einem Achatpolierstein abschleifen.

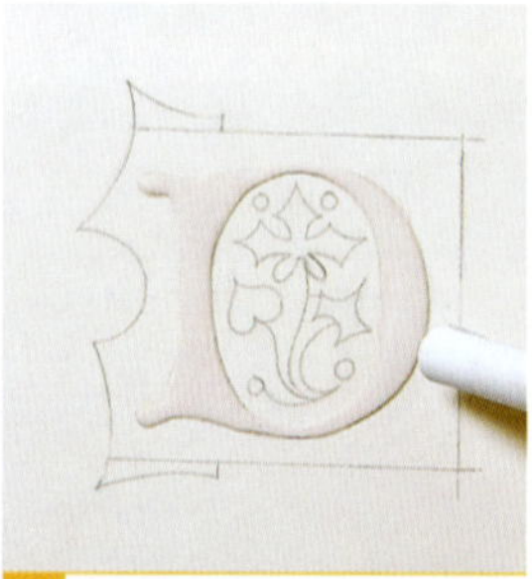

5 Alle Partien Ihrer Arbeit abdecken, die nicht vergoldet werden sollen. Das Gesso nicht mit den Fingern berühren, sonst klebt das Gold nicht mehr daran fest. Hauchen Sie zweimal durch das Papierrohr auf das Gesso. Durch die Feuchtigkeit wird es wieder klebrig.

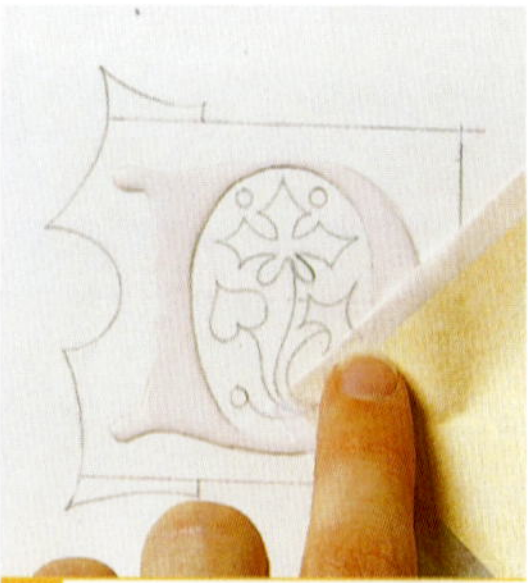

6 Das Blattgold mit der Goldseite nach unten auf das Gesso legen und mit den Fingern fest andrücken. Wiederholen Sie diesen Schritt so oft, bis alles vergoldet ist.

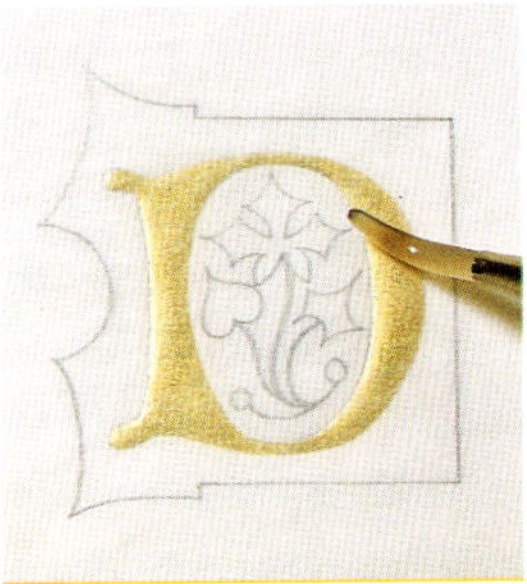

7 Das Glassinpapier auf die Vergoldung legen und fest drücken, um sicherzugehen, dass das gesamte Gold am Gesso haftet.
Durch das Glassinpapier hindurch das Gold polieren. Dann vorsichtig die Goldfläche direkt polieren, damit sie schön glänzt. Alle losen Goldpartikel mit einem weichen Pinsel abkehren.

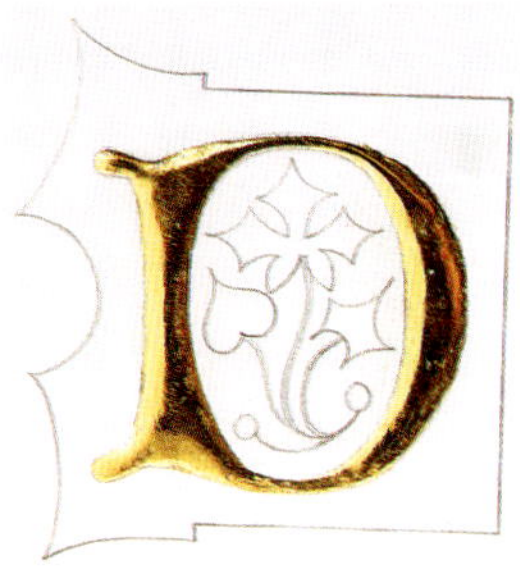

8 Für einen besonders strahlenden Glanz mit einer Schicht Transfergold (doppelt) abschließen. Ein größeres Stück als die vergoldete Fläche mitsamt der Schutzfolie ausschneiden und im Ganzen auf die Arbeit legen. Drücken und Vorgang wiederholen, bis der Buchstabe ganz mit Gold bedeckt ist. 24 Stunden ruhen lassen, dann polieren. Mit einem weichen Pinsel überschüssiges Gold entfernen. Mindestens eine Stunde stehen lassen, dann noch einmal polieren.

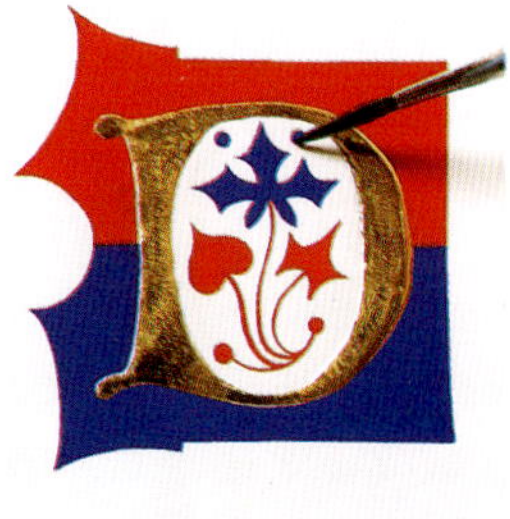

9 Um den illuminierten Buchstaben zu vollenden, füllen Sie nun die Freiräume mit Gouache-Farben aus.

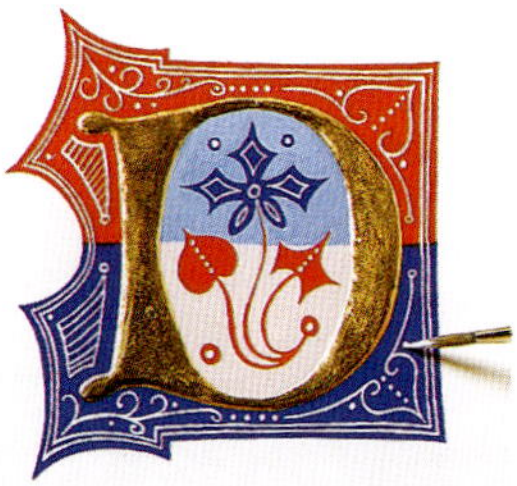

10 Mit einem Pinsel der Stärke 1 oder 2 die helleren Farbschattierungen mischen. Dann tragen Sie die Farbe mit einem feinen Pinsel auf. Am Schluss mit wasserfester weißer Gouache-Farbe das Werk mit Mustern und Ornamenten verzieren.

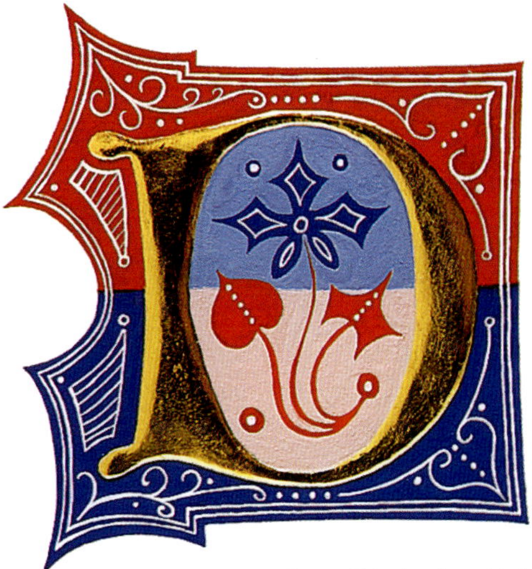

Ein vergoldeter, bemalter und fertig dekorierter Buchstabe „D“.

Glossar

Bauch Rundung des Buchstabens, die einen **Innenraum** umschließt.

Duktus Art und Weise, in der eine Schrift geschrieben wird, und wie das Schreibwerkzeug dabei gehalten und bewegt wird.

Endung Das Ende eines Strichs, der nicht mit einer **Serife** abschließt.

Fähnchen Kleiner Strich oben am Buchstaben „g".

Fraktur Altdeutsche gotische Schrift mit „gebrochenen" Rundungen.

Fuß Der Querstrich der Buchstaben „R".

Gotisch Mittelalterliche gebrochene Schriftart, wie z.B. die Gotische Textura Quadrata.

Großbuchstabe (siehe Majuskel, Versalie).

Grundlinie Imaginäre Linie, auf der ein Buchstabe sitzt.

Initial Einzelner, sehr oft mit abstrakten, tierischen oder menschlichen Motiven ornamentierter großer Anfangsbuchstabe eines Kapitels, eines Absatzes oder einer Strophe.

Innenraum Ganz oder teilweise eingeschlossener Leerraum eines gerundeten Buchstabens, wie z.B. bei „b" oder „D".

Kopflinie Imaginäre Linie, die die Buchstabenhöhe begrenzt.

Kursive Eine nach vorne geneigte humanistische Schriftart, die sich vor allem durch das eingeschossige „a" auszeichnet.

Kleinbuchstabe (siehe Minuskel).

Körperhöhe oder **x-Höhe** Höhe eines **Kleinbuchstabens** ohne **Ober-** oder **Unterlänge**.

Ligatur Verbindungslinie zwischen zwei Buchstaben.

Majuskel (Versalien, Großbuchstabe) Ein großer Buchstabe, der seinen Ursprung in den Buchstaben des Alten Rom hat.

Minuskel (Kleinbuchstabe) Ein kleiner Buchstabe. Ein Buchstabe mit Ober- und Unterlänge; in der Kalligraphie oft auch ein kleiner Buchstabe, der mit der Feder im flachen Winkel geschrieben wird (wie z.B. die Karolingische Minuskel).

Oberlänge Teil der **Minuskel**, der über die **x-Höhe** hinausragt.

Querbalken Horizontaler Balken wie bei „e" oder „A".

Serifenlose Ein Buchstabe ohne **Serifen**, meist mit quadratischen **Endungen**.

Serife Ein kleiner Strich am Ende des Hauptstrichs eines Buchstabens, meist im rechten Winkel zum Hauptstrich. Es gibt mehrere unterschiedliche Serifenformen.

Schaft Senkrecht stehender Hauptstrich eines Buchstabens.

Schenkel Diagonaler Strich eines Buchstabens, so wie bei „M“ oder A.

Schleife Der untere Teil des Buchstaben „g“, auch geschwungene Verzierung an Buchstaben.

Schweif Der Querstrich des Buchstaben „Q“ .

Strich Gerade oder gekrümmte Linie eines Buchstabens.

Unterlänge Teil der **Minuskel**, der unter die **Grundlinie** hinausgeht.

Unziale Alte römische Buchhandschrift, die für frühe christliche Texte verwendet wurde.

Verbindungsstrich Linie zwischen zwei Buchstaben oder Buchstabenteilen, z.B. zwischen unterem und oberen Bauch des „g“.

Versalie (siehe auch Majuskel) Großbuchstabe, der sich ursprünglich von der Schrift des alten Roms ableitet.

x-Höhe oder **Körperhöhe** Höhe eines **Kleinbuchstabens** ohne **Ober-** oder **Unterlänge**.

Zierbuchstaben Buchstaben mit schleifen- oder schnörkelähnlichen Verzierungen, die sich entweder an den verlängerten Anstrichen oder an den **Ober-** oder **Unterlängen** befinden.

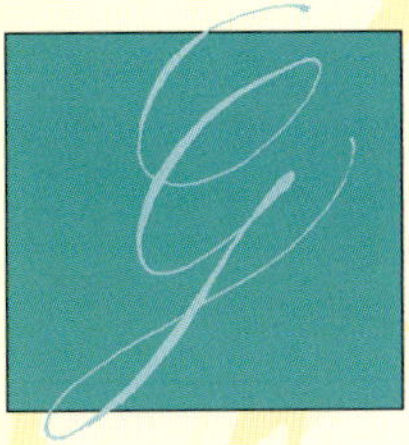

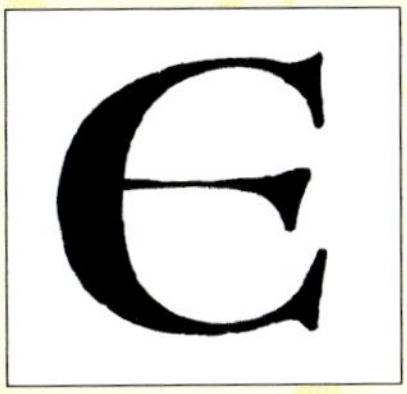

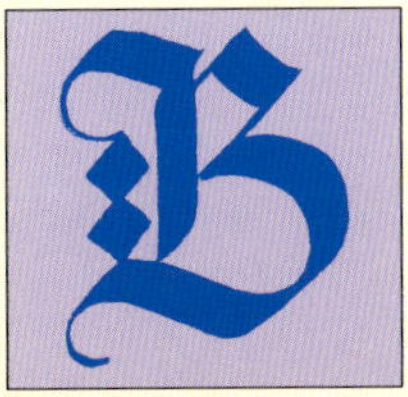

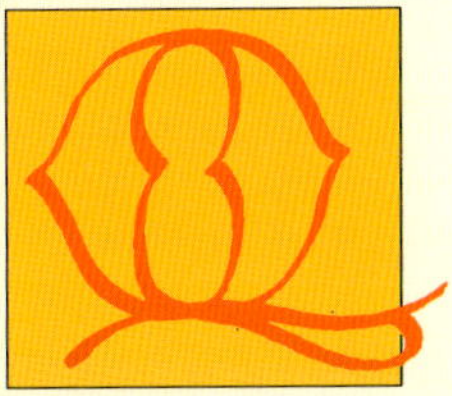

Index